Jürgen Thorwald, 1915 in Solingen geboren, studierte Medizin, später Neuere Geschichte. Seine Bücher über den deutschen Zusammenbruch im Osten »Es begann an der Weichsel«, »Das Ende an der Elbe« und »Die Illusion« gehören inzwischen zu den klassischen Werken über das Ende des Zweiten Weltkriegs. Bekannt geworden ist Jürgen Thorwald außerdem durch Bestseller wie »Das Jahrhundert der Chirurgen« und andere Werke aus der Welt der Medizin. Zuletzt erschien von ihm »Der geplagte Mann. Die Prostata – ein Drama der Männerwelt« im Droemer Verlag.

Von Jürgen Thorwald sind außerdem erschienen:

Es begann an der Weichsel (Band 80067)
Das Ende an der Elbe (Band 80068)
Im Zeichen des Kain (Band 3157)
Handbuch für Giftmörder (Band 3164)
Blutiges Geheimnis (Band 3210)
Spuren im Staub (Band 3211)
Das Jahrhundert der Chirurgen (Band 3275)
Das Weltreich der Chirurgen (Band 3281)
Die Patienten (Band 3383)
Im zerbrechlichen Haus der Seele (Band 3918)
Macht und Geheimnis der frühen Ärzte (Band 77064)
Die Entlassung (Band 11)
Der Mann auf dem Kliff (Band 1042)
Die Monteverdi-Mission (Band 1367)
Tödliche Umarmung (Band 1458)

Die drei Bände *Die Illusion, Es begann an der Weichsel* und *Das Ende an der Elbe* sind auch zusammen in einer Kassette erhältlich (Band 80070)

Dieses Buch wurde auf chlor- und säurefreiem Papier gedruckt.

Dieses Buch erschien erstmals 1976 im Knaur Taschenbuchverlag (Band 3428)
Mit einem aktuellen Vorwort versehene überarbeitete und ergänzte Taschenbuchausgabe April 1995
Droemersche Verlagsanstalt Th. Knaur Nachf., München

Umschlaggestaltung Agentur Zero, München
Umschlagfoto Süddeutscher Verlag, München
Satz MPM, Wasserburg
Druck und Bindung Ebner Ulm
Printed in Germany
ISBN 3-426-80066-7

2 4 5 3

JÜRGEN THORWALD

Die Illusion

Rotarmisten gegen Stalin
Die Tragödie der Wlassow-Armee

Knaur®

Die Geschichte dieses Buches

Die Geschichte des Buches *Die Illusion* reicht in ihren Anfängen über mehr als vierzig Jahre zurück. Sie begann an einem Herbstabend des Jahres 1950 in München, wo ich nach dem Erscheinen von *Es begann an der Weichsel* und *Das Ende an der Elbe* lebte. An jenem Abend meldete sich am Telefon eine unbekannte Stimme, die fließendes Deutsch mit spürbar amerikanischem Akzent sprach.
Der Anrufer erklärte, er habe *Es begann an der Weichsel* gelesen – insbesondere darin enthaltene Bemerkungen über den deutschen General Reinhard Gehlen. Er unterbrach sich mit der Frage: »Sie kennen den General?«
Ich verneinte und erkundigte mich, mit wem ich spräche.
»Das tut im Augenblick nichts zur Sache«, lautete die Antwort. »Aber es wäre mit Sicherheit interessant für Sie, den General kennenzulernen.«
Ich hatte dem Namen Gehlen bis dahin wenig Bedeutung beigemessen. Die Bemerkungen, die in *Es begann an der Weichsel* enthalten waren, beruhten auf Angaben des ehemaligen deutschen Generalobersten Guderian, der im Winter 1944/45, als die sowjetischen Armeen an Weichsel und Oder zu ihrem letzten großen Vormarsch nach Ost- und Mitteldeutschland antraten, Generalstabschef des deutschen Heeres gewesen war. Da das erwähnte Buch sich mit diesem Vormarsch und der Flucht der ostdeutschen Bevölkerung mit all ihren geographischen, menschlichen und politischen Folgen beschäftigte, hatte ich neben anderen überlebenden Zeugen auch Guderian in seiner Nachkriegszufluchtsstätte im Kloster Dietramszell in Oberbayern aufgesucht. Wäh-

rend der Schilderung seiner Erlebnisse war auch der Name Gehlen als Chef der Abteilung »Fremde Heere Ost« im deutschen Generalstab gefallen. Letztere hatte während des Zweiten Weltkrieges die Aufgabe gehabt, Stärkeverhältnisse und Absichten des sowjetischen Gegners zu erkunden, sich aber bis zur Amtsübernahme Gehlens durch vielfaches Versagen ausgezeichnet. Die nachrichtendienstlichen Fähigkeiten Gehlens dagegen hatte Guderian hervorgehoben – insbesondere die Exaktheit in der Voraussage der letzten sowjetischen Großoffensiven des Winters 1945, die das Schicksal Ostdeutschlands besiegelten und für Jahrzehnte über das Gesicht Osteuropas entschieden.
Ich erkundigte mich bei dem Fremden, ob Gehlen etwa Korrekturen an meinem Buch wünsche. Die Antwort lautete: »Nein. Aber der General möchte Ihnen einen Vorschlag machen.«
Dann wollte der Unbekannte wissen, ob ich ein Auto besäße. Er erbat Angaben über Autotyp und Kennzeichen und schlug schließlich vor, ich möge an einem der kommenden Abende zu einer bestimmten Zeit in München-Harlaching, Harthauser Straße, unter einer Straßenlaterne warten.
Ich besaß noch keine Vorstellung davon, was aus Gehlen nach dem deutschen Zusammenbruch geworden war. Ich wußte nicht, daß er in Erwartung eines Zerfalls des sowjetisch-amerikanischen Kriegsbündnisses und dessen Wandlung zu einem weltweiten, bald als »Kalter Krieg« bezeichneten Spannungsverhältnis mit machiavellistischem Geschick Anschluß an den amerikanischen Geheimdienst gefunden hatte. Mir war auch noch unbekannt, daß er in Pullach bei München mit einer getarnten »Organisation Gehlen« im Dienste der Amerikaner die Arbeit fortsetzte, die bei »Fremde Heere Ost« verrichtet worden war.
So fuhr ich mit einigen Zweifeln nach Harlaching und warte-

te in der nur schwach beleuchteten menschenleeren Straße. Schließlich tauchte hinter mir ein schwarzer Opel Kapitän auf. Ein Unbekannter stieg aus, trat an mein Wagenfenster und bat mich, im »Kapitän« neben dem Fahrersitz Platz zu nehmen. Er werde mit meinem Wagen folgen. Der Fahrer des Opel Kapitän – schattenhaft und mit dunkler Brille – war General Gehlen.

Wir fuhren nach kurzer Begrüßung nach Nymphenburg, parkten in ziemlich dichtem Nebel in der Montenstraße, gingen ein Stück zu Fuß und standen schließlich vor einer älteren Villa. Eine Art Ordonnanz in Zivil öffnete, und innen, im »Herrenzimmer«, warteten drei Männer. Henry Pleasents, ein Verbindungsoffizier des amerikanischen CIA* zur »Organisation Gehlen«, der Mann, der mich angerufen hatte; Gehlens Vertreter, der ehemalige General der Artillerie von Mellenthin; und schließlich Heinz Danko Herre, einst Oberst in der Abteilung »Fremde Heere Ost« und jetzt einer der engsten Mitarbeiter Gehlens in seiner neuen Geheimorganisation.

Gehlen war kühl, unauffällig, zurückhaltend, wortkarg. Von Mellenthin im Gegensatz dazu so kontaktfroh, daß man die Unvereinbarkeit der beiden Charaktere förmlich spürte. Herre: überschlank, intelligent, von vitalem Ehrgeiz und mühsam gebremstem Eifer. Pleasents schließlich: ein Mann, der seine Geheimdienstaufgabe nicht nur hinter der Fassade eines Musikkritikers tarnte, sondern tatsächlich ein engagierter Musiker war.

Nach längerer Konversation wurden die Hintergründe des mysteriösen Treffens klar. Gehlen und Herre hatten, wie ich jetzt erfuhr, 1942, als die Hoffnung auf einen militärischen

* Central Intelligence Agency, die 1947 gegründete zentrale Organisation des amerikanischen Geheimdienstes

Sieg über die Sowjetunion trotz der anfänglich ungeheuren deutschen Eroberungen für jeden Klardenkenden aussichtslos geworden war, zu einer Gruppe von Offizieren gehört, die den Versuch unternahmen, einer deutschen Niederlage durch ein politisch-militärisches Experiment zu entgehen.
Sie hatten dabei die besessene Entschlossenheit Hitlers unterschätzt, die Sowjetunion nicht nur als Zentrum eines vermeintlichen jüdischen »Weltbolschewismus« zu zerstören, sondern in ein deutsch-germanisches Großreich zu verwandeln, seiner Bevölkerung den Status eines deutschen Kolonialvolkes aufzuzwingen und in einer Zeit, in der sich bereits die Auflösung der britischen und französischen Kolonialreiche ankündigte, auf sowjetischem und polnischem Boden die Errichtung eines solchen Kolonialreiches für ein deutsches »Volk ohne Raum« nachzuvollziehen. Der seit 1941 am britischen Kanal erstarrte Krieg erhöhte noch seine Entschlossenheit, denn das Großreich im Osten sollte Deutschland wirtschaftlich und militärisch unbesiegbar machen und England sowie später die Vereinigten Staaten zwingen, sich dieser Tatsache zu beugen.
Die Pläne der Generalstäbler drängten sich auf. Die zu grausamer Despotie entartete Stalin-Herrschaft der dreißiger Jahre hatte nicht nur in der Masse der sowjetischen Bevölkerung, sondern auch unter Intellektuellen und Militärs eine weitverbreitete, von Angst begleitete Aversion gegen das Regime erzeugt, die sich in dieser oder jener Form offen dokumentierte, sobald sich Gelegenheit dazu ergab. Dies tat sie durch eine geringe Bereitschaft, für dieses Regime zu kämpfen, ein Umstand, der bei aller Wertschätzung für die ebenso einmaligen wie tragischen Leistungen deutscher Soldaten die deutschen Anfangserfolge von 1941 ebenso erklärte wie die mangelhafte strategische Vorbereitung der Sowjetunion.

Deutlich dokumentierte sich der Antistalinismus in der Aufnahme, welche zahlreiche deutsche Frontverbände bei der Bevölkerung nicht nur in traditionell separatistischen Gegenden der Ukraine oder den 1939/40 von der Sowjetunion annektierten Gebieten Polens, Weißrußlands oder des Baltikums fanden. Ohne Kenntnis der wahren deutschen Absichten, ja, ohne nennenswertes Wissen über die Deutschen (mit Ausnahme irgendwelcher Erzählungen von Vätern und Großvätern über die Tüchtigkeit dieser Leute aus dem Westen) verfielen Millionen betrügerischen deutschen Propagandaphrasen über eine Befreiung der sowjetischen Völker von Stalin. Sie erkannten noch nicht den wahren Preis für diese »Befreiung«, nämlich einen brutalen neuen Despoten in der Gestalt Hitlers, und auch Intellektuelle ventilierten die Idee eines neuen, zwar nach wie vor sozialistischen, aber menschlicheren Rußlands.

Bis zum Frühjahr 1942 hatten die deutschen Truppen im Osten, die mit Ausnahme ihrer höheren Ränge wenig über Hitlers neo-kolonialistische Pläne wußten, auf eigene Faust, aus Personalnot, aus Mangel an Reserven und ohne Gedanken auf politische Fragen zu verschwenden, rund 700 000 ehemalige Rotarmisten »aufgesogen«, darunter etwa 6000 Offiziere.

Sie dienten in deutscher Uniform, teils in Nachschubeinheiten als »Hiwis« (Hilfswillige), teils in Wach- und Kampfverbänden aller Art. Viele deutsche Divisionen setzten sich zu großen Teilen aus ehemaligen Rotarmisten zusammen. Das Oberkommando der deutschen Wehrmacht war kaum darüber informiert. Zweifellos befanden sich darunter zahlreiche, die danach trachteten, der höllischen Welt deutscher Kriegsgefangenenlager, ihrem Hunger, ihren Seuchen, ihren Gräberfeldern, dem indoktrinierten Slawenhaß großer Teile der deutschen Wachmannschaften und dem geplanten Mord an sowjetischen Kommissaren zu entrinnen. Aber weit größer war der Anteil der Ukrainer, Weißrussen, Galizier, später Georgier, Armenier und anderer Kaukasus-Völker. Die Mehrzahl stellten in jedem Falle Rotarmisten, welche die düsteren Schattenseiten der Stalin-Ära nicht vergaßen und die Deutschen als mögliche Verbündete nicht gegen ihre russische Heimat, auch nicht gegen jeden Fortschritt des Sozialismus, wohl aber gegen Stalins Gewaltherrschaft erhofften. Solche Hoffnungen hatten erstaunlicherweise auch die ersten deutschen Rückschläge vor Moskau überdauert.

Vor diesem Hintergrund hatten sich die Bestrebungen Gehlens und der Offiziere darauf gerichtet, die oberste Führung mit Hitler als »Endziel« von der Notwendigkeit zu überzeugen, die kolonialistischen Ziele aufzugeben und eine russische »Befreiungsarmee« auszurüsten, die ihren eigenen Kampf gegen Stalin kämpfen sollte. Ein wichtiger Teil ihrer Pläne war darauf gerichtet, eine angesehene, allgemein bekannte sowjetische Persönlichkeit zu finden, die sich gegen die Zusicherung zukünftiger Freiheit des Handelns und deutscher Verzichte auf territoriale Ansprüche an die Spitze diese Armee und einer antistalinistischen Regierung stellen sollte. Sie erstrebten ein neues, nichtstalinistisches, mit Deutschland befreundetes und wirtschaftlich verbündetes Rußland und ein Ende des verlorenen Krieges im Osten. Damit verbanden sich die verschiedensten Pläne und Projekte. Die einen dachten an eine Aufrechterhaltung der polnischen Teilung, andere an Verzicht und die Wiederherstellung der polnischen Grenzen von 1939 mit Ausnahme des polnischen Korridors und anderer alter deutscher Gebiete. Es war die Rede von Weiterkämpfen im Westen und im Mittelmeerraum sowie von Bemühungen um ein Ende des Krieges mit England.

Diese Bestrebungen und die wechselhaften Ereignisse, zu

denen sie zwischen 1941 und 1945 geführt hatten, waren 1950 noch weithin unbekannt. Unbekannt war auch, wie weit die Bestrebungen tatsächlich gediehen waren und daß schließlich mehr als eine Million ehemaliger Rotarmisten in dieser oder jener Form und an den verschiedensten Fronten auf deutscher Seite standen. Pleasents hatte erst nach der Begründung der »Organisation Gehlen« davon erfahren. Zum erstenmal hatte er auch von dem 1942 knapp vierzigjährigen sowjetischen General Andrej Wlassow gehört, einem Träger des Ordens der Roten Fahne und erfolgreichen Armeeführer in der Schlacht von Moskau 1941, der auf Stalins persönlichen Befehl zunächst stellvertretender oberster Befehlshaber der sowjetischen Nord-Westfront und dann, im Frühjahr 1942, deren Oberbefehlshaber bei Leningrad geworden war. Hier in deutsche Gefangenschaft geraten, war er aus Enttäuschung und Verbitterung über Erlebnisse mit Stalin schließlich bereit gewesen, die Rolle des Führers einer Befreiungsregierung und Befreiungsarmee zu übernehmen. Nach zweijährigem fruchtlosen Kampf um die Zustimmung Hitlers zu einem grundlegenden Wandel des deutschen Verhaltens im Osten war es erst 1944 unter mehr oder weniger konspirativen Umständen zur Zusammenfassung eines Teiles der ehemals sowjetischen Soldaten in deutscher Uniform zum Schatten einer »Wlassow-Armee« gekommen. Am 14. November 1944 hatte Wlassow – von einem mittlerweile durch die drohende Niederlage geängstigten Himmler halbherzig gefördert – in Prag ein Manifest für ein neues Rußland verkünden können, das eindeutig sozialdemokratische Züge trug und dem noch verschwommenen Bild dieses Rußland ein deutlicheres Profil gab. Nur wenige Einheiten waren aufgestellt worden und hatten sich am Ende, so wie die Mehrheit der niemals Wlassow unterstellten anderen Rotarmisten, beim Zusammenbruch

Deutschlands in englische und amerikanische Gefangenschaft begeben – in der Hoffnung, hier mehr Verständnis für ihre Beweggründe zu finden.
Von den selbst illusionistischen deutschen Offizieren immer wieder vertröstet, hatten sich ihre Hoffnungen auf die Westmächte als die echten Vorkämpfer menschlicher Freiheit gerichtet. Sie hatten geglaubt, daß das englisch-amerikanische Zweckbündnis mit Stalin den Krieg nicht überdauern könne, und gehofft, ihre Ziele auf alliierter Seite weiterverfolgen zu können. Von seiten der Westmächte hatten sie jedoch nur neue Enttäuschungen erfahren. Irreale Vorstellungen über Charakter und Absichten Stalins sowie die Annahme, man benötige Stalins Hilfe noch zur Beendigung des Krieges mit Japan, hatten diese während einer internationalen Konferenz in Jalta zu der Zusage veranlaßt, alle »Personen« an die Sowjetunion auszuliefern, die am 1. September 1939 Bürger der Sowjetunion oder am 22. Juni 1941 Angehörige der Roten Armee gewesen waren und in westliche Gefangenschaft gerieten.
Jetzt, 1950, unter den Vorzeichen des sogenannten Kalten Krieges mit der Sowjetunion, hatten sich amerikanische Stellen, die zum Teil selbst an der erbarmungslosen Auslieferung beteiligt gewesen waren, zum erstenmal für die wirklichen Hintergründe interessiert. Die möglicherweise durch Hitler vertane Chance, das sowjetische Staatssystem im Krieg von innen her mit Hilfe der russischen Bevölkerung zu erschüttern, schien ihnen plötzlich beachtenswert. Die Geschichte der Rotarmisten in deutscher Uniform – so argumentierten sie – lieferte vielleicht Lehren für den Fall, daß sich der »Kalte Krieg« in einen »heißen« verwandelte.
1950 jedenfalls waren Pleasents und ein Kreis um Gehlen überzeugt, daß es wichtig sei, die herostratischen deutschen Untaten in der Sowjetunion und die Geschichte der Rotarmi-

sten auf deutscher Seite aufzuzeichnen, solange es noch lebende Zeugen gab. Sie dachten darüber nach, daß eine solche Geschichte im Falle einer militärischen Konfrontation mit der Sowjetunion als »Lehrbuch« dienen könne. Pleasents hatte *Es begann an der Weichsel* gelesen, noch bevor dessen amerikanische Ausgabe *Flight in the winter* erschien. Er glaubte, daß ich »der richtige junge Mann« sei, um die Geschichte dieses Kapitels des Zweiten Weltkrieges zu schreiben.

Die Vorschläge lauteten, man werde mir alles vorhandene Material über die Vorgänge zur Verfügung stellen. Man werde die nötigen Schritte tun, um alle überlebenden Zeugen an einem noch zu bestimmenden Ort zu versammeln. Dort würde ich Gelegenheit haben, diese Zeugen ausführlich zu befragen und die Ergebnisse als Quellen für die geplante Geschichte festzuhalten.

Wir gingen am späten Abend, äußerlich einig, innerlich aber gewiß mit einem Mißverständnis auseinander. Ich dachte nicht an ein politisch-militärisches Lehrbuch. Was mich bestach, war die noch einmalige Aussicht, Quellenmaterial für die Schilderung unbekannter historischer Vorgänge zu erhalten, die dem Sturm der Geschehnisse in *Es begann an der Weichsel* und – etwas später – *Das Ende an der Elbe* vorausgingen. Herre wurde zum Verbindungsmann bestimmt. Durch ihn erhielt ich einige Wochen nach dem Treffen die Nachricht, daß alles vorbereitet sei. Im Winter 1950/51 zog ich in das einsame, fast eingeschneite Landhaus von Herres betagten Eltern auf einer Hügelkette des Dorfes Krün bei Mittenwald. Sekretärinnen wechselten sich dort ab, und in regelmäßigen Abständen brachte ein Opel Kapitän die überlebenden Zeugen der Ereignisse in das stille Haus und holte sie nach der Befragung wieder ab.

Auf merkwürdig reibungslose Art kamen sie aus ganz

Deutschland sowie einigen anderen Ländern. Die Gesichter wechselten ständig. Viele erschienen unter einer Art Geheimhaltung, weil sie aus der damaligen sowjetischen Besatzungszone Deutschlands kamen oder als einstige Rotarmisten der Auslieferung durch die Amerikaner und Engländer entronnen und untergetaucht waren.
Mehrere Male machte ich mich in dem erwähnten Opel mit Fahrer und Sekretärin auf den Weg, um Zeugen aufzusuchen, die aus gesundheitlichen, beruflichen oder persönlichen Gründen (manchmal offenbar wegen Spannungen oder Rivalitäten mit Gehlen) nicht nach Krün kamen. Einmal war es der alte General Köstring in Unterwössen, einst, bis 1941, deutscher Militärattaché in Moskau, später als »General der Freiwilligen« mehr oder weniger unfreiwilliger Betreuer der Millionengruppe exsowjetischer Soldaten im deutschen Bereich. Ein anderes Mal ging es um die interessant-umstrittene Figur Wilfried Strik-Strikfeldts, einst baltendeutscher Verbindungsoffizier zwischen Gehlen, dem Generalstab des deutschen Heeres sowie Wlassow und schließlich so enger Vertrauter Wlassows, daß dieser ihn »mein Starez – mein Heiliger« nannte.
Als Anfang 1951 Tausende Seiten an Protokollen geschrieben, Akten und Tagebücher studiert und darüber hinaus persönliche Notizen gesammelt waren, war ich mit den historischen Ereignissen und ihren Hintergründen schon einigermaßen vertraut.
In der Absicht, keine dürre, schwer lesbare Abhandlung zu schaffen, sondern einen historischen Bericht mit getreuer Szenerie, Atmosphäre, Vorstellung der handelnden Personen und ihrer Gedanken, Gespräche und Diskussionen, waren die Interviews noch weit über das bei *Es begann an der Weichsel* erprobte Maß hinausgegangen. Aus der damals noch frischen Erinnerung oder anhand vorliegender Briefe

und Tagebücher der Zeugen hatte ich mir nicht nur die historische Entwicklung von Ideen und Ereignissen sowie die beteiligten Charaktere, sondern auch scheinbar nebensächliche Äußerlichkeiten von Personen und Szenerien schildern lassen. Vor allem aber hatte ich dafür Sorge getragen, daß Umstände und Wortlaut wichtiger Dialoge, Gespräche und Verhandlungen zwischen den verschiedensten Persönlichkeiten bis hinauf zu Rosenberg, Himmler oder Hitler so wiedergegeben oder rekonstruiert wurden, daß Wortlaut oder Gehalt dem historischen Ablauf entsprachen. Dies war und ist von besonderer Bedeutung, weil es den Stil eines Buches erklärt, das häufig wie eine Erzählung wirkt, aber beansprucht, eine eigene Form der Geschichtsschreibung zu sein und ein Stück Geschichte zu repräsentieren.

Die umfangreiche erste Fassung des Buches wurde in einem Jahr geschrieben – angefeuert durch Herre, der, wie durch einen inneren Motor getrieben, von der Erinnerung an die nach seiner Überzeugung vergeudete Gelegenheit und von der »Handbuch«-Idee erfüllt war.

Je mehr der Text sich allerdings entwickelte, um so deutlicher wurde, wie sehr er die Initiatoren enttäuschen mußte. Als die erste Fassung 1952 unter dem Titel *Wen sie verderben wollen* ... (»... den schlagen die Götter mit Blindheit«) erschien, war sie weit von einem »Lehrbuch« entfernt. Sie war ein Versuch der Anklage gegen die maßlose spätkolonialistische »Ostpolitik«, die nicht nur jeder Menschlichkeit entbehrte, sondern – was Vertretern nackter Realpolitik noch verdammenswerter erscheint – die Kräfteverhältnisse so blind verkannte und den Gegner zu einer Mobilisierung seines Potentials zwang, so daß aus der geplanten Vernichtung und Kolonialisierung der Sowjetunion ein sowjetisches Großimperium mit ungeheuren Konsequenzen für Deutschland, Europa und die Welt erwuchs. Es war ein Versuch, die

Tragödie der Russen und anderer Angehöriger der Sowjetvölker zu erzählen, die, mißbraucht, ihr Vertrauen zu den Deutschen unter sowjetischen Galgen oder in Straflagern büßten. Es handelt von naiver englischer, amerikanischer Unkenntnis, besonders in der Schlußphase der Ereignisse, und den daraus erwachsenen Unmenschlichkeiten. Und schließlich war es eine Geschichte jener Deutschen, die versuchten, die Eroberungspolitik durch eine Politik der Zusammenarbeit zu ersetzen, wobei sich die Frage nach ihrer Verantwortung dafür erhob, daß sie Sowjetbürger in ein Spiel zwischen Hitler und Stalin geführt hatten, von dem viele unter ihnen kraft ihrer militärischen oder politischen Stellung hätten wissen müssen, daß es angesichts von Hitlers Vorstellungswelt ohne Chance war.
Das Buch war jedoch nicht nur keine Lehrfibel. Da es die deutsche Seite ebenso kritisierte wie am Ende die englisch-amerikanische, brachte es sich um die Wirkung als anklagendes historisches Dokument. Anklagen gegen sich selber liest keine beteiligte Generation gern – weder in Deutschland noch in England, noch in einem Amerika, das damals noch von Enttäuschungen, Erschütterungen und intellektuellen Selbstprüfungen entfernt war. Der einzige Wert der Arbeit schien schließlich nur noch darin zu liegen, daß sie Anlaß zu einer historischen Quellensammlung geworden war, wie sie in dieser Form noch nicht existierte.
Danach vergingen zwei Jahrzehnte. Aber so sehr sich meine Aufmerksamkeit anderen Themen zuwandte – nie wurde die Beschäftigung mit den Ereignissen um die runde Million exsowjetischer Soldaten auf deutscher Seite dadurch verdrängt. Die Art der Beschäftigung änderte sich. Die Beteiligung des Gehlen-Kreises von 1950/52 entfiel und damit ihr Einfluß auf den erst nach einem Standpunkt suchenden, als junger Mensch vom Kriege mitgeprägten Autor, der zwar als

Marineangehöriger niemals sowjetischen oder osteuropäischen Boden betreten hatte, aber trotzdem der menschlichen Tragödie des Themas nicht entrann. An der Historie der exsowjetischen Soldaten bestand kein Interesse mehr. Die zunehmende Einsicht in die Tatsache, daß der Teil der Welt, der sich »westlich« nannte, unfähig war, die vorhandene Realität des sowjetischen Imperiums anzutasten, ganz zu schweigen davon – wie gelegentlich geträumt worden war –, »sie womöglich zurückzurollen«, hatte den Glauben an den Sinn der »Lehrbuch«-Idee zerstört.

Als ich mehr als ein Jahrzehnt später wieder Gelegenheit zu einem Gespräch mit Herre fand, traf ich ihn als General und Vertreter des deutschen Bundesnachrichtendienstes an der Botschaft der Bundesrepublik Deutschland in Washington. Er war im Begriff, sich in den Ruhestand und in das Haus seiner verstorbenen Eltern zurückzuziehen, in dem einmal die Quellensammlung entstanden war. Herre war nicht der Mann, der sich Träumen über das Ausmaß echter Fortschritte in der Befriedung der Welt während der vergangenen Jahre hingab. Ihm erschienen diese Jahre eher als eine geschichtliche Phase, die wenigstens zur Erhaltung eines gewissen Status quo zwischen Ost und West geführt und die nach seiner Überzeugung von der sowjetischen Führung seit dem Kriege niemals aufgegebene Expansionspolitik eingedämmt hatte. Er war der Meinung, daß das Regierungssystem der Sowjetunion sich zwar trotz seiner Konsolidierung immer noch nicht auf eine fest verwurzelte Zuneigung der Masse ihrer Völker, gar nicht zu reden von ihren Satelliten in Polen, der Tschechoslowakei oder Ungarn, stützte, daß aber die Substanz derer, die in der Ära Stalins zwischen 1941 und 1942 auf eine *levée en masse* ansprechbar gewesen waren, durch die erlittenen Enttäuschungen und den Generationswechsel dahingeschwunden sei. Die einstige Idee, man könne Amerikanern und Europäern ein Lehrbuch über Verhaltensweisen gegenüber sowjetischen Völkern im Falle eines neuen Krieges liefern, war aus der Welt seiner politischen Vorstellungen verbannt. Der Gedanke, das gewaltige sowjetische Imperium könne binnen weniger Jahrzehnte infolge der Überspannung seiner eigenen Kräfte zerfallen, lag noch fern jeder Vorstellungskraft.

Die Erinnerung an die Ereignisse zwischen 1942 und 1945 aber erfüllte Herre immer noch mit Schmerz, vor allem weil er die erschütternden Augenblicke nicht vergessen konnte, in denen Sowjetbürger, die 1945 ihrer Auslieferung entgegengingen, von ihm, einem Mitschuldigen an ihrem Schicksal, Abschied genommen hatten.

Zu dieser Zeit hatte das Buch *Wen sie verderben wollen* ... längst vielerlei Wandlungen erfahren, wann immer mir Tatsachen bekannt wurden, die zu solchen Änderungen oder Verbesserungen anregten oder die ruhigere und sorgfältigere Kontrolle einstiger Notizen verlangten. Das neue Manuskript, das daraus entstand, erhielt im Laufe der Zeit den Titel *Die Illusion*. Dieser Titel sollte nicht nur das Verhalten der beteiligten Deutschen charakterisieren, die etwas Unmögliches versucht hatten, sondern auf der anderen Seite auch jene Sowjetbürger, die den Traum einer Wandlung des stalinistischen Systems geträumt hatten. Er versinnbildlichte die Monstrosität der Hitler-Ideen von einer Eroberung und Kolonialisierung der Sowjetunion. Schließlich charakterisierte er auch Engländer und Amerikaner, die in dem Bündnis mit Stalin mehr gesehen hatten als einen Akt militärischer Zweckmäßigkeit, nämlich eine idealisierte Sieger-Freundschaft als Basis für die Neuordnung einer friedlichen, für eine Demokratisierung offenen Welt.

1970 bestätigte sich die alte Erfahrung, daß Völker und Menschen Zeit und Abstand brauchen, um bestimmte historische Geschehnisse nüchtern zu bewerten und in ihrer Bedeutung zu erkennen. Soweit die sowjetische Freiwilligenbewegung betroffen war, erschienen in diesem Jahr unter dem Titel *Gegen Stalin und Hitler. General Wlassow und die russische Freiheitsbewegung* persönliche Erinnerungen von Wilfried Strik-Strikfeldt. Das Buch wurde als erstes seiner Art durch bedeutende Verlage in London und New York übersetzt und erweckte in den angelsächsischen Ländern zum erstenmal ein größeres intellektuelles Interesse an einem immer noch so gut wie unbekannten Abschnitt des Zweiten Weltkrieges. Zwischen 1952 und 1970 waren zwar noch einige einschlägige Publikationen über das Thema erschienen: George Fishers *Soviet Opposition to Stalin;* Alexander Kasanzews Schrift *Tretja sila* oder Alexander Dallins *German Rule in Russia 1941–45*. Keine hatte aber wirkliche Beachtung gefunden. Kasanzews Schrift wurde von vornherein als parteiisches Emigrantenwerk abgetan. Die beiden anderen Bücher stammten zwar von angesehenen angelsächsischen Publizisten. Aber wenn man *Wen sie verderben wollen* ... ein Zuviel an Gehlen-Sicht oder Herre-Sicht vorwerfen mochte, dann litten die amerikanischen Veröffentlichungen an zuviel amerikanischem Vorurteil. In die damaligen Vorstellungen konnte es nicht hineinpassen, daß unter der Hitler-Diktatur Sowjetbürger agiert haben sollten, die nicht wie Quisling, Mussert, Degrelle oder andere nichtdeutsche Gefolgsleute Hitlers den Nationalsozialismus und Faschismus auf ihre Heimatländer übertragen wollten. Das allgemeine Bild der Hitlerzeit war noch zu wenig differenziert, als daß man nicht jeden, der mit Deutschen dieser Ära paktiert hatte, grundsätzlich und ohne Abwägung seiner Motive als zweifelhaften Charakter betrachtet hätte. Die Frage, weshalb Sowjetbürger in einem Versuch der Auflehnung gegen den Stalinismus Hilfe in einem Lande suchten, das seinerseits unter einer harten Diktatur lebte, spielte eine entscheidende Rolle. Die Erklärung, daß sich ihnen in der gegebenen Konstellation keine andere Hilfe angeboten hatte, wurde nicht akzeptiert.

Für sozialistische, kommunistische, marxistische Publizisten, auch wenn sie erklärte Gegner der »stalinistischen Abweichung« waren, mußte jeder, der sich mit dem Faschismus einließ, als Verräter gelten. In der Sowjetunion selbst mußte das Phänomen des zeitweiligen Abfalls großer Menschengruppen tabu bleiben. Wlassow, seine wichtigsten Mitarbeiter und andere Abtrünnige wurden in Geheimverfahren abgeurteilt und hingerichtet. Ein sonst lehrreiches Buch wie das 1956 erschienene *Rußland im Kriege 1941–45* des Engländers Alexander Wert verwandte noch in seinen 743 Seiten nur wenige Zeilen auf die Tatsache der Abtrünnigkeit einer Masse von Soldaten. Abgesehen von dem Hinweis auf die traditionell separatistischen Bevölkerungsgruppen von Ukrainern bis zu Kaukasiern, hielt es sich an die Erklärung, daß die Abtrünnigen sich ausschließlich aus Furcht vor Elend und Tod in den deutschen Gefangenen- und Arbeitslagern in Wehrmachtsuniformen hätten hineinpressen lassen. Es schenkte nicht einmal den auffallenden Änderungen des sowjetischen Systems, mit denen Stalin auf das Phänomen der Abtrünnigen reagierte und die von Fluten von Orden oder Ehrenzeichen und der Propagierung eines »vaterländischen Krieges« bis zu einer Nationalhymne reichten, angemessene Beachtung.

Eine noch so kritische Beachtung, wie sie Strik-Strikfeldts *Gegen Stalin und Hitler. General Wlassow und die russische Freiheitsbewegung* fand, kündigte daher eine neue Phase in der historischen Bewertung der Vorgänge von 1941 bis 1945 an. Dazu trug auch ein zweites Buch bei: *Wlassow – Verräter oder Patriot?* Sein Verfasser Sven Steenberg, wie Strik-Strikfeldt baltendeutscher Abstammung und dadurch in der Lage, auch russische Berichte direkt auszuwerten, lieferte damit die erste Biographie Wlassows. Obwohl er sich auf die für *Wen sie verderben wollen ...* gesammelten Unterlagen stützte, erschloß er so viele neue Einzelheiten, daß sein Buch als ein Standardwerk über den Russen gelten konnte. Doch beide Bücher konzentrierten sich nur auf diesen wichtigen, aber nicht alleinbestimmenden Aspekt im Gesamtbild der exsowjetischen Bürger und Soldaten, die vor dem barbarischen Hintergrund der deutschen »Ostpolitik« lebten, agierten, hofften, litten und starben. *Die Illusion* versucht, über das Wlassow-Drama hinaus das Schicksal der anderen, die sich niemals Wlassow anschlossen, ebenso darzulegen wie die im Rückblick schwer faßliche Verblendung Hitlers, seiner maßgeblichen Gefolgschaft, aber auch großer Teile der Deutschen, an der sie zugrunde gingen.

Nach 1990, als die Geheimnisse der Sowjetunion sich zu öffnen begannen, trat auch *Die Illusion* in eine neue Ära ein. Archive der sowjetischen Geheim- und Nachrichtendienste begannen sich ebenso aufzutun wie die Türen historischer Institute. Filme wie Lew Danilows *Das Dossier des Generals Wlassow* oder Studien des Moskauer Historikers Alexander Kolesnik lieferten Einblicke in eine verschlossene Welt und suchten erste Antworten auf die Frage, ob die Abtrünnigen tatsächlich Verräter gewesen waren oder Vorläufer eines neuc Weges.

Alexander Kolesnik war sich bewußt, daß die endgültige Antwort nur im Zusammenklang sowjetischer und deutscher Überlieferung gefunden werden würde.

Jürgen Thorwald
1995

I

Die Gratulationscour zum zweiundfünfzigsten Geburtstag des Führers und Reichskanzlers am Vormittag des 20. April 1941 war im Gange. Hitler schüttelte die Hände, die sich ihm entgegenstreckten. Er widmete den Gratulanten jeweils nur ein paar unverbindliche Worte. Erst als der Reichsleiter Alfred Rosenberg, Chef des »Amtes für die gesamte geistige und weltanschauliche Überwachung der NSDAP (Nationalsozialistische Deutsche Arbeiter-Partei)« und Chefredakteur des »Völkischen Beobachters«, aus der Schar der wartenden Gratulanten hervortrat, unterbrach Hitler zum erstenmal sein gleichförmiges, fast abwesendes Gemurmel.
»Rosenberg«, sagte er, »Sie bleiben nachher noch einen Augenblick hier.«
Rosenberg blickte verwirrt auf. Er hatte seit langem keine solche Anrede mehr erfahren. Vergebens versuchte er, aus Hitlers Augen herauszulesen, um was es sich handele. Deren Blick war bereits »schräg« an ihm vorüber auf den nächsten Gratulanten gerichtet. »Schräg« war ein Begriff, den Rosenberg selbst geprägt hatte. In seit Jahren wachsender Enttäuschung und hilflosem Gekränktsein hatte er oft erklärt, Hitler sehe nur noch »schräg« an ihm vorüber. Hitler höre nicht mehr auf »seine Glocke«.
Rosenberg trat zur Seite, um dem Gauleiter Sauckel Platz zu machen. Er begab sich mit einem grüblerischen Zug im weichen Gesicht zu einem der Fenster. Dort suchte er eine Stütze. Die tuberkulöse Entartung der Knochensubstanz, die ihn häufig beim Gehen behinderte, machte ihm besonders im Frühjahr zu schaffen. »Die anderen«, die weiterhin Mann

für Mann ihre Glückwünsche überbrachten, warfen Rosenberg Seitenblicke zu. Ihnen war nicht entgangen, daß Hitler einige besondere Worte an ihn gerichtet hatte.
Sie hatten längst aufgehört, Rosenberg als einen Konkurrenten um Positionen von echter Bedeutung zu betrachten Er war in ihren Augen – und sie wußten, daß er dies auch für Hitler war – ein weltfremder Doktrinär, der immer noch seine nordischen und seine »Ost«-Theorien ernst nahm. Er erschien für all die, denen der Kampf um Macht selbst Programm geworden war, als ein humorlos theoretisierender Spinner, der »seine politische Pubertät noch nicht überwunden« hatte.
Sie hatten Hitler über die nordische Rasse höhnen hören: »Was tue ich mit einem blonden Schädel, wenn es ein Pferdeschädel ist?« Sie hatten allzuoft sein Wort vom »verbohrten Esel« gehört, wenn er weltanschauliche Ausführungen aus Rosenbergs Büchern las, die seiner machtpolitischen Taktik entgegenstanden.
Sie wußten, daß das gekränkte Schweigen, das Rosenberg bei solchen Anlässen gezeigt hatte, für Hitler Veranlassung geworden war, »schräg« an ihm vorbeizusehen und ihn in seinen merkwürdigen Ämtern in der Margaretenstraße sozusagen unter »Naturschutz« zu stellen. Dort konnte er schreiben, Broschüren veröffentlichen und verteilen und an den Erfolg seines »Mythus des 20. Jahrhunderts« glauben, von dem Hitler oft genug gesagt hatte, »er könne diesen Quatsch nicht lesen«.

Rosenberg hatte noch zwanzig Minuten zu warten. Er beobachtete seine Feinde, wie den Außenminister Ribbentrop, der mehr als einmal versucht hatte, Rosenbergs »außenpolitisches Afteramt endgültig einzusargen«. Oder Goebbels, den Rosenberg einen »kulturellen Kongoneger« nannte, der ihm seine Thesen über die Zusammengehörigkeit von Judentum und Bolschewismus und über die nordisch-germanische Rasse als berufene Kämpferin für die Kulturwelt gegen den bolschewistisch-slawischen Imperialismus des Ostens gestohlen hatte.

Schließlich hatten alle den Raum verlassen, bis auf Göring und den Minister Lammers, und Hitler bat Rosenberg, Platz zu nehmen.

»Rosenberg«, sagte er den vorliegenden Zeugnissen zufolge, »ich weiß, daß Sie im Februar 1938 sehr enttäuscht gewesen sind, als ich Sie als Leiter des Außenpolitischen Amtes der Partei nicht zum Außenminister des Reiches gemacht habe. Aber Sie müssen mich verstehen. Ich mußte Ribbentrop zum Außenminister machen. Ich hoffe, Sie haben inzwischen erkannt, daß mein Entschluß richtig war. In diesen turbulenten Zeiten brauche ich als Außenminister einen Mann, der mit seinen Fäusten und Ellbogen umgehen kann.«

Hitler beobachtete die Wirkung seiner Worte. »Ich weiß«, sagte er mit berechnender Menschlichkeit, »Rosenberg, ich weiß, daß Ihnen die rüde Art, mit der wir die Außenpolitik führen mußten, niemals gelegen hat. Aber Ihre Geduld ist nicht umsonst auf die Probe gestellt worden. Ich habe jetzt eine Aufgabe für Sie, die Ihnen Freude machen wird ...«

Er bemerkte das nervöse Zucken unter Rosenbergs grauen Schläfen. »Sie sind es gewesen«, fuhr er weitschweifig fort, »der meinen Blick zum erstenmal auf die deutschen Möglichkeiten im Osten gelenkt hat. Sie sind der Rußlandkenner der Partei. Ich werde Ihnen jetzt etwas sagen, was bis zu dieser Stunde nur wenige wissen. Wir werden in Kürze der bolschewistischen Bedrohung ein Ende machen! Wir werden Stalin und den Bolschewismus mit der sieggewohnten Kraft unserer Wehrmacht beseitigen und den Osten nach unserem Willen ordnen.«

Er las aus Rosenbergs verwundertem, geweitetem Blick, daß dieser noch völlig ahnungslos war und nichts von dem bevorstehenden Feldzug gegen die Sowjetunion wußte.
»Ich beabsichtige«, sagte er, »Sie zum Reichsminister für die Ostgebiete zu machen, die unsere Wehrmacht demnächst besetzen wird. Sie werden also ein Territorialminister. Und Sie brauchen sich mit zwei Ausnahmen von keinem anderen Minister und keiner Parteidienststelle in Ihre Aufgabe hineinreden zu lassen ...«
Hitler spürte das Aufatmen, das durch Rosenberg ging. Es war das Aufatmen eines Menschen, der sich schon vergessen glaubte, und nicht nur sich, sondern auch seine »Ostpolitik«. Es war für Hitler das Aufatmen einer dieser Puppen, die nicht mehr ganz mit ihm einverstanden waren und trotzdem dankbar und erregt seine Hand ergriffen, wenn er sie ihnen nur reichte, wenn er sie mit der Gnade einer Stellung oder einer Aufgabe bedachte.
Hitler überflog mit einem Seitenblick das behaglich zerfließende Gesicht Görings, der ebenfalls die Zeichen von Rosenbergs hilfloser Erregung beobachtete.
»Die erste der beiden Ausnahmen, die für Ihren kommenden Tätigkeitsbereich gelten müssen, betrifft Göring als Beauftragten für den Vierjahresplan. Wenn die Sowjetunion innerhalb weniger Monate unter den wuchtigen Schlägen unseres Heeres zusammengebrochen ist, stehen uns die unermeßlichen Wirtschaftskräfte des Ostens zur Verfügung, die uns instand setzen werden, auch England endgültig zum Frieden zu zwingen und ein deutsches Imperium aufzurichten, das seine Kräfte aus dem Osten schöpft und nicht mehr zu erschüttern sein wird. Görings Aufgaben werden durch die Besetzung der Ostgebiete ins Unermeßliche steigen.«
Hitler sprach schneller. Seine Neigung zum Monolog ergriff Besitz von ihm.

»Alle Rohstoffe des Ostens müssen sofort mobilisiert und nach Deutschland geschafft werden. Als Chef des Vierjahresplanes muß Göring selbständig seine Anordnungen geben und Befehle erteilen können. Der Osten muß für Deutschland dasselbe sein, was das britische Weltreich für England ist.«

Hitlers Augen schienen unwirklich weit in die Ferne gerichtet ...

»Das ist die eine Ausnahme«, erklärte er. »Die andere betrifft Himmler. Die Beseitigung des bolschewistischen Untermenschentums ist eine Aufgabe, die ich Ihnen, Rosenberg, gar nicht zumuten möchte. Sie erfordert die rücksichtslose Hand Himmlers. Auch Himmler muß daher im Rahmen der großen Aufgaben, die im Osten auf ihn warten, eine Sonderstellung erhalten. Aber ich werde ihm eine vertrauensvolle Zusammenarbeit mit Ihnen zur Pflicht machen.«

Als Hitler schwieg und Rosenberg durch einen Blick zu einer Antwort aufforderte, raffte dieser sich aus seiner Versunkenheit auf. »Ich danke Ihnen, mein Führer«, sagte er leise. Sein baltisch untermaltes Deutsch offenbarte in der Erregung wieder einmal, daß er Deutsch nicht so beherrschte wie seine Muttersprache. »Ich danke Ihnen, mein Führer, für das große Vertrauen, das Sie mir entgegenbringen ...«

Er hatte – so schien es – in diesem Augenblick alles vergessen, das »schräge« Vorbeisehen, die andere »Glocke«, alles. Eine Woge hatte ihn erfaßt.

Hitler erhob sich. »Das wäre für heute alles«, sagte er. »Ich erwarte Ihre genauen Pläne.«

Als Rosenberg mit etwas unsicheren Schritten gegangen war, betupfte Göring seine Stirn. »Das ist der glücklichste Tag meines Lebens«, sagte er mit aufkeimendem Spott. »Diese Ernennung ist Ihr Wille, mein Führer. Aber ich muß Ihnen wiederholen, Rosenberg ist organisatorisch völlig im-

potent ... Er wird Ihnen nicht eine Kuh aus dem Osten herausholen und wie all diese Stubenhocker Angst bekommen, wenn seine eigenen Theorien über die Russen verwirklicht werden.«
Hitler hatte begonnen, mit kurzen Schritten hin und her zu gehen.
»Ich kann ihn nicht zum zweitenmal übersehen wie ein Mauerblümchen«, antwortete er. »Lassen Sie ihn. Im Osten kann er noch weniger verderben als hier in seinem Amt. Er hat endlich zu tun und spielt nicht mehr den Gekränkten. Die Praxis bestimmen doch wir und niemand sonst.«

Während Rosenberg – jäh aus seiner Vergessenheit herausgerissen, zur zunächst noch geheimen Ministerwürde emporgehoben und in den harten Wirbel der kriegerischen Wirklichkeit hinabgeschleudert – die Treppe der Reichskanzlei hinabging, verwandelte sich sein Hochgefühl plötzlich in einen Anfall von Angst. Erst Jahre später, als alles vorbei und verloren war, gestand er einem Vertrauten diese Anwandlung und bekannte, daß dieser Moment für ihn eine unbegreifliche innere Warnung gebracht habe, eine Warnung davor, sich auf ein Schlachtfeld reißen zu lassen, das mit Niederlagen auf ihn wartete.
Rosenberg blieb ein paar Sekunden stehen. Er sah die Riesenhaftigkeit der Sowjetunion vor seinen Augen. Jahrzehntelang hatte er in seiner Studierstube über die Niederwerfung des Bolschewismus und die Aufteilung des sowjetischen Raumes theoretisiert. Jetzt ängstigte ihn plötzlich die Verwirklichung. Dann ging er zu seinem Wagen und fuhr zur Margaretenstraße hinüber. Er trat in das altbürgerliche Haus Nummer 17, das zusammen mit einem Nachbarhaus seine Ämter beherbergte. Er ging durch den Hausgang, in dem seit vielen Jahren ukrainische, weißrussische, kaukasische

Emigranten warteten, um Zukunftsbilder »befreiter Heimatländer« zu besprechen – entweder mit ihm, Rosenberg, selbst oder mit Schickedanz, dem gebückten, bebrillten, von einer Magenkrankheit und einer hysterischen Frau beherrschten, nur zu unfruchtbarer, intellektueller Negation fähigen Stabsleiter und Freund aus dem Baltikum. Oder mit Leibbrandt, einem aus der Ukraine stammenden antibolschewistischen Literaten und »Sachbearbeiter für russische Fragen«, praktisch und organisatorisch unbegabt, aber federgewandt und verbissen.
Rosenberg betrat sein Zimmer, strich über den Kopf seines Schäferhundes, der sich ihm aufjaulend entgegendrängte, und schob sich hinter seinen Schreibtisch. Er sah schweigend vor sich hin. Aus den Winkeln des Zimmers kamen – wie er später gestand – die Bilder seines Lebens auf ihn zu, dem eben, vor einer halben Stunde, durch Hitlers Hand der Weg zu seiner Krönung geöffnet schien ... Die Bilder seines Weges durch Hoffnung und Kränkung bis zu diesem Tag und dieser Stunde ...
In der Schule Dietrich Eckarts war seine Weltanschauung gediehen. Danach war der Bolschewismus Ausdruck jüdischer Weltverschwörung gegen die abendländische Kultur, eine raffinierte jüdische Ausnutzung der latenten russischslawischen Bereitschaft, sich imperialistisch auszubreiten.
München – Jahre der engsten Verbundenheit mit Hitler, als Spezialist des Bolschewismus und des Ostens, als Vertrauter, der Hitlers Blick auf die Weite des Ostens richtete, die geschaffen war, durch die germanische Rasse den zerstörerischen Kräften des Bolschewismus entrissen zu werden. Er war der Wegweiser Hitlers zu einer simpel erscheinenden Lösung für alle deutschen Wirtschafts- und Lebensraumprobleme im Osten gewesen, eine Lösung, die zugleich Dienst an der abendländischen Welt sein sollte. Als Vertreter Hitlers

während dessen Gefangenschaft in Landsberg hatte er zum erstenmal aus der Partei Stimmen über seine organisatorische Hilflosigkeit gehört. Aber was bedeutete das Urteil dieser Grobiane, die sich um Hitler gedrängt hatten und ihn selbst auf das Gleis des »Philosophen der Bewegung« abzuschieben suchten.

Er war überzeugt, die Ideen geboren zu haben, von denen sie zehrten – in seinem »Mythus des 20. Jahrhunderts« und in seinem Werk »Wege der deutschen Außenpolitik«, wo die antibolschewistische Mission im Osten geschildert war. Diese erforderte rassisch-brüderliche Zusammenarbeit aller germanischen Völker, einschließlich der Engländer, Holländer, Flamen, Schweizer, Norweger, Schweden oder Dänen, in einem Bund, der »das Abendland rettete«. Sie forderte Frieden im Westen und Kampf im Osten gegen die »Mächte des Untergangs«. Hitler hatte ihn schließlich zum Leiter des »Außenpolitischen Amtes« der Partei gemacht. Dann kam 1933 der Aufstieg zur Macht. Er hatte damit gerechnet, Außenminister zu werden. Aber die »Hohlköpfe« um Hitler – wie er verbittert sagte – waren nach seiner Überzeugung unfähig, seine Lehren wirklich zu verstehen. Sie verschrieben sich der Macht und den Kompromissen. Er hatte sich noch an den Glauben geklammert, Hitler selbst werde nach ihm rufen, sobald an die Stelle des deutsch-nationalen alten Freiherrn von Neurath der erste wirklich nationalsozialistische Außenminister trat.

Er hatte die Häuser in der Margaretenstraße bezogen und Mitarbeiter um sich versammelt, die Geist von seinem Geiste zu sein schienen, um für diese Stunde gerüstet zu sein. Versuche, das »germanische England« auf eigene Faust aufzusuchen und den Zusammenschluß der germanischen Länder vorzubereiten, waren freilich gescheitert. Kein Engländer von Rang und Namen hatte ihn empfangen. Doch dies hatte nur die Überzeugung in ihm bestärkt, daß böswillige Feinde aus der Umgebung Hitlers ihre Hand im Spiele gehabt hatten. Angesichts seiner Bewunderung für die Engländer und seines Glaubens an die Bedeutung seiner Lehre schien ihm keine andere Erklärung denkbar.

Als am 4. Februar 1938 Ribbentrop der erste nationalsozialistische Außenminister geworden war und nicht er, hatte er an Hitler geschrieben: »Ich fühle mich vor aller Welt bloßgestellt und in meiner Ehre berührt... Es geht, verzeihen Sie, wenn ich das einmal erwähne, um das Ansehen und die Ehre eines Mannes, der Ihnen achtzehn Jahre gedient hat...« Er war jedoch keiner Antwort gewürdigt worden.

Er hatte begonnen, die Männer, die seine geistige Bedeutung nicht begreifen wollten, vor allen Dingen Ribbentrop und Goebbels, zu hassen.

Er hatte sich in seine Welt zurückgezogen. Die Zerschlagung der Tschechoslowakei und den Krieg gegen Polen hatte er 1939 begrüßt und geglaubt, nun werde die Niederwerfung der Sowjetunion und des Bolschewismus folgen. Statt dessen hatten Hitler und Ribbentrop Polen mit der Sowjetunion geteilt und einen Freundschafts- und Wirtschaftspakt mit Stalin abgeschlossen, der, was seine Ideen betraf, einem Schlag ins Gesicht entsprach. Der Krieg mit Frankreich und England, vor allem aber mit letzterem, hatte ihm einen weiteren Hieb versetzt. Tief in ihm lebte die Überzeugung, es wäre nie zu diesem Krieg gekommen, hätte Hitler ihn, Rosenberg, von Anfang an zum Außenminister ernannt. Er hätte – so glaubte er – England und auch Frankreich davon überzeugt, daß es nur eine echte, große Gefahr für ihre Zukunft gab: den Bolschewismus, den bolschewistischen Imperialismus der Sowjetunion und den russischen Imperialismus überhaupt. Er hätte beiden klargemacht, daß es zwischen ihnen und Deutschland trotz der Wunden von

Versailles keine offenen Probleme mehr geben mußte, keine Kolonialforderungen, keinen Flotten-Wettstreit, kein Verlangen nach Elsaß-Lothringen, und daß es für Deutschland nur ein Ziel gab: die Sowjetunion zu schlagen und eine neue Regelung des Raumes im Osten herbeizuführen.
Seit 1939 hatte er sich in eine sterile, abgekapselte Welt voller hoffnungslosen Pläneschmiedens zurückgezogen – anderthalb Jahre lang, bis zu diesem Apriltag und dieser jähen Wandlung.
Der Führer hatte ihn nicht vergessen, der Führer hatte ihn gerufen.

Hitler stand schweigend – in Gedanken an das noch streng geheime Abenteuer des Angriffs auf die Sowjetunion versunken – vor dem Tisch, auf dem Rosenberg am Nachmittag des 9. Mai 1941 umständlich Kartenblätter ausbreitete, um seine Pläne für die Aufteilung des Ostens vorzutragen. Unter seinen Blättern lagen noch die Karten des Balkans, über den gerade der deutsche Feldzug gegen Jugoslawien und Griechenland hinweggerollt war, lag die Karte von Kreta, dessen Eroberung aus der Luft vorbereitet wurde.
»Mein Führer«, begann Rosenberg mit leiser, gehemmter Stimme, »ich darf Ihnen hiermit das Ergebnis der Vorarbeiten meiner provisorischen Dienststelle für die Verwaltungseinteilung der besetzten Ostgebiete unterbreiten ...« Er sagte »besetzte Ostgebiete« in einem Ton, als seien die Dinge, die noch geschehen sollten, bereits geschehen. »Mein Führer«, fuhr er umständlich fort, »ich möchte noch einmal grundsätzlich von der Konzeption ausgehen, die meine Mitarbeiter und ich in jahrelanger Arbeit geschaffen haben, um das Abendland in Zukunft nicht nur von der bolschewistischen, sondern von jeder Bedrohung aus dem Osten zu befreien. Wenn wir jetzt nur den Bolschewismus vernichten

würden, das Russische Reich aber bestehen ließen, erwüchse die Gefahr, daß sich aus den germanisch mitbestimmten, intelligenten Schichten der Russen bald wieder ein weißer Zar erhöbe. Er würde einen neuen, wenn nicht bolschewistischen, dann russischen Imperialismus entfalten und in dreißig oder fünfzig Jahren neue germanische Blutopfer fordern. Diese Gefahr kann nur dadurch überwunden werden, daß wir den russischen Raum zersplittern. Wir müssen die großen Randvölker, die Ukrainer, Weißrussen, Kaukasier, die sowohl durch das bolschewistische wie durch das zaristische Moskau vergewaltigt worden sind, von Rußland trennen. Wir müssen sie entweder germanisch kolonisieren oder unter germanischem Einfluß verselbständigen. Auf diese Weise wird ein Schutzwall gegen die Russen entstehen, die von Europa abgedrängt und nach Sibirien hin gelenkt werden müssen. Auf diese Konzeption, mein Führer, stützen sich die Pläne, die ich Ihnen jetzt vortragen möchte ...«

Rosenberg beugte sich über die Karten. Er war versunken in seine Welt, die mit Völkern, Menschen und Ländern spielte wie mit Dominosteinen.

»Die besetzten Ostgebiete«, sagte er, »werden in fünf große Gouvernements eingeteilt. Das nördlichste davon erhält den Namen Ostland. Es umfaßt die früheren baltischen Staaten Estland, Lettland und Litauen, die von den Bolschewisten 1940 besetzt wurden. Es umfaßt ferner Weißruthenien. Lettland und Estland werden aber nach Osten nicht unerheblich vergrößert, so daß Estland bis vor die Tore von Leningrad reicht. Auch Weißruthenien wird erweitert, so daß es die alte historische Stadt Smolensk einschließt. Wie Sie auf der Karte sehen, mein Führer, gehört zu Ostland auch noch die alte deutsche Handelsstadt Nowgorod, die wir wieder Naugard nennen werden.«

Rosenberg sprach so monoton, als lese er vor. »Das Gouver-

E U R O P Ä I S C H E S   N O R D

Die Karte zeigt die Vorstellungen der Hitler-Ära über das deutsch-germanische Kolonialreich im Osten. Sie läßt ferner die tatsächlichen Eroberungen erkennen, im Vergleich dazu das Deutsche Reich von 1938 als deren Ausgangspunkt. Sie macht dadurch die Hybris der Kolonialpläne deutlich, erklärt aber auch das nachhaltige Trauma der Umwelt, besonders im Osten, das durch die tatsächlichen Eroberungen entstand, die von dem räumlich so winzigen Deutschen Reich zwischen 1939 und 1942 ausgingen.

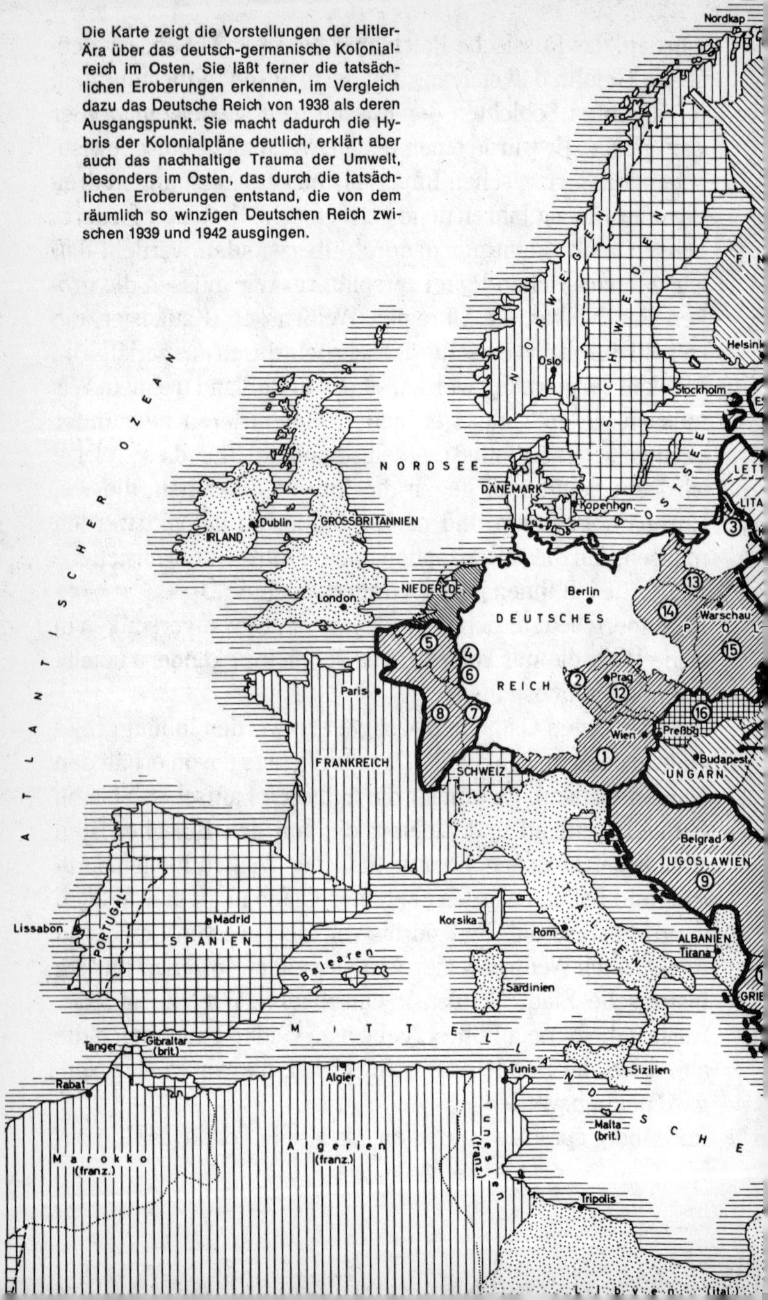

Äußerste Frontausdehnung nach Osten
Winter 1941
Landesgrenzen vom 31. 12. 1937
Deutsch-Russische Interessengrenze vom 28. 9. 1939
»Der stählerne Kern« des »Großgermanischen Reiches«
Ausdehnung des »Großgermanischen Reiches«
annektiert und unterworfen:
① Österreich
② Sudetenland
③ Memelland
④ Eupen-Malmedy
⑤ Belgien mit Flandern u. Wallonien
⑥ Luxemburg
⑦ Elsaß-Lothringen
⑧ Nord- u. Ostfrankreich
⑨ Jugoslawien
⑩ Griechenland
⑪ Krim (»Gotenland«)
⑫ Prot. Böhmen u. Mähren
⑬ Reichsgau Danzig-Westpreußen
⑭ Reichsgau Wartheland
⑮ Generalgouvernement
Reichskommissariate
ideologisch »gleichgerichtet«
eng an »Großgermanisches Reich« zu binden
Satellitenstaaten
selbständige Staaten im NS-Großraum
⑯ SLOWAKEI
bevormundete Staaten
Unabhängigkeit verloren
Archangelsk
REICHSKOMMISSARIAT
Perm
Kirow
Tscheljabinsk
S O W J E T -
Wologda
MOSKAU
Magnitogorsk
Wolga
ISS.
Kuibyschew
Moskau
Brjansk
U N I O N
REICHSKOMMISSARIAT
Stalingrad
Charkow
Kiew
UKRAINE
Astrachan
KASPISCHES MEER
Rostow
REICHSKOMMISS.
Stawropol
⑪
KRIM
KAUKASUS
Tiflis
Baku
arest
SCHWARZES MEER
Ankara
T Ü R K E I
IRAN
SYRIEN
Dodekanes (ital.)
Zypern (brit.)
Damaskus
PALÄSTINA
Jerusalem
Amman
TRANSJORDANIEN
MEER
Kairo
ÄGYPTEN
0 200 400 600 800
km

nement Ostland weist mit den Letten und Esten etwa sechs Millionen germanisch bestimmte Einwohner auf. Dazu kommen noch deutsche Kolonien in Litauen und germanische Volkssplitter in Weißruthenien, die alle zusammen einen guten Kern für eine Germanisierung des Ostlandes abgeben. Wenn Sie, mein Führer, der Verwandlung des ganzen Ostlandraumes in zukünftiges deutsches Siedlungsgebiet zustimmen, muß von vornherein auf dieses Ziel hingearbeitet werden. Letten, Esten und Litauer dürfen sich nicht erst in den Gedanken versteifen, die Selbständigkeit zurückzugewinnen, die sie bis 1940 gehabt haben. Es muß Sorge getragen werden, daß ein großer Teil der Intelligenz, insbesondere bei den Letten, nach Osten in das noch zu behandelnde russische Restgebiet abgeschoben werden kann. Und dann muß mit einer germanischen Einwanderung nachgeholfen werden. Ich könnte mir zum Beispiel denken, daß Norwegen germanische Einwanderer ins Ostland schickt. Es käme aber auch die Ansiedlung von Dänen, Holländern und Flamen in Frage, und nach dem Sieg über England auch die von Engländern. Auf diese Weise kann das Ostland nach ein oder zwei Generationen als germanisiertes Gebiet gelten. Wir werden das Ostland in irgendeiner Form, die ich Ihnen, mein Führer, überlassen muß, direkt mit dem Deutschen Reich vereinigen.«

Rosenbergs Stimme hob sich nicht und senkte sich nicht. Er sprach mit einer so gleichförmigen Trockenheit, daß Hitler Mühe hatte, ruhig zuzuhören. Ihn störte es nicht, daß Rosenberg mit dem Empfindungsmangel des Theoretikers auf der Karte mit Völkerschicksalen und Menschenschicksalen operierte. Aber ihn belästigten die Langsamkeit und die papierene Ideologie des Vortrags.

Rosenberg fuhr mit seiner weichen Hand über den Südteil der Karte. »Mein Führer«, begann er nach kurzer Unterbrechung, ohne aufzusehen, »ich darf mich jetzt dem zweiten Gouvernement, Ukraine, zuwenden. Seine Westgrenze entspricht derjenigen der heutigen Sowjet-Ukraine. Sie umfaßt also auch Galizien, das vor eineinhalb Jahren« – daraus klang eine leise vorwurfsvolle Erinnerung an eine der schlimmsten Niederlagen seines Lebens – »nach der Teilung Polens mit seinen Erdölquellen zur Sowjetunion und damit zur Ukraine geschlagen worden ist. Galizien ist für die Ukraine sehr wichtig. Nicht nur wegen des Erdöls, sondern vor allen Dingen im Hinblick auf das ukrainische Nationalgefühl. Die heute noch vorhandenen Träger der ukrainischen Selbständigkeit leben vornehmlich in Galizien. Da ist auch die OUN, die revolutionäre Kampforganisation der Ukrainer, unter Melnik und neuerdings Bandera zu Hause. Sie ist für unsere Zwecke zwar zu nationalistisch und daher unbrauchbar. Aber auch der Boden für gemäßigte Kräfte ist in Galizien vorhanden. Wenn wir also eine mit Deutschland eng verbundene, aber in gewissem Sinne doch selbständige Ukraine als gewaltigen Schutzwall gegen alle zukünftigen russischen Machtgelüste aufrichten wollen, muß Galizien zur Ukraine gehören.«

Rosenberg hatte sich tiefer über die Karte gebeugt. Er bemerkte nicht, daß Hitler kaum noch seine Ungeduld bezwang.

Er fuhr fort: »Das ukrainische Gebiet habe ich auch nach Osten weit vorgeschoben. Die Krim, die heute zu Rußland gehört, möchte ich in die Ukraine einbeziehen, obgleich die Bevölkerung stark russisch und im Süden tatarisch ist. Aber hier müßte eben eine Aussiedlung nach Osten stattfinden ... Selbstverständlich muß die Ukraine auch die deutsche Wolgarepublik umfassen. Dadurch würden wir zu den dreihunderttausend Volksdeutschen, die heute in der Ukraine leben, noch etwa vierhunderttausend Wolgadeutsche in die

Ukraine einbringen, die zusammen mit verdienten deutschen Soldaten, denen man in der Ukraine Landbesitz geben könnte, den Pfeiler für eine feste germanische Brücke in die Ukraine bilden werden. An eine Germanisierung der Ukraine selbst können wir leider wegen des Fehlens der nötigen Menschen nicht denken. Die losgelöste Ukraine müßte zunächst die Form eines deutschen Protektorats erhalten und sich dann langsam unter einer deutschfreundlichen Führungsschicht zu einer Eigenstaatlichkeit entwickeln, vielleicht in der Art eines Dominions. Der russische Druck aus dem Osten würde die Ukraine von selbst zu einem dauernden Bündnis mit Deutschland zwingen. Um dies zu fördern, habe ich einen so breiten Streifen russischen Gebietes zur Ukraine geschlagen. Der Streit um diesen Streifen wird ewig eine Feindschaft wachhalten, die uns die Ukraine als Bollwerk, Rohstoff- und Ernährungsbasis für alle Zeiten ...«

Rosenberg war so sehr in seine abstrakten Darlegungen versunken, daß der erste Einwurf, den Hitler machte, ihn erschrocken auffahren ließ. »Soll das heißen«, fragte Hitler, »daß Sie einen ukrainischen Nationalismus großzüchten wollen? Von solchen Experimenten sollten wir doch geheilt sein. Denken Sie an unsere Erfahrungen am Ende des Ersten Weltkrieges mit der damaligen ukrainischen Staatengründung. Mich interessiert die Ukraine nur als Reservoir, das wir brauchen wie die anderen Kolonialvölker ihre Kolonien. Nationale Ambitionen sind da nur störend. Lassen Sie die Finger davon ...«

Rosenberg schwieg verstört. Dann versuchte er, seinen Faden wieder aufzunehmen. »Mein Führer«, wandte er ein, »nach allen Programmen, die ich mit Ihrer Zustimmung in den letzten zwanzig Jahren entwickelt habe, ist das Ziel dieses Ostfeldzuges doch, den gewaltigen russischen Koloß, der uns in einer bolschewistischen Form ebenso bedroht wie in der zaristischen, ein für allemal zu zerschlagen. Dazu müssen wir alle Teile loslösen und unter Ausnutzung ihrer Selbständigkeitsbestrebungen zu eigenen Gebilden machen, die nicht russisch sind und die sich das Zarenreich erst mit Gewalt eingegliedert hat. Selbstverständlich werden alle diese Gebiete von Deutschland abhängig werden. Aber wir beschränken dadurch die Russen auf ihr eigenes Territorium und drängen ihren Schwerpunkt weit nach Osten bis an den Ural zurück. Auf diese Weise wird die russische Gefahr ein für allemal ...«

Hitler ließ seine Hand mit einer verächtlich weiträumigen Geste über die Karte gleiten. Er unterbrach Rosenberg mit unterdrücktem, aber deutlichem Überdruß. »Denken Sie doch nicht so dogmatisch«, grollte er. »Nach dem Sieg im Osten in ein paar Monaten spielen doch ethnographische Grenzen keine Rolle. Wir werden unseren Machtbereich bis über Moskau ausdehnen. Über die Ostgrenze des deutschen oder germanischen oder europäischen Imperiums kann ich mir im Augenblick noch keine Gedanken machen. Vielleicht erheben die Japaner Ansprüche auf Sibirien. Es wäre mir zwar gar nicht sympathisch, wenn die Japaner ganz Sibirien bis an den Ural beanspruchen würden, aber wir müßten auf unseren fernöstlichen Bundesgenossen Rücksicht nehmen.«

Er wiederholte seine Geste auf der Karte. Sie glitt über noch weitere, uferlose Bereiche hin, während Rosenberg in erschrockener Ratlosigkeit seine Hände an sich zog. Hitler warf einen Rotstift, den er in der Hand gehalten hatte, auf den Tisch, drehte Rosenberg den Rücken zu und nahm den Marsch zum Fenster wieder auf. »Errichten Sie in Gottes Namen Ihr Gouvernement Ukraine«, sagte er, »ich habe Ihnen schon gesagt, da sollen Sie machen, was Sie wollen. Aber keine nationalistische ukrainische Politik ...«

Rosenberg stand mit fahlem Gesicht da. Er bewegte unsicher

seine Hände. »Mein Führer«, versuchte er noch einmal sein zerrissenes Gedankengewebe zusammenzuflicken. Aber Hitler ließ ihm keine Zeit.
»Der Name Gouvernement gefällt mir übrigens nicht«, sagte er. »Das ist eine Bezeichnung aus dem zaristischen Rußland ...«
Hitler verschränkte seine Hände auf dem Rücken. Dann sagte er: »Ich bin für Reichskommissariat.«
»Mein Führer«, sagte Rosenberg. In der Anrede schwang der Unterton hilflosen Gekränktseins des Mannes, der sich überrannt fühlte. »Der Ausdruck Kommissar erinnert an die bolschewistische Gewaltherrschaft«, raffte er sich auf. »Bis zum Volkskommissar aufwärts gibt es überall Kommissare, die die Sowjetmacht repräsentieren und von der Bevölkerung gefürchtet werden ...«
»Na, um so besser«, sagte Hitler kurz, »um so besser! Man muß uns fürchten, wenn unsere Herrschaft festgefügt sein soll. Ich habe der Wehrmacht und den Einsatzgruppen des Reichsführers SS in dieser Beziehung radikale Befehle gegeben. Alle Kommissare und asiatischen Verbrechertypen werden durch Einsatzkommandos erschossen, die Juden gesammelt und in Ghettos gesperrt. Die Wehrmacht wird natürlich wieder zu weich sein. Unsere Soldaten sind immer zu weich. Aber eine umfassende Aufklärung und Propaganda wird dafür sorgen, daß sie den bolschewistisch-jüdischen Untermenschen mit der nötigen Härte entgegentreten. Also, einigen wir uns auf Reichskommissare und Reichskommissariate.«
Rosenberg zögerte, aber dann ließ er sich von Hitlers stärkerem Willen und grenzenloser Hybris weitertreiben. Er nahm seinen Vortrag wieder auf. »An die Ukraine schließt sich«, sagte er, »im Südosten das Gouvernement ... Verzeihung, mein Führer ... das Reichskommissariat Kaukasus an, so

daß das russische Kernland auch vom Schwarzen Meer völlig abgedrängt ist. Die kaukasischen Völker, die erst im 19. Jahrhundert von Moskau unterworfen worden sind, bringen neben der Ablehnung des Bolschewismus auch sehr viel Russenhaß mit. Sie werden einen politischen Anschluß an Deutschland begrüßen, da sie mit der Rückendeckung des mächtigen großdeutschen Reiches von seiten der Russen nichts mehr zu befürchten haben werden ...«

»Schön«, sagte Hitler. Er zwang sich zur Geduld. »Machen Sie mit diesen wilden Völkern, was Sie wollen. Mich interessiert das Erdöl. Das Öl von Baku wird deutsches Eigentum, so wie das persische Erdöl englischer Besitz ist, und es wird deutsches Eigentum bleiben.«

Rosenbergs Gesicht wurde noch um einen Grad fahler. »Dann blieben noch die Reichskommissariate Rußland und möglicherweise Turkestan ...«, sagte er. »Die Ostgrenze des Reichskommissariats Rußland mit Moskau als Zentrum habe ich zunächst offengelassen, da ich nicht weiß, wie weit unser Heer vorrücken soll. Ich habe aber vorsorglich eine Verwaltungseinteilung bis zum Ural entwerfen lassen. Die turkestanischen Gebiete haben sich Rußland zum größten Teil erst im 19. Jahrhundert unterworfen. Sie müssen also vom russischen Körper getrennt werden. Das, was dann als Rußland übrigbleibt, muß unter der Besetzung planmäßig geschwächt werden. Da wir alle Gebiete mit Ernährungsüberschuß in der Hand halten, wird von selbst eine Hungersnot entstehen. Die Durchführung all dessen wird auf unserer Seite harte Charaktere erfordern. Die Russen werden notgedrungen ihren hilfesuchenden Blick nach Osten wenden, Europa nicht mehr als Ziel ihrer Dynamik betrachten und die verbleibenden Lebensenergien nach Sibirien richten ...«

»Rosenberg«, unterbrach Hitler in einem Ton von Schroffheit und mitleidiger Herablassung, »Rosenberg«, wiederhol-

te er, »es gefällt mir zwar, wenn Sie von Härte reden, aber ich habe nicht die Absicht, mich in Rußland festzulegen. Ich habe dem Heer befohlen, bis zur Linie Astrachan–Archangelsk vorzumarschieren. Wenn wir diese Linie besetzt haben, ist der Bolschewismus erledigt, und Restrußland spielt keine Rolle mehr. Ihre Wendung nach Osten können die Russen selbst besorgen. Dazu brauchen wir keine Verwaltung ins Niemandsland zu schicken. Also bitte keine Projekte. Und Turkestan?« Er wurde sarkastisch. »Haben Sie da in Ihrer Sammlung von Emigranten irgend so einen turkestanischen König ohne Land? Was mich viel mehr interessiert, sind die Reichskommissare, die unsere Politik an Ort und Stelle durchführen werden ... Auf die kommt es an ...«
Er beobachtete das Rot, das in Rosenbergs Gesicht stieg. Er kannte dieses Zeichen des Gekränktseins.
»Ich möchte als Reichskommissar für das Ostland den Parteigenossen Lohse vorschlagen«, sagte Rosenberg unsicher. »Als Gauleiter von Schleswig-Holstein hat er sich mit den Fragen des nordeuropäischen Germanentums zu beschäftigen. Ich halte ihn für sehr geeignet, die Germanisierung des Ostlandes durchzuführen.«
»Lohse!« Hitler schlug die Hände auf dem Rücken ineinander. »Ob Lohse was von Germanentum versteht, ist mir gleichgültig. Aber er soll eine energische Persönlichkeit sein. Das ist das Wichtigste. Gegen ihn hätte ich keine Bedenken ...«
»Für die Ukraine«, fuhr Rosenberg fort, »habe ich an den Gauleiter Dr. Meyer in Münster gedacht. Er ist ein alter nationalsozialistischer Kämpfer und eine ruhige Persönlichkeit. Ich glaube, gut mit ihm auszukommen, auch wenn er bisher nicht mit Ostfragen in Berührung gekommen ist ...«
Hitler sah den kleinen unbedeutenden Meyer vor sich. »Ausgeschlossen«, erklärte er, »Meyer in der Ukraine? An

dem ist ein Verwaltungsbeamter verlorengegangen. In die Ukraine gehört eine Persönlichkeit mit eisernen Fäusten, die die Reichtümer des Landes herausholt.« Er brauste zum erstenmal auf: »Haben Sie nichts anderes zu bieten als diese dritte Garnitur?«

»Ich habe allerdings daran gedacht, Meyer unter Umständen als Staatssekretär in mein Ministerium zu nehmen ...«

»Meinetwegen! Aber für die Ukraine ...?«

»Ich habe noch an den Gauleiter Sauckel gedacht ...«

»Sauckel wäre schon stärker. Aber es wird schließlich doch noch energischere Persönlichkeiten geben. Wofür haben Sie sich denn so lange mit dem Problem beschäftigt! Ich werde das mit Göring klären. Wen haben Sie für den Kaukasus ...?«

»Meinen Stabsleiter Schickedanz, der Rußland zwar auch nicht kennt, sich aber durch die Beschäftigung in meinem Amt viel Wissen erworben hat ...«

»Den kenne ich überhaupt nicht. Versteht er etwas von wirtschaftlichen Dingen oder von Erdöl?«

»Er ist politisch sehr geschult und an die Zusammenarbeit mit mir gewöhnt ...« Rosenbergs Stimme war ein einziger Widerhall wachsender Kränkung.

»Wenn er von Wirtschaft nichts versteht, kann ich ihn dort nicht gebrauchen. Ich muß also auch über den Kaukasus mit Göring reden ... Im übrigen habe ich den Wunsch, daß Sie den Parteigenossen Kube im Osten unterbringen. Seine Extravaganzen als Gauleiter von Brandenburg habe ich ihm verziehen.«

Rosenbergs Lippen wurden fast weiß. Er spürte sehr wohl, daß ihm mit den »energischen« Persönlichkeiten, die Hitler verlangte, seine Feinde aufgedrängt wurden.

»Persönlich«, wandte er schwächlich ein, »habe ich keine großen Sympathien für Kube, aber wenn Sie es wünschen ...«

»Ja, ich wünsche es«, sagte Hitler. »Ich werde im übrigen das Oberkommando des Heeres anweisen, sich mit Ihnen in Verbindung zu setzen wegen der Abgrenzung von Militär- und Zivilverwaltung. Zweihundert Kilometer hinter der kämpfenden Front werden die besetzten Ostgebiete der Militärverwaltung unterstellt bleiben, wobei Göring und der Reichsernährungsminister selbstverständlich auch dort dieselben Sonderrechte haben wie bei Ihnen. Das Land hinter der Zweihundertkilometerzone wird Ihnen dann Zug für Zug übergeben werden. Sie haben also noch Zeit. Meine Entscheidung über die Reichskommissariate werde ich Ihnen mitteilen. Das wäre alles!«

Der deutsche Generalkonsul für Sowjet-Transkaukasien mit Sitz in Tiflis, Dr. Otto Bräutigam, hatte gerade seine alljährliche Magenkur in Karlsbad beendet, als er einen Anruf aus der Margaretenstraße 14 in Berlin erhielt. In Berlin meldete sich Leibbrandt. Er bat Bräutigam dringend, ihn aufzusuchen, bevor er nach Tiflis zurückkehre.
Bräutigam kannte Leibbrandt aus den Jahren, in denen er deutscher Konsul in Charkow gewesen war. Leibbrandt hatte damals eine Studienfahrt zu den Volksdeutschen in der Ukraine gemacht. Da Bräutigam ohnedies einen Informationsbesuch im Auswärtigen Amt machen mußte, sagte er zu und war zwei Tage später in Berlin.
Es fiel Bräutigam auf, daß Leibbrandt sich verändert hatte. Er war von einer nervösen Betriebsamkeit. Als er mit Bräutigam allein war, sagte Leibbrandt, der Entscheidungskampf mit dem Bolschewismus stehe bevor.
Bräutigam erfuhr – noch bevor er diese Mitteilung, die seine weitere Tätigkeit in Tiflis illusorisch machte, ganz verkraftet hatte –, daß die deutsche Wehrmacht ihren Aufmarsch im Osten vollende und Hitler damit rechne, die Sowjetunion

spätestens in drei bis vier Monaten geschlagen zu haben. Er vernahm, daß es zwar Zweifler gäbe. Sie seien unter den Diplomaten in Moskau zu suchen, auch bei hohen Generalen der Wehrmacht. Sie hätten sich jedoch überzeugen lassen, daß Stalin und der Sowjetunion nicht die Zeit gelassen werden dürfe, sich für einen Überfall auf Deutschland vorzubereiten, während dieses noch in den Krieg mit England verwickelt sei. Der Freundschaftsvertrag mit der Sowjetunion von 1939 sei nur ein Stillhalteabkommen, das mit Sicherheit gebrochen werde, sobald Stalin sich stark genug fühle. Jetzt sei die deutsche Wehrmacht noch in der Lage, die Sowjetunion militärisch zu vernichten und die bolschewistische Bedrohung ein für allemal zu beseitigen. Der Führer habe Alfred Rosenberg mit der Neugestaltung des eroberten Ost-Raums beauftragt und dafür das sogenannte »Ministerium für die besetzten Ostgebiete« geschaffen.

Leibbrandt sah Bräutigam durch seine Brille fragend an. Dann sagte er: »Es ist für uns sehr schwer, die nötigen leitenden Persönlichkeiten zu finden ...« Er machte eine Pause. Dann sagte er: »Ich habe an Sie gedacht ...«

Bräutigam hatte all das noch immer nicht ganz bewältigt, als diese neue Überraschung auf ihn zukam.

Aber Leibbrandt sprach schon weiter: »Der Minister hat sich als Staatssekretär den Gauleiter Meyer ausgewählt. Gauleiter Meyer hat sich leider nie mit russischen Fragen beschäftigt. Ich selbst werde die Hauptabteilung Politik übernehmen, die in Länderabteilungen für Ostland, für die Ukraine, für Kaukasus, Turkestan und Rußland aufgeteilt wird und in eine Abteilung ›Allgemeine Politik‹, die politische Fragen von übergeordneter Bedeutung behandeln soll. Ich weiß außer Ihnen niemanden, der so viel persönliche Erfahrung im Osten besitzt, daß ich ihn mir als meinen Stellvertreter und Leiter der ›Allgemeinen Politik‹ wünschen kann. Sie haben

mir oft gesagt, daß Sie aufgrund Ihrer persönlichen Erfahrungen daran glauben, daß die Masse der Ukrainer sich einen selbständigen ukrainischen Staat und eine Loslösung von Rußland wünscht. Die Schaffung einer solchen Ukraine ist aber ein Hauptpfeiler in unserer kommenden Politik.«
Leibbrandts Hände spielten mit Papieren auf seinem Schreibtisch. Er bewegte seinen bebrillten Gelehrtenkopf. »Den Leiter für die Abteilung Kaukasus und Turkestan habe ich bereits gewonnen. Es wird Professor von Mende sein. Sie kennen ihn ...«
Bräutigam dachte: Mende? Ja – schlank, gepflegt, irgendwoher aus dem Baltikum, ein Gelehrter, der über Völker des Ostens las.
»Von Mende ist niemals in der Sowjetunion gewesen, aber er hat ihre Völker studiert«, sagte Leibbrandt, »er hat persönliche Verbindungen mit den Emigranten aus dem Kaukasus und Turkestan, und er ist davon überzeugt, daß man die Kaukasier und Turkestaner zu neuen Staaten zusammenfassen kann. Für die Abteilung Ostland habe ich Dr. Kleist gewonnen. Die Abteilung Ukraine habe ich einem Ukrainekenner vorbehalten, einem guten Bekannten von mir, dem Arzt Dr. Kinkelin.«
Bräutigam – immer noch erdrückt von den gewaltigen Perspektiven, die auf ihn einstürmten – brachte den Namen Kinkelin mit einem Arzt in Verbindung, der zum Rasse- und Siedlungshauptamt der SS gehörte und sich mit den Volksdeutschen in der Ukraine beschäftigt hatte, ein Mann in SS-Uniform, aber ohne Bedeutung oder Durchschlagskraft.
»Die Abteilung Rußland ist noch nicht besetzt. Ich weiß noch niemanden, der sie in unserem Sinne leiten könnte ...« Leibbrandt fuhr hastig fort: »Außerdem sind unsere Pläne, was Rußland anbelangt, noch nicht abgeschlossen ...«
Er überging das russische Problem wie etwas Nebensächli-

ches. »Die Kulturabteilung bekommt Herr Scheidt. Sein Vertreter wird Herr van der Milwe. Herr Scheidt ist sicher geeignet, die russischen Sprach- und Kultureinflüsse aus der Ukraine und den anderen nichtrussischen Ländern wieder zu verdrängen. Mit Polizeifragen haben wir Gott sei Dank nichts zu tun ... Das wird Himmler besorgen ... Auch die Wirtschaft geht uns nur indirekt an. Die wirtschaftliche Erfassung hat der Führer Göring vorbehalten, weil für den baldigen Sieg auch über England die Mittel, die der Osten bietet, so schnell wie möglich mobilisiert werden müssen. Unser Ministerium wird zwar auch eine Art Wirtschaftsabteilung haben. Aber Dr. Meyer hat hier einen meines Erachtens vortrefflichen Gedanken entwickelt. In Görings Vierjahresplan ist Ministerialdirektor Schlotterer für die gewerbliche Wirtschaft und Ministerialdirektor Riecke für die Landwirtschaft zuständig. Beide haben inzwischen schon die entsprechenden Positionen für die Gebiete erhalten, die jeweils hinter der vorrückenden Ostfront als rückwärtige Heeresgebiete liegen werden und dem OKH (Oberkommando des Heeres) unterstellt bleiben. Sie werden jetzt auch die entsprechenden führenden Stellen bei uns besetzen. Dann ist alles in einer Hand. Und wir können uns ganz der Politik und Kultur widmen.«
Bräutigam verspürte ein Unbehagen. Auch er war kein Tatmensch. Aber er hatte in vielen Jahren als Diplomat im Ausland einiges über die unlösbare Verbindung zwischen politischen und wirtschaftlichen Fragen gelernt. Die wirtschaftliche Unkenntnis weltanschaulicher Grübler lag ihm fern. Aufbau einer selbständigen Ukraine ohne Vollmacht über die Wirtschaft? Und die Macht der Polizei in anderer Hand? Das war eine Konstellation, die nur weltfremde Träumer ohne böse Vorahnungen akzeptieren konnten.
Aber Leibbrandt eilte bereits weiter: »Bitte, überlegen Sie

sich meine Frage an Sie. Ich weiß, wie sehr Sie die Ukraine und die ukrainische Kultur lieben. Sie müssen einfach an einer Aufgabe teilnehmen, die das Gesicht des Ostens für immer verändern, den Ukrainern die Freiheit und Europa Sicherheit geben wird. Eine günstige Entscheidung von Ihnen würde den Minister und mich sehr erleichtern und uns ein großes Stück weiterbringen. Allein wegen der Geheimhaltung gibt es täglich neue Schwierigkeiten. Es darf nicht geschehen, daß wir nicht genug Personal haben, wenn die Arbeit für uns im Osten losgeht. Der Eindruck auf den Führer wäre nicht auszudenken. Die Reichskommissare für die Kommissariate, in die wir die Sowjetunion zunächst einteilen werden, liegen noch nicht fest. Der Führer hat sich die Entscheidung vorbehalten. Unter den Reichskommissaren, die nach unseren Weisungen die Neugestaltung des Ostens durchführen werden, müssen Hunderte von anderen Stellen besetzt werden. Die SA ist bereit, uns mit einer Schar von SA-Führern zu unterstützen. Aber sie geht wohl etwas zu weit, weil sie eine komplette SA-Besetzung für alle präsumtiven Stellen ausgearbeitet hat. Dann kommen noch die Ordensjunker in Frage. Aber sie sind ohne Sprachkenntnisse. Trotzdem wünschen sie nur leitende Posten. Wir haben keine wirklichen Fachleute ...«
Er bewegte wieder die Papiere. »Bitte denken Sie bei Ihrer Entscheidung daran ... Im übrigen ist Ihre Abkommandierung zu unserer Dienststelle in einem Privatschreiben an Ribbentrop bereits beantragt.«

Der Befehlszug »Heinrich« des Reichsführers SS Himmler stand acht Wochen später am Vormittag des 17. Juli 1941 auf einem Stichgeleise der Bahnlinie Angerburg–Lötzen.
Seit dem 22. Juni, an dem die deutschen Armeen die sowjetische Grenze überschritten hatten, rissen die Siegesmeldun-

gen von der Ostfront nicht ab. Ein Zuglautsprecher hatte vor knapp einer Stunde die Einnahme der politisch und historisch bedeutenden Stadt Smolensk mitgeteilt. Seit in der Umfassungsschlacht zwischen Bialystok und Minsk nicht weniger als 324 000 sowjetische Soldaten, 3300 Panzer und nahezu 2000 Geschütze in deutsche Hand gefallen waren und geschlagene sowjetische Armeen zurückfluteten, brütete das ansteckende Fieber des Erfolges und sicheren Siegesglaubens in der sommerlich heißen Luft.

In dem schützenden Wald, der den Zug umgab, machte der soeben offiziell ernannte »Minister für die besetzten Ostgebiete«, Alfred Rosenberg, einen Spaziergang. Er trug, während er über die schmalen Waldwege ging, zum erstenmal die Uniform, die ihn und seine Leute in Zukunft kennzeichnen sollte. Nicht feldgrau, sondern bräunlich-gelb, gefertigt aus vorhandenen Beständen an NS-»Ordensjunker«-Tuchen. An Rosenbergs linker Seite ging sein Adjutant, zur rechten Dr. Otto Bräutigam. Mit gemischten Gefühlen, aber gewohnt, Befehlen und Versetzungen zu folgen, hatte Bräutigam die Position des Leiters der Abteilung »Allgemeine Politik« im »Ministerium für die besetzten Ostgebiete« und gleichzeitig (als Artilleriehauptmann der Reserve) des Verbindungsoffiziers zum Oberkommando des Heeres übernommen.

Bis zu Rosenbergs Ernennung hatte er sich beim Generalstab des Heeres im Lager Mauerwald in Ostpreußen aufgehalten. Dort waren ihm Dinge zu Ohren gekommen, die ihn daran zweifeln ließen, daß Rosenberg, das Ministerium und seine eigene Abteilung echten Einfluß auf die Entwicklung erhalten würden. Zu den ersten Dokumenten, die Ende Juni zu seiner Kenntnis gelangten, gehörte ein eben erlassener Führerbefehl über die umfassenden Vollmachten Görings in den besetzten Ostgebieten. Bräutigam hatte Rosenberg eine

Abschrift dieses Dokumentes übersandt und erfahren, daß Hitler selbst es nicht für notwendig befunden hatte, den Befehl Rosenberg zugänglich zu machen. Bräutigams Unsicherheit hatte sich noch verstärkt, als er in Gesprächen mit Görings Ministerialdirektor Riecke erfuhr, daß es von seiten Hitlers und Görings keineswegs beabsichtigt war, eine Befreiung der ukrainischen Bauern im Sinne der Rückgabe des durch die Sowjetregierung enteigneten Landbesitzes durchzuführen. Im Gegenteil, die sowjetischen Kolchosen sollten erhalten bleiben, weil sie für die im Vierjahresplan vorgesehene Erfassung der landwirtschaftlichen Reichtümer wie geschaffen schienen. Bräutigam verfolgte eine Ahnung unausgesprochener, aber entscheidender Differenzen zwischen den Plänen Rosenbergs und Leibbrandts und den Plänen Hitlers.

Am 15. Juli hatte er daher mit einiger Erleichterung die Nachricht erhalten, daß Rosenberg am 16./17. Juli nach Ostpreußen kommen werde, um »aus der Hand des Führers seine endgültige Betrauung mit seiner historischen Aufgabe entgegenzunehmen«. Er selbst hatte die Anweisung bekommen, sich zu diesem Anlaß bei Rosenberg zu melden, und so ging er jetzt an dessen Seite – begierig, aus seinem Munde zu erfahren, welch endgültiges Aussehen nun sein Ministerium und die Verwaltungsorganisation in den besetzten Gebieten erhielten. Es waren ungefähr sechzehn Stunden vergangen, seit Rosenberg von Hitler, der sich in einer wahren Siegeseuphorie befand, zu einer langen Unterredung vor der Ernennung empfangen worden war.

Rosenberg setzte schweigend Schritt vor Schritt. Im Zug, dessen mittleren Teil Reichsminister Lammers belegte, war man damit beschäftigt, die Ernennungsurkunde für Rosenberg auszufertigen, die Hitler am Nachmittag in seinem nunmehrigen ostpreußischen Hauptquartier unterschreiben wollte. Rosenberg sah mit merkwürdig verträumten Augen vor sich hin. Fast eine halbe Stunde verging, bis er aus seiner Träumerei erwachte und unvermittelt erklärte: »Der Führer hat den Beginn unserer Arbeit immer wieder hinausgeschoben, weil er erst wirklich große Gebiete besetzt haben wollte. Er hat wieder einmal recht behalten in seiner Voraussicht und in seinem Glauben an unseren Sieg ... Aber jetzt fängt für uns die Arbeit an. Die Zeit des Wartens ist vorbei. In den nächsten Tagen wird die Übergabe von Litauen an uns erfolgen ...«

Bräutigam bezwang mühsam seine Ungeduld. Er fragte: »Und die Ukraine? Wann soll dort die Übergabe stattfinden?«

Rosenberg hob seinen verträumten Blick. »Der Führer hat bestimmt, daß das eroberte Galizien, die westliche Ukraine, nicht uns unterstellt wird. Galizien wird verwaltungsmäßig an das polnische Generalgouvernement angeschlossen und Generalgouverneur Frank unterstellt. Unsere Arbeit in der Ukraine wird also erst in einigen Wochen beginnen ...«

»Ja, aber ...«, bemerkte Bräutigam. »Wenn Sie aus der Ukraine ein selbständiges Territorium machen wollen, so ist das doch ohne die galizischen Ukrainer unmöglich. Die galizischen Ukrainer haben kaum zwei Jahre Bolschewismus hinter sich. Die bolschewistische Verwaltung und Propaganda hat die Leute noch kaum angetastet. Können wir eine positive Ukrainepolitik machen, wenn wir sie mit der Abtrennung des für die Ukrainer wichtigsten Gebietes beginnen ...?«

»Der Führer«, sagte Rosenberg, »hat meine Ideen noch nicht ganz in sich aufgenommen. Er hat mir erklärt, wir könnten den Ukrainern an der Ostgrenze Entschädigung geben. Der Führer befürchtet einen überspitzten ukrainischen Nationalismus und meint, es sei gut, daß die intelligenten Westukrainer zu Frank kämen und sich nicht zu Herren über ihre

verproletarisierten Brüder in der übrigen Ukraine aufwerfen ...«
Bräutigam beobachtete Rosenberg von der Seite. Konnte ein Minister so naiv über Dinge berichten, die wesentliche Fundamente seiner ganzen Politik wegrissen? Hitler war gegen ukrainischen Nationalismus? Wie sollte ohne diesen eine selbständige Ukraine entstehen? War Hitler vielleicht überhaupt gegen eine solche Ukraine?
»Da werden unsere Propagandisten zu tun haben«, hörte er Rosenberg sagen. »Sie werden den Ukrainern verständlich machen, daß dieser vorläufige Verzicht auf wichtiges Territorium notwendig ist.«
Bräutigams Beherrschtheit, die ihm seine diplomatische Schule auferlegte, hinderte ihn, seiner inneren Erregung die Zügel schießen zu lassen. Aber er fragte drängend: »Ist es nicht ein schlechter Start für das Ministerium, wenn es in einer so wichtigen Angelegenheit vor vollendete Tatsachen gestellt wird?«
Rosenberg beschleunigte nun seinen Schritt. »Der Führer ist jetzt im Augenblick ganz mit der schnellen Durchführung und Beendigung des Feldzuges beschäftigt. Da kann es zu solchen Entscheidungen kommen. Es muß zunächst alles für den Sieg geschehen. Wenn dieser in einigen Wochen errungen ist, werde ich dem Führer meine Pläne noch einmal in Ruhe vortragen.«
»Herr Minister«, beharrte Bräutigam, »darf ich dann um Auskunft bitten, wie der Führer über die noch unklare personelle Besetzung des Reichskommissariats für die Ukraine entschieden hat?«
Rosenberg ging weiter, an dem ganzen Zug entlang. Dann erst sagte er: »In unserer Besprechung hat der Führer die Personalfragen geklärt. Der Führer hat Lohse als Reichskommissar für das Ostland endgültig akzeptiert. Er hat

allerdings gegen meine Einwände den ostpreußischen Gauleiter Koch zum Reichskommissar für die Ukraine ernannt. Göring hat die Ernennung des Gauleiters Koch gefordert, weil er die rüstungswirtschaftliche Ausnutzung der Ukraine für gefährdet hält, wenn zum Reichskommissar nicht ein Mann ernannt wird, der zu den härtesten zählt, über die die Partei verfügt.«

Bräutigam konnte diesmal sein Erschrecken nicht verbergen. »Herr Minister«, sagte er, »Koch ist als brutal bekannt. Er gilt als herrschsüchtig. Er wird in der Ukraine eine Belastung Ihrer Politik sein ...«

Bräutigam sah den bullenhaften Gauleiter vor sich, den ehemaligen Eisenbahner aus Wuppertal, der sich hochgeboxt hatte, mit List, mit Skrupellosigkeit, mit den Fäusten. Ein Blick in sein grobes, geistloses Gesicht genügte, um seine dumpfe Machtgier zu erkennen. Niemals zuvor hatte er den Boden der Ukraine betreten. Ihm fehlte jegliche Kenntnis des Gebietes, über das er herrschen sollte.

»Ich habe dem Führer in einer Denkschrift dargelegt«, sagte Rosenberg in seiner quälenden Temperamentlosigkeit, »daß ich Koch nicht für geeignet halte, weil ihm jede philosophische Fundierung und eine Abrundung des Charakters fehlen. Aber ich muß Koch in Kauf nehmen. Der militärische Sieg steht zunächst im Vordergrund, und zuerst muß die Erfassung der ukrainischen Ernten und Rohstoffe zur Sicherung des Sieges sichergestellt werden. Nachher werde ich dem Führer meine Bedenken gegen Koch von neuem vortragen. Außerdem ist Koch ja meinem Ministerium unterstellt. Er muß doch meinen Anweisungen folgen ...«

Bräutigam hatte immer noch den fleischigen, stierhaften Nacken Kochs vor Augen. »Gerade die Anfangszeit ist wichtig«, sagte er. »Sie ist entscheidend!«

»Ich werde Koch eben mäßigende schriftliche Anweisungen

mitgeben«, erwiderte Rosenberg. Daraufhin fuhr er fort: »Koch hätte gern das Reichskommissariat Ostland übernommen. Er hätte dann einen Raum gehabt, der unmittelbar an Ostpreußen grenzt. Aber hier habe ich mich mit Erfolg widersetzt.« Es klang, als richte er sein Selbstgefühl an diesem lächerlichen Erfolg auf. »Und als Gegenleistung für die Ernennung Kochs habe ich durchgesetzt, daß Schickedanz Reichskommissar für den Kaukasus wird. Göring hat sich sehr dagegen gesträubt. Er hat einen Erdölfachmann verlangt. Und der Führer war dieser Forderung nicht abgeneigt gewesen. Aber ich bin hart geblieben ...«
Hart geblieben? Bräutigam dachte an Schickedanz' gebückte, fast bemitleidenswerte Mephisto-Gestalt. War seine Ernennung mehr als ein lächerliches Gewicht auf der Waagschale gegenüber Koch? »Der Führer ist mir mit einem Kompromiß entgegengekommen«, fuhr Rosenberg fort. »Schickedanz wird als Leiter seiner Wirtschaftsabteilung den Generalkonsul Neubacher erhalten, der sich bei der Auswertung der rumänischen Erdölquellen für unsere Zwecke einen großen Namen gemacht hat. Göring braucht dann um die Erfassung der wirtschaftlichen Reichtümer nicht besorgt zu sein.«
Da war er wieder, dieser furchtbare Mangel an Verständnis für die unlösbaren Relationen zwischen Wirtschaft und Politik. Es war klar, wer der wirkliche Herrscher im Kaukasus sein würde: Neubacher und nicht Schickedanz. Bräutigam wollte die Diskrepanz zwischen nackter Ausbeutung und einer aufbauenden Politik der Freundschaft klarmachen. Er wollte sagen, daß eine Politik der Freundschaft aus einem besetzten Land binnen kurzer Zeit mehr Schätze herausholen werde als jede gewaltsame Erfassung, die Widerstände auf der anderen Seite hervorrufen mußte. Aber er kam nicht mehr zu Wort.

Vom Befehlszug her näherte sich eine Ordonnanz. Sie meldete Rosenberg, daß die Ernennungsurkunde fertiggestellt sei und daß der Reichsminister Lammers darauf warte, sich mit Rosenberg zum Führer zu begeben – zur endgültigen Unterschrift.

Sechs Wochen später, am 1. September 1941, meldeten die Radioapparate in dem ehemals jugoslawischen Gesandtschaftsgebäude in der Rauchstraße in Berlin immer noch stürmische Erfolge aus dem Osten. Das Gebäude – ein moderner Bau aus poliertem Kunststein mit elegantem Vestibül und großen hellen Räumen – war zum ersten Amtssitz für das »Ministerium für die besetzten Ostgebiete« geworden.
Rosenberg saß am späten Vormittag in seinem großen, pompösen Zimmer. Am 25. Juli hatte das Oberkommando des deutschen Heeres Litauen als ersten Teil des besetzten Gebietes an Rosenberg übergeben. Der Reichskommissar Lohse, voll ungeduldigen Strebens nach dem neuen Bereich seiner Macht, hatte sich nur kurz bei Rosenberg gemeldet. Er hatte wenigstens die Höflichkeit gewahrt und einige weitschweifige Erklärungen Rosenbergs über sich ergehen lassen. Dann war er nach Kaunas gefahren und hatte seine Herrschaft angetreten.
Seither hatte auch die Heeresgruppe Süd die Ukraine weit nach Osten durchschritten. Die Kesselschlacht von Umanj war geschlagen. 610 000 Kriegsgefangene waren in deutscher Hand.
Jetzt wartete Rosenberg auf Koch, der sich ebenfalls zur Übernahme seines Amtes in der Ukraine melden sollte. Rosenberg war von einer versteckten Unruhe erfüllt. Man hatte ihm hinterbracht, daß Koch von Rosenbergs schwächlichem Widerstand gegen seine Ernennung zum Reichskommissar unterrichtet worden war. Seither nützte Koch jede

Gelegenheit, um den Ostminister, seinen künftigen Vorgesetzten, herrisch zu verhöhnen. Jedem, der es hören wollte, hatte er erklärt, sein Vorgesetzter sei der Führer und niemand sonst. Die Tür zum Führer stehe ihm jederzeit offen. Dazu brauche er nicht den Weg über den »Spinner« Rosenberg.

Vor Rosenberg lagen die Instruktionen »für einen Reichskommissar in der Ukraine«, die er in den vergangenen Wochen mehrmals überarbeitet hatte. Immer wieder las er seine Formulierungen, um für die Begegnung mit Koch vorbereitet zu sein: »Ziel der Arbeit eines deutschen Reichskommissars in der Ukraine ist zunächst die Sicherstellung von Nahrungsmitteln und Rohstoffen für das Deutsche Reich, damit Festigung der deutschen Kriegführung ...«

Das war seine Konzession – an Hitler und Koch. Aber in vielen Stilübungen hatte er versucht, sie mit seinen eigenen Vorstellungen zu verknüpfen. So hieß es: »Die Stärkung des Ukrainertums aber bildet eine der Möglichkeiten, die Sicherung der deutschen Produktion nicht nur mit militärischen Machtmitteln zu erzwingen, sondern im Laufe der Zeit auch durch eine freiwillige Mitarbeit der Ukrainer zu fördern ... Da Deutschland einen freien ukrainischen Staat anstrebt, liegen keine Bedenken vor, zu noch festzulegender Zeit dieses Ziel auszusprechen, wobei selbstverständlich die Voraussetzungen in der Verteidigung gegen Moskau und in einem Bündnis mit jenem Lande liegen, das die Ukrainer aus ihrer Unterdrückung befreit hat: Deutschland ... Aus dieser Zielsetzung müssen sofort ...«

Das Wort »sofort« hatte Rosenberg jedoch wieder gestrichen und durch das schwächere »möglichst bald« ersetzt. So hieß es: »... möglichst bald alle Fragen in Angriff genommen werden, die eine psychologische Wirkung auszustrahlen imstande sind ... Es müssen ukrainische Schriftsteller, Ge-

lehrte und Politiker für die Belebung des ukrainischen Geschichtsbewußtseins angesetzt werden. Hand in Hand mit dieser Aufklärung hat die Gesetzgebung einzusetzen, um zunächst die politische Macht des Deutschen Reiches mit allen Mitteln zu sichern, dann aber nach und nach die Ukrainer selbst zur Mitarbeit … heranzuziehen … In Angriff zu nehmen ist die Gründung einer großen Universität in Kiew. Die deutsche Akademie wird beauftragt werden, Lektoren für die deutsche Sprache in die größeren Städte der Ukraine zu entsenden. Die ukrainische erzählende und politische Literatur muß mit allen Mitteln gefördert werden …«
So unwahrscheinlich es war, Rosenberg hoffte, dem Durchreisenden aus Ostpreußen seine ureigensten Ideen und Vorhaben erläutern zu können.
Unterdessen hielt vor den breiten Eingangsstufen seines Ministeriums ein schwerer Wagen. Der zukünftige Reichskommissar in der Ukraine stieg aus. Klein, gedrungen, mit seinem schnurrbärtigen gewöhnlichen Gesicht und seinem fleischigen Nacken hielt Koch für einen Augenblick auf dem Bürgersteig an. An seiner Hand blinkte ein zu schwerer Siegelring aus massivem Gold. Er sah mit überheblichem Spott an der Fassade des Ministeriums hinauf, so als wolle er zum Ausdruck bringen, daß er zwar kam, um sich der Form halber bei »seinem Minister« zu melden, daß er es aber mit Verachtung tat. Dann sprang er die Stufen hinauf, brüllte der Anmeldung zu, er sei der Gauleiter Koch und suche selbst nach Rosenbergs Zimmer.
Was in der folgenden Viertelstunde zwischen Rosenberg und Koch unter vier Augen gesprochen wurde, blieb Rosenbergs ewiges Geheimnis.
Aber als Koch mit rotem Kopf das Zimmer Rosenbergs verließ und mit harten, für die Kleinheit seiner Gestalt viel zu weit ausgreifenden Schritten der Ausgangstür zumarschier-

te, stieß er auf den Leiter von Rosenbergs Presseabteilung, Cranz – und einige andere Angestellte –, die Szene, die sich entwickelte, verriet genug über seine Begegnung mit Rosenberg. Cranz bot ihm ahnungslos die Hand. Er sagte: »Herr Reichskommissar, darf ich Ihnen zu der interessanten und fruchtbaren Aufgabe gratulieren, die Sie jetzt übernehmen werden.«

Koch sah Cranz abschätzend an. »Was für eine Aufgabe?« preßte er aufsässig heraus.

Cranz sagte: »Ich meine die Aufgabe, ein biologisch so starkes und wertvolles Volk wie die Ukrainer wieder zur nationalen Besinnung zurückzuführen ...«

Koch stemmte seine Fäuste in die Hüften. »Mein lieber Herr«, lachte er, »das haben Sie wohl im Lokalanzeiger gelesen. Lassen Sie sich von mir eines sagen: Die Ukrainer sind die Urslawen. Die werden mit Machorka, Wodka und der Nagaika regiert. Ihr könnt hier inzwischen die slawische Seele entdecken ...«

Er sah drohend zu den anderen hinüber. Dann ging er zur Tür. Aber er wandte sich noch einmal um.

»Ich brauche eure Instruktionen und euren Segen nicht«, rief er, »und ich brauche auch euer Geld nicht. Ich will lediglich einen Vorschuß haben. Den Vorschuß kriegt ihr in einem Jahr zurück, und dann sind wir für alle Zeiten quitt!«

II

Der Major im Generalstab Heinz Danko Herre erlebte die schweren Winterkämpfe 1941/42 in der Ukraine als IA* des XXXXIX. deutschen Gebirgskorps bei Stalino, Herre, eine überschlanke Reiterfigur, war in diesem Winter 32 Jahre alt. Er war Sohn eines Offiziers, intelligent, rastlos, schnell begeistert und dann schwer zu zügeln.

Als junger Generalstabsoffizier hatte er die Feldzüge in Polen, Frankreich, Jugoslawien und Südrußland erlebt. Aber dies betraf nur seinen äußeren Lebensgang.

Es gab Dinge, die in gewissem Sinne stärker sein weiteres Schicksal bestimmten. Sein Vater hatte früh in ihm die Liebe zur russischen Musik und Literatur geweckt. Später hatte Herre als junger Offiziersanwärter in Hannover die Tochter des ehemaligen deutschen Militärattachés in Petersburg, Graf Lambsdorff, kennengelernt. Er war in das Haus Lambsdorff eingeladen worden, wo außerordentlich viel russisch gesprochen wurde. Dies hatte seinen ausgeprägten Ehrgeiz beflügelt, so schnell wie möglich Russisch zu lernen.

Als junger Offizier hatte er Reisen nach Estland, Karelien und Bessarabien gemacht. Er hatte sich so sehr mit Rußland und der Entwicklung unter Stalin beschäftigt, daß ihm – als er mit seinem Korps Anfang Juli 1941 in die Ukraine einmarschierte – gar nicht der Gedanke kam, es könne etwas anderes unternommen werden als eine »antibolschewistische Befreiung der russischen Massen von dem ideologi-

* Für Operationen und Führungsaufgaben zuständiger Generalstabsoffizier; bei den NATO-Truppen entspricht ihm der G3.

schen Staatssystem der Sowjets«, und zwar eine Befreiung im echten Sinne.

Herre war so sehr von seinen persönlichen Zuneigungen und Vorstellungen eingenommen, daß er – wie ungezählte andere auch – die tarnenden Propagandaphrasen von der »Vernichtung des sowjetischen Systems« auf der einen und der »Befreiung der russischen Bevölkerung« auf der anderen Seite für bare Münze nahm.

Das zwiespältige Verhältnis des deutschen Offizierskorps zu Hitler, das zwischen Abneigung und Anerkennung, Geringschätzung und fassungsloser Bewunderung, Kritik, Befürchtungen und unerschütterlichem Gehorsam schwankte, ließ naheliegende Zweifel erst gar nicht aufkommen, daß ein totalitärer nationalsozialistischer Machtapparat ein Volk von einem totalitären sowjetischen Machtapparat befreien könne. Der anerzogenen nationalen bis nationalistischen Vorstellungswelt der Berufsoffiziere stand – trotz der weitverbreiteten Abneigung gegen den nationalsozialistischen Parteiapparat, gegen viele seiner Führer und besonders gegen die SS – der faschistische, national-militärische Ordnungsstaat Hitlers näher als eine sozialistische Diktatur.

Herre hatte sich gelegentlich an einzelnen Kameraden gestoßen, die verallgemeinernd von »russischem Ungeziefer« sprachen. Diese Episoden waren aber untergegangen in dem offensichtlich echten Jubel, mit dem große Teile der Bevölkerung die einmarschierenden deutschen Soldaten empfingen, in den Begrüßungsworten, in den ersten (in ihrer Bedeutung völlig überschätzten) Gottesdiensten der älteren Leute nach zwanzig Jahren.

Herre hatte nicht gezögert, in den verschiedenen Orten, in denen der Korpsstab Quartier machte, einheimische Bürgermeister einzusetzen, auf eigene Faust für die nahe Zukunft die Rückgabe des enteigneten Landes an die Bauern zu

verkünden und Russen und Ukrainern, die sich in großer Zahl dazu meldeten, Waffen zu geben, damit sie deutsche Einrichtungen wie zum Beispiel Versorgungslager, Brücken und sogar Stäbe bewachten oder Polizeiaufgaben durchführten.
Immer weiter war dann der deutsche Vormarsch gediehen. Und Herre hatte die Erkenntnis gewonnen, wie leicht es sei, die Hilfsbereitschaft, ja, ein Bündnis mit Russen oder Ukrainern »gegen Stalin« zu erlangen. Es hatte in seinem Bereich keinen Fall von Unzuverlässigkeit gegeben, keine Partisanen. Herre hatte mutterseelenallein in Bauernhäusern zwischen russischen Familien und entlassenen russischen Soldaten geschlafen. Viele hatten ihm auf eine naive Art erzählt, daß sie hofften, ein etwas besseres Leben aus den Händen der Deutschen zu erhalten. Ebenso hatte er erlebt, wie zahllose Rotarmisten, unlustig zu kämpfen, überliefen.
Einmal, nach dem Ausmarsch aus Olginskoje, einem kleinen Ort südwestlich von Stalino, hatte ein Polizeikommando der SS, das nach den abrückenden deutschen Heeresverbänden Olginskoje besetzte, kurzerhand den größten Teil der Leute erschossen, die Herre als Hilfspolizei bewaffnet und zurückgelassen hatte. Aber er hatte angenommen, daß es eine Entgleisung gewesen sei, die man SS-Polizisten zutrauen durfte, die aber keine Allgemeingültigkeit haben könnte. Von irgendwo aus dem Hinterland waren auch Gerüchte nach vorn gedrungen, daß eine deutsche Zivilverwaltung unter der Führung des Gauleiters von Ostpreußen, Koch, Einzug in Rowno gehalten habe, daß Koch dabei mit einer Reitpeitsche erschienen sei und unglaubliche, irreale Worte von einem »kommenden Kolonialreich im Osten« gesprochen habe.
Der Kampf hatte keine Ruhepause, kein langes Nachdenken gestattet. Trotz aller Kesselschlachten und Siege hatte das

Jahr 1941 nicht die erwartete totale Niederlage des Gegners gebracht. Der erste große Sturm der deutschen Offensive war vor Moskau zum Stehen gekommen. Der hereinbrechende Winter und der plötzliche Ansturm neuer russischer Armeen, die ohne Rücksicht auf Verluste gegen die kleineren, aber erfahreneren deutschen Verbände anstürmten, hatten Herre in ihren Bann geschlagen, hart, pausenlos, brutal und ohne Erbarmen ...

Wahrscheinlich braucht jeder Mensch ein großes und erschütterndes Erlebnis, um aus bestimmten Vorstellungswelten herausgerissen zu werden.

Dieses Erlebnis wurde Herre am 26. Januar 1942 zuteil. Seit dem 18. Januar saßen durchgebrochene sowjetische Verbände auf der Nachschubbahn des Korps, während zur gleichen Zeit immer neue sowjetische Kräfte die Front selbst bedrängten. Conrad, der Kommandierende General des XXXXIX. Gebirgskorps, dachte an einen vorübergehenden Rückzug und bemühte sich, anstelle der eingefrorenen oder zusammengebrochenen Motorkolonnen Pferdeschlitten zu mobilisieren. Herre hatte daher den Hauptmann Geiger nach Stalino zurückgeschickt, um Schlitten zu beschlagnahmen. Vier Tage später kam Geiger zurück und berichtete verstört über »entsetzliche Zustände« im Durchgangslager Stalino für sowjetische Kriegsgefangene. Seine Verstörtheit war so tief, daß Herre noch am selben Tag Conrad um die Erlaubnis bat, dieses Lager persönlich aufzusuchen.

Am 26. Januar fuhr er an riesigen Kohlenhalden, Fördertürmen und Kraftwerken entlang nach Stalino.

Er suchte nach dem Lager und fand es schließlich außerhalb der Stadt, in Gebäuden, in denen sich eine sowjetische Volkshochschule befunden hatte. Schon vor dem Eingang stieß Herre auf eine Reihe von Russen oder Ukrainern, die

durch Armbinden als Hilfswächter gekennzeichnet waren und dicke Knüppel in den Händen trugen. Entweder waren sie aus dem menschlichen Abschaum, den jede Stadt der Welt anzubieten hat, oder Hunger und Verzweiflung hatten sie dazu getrieben, diese Posten zu übernehmen.
Herre ließ sich zum Lagerkommandanten führen, der in einem schmutzigen Pförtnerhaus saß. Er war ein nervöser, geängstigter älterer Reserveoffizier. Als Herre ihm sagte, er wünsche das Lager zu besichtigen, um nach hilfswilligen Schlittenfahrern zu suchen, lehnte er zunächst ab. Herre brauchte eine Viertelstunde, um sich durchzusetzen. Das letzte Gegenargument des Hauptmanns war, Herre werde sich mit Sicherheit den Typhus holen und für nichts und wieder nichts zugrunde gehen. Schließlich stimmte er widerwillig zu und gab Herre einen Oberleutnant mit, der aus einem Nebenzimmer geholt wurde und nach Alkohol roch.
Die Volkshochschule bestand aus einem sehr großen Bau mit vielen Hörsälen. Ringsum lag eine größere Anzahl von Sportplätzen, in denen gerade große Gruben für die Toten ausgehoben wurden. Ein paar bejahrte deutsche Landesschützen sahen zu, wie die Hilfswächter Gefangene, die sich kaum auf den Beinen halten konnten, mit Knüppelschlägen zur Arbeit trieben.
»Wollen Sie wirklich diese Menagerie besichtigen?« fragte der Oberleutnant noch einmal, bevor Herre das Gebäude betrat. »So interessant ist das nicht, das Gewürm da krepieren zu sehen. Eingehen tun die nun mal. Da beißt die Maus keinen Faden ab ...«
Herre wandte sich mit einem Ruck zur Seite. »Wer sagt das?« fragte er.
Der Oberleutnant war selbst zusammengefahren. War seine »alkoholisierte« Gleichgültigkeit so tief, daß er das Sterben der Gefangenen wirklich für so selbstverständlich hielt?

»Was sollen wir tun?« klagte er. »Kein Mensch bei uns ist auf die Massen vorbereitet. Und die Iwans sitzen auf der Nachschubbahn. Keine Verpflegung kommt heran. Ihr Gebirgskorps schlachtet ja schon seine Mulis, um Fleisch zu haben. Diese Gefangenen sind tatsächlich halbe Tiere und viel zu viele. Man kann ihnen nur wünschen, daß sie möglichst schnell krepieren ...«
Herre begann zu begreifen, was hier im Gange war, hier und wahrscheinlich an vielen anderen Orten. Er begann zu begreifen, daß diese Einstellung gegenüber den Russen und Ukrainern nicht nur eine Angelegenheit der SS oder des SD (Sicherheitsdienst der SS) oder eines Parteimannes wie Koch sein konnte, sondern eine Art Infektion, die jeden anstecken konnte, auch das Heer, auch Offiziere, auch die alten Landesschützen da unten, die zu Hause niemandem ein Haar gekrümmt hätten.
Sein Gesicht wurde zur Maske. Seine Neigung zur Heftigkeit meldete sich. Er forderte, in den Saal mit den »Arbeitsfähigen« geführt zu werden. Dieser war leer, weil die »Arbeitsfähigen« nach draußen getrieben waren, um irgendwelche Arbeiten zu verrichten. Aber auch ohne seinen menschlichen Inhalt war der Saal eine Höhle des Grauens, verwahrlost, schmutzig, mit einem fürchterlichen Gestank erfüllt und so eisig kalt, daß Kot und Urin am Boden gefroren.
Herre ließ sich zu den »bedingt Tauglichen« führen. Vor der Tür standen ein paar Landesschützen. Herre fand, daß ihre Gesichter irgendwie geprägt waren – unfähig, noch etwas empfinden zu können, nicht fanatisch, aber gezeichnet von einer fatalistischen Unausweichlichkeit der Geschehnisse.
Der Oberleutnant berührte Herres Ärmel. »Auf Ihre eigene Verantwortung, Herr Major«, sagte er mit seiner trunkenen, rauhen Stimme. »Entweder wird man da drinnen zertreten, oder man holt sich den Typhus. Die meisten haben ihn

schon. Von den Leuten können Sie doch niemand mehr brauchen. Die sind so oder so erledigt ...«

Herre befahl, die Tür zu öffnen. Als sie aufsprang, quoll ihm ein Brodem entgegen, der ihm den Atem nahm. Die Masse der Gefangenen stand Mann an Mann. Sie waren so zusammengepreßt, daß niemand sich ausstrecken und schlafen konnte. Gleich an der Tür lagen drei auf dem Boden, zusammengekrümmt, sterbend oder schon tot.

Der Oberleutnant machte eine Handbewegung zu den Hilfswächtern hin. Sie packten die Sterbenden an den Füßen und schleppten sie auf den Flur hinaus. Herre gab sich einen Ruck und trat in den Saal. Er sah zwischen den Füßen der Stehenden eine Anzahl grauer, zerlumpter Gestalten aus Haut und Knochen liegen. Die Leute brachen zusammen, wenn sie nicht länger stehen konnten. Es gab für sie keine Lagerstatt, keinen Stuhl, keine Decken, nur den mit Kot beschmutzten Boden. Herre gab sich noch einen Ruck und trat mitten in das Gewimmel der grauen, lautlosen, nur hier und da stöhnenden Masse. Die Gesichter waren weiß, mit eingefallenen Augen, verschmutzten Bärten.

Als Herre das erste russische Wort sprach, ging eine Bewegung durch die Reihen. Die Gefangenen öffneten eine Gasse. Nur im Hintergrund hielt das Stöhnen an.

Der Oberleutnant zögerte, ob er Herre folgen sollte. Er stand hinter ihm und hielt ihn am Ärmel fest.

»Kommen Sie zurück, Herr Major«, sagte er immer wieder. »Von den Leuten können Sie doch niemand brauchen. Sie werden sich nur den Typhus holen.«

Herre sagte nur, mit vor Wut erstarrter Stimme: »Sie können ja gehen. Ich halte Sie nicht ...«

Herre erkundigte sich bei den Gefangenen, was sie zu essen bekämen, ob es Ärzte gäbe, ob sie immer stehen müßten. Aber er sah in eine Mauer leerer, ausgebrannter Gesichter.

Sie alle blickten nur auf den Oberleutnant. Es dauerte lange – und Herre wußte schon nicht, wie lange er den Pesthauch der Luft noch ertragen würde –, bis eine Stimme aus dem Hintergrund kam. Sie sagte, daß sie nichts bekämen als Wassersuppe und verschimmeltes Brot, keine Decken, keine Ärzte, und daß täglich zweihundert stürben. Und dann eine Stimme: »Gospodin, auch du bist der Sohn einer Mutter, hilf uns, bitte, hilf ...«

Herre brachte kein Wort hervor. Er wandte sich um und ging hinter dem offensichtlich erleichterten Oberleutnant zur Tür zurück, durch die graue Menschengasse.

Als er draußen war, schleuderte einer der Landesschützen aus Angst um sich selbst die Tür zu, daß die Wand erbebte.

Herre verlangte, auch zu den »Untauglichen« geführt zu werden. Der Alkoholatem des Oberleutnants umwehte ihn. »Aber Herr Major«, klagte er, »von denen können Sie doch erst recht niemand brauchen. Da liegen ja die Toten schon aufeinander. Da gehe ich nicht hinein ...«

»Dann gehe ich ohne Sie ...«

Aber der Oberleutnant hielt sich doch hinter ihm. Der Saal der Untauglichen wirkte wie ein deutscher Universitätssaal. Aber wenn es noch irgendeine Steigerung für den Pesthauch geben konnte, der die anderen Säle erfüllte, so gab es diese Steigerung hier. Der süße Geruch verwesender Leichen hing in der Luft. Als die Tür aufgerissen wurde, trat ein ukrainischer Hilfswächter vor. Er schlug mit seinem Knüppel auf einen Tisch. »Steht auf!«

Hinter den Bänken, in denen einmal Schüler gesessen hatten, erhoben sich einmal hier, einmal dort hohle Schädel, die Herre wie Totenmasken anstarrten. Herre ging eine der Treppen zwischen den Bankreihen hinauf. Und da sah er die Toten und Sterbenden liegen. Sie lagen aufeinander zwischen den Bänken.

Er bemerkte gar nicht mehr, daß der Oberleutnant ihm folgte, ihn am Ärmel zerrte und ständig wiederholte: »Herr Major, Sie werden sich den Typhus holen ...«
Erst als Herre auf der Höhe angekommen war und das Feld des Todes übersah, schrie er plötzlich. Er schrie: »Seid Ihr denn wahnsinnig? Denkt Ihr denn überhaupt nicht nach?«
Der Oberleutnant starrte ihn erschrocken an. Und dann raffte er sich zusammen und protestierte kläglich: »Herr Major, ich muß es mir verbitten ...«
Herre war von verzweifelter Wut erfüllt. »Verbitten Sie sich, was Sie wollen. Sie werden von mir hören ...«
Er ließ den Oberleutnant stehen und lief die Treppen hinab. Als er ins Freie kam, stieß er mit einem Zug der »Einsatzfähigen« zusammen, die von der Straße hereinwankten. Hilfswächter schlugen gerade mit Knüppeln auf jemanden ein, der vor dem Eingang zusammengebrochen war. Aber nicht nur Hilfswächter. Einer der deutschen Landesschützen stieß einem taumelnden ausgemergelten Gefangenen den Gewehrkolben in den Rücken, daß dieser vornüber fiel. Herre stürzte auf den Landesschützen zu. Er war vielleicht fünfzig Jahre alt und hatte ein rundes Durchschnittsgesicht. Nichts Grausames darin. Er nahm ängstlich Haltung an, als Herre ihn anschrie: »Kerl, schämen Sie sich nicht ...«
Er suchte nach Worten und stammelte nur: »Zu Befehl, Herr Major ...«
Und dann: »Wie sollen wir mit all den Leuten fertig werden?«
Herre brachte kein weiteres Wort hervor. Was sollte er mit diesem Mann, der sich nicht vorstellen konnte, daß deutsche Gefangene in der gleichen Lage ähnlich aussehen würden.
Der Lagerkommandant drängte sich an ihn heran. »Haben Sie gefunden, was Sie suchen, Herr Major?« fragte er mit seiner heiseren Stimme. In seinen Augen war eine Mischung

von Ausweglosigkeit, Rechthaberei und Unbehagen. Aber Herre sah statt seiner eine Schar russischer Frauen, die weinend vor dem Tor standen und vergeblich versucht hatten, den Gefangenen ein paar kalte Kartoffeln und ein Stück Brot zuzuwerfen.
»Mein Gott«, sagte er, »hoffentlich müssen Sie nicht einmal persönlich für das bezahlen, was Sie hier anrichten.«
Er drehte sich um und ging auf seinen Wagen zu.
Der Kommandant lief hinter ihm her. »Glauben Sie, daß Sie irgendein Lager finden, in dem es anders zugeht? Die Dinge wachsen uns über den Kopf. Was soll ich denn tun ...?«
Herre stieg ein. Der Kommandant stand neben dem Wagen. Aber er kam nicht mehr zu Wort. Herre fuhr davon. In Tschistjakowo, wo das Stabsquartier des XXXXIX. Gebirgskorps untergebracht war, meldete er sich bei Conrad. Der erschrak, als er das Gesicht seines Ersten Generalstabsoffiziers sah. Er versprach, alles zu tun, um zu erreichen, daß die Lagerbewachung in Stalino abgelöst werde und die Verhältnisse dort verbessert würden. Dann beruhigte er Herre und schickte ihn in sein Quartier.
Dort setzte Herre sich hin und schrieb einen Brief an den Chef der Wehrmachtpropagandaabteilung im OKW (Oberkommando der Wehrmacht), Oberst von Wedel, mit dem er durch seine Frau verwandt war. Er wußte in dieser Stunde noch nichts von den wirklich herrschenden Mächten im OKW. Er glaubte, er könne etwas erreichen, wenn er von Wedel schrieb, durch die Behandlung der Kriegsgefangenen, so wie er sie erlebt habe, werde jede Propaganda für die Befreiung der Bevölkerung der Sowjetunion vom kommunistischen Regime unglaubwürdig.

Als Herre am 21. April 1942, drei Monate nach diesem Besuch im Lager Stalino, den Befehl erhielt, sich bei der

Personalabteilung des Generalstabes des Heeres zu melden, konnte er sich zunächst keinen Reim darauf machen.
Oberst von Wedel hatte seinen Brief nur nichtssagend beantwortet. Dafür waren Herre fast von Tag zu Tag neue Berichte zu Ohren gekommen, die das Erschrecken, das ihn in Stalino befallen hatte, weiter vertieften. SS-Einsatzkommandos liquidierten nicht nur alle Politkommissare der sowjetischen Armee, derer sie habhaft werden konnten. Gefangene, die »asiatische oder jüdische Gesichter« hatten, wurden willkürlich ausgerottet. Daneben trafen ständig neue Nachrichten ein über brutale Maßnahmen gegen die Zivilbevölkerung durch nachrückende Kommandos. Herre hatte keine Vorstellung von den Hintergründen dieser Vorgänge. Nur der Antwortbrief Wedels hatte ihn aufmerksam gemacht. Daraus sprach ein Versuch auszuweichen, was Herre bedenklich gestimmt hatte, weil man es leicht als Zeichen dafür werten konnte, daß irgendwelche höchsten Befehle vorlagen, gegen die zu opponieren Wedel keine Neigung hatte.
Am 22. April 1942 verließ Herre Tschistjakowo und flog nach Ostpreußen. Dort erst erfuhr er, daß er wegen seiner russischen Sprachkenntnisse und seiner Fronterfahrung zur Abteilung »Fremde Heere Ost«, einem Nachrichtendienst, dem die Feindlagebeurteilung für die gesamte Ostfront oblag und der in der Person des Oberstleutnants Gehlen soeben einen neuen Chef erhalten habe, versetzt worden sei.
Das Oberkommando des Heeres, das im Wald verborgen südwestlich von Angerburg am Mauersee lag, war in den Tagen, als Herre eintraf, von hektischem Leben erfüllt. Die Winterkämpfe waren einigermaßen überstanden. Aber der hybride Geist Hitlers drängte auf eine neue Offensive, um 1942 das Ziel zu erreichen, das 1941 all seinen Erwartungen zum Trotz unerreichbar geblieben war: den Sieg über die sowjetischen Armeen.

Gehlen war für Herre bis dahin kein Begriff. Er war ein vierzigjähriger, mittelgroßer, sehr schlanker Mann und hatte ein scharfgeschnittenes, hageres blasses Gesicht mit einer hohen Stirn unter straff zurückgekämmtem Haar. Er wirkte kühl und distanziert.

Gehlen stammte aus Schlesien, war der Sohn eines ehemaligen Artillerieoffiziers und späteren Verlagsbuchhändlers in Breslau und hatte schon in seiner Schulzeit als nüchterner, kühler und einzelgängerischer Rechner mit einer Leidenschaft für Zahlen, Formeln und Statistiken gegolten. Kurz nach dem Ersten Weltkrieg war er aus nationaler Überzeugung in die deutsche Reichswehr eingetreten, die nichts anzubieten hatte außer einer langsamen, mühseligen und kläglich bezahlten Karriere als Artillerie-Offizier. Erst 1935, nach der Wiederaufrüstung Deutschlands durch Hitler, war er als Hauptmann Generalstabsoffizier und Angehöriger der Operationsabteilung des Generalstabes des Heeres geworden und hatte zum erstenmal Gelegenheit gehabt, seiner Naturbegabung für Zahlen, Berechnungen und der Auswertung von Fakten zu folgen. Nach Funktionen als Generalstabsoffizier einer Infanteriedivision in Polen, Verbindungsoffizier zur 16. deutschen Armee in Frankreich, war er 1940 Leiter der »Ostgruppe« der Operationsabteilung geworden, die Fragen der Gesamtkriegsführung im »Ostraum« und im »Südostraum« bearbeitete. Seither hatte er nicht mehr aufgehört, sich mit militärischen Problemen der Sowjetunion zu befassen.

Er war an der Planung des als »Unternehmen Barbarossa« getarnten Angriffs auf die Sowjetunion beteiligt gewesen und hatte die Frage der Nachführung der Reserven und der Transporte mit so kalter Perfektion gelöst, daß der Chef des Generalstabes des deutschen Heeres, Generaloberst Halder, sich begeistert über ihn äußerte. Gehlen wußte aber wenig von der Konferenz Hitlers mit den Befehlshabern, die den Angriff leiten sollten – neben Halder insbesondere der Oberbefehlshaber des Heeres, Generalfeldmarschall von Brauchitsch, und die Oberbefehlshaber der in die Sowjetunion einmarschierenden Heeresgruppen Nord, Mitte und Süd, die Feldmarschälle von Leeb, von Bock und von Rundstedt. Er kannte kaum die militärischen Bedenken, die alle wegen des noch andauernden Krieges mit England, des nun bevorstehenden Zweifrontenkrieges und der Weite Rußlands, an der Napoleon einmal gescheitert war, vorgebracht hatten, um sich dann doch – wie im Falle Polens, wie im Falle Frankreichs – Hitlers stärkerem Willen und seiner Theorie zu beugen, daß die schnellen deutschen Panzerarmeen die sowjetischen Truppen im Westen der Sowjetunion einkreisen und vernichten würden, bevor sie Gelegenheit hatten, in die Weite zurückzuweichen. Von Brauchitsch, Halder und von Bock waren schließlich selbst überzeugt, daß die »motorisierte Strategie«, die im Westen so erfolgreich gewesen war, einen schnellen Vorstoß auf Moskau ermöglichen und eine Niederlage Stalins durch die Eroberung der sowjetischen Hauptstadt besiegeln würde.

Ohne solche in höchsten militärischen Gremien erwogenen Gedanken im einzelnen zu kennen, war auch Gehlen selbstsicher gewesen, daß es richtig sei, den Kampf mit England zu unterbrechen, sich zunächst einmal von einer sowjetischen Bedrohung im Rücken zu befreien und Ernährungsbasen und Rohstoffe zu gewinnen, die eine Fortsetzung des Krieges an den übrigen Fronten ermöglichten. Er hatte die Überzeugung vertreten, daß eine militärische Niederlage der Sowjetunion sicher sei, wenn die deutsche Offensive alle Kräfte zusammenhielt und sich auf Moskau konzentrierte. Dabei hatte die Information über das unzulängliche militärische Potential und die Rüstungsunterlegenheit der Sowjetunion eine Rolle gespielt, die die zuständige Spionageabteilung des Generalstabes, »Fremde Heere Ost« unter ihrem Leiter Oberstleutnant Kienzel, geliefert hatte. Beeinflußt hatte ihn aber auch die traditionelle, nationale, antikommunistische Vorstellungswelt, in der er aufgewachsen war und die eine Zerstörung des Kommunismus für notwendig hielt, auch wenn er dabei niemals an eine Vernichtung Rußlands oder seiner Bevölkerung dachte. Ihm schwebte ein Regime in Moskau vor, das sich mit Deutschland verbündete, ferner eine deutsche Beteiligung am Ausbau der russischen Industrie und Landwirtschaft – mit entsprechenden Sicherungen für die deutsche Wirtschaft und die Versorgung der deutschen Bevölkerung.

Gehlen war nicht in die geheimen Anordnungen eingeweiht worden, die Hitler am 17. März 1941, drei Monate vor Beginn der Offensive in Rußland, bei einer Besprechung mit den Oberbefehlshabern mit den Worten angekündigt hatte: »Der Krieg gegen Rußland kann nicht in ritterlicher Weise geführt werden. Dieser Kampf ist ein Kampf der Ideologien und Rassengegensätze und muß mit beispielloser, rücksichtsloser, erbarmungsloser Härte geführt werden. Alle Offiziere müssen sich von den überkommenen und überholten Theorien freimachen. Ich weiß, daß sie sich diese Anschauungen nicht zu eigen machen können, verlange aber unbedingte Durchführung der von mir erteilten Befehle.« Am 13. Mai waren entsprechende Befehle durch den Chef des Oberkommandos der Wehrmacht, Generalfeldmarschall Keitel, erlassen worden. Sie sahen unter anderem die Erschießung sämtlicher Politkommissare der Sowjetarmee vor.

Von Bock, von Rundstedt und von Leeb hatten bei von Brauchitsch protestiert, aber von Brauchitsch hatte ihnen mitgeteilt, daß er nicht imstande sei, Hitlers Entscheidungen zu ändern. Hitler halte seine Befehle nicht für widerrecht-

lich, weil die Sowjetunion nicht der Haager Konvention über die Rechte von Kriegsgefangenen beigetreten sei. Von Brauchitsch hatte sich damit begnügt, neue interne Geheiminstruktionen zu erlassen, wonach das Heer sich möglichst von Ausschreitungen fernhalten oder sie bestrafen sollte, und von Leeb, von Bock und von Rundstedt hatten weitere Proteste aufgegeben.
Schließlich war Gehlen auch nicht über die Aufstellung von vier »Einsatzgruppen« der SS unterrichtet worden, die den Heeresgruppen folgen und alle Kommissare oder kommunistisch Verdächtigen sowie alle Juden festnehmen und liquidieren sollten.
Gehlen hatte – wenn man so wollte – sein »Damaskus« erst im vergangenen Winter erlebt. Ende Juli 1941 war er durch Halder, den Chef des Generalstabs des Heeres, Hitler vorgestellt worden und hatte ihn als »magnetische« Persönlichkeit empfunden. Erst im Herbst war Halders eigene Siegeshoffnung erschüttert worden, als Hitler den schnellen Weitermarsch auf Moskau verhinderte und auf einer Kesselschlacht in der Ukraine bestand. Die Katastrophe des nach seiner Überzeugung zu späten Vorstoßes gegen Moskau hatte dieser Hoffnung den Rest gegeben. Und als Halder, verbittert durch die irreführenden Informationen der Abteilung »Fremde Heere Ost«, deren Chef Kienzel absetzte und am 1. April 1942 Gehlen das Kommando übergab, hatten sich diesem die ersten Tore einer neuen Welt eröffnet – nicht zuletzt durch einige Mitarbeiter, die er hierbei fand.
Als Herre sich jetzt bei Gehlen meldete, sagte dieser kurz: »Sie haben wahrscheinlich eine andere Verwendung erwartet?«
»Jawohl.«
»Tut mir leid. Meine Generalstabsoffiziere müssen jung sein, Fronterfahrung und Rußlandkenntnisse mitbringen. Die

vorhandenen, die diese Voraussetzungen erfüllen, kann man an den Fingern abzählen. Deshalb brauche ich Sie. Die Abteilung, die ich hier übernommen habe, hat leichtfertig und unseriös gearbeitet.
Sie haben Gelegenheit gehabt, die Entwicklung seit dem Juni vorigen Jahres auch außerhalb des eigentlichen Operationsgebietes Ihres Korps zu verfolgen. Ich meine, was das deutsch-russische Verhältnis, zum Beispiel zu den russischen Gefangenen und zur Bevölkerung der besetzten Gebiete, anbelangt.«
»Jawohl.«
Herre berichtete von Stalino. Er berichtete von seiner Methode, in seinem Korpsbereich russische Bereitschaft zur Zusammenarbeit nicht zurückzustoßen, sondern zu nutzen.
Gehlen hörte schweigend zu.
»Glauben Sie nicht«, sagte er dann, »daß die Zustände in zahlreichen Lagern hier nicht bekannt wären. Man könnte verzweifeln, wenn diese Verhältnisse allgemein und von seiten des Heeres grundsätzlich herbeigeführt worden wären. Aber hier sind uns die Massen der Gefangenen ebenso über den Kopf gewachsen wie gewisse höchste Befehle, die über uns hinweg durchgeführt werden. Aber das ist ein Problem. Es gibt ein anderes … Die gleichen Erfahrungen wie Sie haben auch zahlreiche andere Offiziere mit der Bevölkerung und mit russischen Soldaten gemacht. Wissen Sie, daß nach einer ganz groben Schätzung heute schon wenigstens zweihunderttausend Russen – Kriegsgefangene, Überläufer und Zivilisten – in Heereseinheiten an der Front eingesetzt sind und als Kraftfahrer, Wachen, Handwerker, Schlittenfahrer, Munitionsträger verwendet werden? Wissen Sie, daß von diesen Leuten Zehntausende deutsche Uniformen tragen?«
Herre antwortete: »Nein.«

»Das OKH weiß es offiziell auch nicht«, erklärte Gehlen, »geschweige denn das OKW. Alle diese Russen, für die sich der Name Hilfswillige oder ›Hiwis‹ gebildet hat, sind schwarze Bestände des Heeres. Daneben gibt es noch Zehntausende, die so wie die Leute, die Sie ausgerüstet haben, im Hinterland als Wachkommandos bewaffnet worden sind ... Ich möchte Ihnen zur Einführung in Ihre Arbeit folgendes sagen. Unsere erste Aufgabe ist es selbstverständlich, in Zukunft zu jeder Zeit über die Lage beim Feind unterrichtet zu sein. Aber die Erfüllung dieser Aufgabe wird uns ... eine zweite Aufgabe aufzwingen. Die Erfüllung der ersten Aufgabe wird uns zeigen, daß es eine Illusion war, anzunehmen, unsere militärischen Kräfte könnten in der Lage sein, Rußland niederzuschlagen ... Die Arbeit unserer Abteilung dürfte uns mit Exaktheit klarmachen, daß wir das sowjetische System nur beseitigen können, wenn es uns gelingt, die Masse der russischen Bevölkerung zu unseren Verbündeten zu machen. Was Sie auf Ihrer Vormarschstraße erlebt haben, ist das allgemeine Bild gewesen im ganzen Land: eine außerordentliche Bereitschaft der Bevölkerung, uns mit Aufgeschlossenheit zu empfangen. Alle Anweisungen der obersten Führung aber verbieten eine Ausnützung dieser Bereitschaft ...«

Gehlen erhob sich hinter seinem Schreibtisch und ging zum Fenster.

»Überall«, fuhr er fort, »wo bei den Heeresgruppen die Bereitschaft, mit uns zusammen zu kämpfen, akzeptiert worden ist, ist es als Initiative der Truppe geschehen ...«

Gehlen sagte schließlich: »Alles wird davon abhängen, ob es uns gelingt, die Erkenntnisse unserer Arbeit so überzeugend darzulegen, daß im Führerhauptquartier die Einsicht in die Aussichtslosigkeit eines Handelns mit Macht allein Fuß faßt und gleichzeitig damit die Erkenntnis, daß dieser Krieg nur

in Zusammenarbeit mit den russischen Massen zu einem günstigen Ende geführt werden kann. Das heißt, zu einem Ende, an dem nicht die Utopie einer deutschen Kolonie Rußland steht, sondern ein russischer Staat, der vom sowjetischen Regierungssystem befreit ist und der in einem freundschaftlichen Verhältnis mit uns leben kann.«
Dann sagte er kurz: »Haben Sie mich verstanden ...?«
Herre antwortete: »Jawohl«, doch seine Gedanken irrten noch umher. »Jawohl.«
Noch keine vierundzwanzig Stunden, nachdem Herre Gehlens Zimmer verlassen hatte, stand er dem Leiter der Abteilung III, Oberstleutnant von Roenne, zur Meldung und Information gegenüber.
Roennes Abteilung sammelte alle erbeuteten Papiere, sowjetischen Feldpostbriefe, Ausweise und Befehle, die von der Ostfront angeliefert wurden. Sie wertete die Protokolle der Gefangenenvernehmungen aus. Darüber hinaus unterhielt Roenne in der alten Festung Boyen bei Lötzen ein Vernehmungslager für rund einhundert sowjetische Kriegsgefangene, die in der Lage schienen, besondere Auskünfte über die Situation jenseits der deutschen Front zu geben.
Als Herre sich bei Roenne vorstellte, war dieser gerade von Lötzen zurückgekommen. Er hatte die Unterbringung der Gefangenen, die Bibliothek, das Kino, die Küche, die Möglichkeiten zu Spaziergängen inspiziert. Er hatte vom ersten Tag an Wert darauf gelegt, daß die Gefangenen wenigstens in seinem Bereich in eine Welt versetzt wurden, die auch unter Kriegsverhältnissen als menschenwürdig gelten konnte.
Herre fand einen Mann, der jünger aussah, als er erwartet hatte, groß, schlank, mit blondem Haar und durchgeistigtem Gesicht. Von Roenne stammte aus dem baltischen Gebiet. Er sprach fließend Russisch, war ein tiefreligiöser Mann und

lehnte wie fast alle Baltendeutschen das sowjetische Staatssystem ab, aber gleichzeitig hegte er eine fast mystische Zuneigung zu den Russen als Volk. Als IA der 23. Division, unter dem Befehl des Generals Hellmich, hatte er in den ersten Monaten die Kämpfe im Osten an der Front miterlebt. Dann hatte ihn eine Kopfverwundung, unter der er dauernd litt, frontunfähig gemacht.
»Der Chef«, sagte er, »hat mir gesagt, daß Sie Ihre persönlichen Erfahrungen mit unserer Politik gegenüber den Russen gemacht haben.«
Er sprach mit einer rücksichtslosen Offenheit, die für Herre völlig neu war.
»Jede Vernehmung zeigt, was im Gange ist. Vor ein paar Monaten sprach daraus bei der Bevölkerung der besetzten Gebiete noch neugierige Erwartung, freundliche Bereitschaft. Jetzt ist es schon Skepsis, Vorsicht, Mißtrauen. Bald wird es Haß und Ablehnung sein. In den Waldgebieten sammeln sich Partisanen, die unsere rückwärtigen Verbindungslinien angreifen. Sie sind zwar zum Teil von sowjetischen Flugzeugen abgesetzt. Aber sie rekrutieren sich auch aus der enttäuschten Bevölkerung ... Sie üben einen wachsenden Druck auf die Bevölkerungsteile aus, die uns für ›Befreier‹ gehalten haben und sich noch nicht abwenden. Und wir liefern ihnen den Nährboden. Man kann förmlich ablesen, was drüben auf sowjetischer Seite geschieht. Stalin hat sich keinerlei Illusionen darüber gemacht, daß die Sowjetunion politisch wesentlich anfälliger war als militärisch. Die Bevölkerung hat die Zwangskollektivierung der Landwirtschaft mit rund zehn Millionen Opfern bezahlt. Die Säuberungen durch die staatliche Geheimpolizei zwischen 1936 und 1938 in der Bevölkerung, im ganzen Staatsapparat, in der Armee, sind unvergessen. Ebenso der Abtransport von acht bis zwölf Millionen Menschen pro Jahr in Straf-,

Arbeits- und Vernichtungslager. Es gibt sicherlich kein zweites Land der Welt, in dem wie dort fast jede Familie durch Stalins Umwandlung des Sozialismus in eine brutale Diktatur betroffen worden ist beziehungsweise in Furcht vor dem System lebt.
Stalin hat daher befürchtet, daß unser Einmarsch zu einer Freisetzung all dieser unterdrückten Haßgefühle und zur Zusammenarbeit größten Stils mit uns führen würde. Sie haben ja die Anfänge dieser Freisetzung erlebt. Seine ersten Versuche, dieser Gefahr durch Aufrufe entgegenzuwirken, sind verpufft. Befehle wie dieser hier ...«, er zeigte Herre ein Blatt Papier und las: »Dem Feind darf nicht ein Kilo Korn und nicht ein einziger Liter Brennstoff zurückgelassen werden. In dem vom Feind besetzten Gebiet sind Partisanenabteilungen zu bilden, die gegen die feindlichen Einheiten zu kämpfen, überall den Kleinkrieg zu entfachen, die Nachrichtenleitungen zu zerstören und Wälder, Depots ... in Brand zu stecken haben. Der Feind muß auf Schritt und Tritt verfolgt und vernichtet werden. In allen von ihm bedrohten Städten müssen wir eine nationale Miliz errichten und alle Arbeiter zum Kampf für ihre Freiheit und Ehre und für ihr Vaterland heranziehen ...« Er legte das Blatt wieder zur Seite. »Befehle wie dieser hier haben bis in den Winter hinein wenig Wirkung gehabt. Ganze Regimenter mitsamt ihren politischen Kommissaren liefen noch im Spätherbst über. Im besetzten Gebiet entstanden Bürgerwehren, um sich gegen Partisanen zu schützen. Überall meldeten sich die Leute bei uns zur Wiederaufnahme ihrer Arbeit. Ich bin selbst Hunderte von Kilometern nur mit einem Fahrer herumgefahren und dabei überall freundlich aufgenommen worden. Keine Nacht und kein Wald waren unheimlich oder gefährlich. Aber inzwischen haben wir der gegnerischen Propaganda entsetzlich viel Material geliefert. Die Stalin-Leute brauchen nichts zu

erfinden. Von der Aufrechterhaltung der Zwangskollektivierung bis zur Schließung der Schulen, vom Massensterben der Kriegsgefangenen bis zur rücksichtslosen Beschlagnahmung jedes noch so jämmerlichen Besitzes, von der Vernichtungsjagd auf die Intelligenz bis zum Auftreten unserer ›Herrenmenschen‹, die zu Hause mit einem Hemd groß geworden sind und hier über ›Muschiks‹ (russische Bauern) regieren wollen – wir liefern ihnen Material, das für sich selbst spricht und Stalin, den gefürchteten, gehaßten Stalin, zum Retter, zum Verteidiger gegen uns machen könnte, gegen uns, die wir als Befreier aufgetreten sind. Die Mundpropaganda arbeitet schnell, und auch die Berichte über die Verhaftung oder Vernichtung russischer Juden durch die Einsatzkommandos, die sie verbreitet, erreichen genau das Gegenteil von dem, was die Erfinder der Kommandos sich allen Ernstes vorstellen, nämlich: daß die Russen sich dadurch von den angeblichen jüdischen Drahtziehern des Bolschewismus befreit fühlen. Judenpogrome gehören zur russischen Geschichte – aber bestimmt nicht unsere Propagandathese von Stalin als Puppe der Juden. Was hier erreicht wird, setzt an die Stelle der Furcht vor Stalin die Furcht vor uns. Und wer kommunistische Parteileute wahllos erschießt, darf sich nicht wundern, wenn die vielen Zweifler, die auch unter diesen sind, nicht mehr aufgeben, sondern lieber unter Stalin um ihr nacktes Leben kämpfen ...«
Er warf einen Blick auf ein Vernehmungsprotokoll, das vor ihm lag. »Ich habe heute in Lötzen eine Vernehmung durchgeführt. Der Mann, den ich vernommen habe, ist ein besonderer Fall. Er kommt aus der sowjetischen Parteikarriere. Er heißt Schilenkow und war Sekretär eines Bezirksparteikomitees in Moskau. Nach Beginn des Krieges war er Kommissar einer sowjetischen Division, später einer Armee. Er ist 33 Jahre alt, also schon ein Angehöriger der Sowjetjugend, die

keine andere Welt mehr mit Bewußtsein erlebt hat. Er ist im letzten Sommer bei Smolensk gefangengenommen worden und als einer der schwarz geführten ›Hiwis‹ untergetaucht. Er hat bis vor drei Wochen unerkannt einen Munitionswagen gefahren, im letzten Winter bis dicht in die Stellungen von Moskau. Durch einen Zufall ist seine wirkliche Vergangenheit bekanntgeworden. Auf jeden Fall ist er den Massenerschießungen gefangener Kommissare im letzten Sommer und Herbst entgangen. Ich habe ihn auf die Meldung der Heeresgruppe Mitte hin nach Lötzen bringen lassen, weil ich ihn in Sicherheit wissen wollte.«

Er legte seine schmale Hand auf die Papiere, die vor ihm lagen.

»Sehen Sie, dieser Mann verdankt der Partei alles. Er ist als obdachlose Waise von der kommunistischen Partei aufgelesen, erzogen, zum Studium nach Moskau geschickt worden und schließlich als Parteifunktionär und Sekretär eines Moskauer Bezirks Herr über einige hunderttausend Sowjetbürger geworden. Bei seiner Gefangennahme war er Brigadekommissar in der 32. Armee. Er ist also ein Produkt der Partei, und trotzdem lehnt er Stalin ab. Schön, man kann sagen, er erzählt ... heute wunderbare Geschichten, weil er hofft, seinen Hals zu retten, oder er ist ein Agent. Dagegen braucht nicht unbedingt zu sprechen, daß er sich als ›Hiwi‹ immer zuverlässig gezeigt hat. Auch nicht, daß er schon bei einer früheren Vernehmung, die mir vorliegt, Dinge geäußert hat, die auf der Linie meiner Erkenntnisse liegen: Behandelt uns anständig, als gleichberechtigte Verbündete, dann habt Ihr uns, dann habt Ihr mich, dann habt Ihr den größten Teil der Generalität und den halben Parteiapparat. Aber ich bin überzeugt, daß der Mann echt ist. Was ihn zu uns treibt, ist ein Motiv, das andere ebenfalls treiben würde und das unsere hohen Herren nur nicht begreifen. Es gibt dort drüben kaum eine politische Person, die, unabhängig davon, welche Karriere sie gemacht hat, als Mensch so lebte, wie auch ein Russe leben will: ohne fortgesetzten Druck, ohne dauernde Angst vor Verdächtigung, vor Kontrolle auf Zuverlässigkeit, vor der Anklage, eine der schwankenden Parteiregeln mißachtet zu haben. Viele dieser Leute fühlen, sobald sie auf unserer Seite sind und nicht gerade in die Vernichtungsmaschine geraten, einen zermürbenden politischen Druck hinter sich zusammensinken. Sie fühlen das selbst bei uns ...« Mit seinem »selbst bei uns« zeigte er, wie sehr er sich der Relativität der Freiheit und des geringen Gefälles zwischen der totalen Unfreiheit unter Stalin und der eingeschränkt-totalen unter Hitler bewußt war.

»Ich bin überzeugt, daß selbst von den Kommissaren, die von den Einsatzkommandos, aber auch von verhetzten Wehrmachtsangehörigen, in den Gefangenenlagern ermordet worden sind, der größte Teil für uns zu gewinnen gewesen wäre: die Opportunisten sowieso, aber auch viele andere. Das erreicht man aber nicht, indem man sie über den Haufen schießt oder erneut unter Druck setzt. Siegen kann man hier nur mit einer höheren Menschlichkeit und dem einmaligen Mut zum Vertrauen. Schilenkow hat mir ein ganzes Propagandaprogramm vorgelegt, nach dem wir verfahren könnten und von dessen Wirkung ich überzeugt bin: Verzicht auf deutsche Herrschaft in Rußland, sobald der Kampf zu Ende ist – einen neuen russischen Staat ohne Stalin. Niemand kann dabei das Rad der Geschichte zurückdrehen und Dinge negieren, die das Regime drüben geschaffen hat: die technische Entwicklung, die Schulen und vieles andere. Man muß sie anerkennen und mit mehr Menschlichkeit für den einzelnen verbinden. Das ist Schilenkows Rezept. Das entspricht meiner eigenen Erkenntnis.«

Von Roenne schloß: »Ich hoffe, Sie in unseren Reihen zu

sehen. Wir sehen durch unsere Arbeit die Wirklichkeit, und es ist unsere Aufgabe, alle Mittel, die wir haben, dazu einzusetzen, die Wahrnehmung dieser Wirklichkeit in der obersten Führung durchzusetzen ... Wir sind nicht allein. Es gibt in Berlin in der Propagandaabteilung des OKW Leute, die unabhängig von uns zu dieser Ansicht gelangt sind. Und wir sind auch hier im Generalstab nicht allein. Sie werden Verbindung bekommen zum Generalquartiermeister, General Wagner. Sie werden Verbindung bekommen zum Chef der Abteilung Kriegsverwaltung, Oberstleutnant Schmidt von Altenstadt. Sie werden Verbindung bekommen zu Major Graf Stauffenberg in der Organisationsabteilung ...«

Noch am gleichen Abend sah Herre den Major im Generalstab und Gruppenleiter II der Organisationsabteilung des Generalstabs, Graf Stauffenberg.
Als er in Stauffenbergs Zimmer trat, fand er den Major, von unordentlichen Papierhaufen umgeben und wild telefonierend, hinter seinem Schreibtisch.
Stauffenberg sprach mit einem General, aber offensichtlich ohne sonderliche Achtung vor militärischen Rängen.
Er warf den Hörer in die Gabel, schob einen Aktenberg beiseite und ging Herre entgegen – groß, schlank, gut aussehend, nachlässig in seinem Äußeren, den Rahmen des normalen Offizierstyps sprengend, in scharfem, raschem Denken und in militärischem Fachwissen seinen Altersgenossen fast ausnahmslos und auch der Masse der älteren Offiziere überlegen.
»Sie haben sich also unserem Verein zum Kampf gegen lebensgefährlichen Blödsinn angeschlossen«, sagte Stauffenberg unvermittelt. »Gehlen hat mich gebeten, Ihnen auf meinem Gebiet einen kurzen Überblick zu geben. Eine schwierige Sache, weil man nicht weiß, wo der Unsinn

anfängt und wo er aufhört. Und in mein Gebiet fallen ausgerechnet die russischen Hilfswilligen und Freiwilligen, von denen man beim Oberkommando der Wehrmacht und im Führerhauptquartier nichts weiß …«

Er reichte Herre mit einer schnellen Geste Zigaretten. »Wundern Sie sich nicht über den Ton, der bei einigen von uns hier herrscht. Man kommt nach einer gewissen Weile von selbst dazu. Man braucht ein Ventil. Um es kurz zu machen und auf die Gefahr hin, Ihnen etwas zu sagen, das Sie schon erfahren haben – unsere Situation ist folgende … Der Kreis um den Führer hat nur ein Ziel: die Unterwerfung der Sowjetunion und ihre Umwandlung in ein deutsches Rohstoff-, Wirtschafts- und Arbeitskräfte-Reservoir. Darüber, wie dieses Reservoir im einzelnen aussehen soll, hat man sich offenbar noch keine Gedanken gemacht. Daran hat sich auch nichts geändert, seit die vorjährige Überzeugung, die sowjetische Armee würde in wenigen Monaten vernichtet werden, getrogen hat. Es ist nur noch nicht durchschaubar, ob dabei der Führer allein die treibende Kraft ist, und vor allem, ob er von seiner Umgebung falsch informiert wurde. Im Augenblick setzt man im Führerhauptquartier auf neue Offensiven in diesem Jahr und auf einen Endsieg, der im vergangenen Jahr versagt blieb. Man will sich für die Zukunft und diesen Sieg die Hände freihalten und ist zum Beispiel nicht einmal bereit, den Esten, Letten oder Litauern, die nach der Teilung Polens zwischen uns und Stalin von letzterem vereinnahmt wurden, die Möglichkeit zu geben, auf unserer Seite zu kämpfen. Auch diese baltischen Länder sollen nicht wieder frei werden. Also darf man ihnen keine Möglichkeit einer Zusammenarbeit mit uns geben, aus der sie Rechte herleiten könnten. Die Freiwilligenverbände, die gleich nach unserem Einmarsch in Estland und Lettland spontan entstanden sind, wurden verboten. Und wenn einige von ihnen weiterexistie-

ren, so nur schwarz. Himmler und der größte Teil der SS-Führung leben in ähnlichem Wahn. Überspannte Rassenvorstellungen von Germanen und Slawen machen seine Haltung noch unqualifizierbarer. Er träumt von einem germanischen Großreich bis zum Ural, in dem alle Slawen nur als Arbeitskräfte fungieren dürfen. – Rosenberg im Ostministerium will nicht nur den Bolschewismus, sondern Rußland als Staat vernichten. Er und seine Leute wollen das durch Aufteilung nach dem Motto ›divide et impera‹ erreichen. Für sie sind die Russen die Feinde. Sie wollen – zum größten Teil mit Hilfe von Emigranten – die Turkestaner, Kaukasier, Ukrainer, Weißruthenen zu Sonderstaaten formieren. Dort jedoch, wo das überhaupt nicht nötig, wo aber dieser ganze theoretische Aufteilungskram realisierbar wäre, nämlich in den baltischen Staaten, da wollen auch sie nicht ran. Da haben sie den Deutschordensfimmel und wollen diese Länder zu deutschen Reichsgebieten machen. Die Vorstellungen im Ostministerium über das, was nun eigentlich aus den Russen werden soll, variieren zwischen Vertreibung hinter den Ural und der Bildung eines nebulösen russischen Staates um Moskau herum ...«
Stauffenberg fuhr fort: »Man kann den Leuten im Ostministerium zugestehen, daß sie eine anständige Behandlung der Leute vertreten, aus denen sie ihre Lieblingsstaaten bilden wollen. Sie sind auch für die Befreiung der Bauern, die Aufhebung der Kolchosen. Aber daß ihre Ideen letztlich eine Vergewaltigung historisch gewachsener Wirklichkeit sind, die man nur mit brutaler Gewalt wahr machen kann, kommt ihnen nicht in den Kopf. Auf der anderen Seite ist das auch belanglos, denn die wirtschaftliche Macht im besetzten Gebiet haben Göring und Backe, der Staatssekretär im Reichsernährungsministerium, in der Hand. Und das bedeutet ›Erfassung‹. Das heißt: Wozu Bauernbefreiung? Die Brüder

sollen arbeiten und abliefern! Und die Polizeigewalt hat Himmler mit seinen SS- und Polizeiführern. Das wiederum bedeutet: Gewalt, Vernichtung ›rassisch minderwertiger Slawen‹. Wo aber Rosenberg theoretisch in der Zivilverwaltung etwas zu bestimmen haben sollte, hat er nichts zu sagen: Der Führer hat ihm für die besetzten Gebiete Beamte vorgeschrieben, die der Kolonialidee folgen und auf die Anweisung ihres theoretischen Vorgesetzten Rosenberg pfeifen. Sie werden von den Herren Koch und Lohse gehört haben. Dem letzteren scheint die Hundepeitsche das einzige Mittel der Politik, und seine Ideen heißen: Ausbeutung, Gewalt, Verhinderung der Bauernfreiheit, Zerstörung von Schulen und Universitäten sowie – mit Variationen – Hunger und Geburtenbeschränkung. Und die bisherige Tätigkeit Kochs in der Ukraine ist ein Ausbruch des Größenwahns eines engstirnigen, wildgewordenen Kleinbürgers.«
Stauffenberg machte eine Geste der Verzweiflung. »Wir verraten damit alles«, sagte er, »wir verraten nicht nur unseren eigenen Erfolg, der ja, wenn man überhaupt eine Notwendigkeit des Feldzugs im Osten anerkennt, nichts anderes zum Ziel haben dürfte als Beseitigung des sowjetischen Drucks aus dem Osten, nicht aber die Unterwerfung der russischen Völker. Wir verschütten darüber hinaus jede erwartungsvolle Bereitschaft, die es in Rußland immer gegenüber dem Westen gegeben hat, und schüren das, was dieser Bereitschaft auch immer gegenüberstand: den Haß, der aus mißverstandener, getretener Sehnsucht kommt...«
Das Telefon unterbrach Stauffenberg ein paarmal hintereinander. Während er in den Apparat hineinsprach, sah Herre ihn schweigend an. Stauffenbergs letzte Worte waren aus Überlegungen gekommen, die einige Beschäftigung mit Völkerpsychologie verrieten. Als das vierte Telefonat beendet war, bat Stauffenberg um Entschuldigung.

»Und nun kommt die Wehrmacht«, sagte er. »Nun kommt die Wehrmacht, die ja den Boden für diese Politik bereiten muß. Und ich frage Sie: Haben wir uns als Offiziere nicht immer so viel auf unser Kulturbewußtsein zugute gehalten? Ich will meine Illusionen noch nicht alle begraben. Ich habe die Hoffnung, daß von uns aus eine Wende kommt, die diesem großmäuligen und herrschsüchtigen Pack, das die Politik hier bestimmt, das Handwerk legt. Aber ein paar Illusionen sind zerstört...«
Wieder wurde Stauffenberg unterbrochen. Aber er verlor den Faden nicht. »Gehlen wird Ihnen schon gesagt haben, was inzwischen geschehen ist. Der Winter hat auf rabiate Art und Weise einige Vorstellungen von unserer Überlegenheit und vom sicheren Sieg zerbrochen. Das Ausbleiben des Ersatzes aus der Heimat, die blanke Not, hat einfach dazu gezwungen, kurzerhand russische Gefangene, die bereit dazu waren, als Fahrer oder in anderen Hilfsdiensten einzustellen und ihnen in brenzligen Augenblicken sogar Gewehre in die Hand zu drücken. Und die ehemaligen Rotarmisten haben geschossen, auf die Rote Armee, auf die Partisanen. Man hat sie, wieder der Not gehorchend, in deutsche Uniformen gesteckt, um sie als kriegführend zu kennzeichnen. Es gibt Divisionen, die in ihrem Gesamtbestand von 12 000 oder 15 000 Mann drei- bis viertausend Russen zählen. Man hat im rückwärtigen Gebiet der Heeresgruppe Mitte, wo die Partisanen wie Pilze aus der Erde schießen, Kompanien und Bataillone aus russischen Freiwilligen gebildet. Und so hat die Wirklichkeit etwas erzwungen, das für unsere offizielle Politik unvorstellbar ist, das aber kein Mensch mehr aus der Welt schaffen wird, weil die Wirklichkeit stärker ist. Russen sind zu Verbündeten geworden. Sehen Sie, und ich sitze nun hier und habe deutsche Neuaufstellungen zu bearbeiten. Ich kann nach oben nichts von dem melden, was in dieser

Beziehung inzwischen entstanden ist. Und andererseits habe ich nicht die Absicht, dem Zwang der Wirklichkeit entgegenzutreten. Ich muß vollendete Tatsachen schaffen lassen, die dann niemand mehr beseitigen kann ...«

Er wirkte entschlossen.

»Und nicht nur ich habe diese Absicht«, sagte er. »Gehlen hat sie, und von Roenne hat sie. Der Generalquartiermeister, General Wagner, und Schmidt von Altenstadt haben sie. Die Schar der Hilfswilligen und die russischen Einheiten, die es jetzt gibt, verdanken ihre Entstehung noch keiner höheren Erkenntnis über einen totalen Wandel unserer politischen Haltung. Die Offiziere, die diese Sache draußen gemacht haben, und die Stabsoffiziere und Generale, die sie dulden oder fördern, sehen in Hilfswilligen und Freiwilligen mit wenigen Ausnahmen Landsknechte, die unseren Kräftemangel ausgleichen und unserem militärischen Sieg dienen, und sonst nichts. Sie denken sehr wenig daran, daß auch die primitivsten Leute, die jetzt auf deutscher Seite stehen, abgesehen von den Opportunisten, bestenfalls mittelbar für einen deutschen Sieg kämpfen können. Nämlich für einen deutschen Sieg als Weg zu Veränderungen in ihrer Heimat, zur Entwicklung eines neuen russischen Staates. Es gibt draußen an der Front vorerst wenige, die das klar sehen. Aber diejenigen, die man da zu Landsknechten macht, werden schon ihre Stimme erheben. Sie werden uns lehren, daß die Russen nicht das sind, was unsere Analphabeten-Propaganda aus ihnen macht: halbe Tiere, die froh sind, wenn sie die Knute spüren. Sie haben ihr eigenes Nationalbewußtsein, ihren Stolz, und sie haben ihre eigene Seele, die mit uns gehen kann, die aber auch zum Kampf gegen uns fähig ist. Wir werden uns mit diesem Nationalgefühl verbinden müssen, um mit Stalin fertig zu werden. Die Lehre des Winters, die wir hinter uns haben, wird sonst nicht die letzte Lehre sein ...«

»Wenn wir die Katastrophe verhindern wollen«, fuhr Stauffenberg fort, »dann können wir nur eines anstreben: die *levée en masse* der Russen mit unserer ehrlichen Hilfe zur Beseitigung des Stalinschen Systems, zum Aufbau eines neuen russischen Staates, zur Erzielung eines neuen deutsch-russischen Verhältnisses. Es muß eine *levée en masse* unter russischer Führung sein, unter einer Führung, der die Russen glauben, daß sie nicht aus deutschen Handlangern besteht, und mit russischen Soldaten, die für ihre eigene Sache kämpfen. Wer noch daran glaubt, daß wir in diesem Land militärisch Siegen könnten, ist ein Narr ...«

Er machte eine verächtliche, wegwerfende Geste.

»Dr. Bräutigam«, sagte er dann, »unser Verbindungsoffizier zum Ostministerium, den Sie noch kennenlernen werden, träumt zwar auch von einer selbständigen Ukraine. Aber er hat die gute Idee, man müsse eine russische Führergestalt finden und diese an die Spitze einer freien Gegenregierung und einer Befreiungsarmee stellen. Bräutigam meint zwar, die Wirkung dieser russischen Gegenbewegung müsse auf den nebulösen russischen Staat beschränkt werden, der da laut Ostministerium irgendwo entstehen soll. Aber in Wirklichkeit ist das die Grundidee für die *levée en masse.* Sie braucht einen Führer mit bekanntem Namen. Keinen Emigranten, den kein Mensch im heutigen Rußland mehr kennt, sondern jemanden, dem die Massen vertrauen, weil er ihre Welt kennt und ihren Weg in den letzten zwanzig Jahren mitgegangen ist ...«

Herre wurde immer noch nicht mit dem Freimut fertig, der sich hier äußerte. »Und wie steht der Chef des Generalstabes zu diesen Dingen?« fragte er.

»Halder?« antwortete Stauffenberg, »Halder denkt nur militärisch und hat immer nur militärisch gedacht. Nein, keine Illusionen. Unsere Verbündeten sind nicht Halder oder Keitel, sondern die militärische Notlage und – Rückschläge, die vielleicht der Vernunft dienlich sind.« Er wirkte plötzlich tiefernst und beinahe müde. »Bevor es zu spät ist ...«

Die Baracke des Generalquartiermeisters befand sich in dem seewärts gelegenen Teil des Lagers Mauerwald, tausend Meter von der Baracke der Organisationsabteilung entfernt.

Nicht weit davon stand die Sauna, die sich General Wagner hatte bauen lassen, weil er glaubte, er bedürfe ihrer, um sich leistungsfähig zu halten. Wagner war zwar erst Ende der Vierzig, aber ein rundlicher Typ, in dessen Gesicht die Adern stark hervortraten. Er war ein leicht erregbarer, cholerischer Mann, der gern Rotwein trank und in angeheitertem Zustand im engsten Kreis seinen Haß gegen Hitler entlud.

Als Herre vier Tage nach seinem Gespräch mit Stauffenberg bei Oberstleutnant Schmidt von Altenstadt, Wagners Chef der Abteilung Kriegsverwaltung, vorsprach, fand er einen jugendlichen mittelgroßen Kavalleristen vor, der ihm frisch und lebendig entgegentrat.

»Entweder gibt es politisch eine Änderung«, sagte er, nachdem ein erster informativer Dialog vorüber war, mit noch brutalerer Offenheit als Stauffenberg, »oder wir gehen einer Katastrophe entgegen.« Aus ihm sprach der Verwaltungsmann. »Wir müssen den Russen die Selbstverwaltung überlassen. Die Leute sind bei aller scheinbaren Primitivität zu weit, als daß man ›Kolonialneger‹ aus ihnen machen könnte. Von Menschen, die selbst ihr Leben und ihre Arbeit bestimmen, werden wir mehr Getreide und Rohstoffe erhalten, als wenn wir deutsche Eintreiber einsetzen, die Haß erzeugen,

Partisanen auf den Plan rufen und schließlich alle Arbeit, alle Ernten und alle Transportmöglichkeiten ruinieren ... Die Entwicklung hierzu ist schon im Gange.«
Altenstadt hielt es nicht hinter seinem Schreibtisch. Er ging um Herre herum. Er hatte dabei seine Hände tief in den Hosentaschen und die Schultern nach vorn geschoben.
»Wir müssen mit der Einrichtung der Selbstverwaltung von unten anfangen. Dann könnten Kreisbehörden und schließlich Distriktsbehörden gebildet werden. So könnten wir aus dem von uns besetzten Raum ein selbständiges Gebilde machen, das zwar im Augenblick kriegsbedingte Aufgaben für uns zu leisten hat, das sich aber als Zelle eines neuen Rußland betrachten kann. Dann muß an die Spitze eine freie Gegenregierung gegen Moskau treten mit einer eigenen russischen Armee. Denken Sie darüber nach ...«
Altenstadt setzte seinen Marsch fort. »Vernünftig kann man mit unseren Eroberern nicht reden«, sagte er, »und es bleibt uns auch keine Zeit dazu ... Stauffenberg hat gestern ein Meisterstück geleistet. Das OKW hat zum erstenmal die Genehmigung zur Aufstellung von Truppen aus Völkern der Sowjetunion erteilt. Und zwar handelt es sich um Legionen aus Turkestanern.«
Er sah Herre an. »Da ist im Ostministerium ein Professor von Mende. Dieser hat anscheinend die Absicht, den russischen Koloß damit anzugehen, daß er im Kaukasus und in Turkestan, das ja nicht mehr ist als ein historischer Traum, nach dem alten britischen Muster ›divide et impera‹ Kleinstaaten ins Leben ruft. Jedenfalls hat er im vergangenen Jahr angefangen, die Lager nach Kriegsgefangenen der Kaukasusvölker zu durchsuchen ... Aus kaukasischen und turkestanischen Emigranten bildete er Kommissionen, die in den Lagern ihre Landsleute aufspürten. Die wichtigste war die turkestanische unter Führung des 1921 nach Frankreich

geflohenen sogenannten Präsidenten der ›autonomen Regierung von Kokand‹, Chokai, und des in Deutschland lebenden Turkestaners Chajum Khan, der in den zwanziger Jahren nach Berlin gekommen war und dort auf der Hochschule für Politik studiert hat. Bei ihrer Tätigkeit in den Lagern hatte die turkestanische Kommission fürchterliche Erlebnisse. Sie stellte fest, daß die Einsatzkommandos des SD einen großen Teil ihrer kriegsgefangenen Landsleute wegen ihres asiatischen Aussehens erschossen hatten. Andere waren dem Verhungern nahe. Im Lager Czestokowo in Polen sind von 30 000 Turkestanern nur 2000 übriggeblieben. Chokai selbst hat sich in diesem Lager den Flecktyphus geholt und ist gestorben. Doch gut zehntausend Turkestaner standen noch als Soldaten zur Verfügung. Dann sammelte von Mende auch die Nordkaukasier, die Aserbaidschaner, die Georgier, die Armenier, die Wolgatataren. – Dann kam der Winter. Die Träume vom Marsch bis zum Ural waren ausgeträumt. Aber die Turkestaner und Kaukasier waren nun einmal ausgesondert. Von Mende beharrte auf seinen Legionen, aber Keitel wollte nichts davon wissen. Die Idee ging ›ins Politische‹. Deswegen stieß von Mende auf Widerstände, und bis gestern quälten sich die Dinge hin und her.«
Er marschierte mit elastischen Schritten hinter seinen Schreibtisch, hielt es aber da nicht aus und spazierte weiter durch das Zimmer.
»Nur Täuschung hat geholfen ... Wie Stauffenberg Keitel klargemacht hat, daß die Turkestaner und Kaukasier alte verschworene Gegner nicht nur der Sowjets, sondern jedes russischen Reiches sind und außerdem keine Slawen, sondern Arier, fast so gut wie Germanen – das hätten Sie erleben sollen! Jetzt werden die Legionen aufgestellt. Es ist jetzt fünf Minuten vor zwölf ...«

Als Herre die Baracke verließ, dämmerte es bereits. Aber er wollte noch arbeiten. Die ersten Tage seiner Einarbeitung hatten ihm gezeigt, daß das sowjetische Heer zwar schwer getroffen, aber alles andere als geschlagen war.
Als er in Gedanken verloren daherschritt, hörte er plötzlich eine Stimme, die ihn anrief. Es war die Stimme Stauffenbergs, der im Dämmerlicht vor einer Baracke stand und sich mit gedämpfter Stimme unterhielt. Als Herre hinüberging, sah er neben Stauffenberg einen älteren Hauptmann mit einem schmalen, von einer ausgeprägten Nase beherrschten Gesicht. Stauffenberg machte ihn mit Dr. Bräutigam bekannt.
»Hören Sie sich das mit an«, sagte Stauffenberg voll Angriffslust, »es gibt Neuigkeiten auf dem Gebiet der Ostpolitik ...«
Sie begaben sich zusammen in Stauffenbergs Zimmer. Dort griff Stauffenberg den Faden wieder auf. »Hauptmann Bräutigam hat mir berichtet, daß der Staatssekretär Backe und sein Gehilfe Riecke sich ziemlich überraschend entschlossen haben, ihre bisher eindeutige Haltung gegen die Auflösung der Kolchosen zu lockern und einer Art Agrarreform zuzustimmen ...«
Er wandte sich Bräutigam zu. »... Ich kann Ihnen nur wiederholen: Das klingt gut und schön. Und man könnte daraus schließen, daß auch unseren Beute-Erfassern nach der Winterkatastrophe Zweifel daran gekommen sind, ob es die ukrainischen und russischen Bauern zur Arbeit anspornt, wenn sie auf den gleichen Kolchosen, auf denen sie für die Stalinkommissare gearbeitet haben, nun für deutsche Kommissare schuften sollen. Die Stalinkommissare sprachen wenigstens ihre Sprache ... Ackerbaugenossenschaften statt Kolchosen, gemeinsam bewirtschaftetes Land, das aber den Bauern gehört – das klingt sogar verführerisch. Aber, lieber Hauptmann«, Stauffenberg bewegte in einer Art von Be-

schwörung seine Hände, »Sie sagten mir, vorläufig sollen nur zwanzig Prozent der Kolchosen umgewandelt werden. Außerdem sollen die Ländereien zunächst genauestens vermessen werden. Wieviel Jahre will man für diese Vermessung aufwenden? Glauben Sie, daß mit diesem bürokratischen Firlefanz die Bauern aus der Enttäuschung herausgerissen werden? Sie sagen mir, Koch in der Ukraine habe heftigsten Protest gegen diese neue Ordnung eingelegt und sich geweigert, sie durchzuführen, weil hier Land verschleudert werden solle, das für den an der Front kämpfenden deutschen Soldaten bestimmt sei ...«

Stauffenbergs Temperament riß ihn mit sich fort. »Entschuldigen Sie meinen Sarkasmus. Was glaubt denn dieser Koch, wie viele Frontsoldaten bereit sind, einem Kolchosbauern sein armseliges Land zu stehlen, dafür aus Deutschland wegzugehen und sich hier anzusiedeln? Aber ich bin überzeugt, daß dieser Verbrecher in Rowno sich durchsetzen wird. Ihr Minister wird wie immer vor Koch zu Kreuze kriechen. Die ›Agrarreform‹ wird eine papierne Angelegenheit bleiben. Die Kolchosen werden weiterbestehen ...«

Herre blickte sich vorsichtig um. Stauffenbergs rücksichtslose Ausfälle waren für ihn immer noch zu neu.

Bräutigam schwieg. Stauffenberg dämpfte seine Stimme nicht. »Ich habe es mir zur Regel gemacht, mich direkt über die besetzten Gebiete informieren zu lassen. Und ich weiß, daß in der Ukraine nichts geschieht, was Ihr Minister anordnet. Koch hat im letzten September seinen Amtsantritt mit einer Rede an seine Generalkommissare eröffnet. Diese Rede lautete: ›Meine Herren, ich bin als brutaler Hund bekannt. Aus diesem Grund bin ich zum Reichskommissar für die Ukraine ernannt worden. Unsere Aufgabe ist es, aus der Ukraine ohne Rücksichtnahme auf Gefühle oder Eigentum der Ukrainer an Gütern herauszupumpen, was herauszupumpen ist. Meine Herren, ich erwarte von Ihnen äußerste Härte gegenüber der einheimischen Bevölkerung ...‹ Diesem Programm entsprechend hat Koch gehandelt, und danach wird er weiter handeln.«

Bräutigam machte einen schwachen Versuch, Rosenberg zu verteidigen. »Glauben Sie nicht, daß mein Minister das nicht sieht... Er hat bei meinem letzten Besuch in Berlin geäußert: ›Diese wildgewordenen Parvenüs aus Posemuckel werden uns noch alle ins Grab bringen!‹«

»Aber er wird keinen dieser Parvenüs von seinem Posten entfernen«, schlug Stauffenberg zurück. »Es wäre ein Kinderspiel gewesen, die drei baltischen Staaten als Verbündete an unserer Seite zu sehen. Für die Rückgewinnung ihrer nationalen Selbständigkeit würden sie mit uns kämpfen und den letzten Getreidehalm hergeben. Aber der Reichskommissar Lohse hat alles mit einer deutschen Verwaltung überzogen. Jede Selbständigkeit soll erstickt werden. Hunderte von deutschen Beamten verwalten den Besitz, den die Sowjets vor zwei Jahren enteignet haben. Lohses ›Ostlandgesellschaften‹ betreiben, gestützt auf die bolschewistische Enteignung, die Fabriken, die vor zwei Jahren noch Esten, Letten oder Litauern gehörten. Stimmt es vielleicht nicht, daß Lohse, dieser Bulle, der sich gesundgestoßen hat, dort oben erklärt, er arbeite nicht für sich. Er arbeite dafür, daß sein kleiner Sohn einmal die erbliche Herzogskrone im Ostland erhalte! Und Lohse ist der Mann Ihres Ministers. Er persönlich hat ihn zum Herzogsanwärter gemacht...«

Stauffenberg unterbrach sich. Dann sagte er: »Aber kommen wir zum nächsten Punkt. Am 28. März hat der Führer den Gauleiter Sauckel zum ›Generalbevollmächtigten für den Arbeitseinsatz‹ gemacht. Und in der vergangenen Woche hat Sauckel sein ›Programm für den Arbeitseinsatz‹ herausgebracht, dessen Hauptziel es ist, Ukrainer, Weißrussen, Polen,

Galizier, Russen als Arbeitskräfte zu rekrutieren und nach Deutschland zu schaffen. Gut, das kann man machen, wenn es in rechtlich vertretbarer und menschenwürdiger Form geschieht. Es könnte sogar dazu beitragen, die gegenseitige Unkenntnis zwischen Deutschen oder Russen zu verringern. Aber wenn ich die jüngsten Informationen lese, dann weiß ich, daß genau das Gegenteil geschehen wird und daß vor uns ein Debakel liegt, das alle anderen noch übertrifft.
Mein lieber Bräutigam«, er wiederholte seine beschwörende Geste, »Sie haben mir selbst berichtet, Sauckel habe erklärt, die Bewohner der besetzten Ostgebiete seien an die schlechtesten Arbeitsverhältnisse gewöhnt. Sie seien billig. Sie haben mir bestätigt, daß das Reichssicherheitshauptamt die Überwachung der Arbeit übernimmt und daß jeder Arbeiter ein Stoffschild ›Ost‹ auf die Brust genäht bekommt, daß alle Arbeitslager mit Stacheldraht umzäunt werden und daß Verkehrsmittel, Parkanlagen, Gaststätten oder Kinos für die Arbeiter gesperrt werden. Glauben Sie, daß daran auch nur das geringste geändert werden wird, wenn Ihr Ostminister schriftlich Bedenken wegen ›Kränkung‹ oder ›Mißhandlung‹ oder ›Menschenunwürdigkeit‹ vorbringt? Nein, nichts wird sich ändern. Sauckel wird in der harten Praxis nichts von dem zurücknehmen, was er bei seiner Amtsübernahme erklärt hat – nämlich, er habe keine Zeit und Lust, sich um die Geschmacksrichtung der russischen Küche oder das Seelenleben der Muschiks zu kümmern. Er habe seinen Auftrag von Adolf Hitler erhalten, und er werde Millionen Arbeiter aus dem Osten nach Deutschland holen ...«

Einige Wochen später, am Abend des 6. Juni, hielt der Wagen des Generals von Schenckendorff, Befehlshaber des rückwärtigen Gebietes der Heeresgruppe Mitte, von Mogilew kommend, vor dem Hauptquartier von Befehlshaber Feld-

marschall von Kluge bei Krasnibor in der Nähe von Smolensk.
Das ehemalige sowjetische Erholungsheim mit seinen einstöckigen Baracken und einer Waldschlucht, in der Kluges Sonderzug stand, wirkte äußerlich ruhig, fern von den Kämpfen, die an der ganzen Ostfront im Gange waren. Die deutschen Heeresgruppen rangen darum, die von den sowjetischen Verbänden während der Winterschlacht erzielten Einbrüche so gut wie möglich auszugleichen und im Süden das Sprungbrett für die neue große Offensive zu schaffen.
Die erbitterten Kämpfe der eingeschlossenen Deutschen in den Kesseln von Cholm und Demjansk waren zu Ende. Aber im Wolchowgebiet wurde in Sumpf und Wasser zäh und verlustreich darum gekämpft, einen tiefen winterlichen Einbruch der 2. sowjetischen Stoßarmee rückgängig zu machen. Bei Charkow berannte seit dem 12. Mai der sowjetische Marschall Timoschenko mit 41 neuen Divisionen die deutschen Stellungen. Sewastopol auf der Krim mußte genommen werden, bevor die neue Sommeroffensive beginnen konnte. Über allem lag das drückende Bewußtsein wachsenden gegnerischen Widerstandes, ja vielleicht eines Widerstandes, der jetzt erst richtig begann und sich aus militärisch nicht angreifbaren Menschen- und Rüstungsreservoiren nährte.
Schenckendorff war ein schwerer, vollblütiger Mann und mit ernsten Herzbeschwerden behaftet. Er war, wie die meisten seinesgleichen, als militärischer Spezialist ohne jegliche Kenntnis russischer Probleme in die Sowjetunion eingerückt. Aber seine Klugheit, die sich hinter dem rauhbeinigen Äußeren verbarg, hatte ihn schon bald nach der Kommandoübernahme als Befehlshaber des rückwärtigen Heeresgebietes Mitte gezwungen, zwischen dem Begrüßungsjubel erheblicher Teile der Bevölkerung und dem nicht zu begreifen-

den Peitschenknallen, das von »oben« kam, nach einer Lösung zu begehren.
Wahrscheinlich würde es niemals möglich sein, genau festzustellen, wann und wo im riesigen Bereich der Ostfront und während der Winterschlachten die ersten sowjetischen Soldaten als Hilfswillige in die deutschen Front- oder Sicherungsverbände eingerückt waren. Niemand würde genau feststellen können, wann und wo auf deutscher Seite erste Kompanien oder Schwadronen aus ehemals sowjetischen Soldaten entstanden waren. Es war ein instinktiver Akt, geboren aus der Not der Deutschen und der Not oder erwartungsvollen Bereitschaft auf russischer Seite.
Die ersten Ansätze der Entwicklung waren Schenckendorff sozusagen »von unten entgegengeströmt«. Seine Feldkommandanturen hatten sich aus Russen einen Ordnungsdienst geschaffen, um die ersten noch unbedeutenden Störversuche von Partisanen zu bekämpfen, die entweder aus den Reihen der Roten Armee und des NKWD* zurückgeblieben oder durch Fallschirme abgesetzt oder infolge der Jagd der SD-Einsatzkommandos auf Asiaten, Juden und Kommissare in die Wälder geflohen waren. Der Major d. R. (der Reserve) Weiß hatte in Briansk auf eigene Faust ein ganzes Freiwilligenbataillon aufgestellt.
Wenn man berücksichtigt, daß ein Teil seiner Leute sich nur gemeldet hatte, um den inzwischen bekannten Schrecken der Gefangenschaft zu entrinnen, dann hatte der Verband erstaunlich zäh gegen sowjetische Fallschirmpartisanen gekämpft. Weiß hatte die notwendigen Waffen in den Wäldern aufgesammelt. Die Uniformen mußten selbst geschneidert

* Abkürzung für Narodny Kommissariat Wnutrennich Djel, dem Volkskommissariat des Inneren der UdSSR, dem Träger der Geheimpolizei.

werden. Es gab keinen Etat, keine Ausbildungsvorschriften, nichts. Rangabzeichen hatte Weiß selbst erfunden. Er hatte nur unter großen Mühen deutsche Unteroffiziere gefunden, die die wichtigsten Führerstellen übernahmen. Sie hatten keine Sprachkenntnisse und kannten die Eigenarten ihrer neuen Untergebenen nicht, konnten sich aber zunächst auf die Achtung stützen, die das deutsche Militär aus Tradition in Rußland genoß und die durch die bisherigen Siege oft ins Unermeßliche gestiegen war.

In Schenckendorffs Bereich gab es inzwischen viele »landeseigene« Bataillone. Woher der Name kam – wer wußte es? Irgend jemand hatte ihn erfunden. Vielleicht Schenckendorffs IA, Major von Kraewel, der sich aus blanker Not für die ungewöhnliche und halb illegale Entwicklung einsetzte, für die von »oben« trotz aller Anträge keine Genehmigung kommen wollte.

In Mogilew war die russisch geführte Kosakenabteilung 600 entstanden. Der sowjetische Kosakenmajor Kononow, der aus echtem Haß gegen die Stalinsche Ordnung mit dem größten Teil seines Regiments auf die deutsche Seite übergelaufen war, hatte in der Gefangenschaft zufällig Verbindung zu von Kraewel bekommen und um die Chance gebeten, mitkämpfen zu dürfen. Kononow war eine harte und selbstbewußte Erscheinung. Von Schenckendorff hatte ihn zum Oberstleutnant ernannt. Die Reiter Kononows hatten sich zur Sicherung der Straßen und Eisenbahnlinien längst unentbehrlich gemacht.

Etwas sehr Ungewöhnliches hatte sich im Bereich des Städtchens Lokotj unmittelbar am Ostrand des Brjansker Waldes entwickelt, der zu einem Sammelpunkt von Partisanen geworden war. Dort war ein russischer Rayonbürgermeister*

* Ein Rayon ist in der UdSSR der unterste Verwaltungsbezirk.

namens Kaminski hervorgetreten. Das NKWD hatte ihn einmal verhaftet und in ein sibirisches Straflager geschickt. Später war die Strafe in eine dauernde Zwangsansiedlung in Lokotj umgewandelt worden.
Kaminski fiel dadurch auf, daß er in seinem Rayon ohne deutsche Einmischung »vorbildliche Verhältnisse« schuf. Das Wirtschaftsleben blühte auf. Das Ablieferungssoll wurde reibungslos erfüllt. Das Schulwesen kam wieder in Gang.
Russische Verbände, die Kaminski auf eigene Faust gebildet und mit Waffen der Roten Armee ausgerüstet hatte, sorgten für Sicherheit. In Lokotj gab es keine Partisanen. Der Befehlshaber der 2. Panzerarmee, General Schmidt, hörte von diesen Vorgängen, rief Kaminski zu sich, unterstellte ihm eine Anzahl anderer Rayons und schuf, ohne erst »oben« anzufragen, einen großen russischen Selbstverwaltungsbezirk Lokotj. Die gesamte vollziehende Gewalt wurde Kaminski übertragen. Er erhielt den Titel »Brigadegeneral« und stellte für sein Gebiet eine eigene Armee auf, die den Namen »RONA« (Russische Volksarmee) trug und über ehemals sowjetische Artillerie und T-34-Panzer verfügte.
Kaminski gründete eine eigene Partei, die eine Mischung von Nationalsozialismus und Sozialismus war, ohne daß der Nationalsozialismus, den Kaminski gar nicht kannte, dabei Vorbild gewesen wäre. Seine Art zu handeln war russisch großzügig und hart zugleich. Aber sie wurde verstanden. Im September 1941 hatte General Schmidt in einer Denkschrift »Über die Möglichkeit der Erschütterung des bolschewistischen Widerstandes von innen her« die Erfahrungen von Lokotj dargelegt, ohne Beachtung zu finden.

Als Schenckendorff sich aus seinem Wagen schob, war sein Gesicht noch röter als sonst. Er hatte sich beim IA des

Generalfeldmarschalls von Kluge, Oberst von Tresckow, angemeldet.
Als Schenckendorff die Tür zum Barackenzimmer des IA geöffnet wurde, stand Tresckow wartend im Zimmer – mittelgroß, schlank, mit etwas rundem, aber markantem Gesicht. Tresckow schüttelte Schenckendorff wie einem alten Verbündeten die Hand. Sie hatten beide den Vormarsch der Heeresgruppe Mitte miterlebt. Zuerst unter Feldmarschall von Bock, der nach dem Scheitern des Angriffs auf Moskau am 18. Dezember 1941 durch Hitler entlassen worden war, jetzt unter Kluge.
Tresckow wußte, weshalb Schenckendorff kam. Er hatte noch früher als dieser die Alternativen gesehen und mit seiner konzilianten, aber auch zähen Zielstrebigkeit nach Wegen gesucht, die ein spürbares Verhängnis aufhalten konnten. Kaum jemand wußte davon.
Im Oktober 1941 hatten er und Gersdorff, sein IC,* dem Feldmarschall von Bock den Auftrag abgerungen, einen Plan für die Aufstellung einer »Befreiungsarmee« aus 200 000 russischen Freiwilligen zu entwerfen. Tresckow hatte die Bereitschaft, die den Deutschen entgegenschlug, richtig gedeutet. Er hatte damals noch mit einiger Selbstverständlichkeit geglaubt, das geplante Projekt werde angesichts der Enttäuschung der weitgespannten militärischen Hoffnungen im Führerhauptquartier auf Verständnis stoßen. Kurz vorher hatten die russischen Stadtväter von Smolensk Bock eine napoleonische Kanone geschenkt und eine Eingabe an Hitler überreicht. Darin war der Vorschlag enthalten, in Smolensk eine russische Regierung für die befreiten Gebiete auszurufen, die zum Zentrum aller jener Russen werden sollte, die

* Für die Feststellung der Feindlage zuständiger Generalstabsoffizier; bei den NATO-Truppen entspricht ihm der G2.

bereit waren, mit den deutschen Truppen gegen die Stalinregierung zu kämpfen.
Obwohl von Bock alles andere als ein politischer Mann war und sich in erster Linie damit beschäftigte, im Führerhauptquartier seine Überzeugung durchzusetzen, daß die Eroberung Moskaus für den Ausgang des Krieges wichtiger sei als eine Umfassungsschlacht in der Ukraine, hatte er die Eingabe weitergereicht, ohne bis zum November eine Antwort darauf zu erhalten. Die Heeresgruppe hatte damals, im Sturm der Ereignisse, keine besonderen Gründe hinter jener Verzögerung gesucht. So hatte Tresckow das Projekt der Befreiungsarmee auch mit fast selbstverständlicher Zuversicht ausarbeiten lassen. Er hatte diese Arbeit einem der Dolmetscher beim Stab der Heeresgruppe, dem aus Riga stammenden, russisch sprechenden Hauptmann der Reserve Strik-Strikfeldt, überlassen.
Tresckow kannte Strik-Strikfeldt. Er war 1896 als Sohn deutscher Eltern in den baltischen Provinzen des Zarenreiches geboren, in St. Petersburg zur Schule gegangen und im Ersten Weltkrieg junger zaristischer Offizier gewesen. Später, bei den Kämpfen um die Selbständigkeit der baltischen Staaten, hatte er bei der britischen Militärmission unter General Gough gedient und baltische Truppen mit Waffen versorgt. Nach 1920 war er Vertreter einer britischen Industriefirma in Riga gewesen und 1939 nach der gewaltsamen Rückgliederung der baltischen Staaten an die Sowjetunion nach Deutschland übergesiedelt. Bis 1940 hatte er in Posen, das nach dem deutschen Angriff auf Polen wieder deutsch geworden war, ein Ingenieurbüro betrieben – bis er wieder Soldat, diesmal auf deutscher Seite, und Dolmetscher geworden war. Gleich Roenne haßte er den Bolschewismus und das stalinistische System, aber er verehrte bis zur Schwärmerei das russische Volk.

Strik-Strikfeldt hatte schon während der siegreichen Spätsommermonate 1941 im Stab der Heeresgruppe Mitte hartnäckig und beinahe schon aufdringlich die Behauptung verfochten, das sowjetische System sei nur dann zu schlagen, wenn man sich mit dem russischen Volk verbünde. Seine Vorstellungen, wie ein Rußland ohne Stalin aussehen sollte, waren dabei nicht reaktionär-zaristisch, aber konservativ und auf jeden Fall noch reichlich unbestimmt. Im Oktober 1941 jedenfalls entwarf er im Auftrag Tresckows den Plan für eine schlagkräftige russische »Befreiungsarmee«. Um der Sicherheitssorge des deutschen Heeres Rechnung zu tragen, hatte er vorgesehen, hinter je drei russische Divisionen eine deutsche Division zu stellen und in der Luft nur deutsche Fliegerverbände kämpfen zu lassen. Er hatte gleichzeitig den Plan für eine Gegenregierung in Smolensk entworfen. Tresckow hatte das Projekt unverzüglich weitergeleitet, zunächst an Bock, dann an den Oberbefehlshaber des Heeres Brauchitsch.
Aber das Projekt lag noch Brauchitsch vor, als sich etwas ereignete, das Tresckow zum erstenmal deutlich zeigte, daß es im Führerhauptquartier Absichten und Pläne gab, die seinen persönlichen Vorstellungen über das Ziel im Osten völlig entgegengesetzt waren. Die Stadtverwaltung von Smolensk hatte auf eine Beantwortung ihrer Eingabe an Hitler gedrängt. Der Chef des Stabes der Heeresgruppe, Greiffenberg, hatte sich an das Führerhauptquartier gewandt und Mitte November von Keitel einen kurzen Bescheid erhalten: »Politische Dinge gehen die Heeresgruppe grundsätzlich nichts an.«
Greiffenberg und Strik-Strikfeldt hatten den Smolenskern die Ablehnung mitgeteilt und trotz einer versöhnenden Gabe von Medikamenten für das städtische Krankenhaus die vielsagende Antwort bekommen: »Wenn in dieser entscheidenden Stunde die Prüfung unseres Angebots so lange Zeit

beansprucht hat, dann kann die Antwort doch wohl nur ablehnend sein. Offenbar hat Ihre Regierung den Ernst der Lage noch nicht erfaßt.«

Nur wenige Tage später hatte Strik-Strikfeldts Projekt seinen Weg zu Tresckow zurückgefunden. Am Rande des Schriftstücks befand sich zwar eine Bemerkung von Brauchitsch: »Halte ich für kriegsentscheidend«, aber von einer Zustimmung Hitlers war nicht die Rede. Brauchitsch hatte offenbar nicht oder nicht mehr den Mut gehabt, das Projekt überhaupt vorzulegen. Nur wenig später, noch im Dezember, war Brauchitsch kurz vor Bock gestürzt worden, und der erste große Anlauf war im Nichts zerronnen.

Aber Tresckow hatte diese Ereignisse nicht vergessen und den Gedanken weiterverfolgt. Er hatte ihn allerdings nur in Grenzen auf Kluge, den Nachfolger Bocks, übertragen können. Kluge hatte noch weit weniger Beziehungen zur Politik als von Bock. Außerdem war er ein überaus unsicherer und schwankender Charakter. Er grollte zwar oft gegen das Führerhauptquartier, aber er scheute Widerstand. Er war nur als Vorspann zu gebrauchen, wenn Tresckow geschickt seine Stimmungen nutzte.

Dies hatte Tresckow in den letzten Monaten häufig getan, wenn es darum ging, die Entwicklung im rückwärtigen Heeresgebiet, die Aufstellung russischer Verbände und die Verwendung immer größerer Zahlen von Hilfswilligen in den deutschen Divisionen »abzudecken«.

Das Argument, das bei Kluge immer wirkte, war der rein militärische Hinweis auf das Ausbleiben deutschen Ersatzes und auf die brutale Notwendigkeit, die eigenen Lücken durch Russen zu füllen. Doch dies war nicht Tresckows Herzensargument.

Als Tresckow Schenckendorff gegenübersaß, sagte er: »Bitte, Herr General, was kann ich tun?«

Schenckendorff zögerte. »Darf ich das Neueste über die militärische Lage erfahren?«
Tresckow nickte. »Im Bereich der Heeresgruppe wird sich von uns aus nicht viel ereignen. Der Führer hat bestimmt, daß die Heeresgruppe Süd die neue Sommeroffensive durchführen wird, und zwar mit dem Ziel, auf der einen Seite den Kaukasus zu erobern und das russische Öl wegzunehmen, auf der anderen Seite bei Stalingrad die Wolga zu erreichen und zu sperren. Der Führer hofft, den Gegner damit wehrwirtschaftlich und militärisch zu erledigen.«
Schenckendorff warf einen sorgenvollen Blick auf die Karte. »Und die Flanke nach Norden?«
»Die sollen die Italiener, Rumänen und Ungarn sichern.«
Es war für eine Weile still. Schenckendorffs Blick war eine einzige zweifelnde Frage, Tresckows Blick eine Bestätigung. »Um so wichtiger und dringender wird alles«, sagte er langsam, »was wir für eine Mobilisierung russischer Hilfe tun können.«
Schenckendorff zog den Uniformkragen herab, der ihn beengte. »Äußerlich gesehen«, sagte er, »entwickeln sich die Dinge gut. Die ersten Bataillone stabilisieren sich. Einige Bataillone haben sich erstaunlich gut geschlagen. Die Anforderungen nach Ersatz wachsen von Woche zu Woche, so daß ich mich entschlossen habe, in den russischen Kasernen von Bobruisk ein Ost-Ersatz-Bataillon aufzustellen, aus dem bald ein Regiment werden wird. Wir sind ferner dabei, in Orscha ein Vorlager zu gründen, in dem wir zunächst die Freiwilligen aus Gefangenenlagern sammeln und ihnen Gelegenheit geben, sich von den Lagern zu erholen. Die Bereitwilligkeit der Leute erschüttert mich. In Kossow wird ein Genesendenlager für Freiwillige eingerichtet und in Durinitschi ein Erholungsgut für Verwundete und Genesende ...«
Schenckendorff schlug plötzlich mit der Hand auf den Tisch.

»Aber da liegt des Pudels Kern. Ich baue auf Sand. Im Augenblick kommt uns noch eine Bereitschaft der Russen entgegen. Aber wie lange? Es hilft mir gar nichts, daß ich Befehlshaber im rückwärtigen Heeresgebiet bin und die Reichskommissare mir offiziell nichts zu sagen haben. Meine Anordnungen werden durch die Vollmachten der Vierjahresplanleute und die Vertreter Himmlers durchlöchert. Und was in den Reichskommissariaten geschieht, ist bei der Bevölkerung jetzt genau bekannt. Der gefährlichste Schlag gegen die Stimmung ist die Arbeiteranwerbung. In den Freiwilligenbataillonen und in der Bevölkerung gibt es schon erste schriftliche Nachrichten darüber, daß die Arbeiter, die freiwillig nach Deutschland gegangen sind, dort hinter Stacheldraht sitzen. Gestern sind in Mogilew drei Leute aus dem Reichskommissariat Ukraine eingetroffen, die sich zu Verwandten durchgeschlagen haben. Sie wurden zusammen mit vierzig anderen Männern und Frauen aus einer Kirche in der Nähe von Rowno herausgeholt. Eine Kommission von Sauckel hatte die Kirche umstellt und alle Teilnehmer des Gottesdienstes in einen Güterzug mit Stacheldraht vor den Fenstern gesperrt – zum Abtransport nach Deutschland. Die drei Leute, die jetzt in Mogilew sind, haben während der Fahrt ein Loch in den Fußboden ihres Waggons geschnitten und sich zwischen die Schienen fallen lassen ...«
Die Adern an Schenckendorffs Stirn klopften.
»Das ist nicht möglich«, sagte Tresckow.
»Nicht möglich«, höhnte Schenckendorff. »Im ›Russischen Bataillon z. b. V. (zur besonderen Verwendung)‹ in Ossintorf, das zum großen Teil aus ehemaligen sowjetischen Offizieren besteht, gibt es sechs Männer, denen Verwandte über ähnliche Vorkommnisse berichtet haben. Welche Konsequenzen diese Berichte gerade bei diesen Leuten haben müssen, brauche ich wohl nicht zu beschreiben. Alles, was wir hier

begonnen haben, geht durch eine solche Politik vor die Hunde. Ich kann nicht von Männern erwarten, daß sie auf unserer Seite kämpfen, wenn gleichzeitig ihre Landsleute oder Verwandten wie einstmals Negersklaven behandelt werden.«
Tresckow erkundigte sich: »Hat sich in Ihrem Bereich eine Werbekommission Sauckels sehen lassen?«
»Bisher nicht.«
»Ich werde den Feldmarschall veranlassen, Verhaftungsbefehle zu unterzeichnen für jede Kommission, die sich in dieser Art bei uns betätigt.«
Schenckendorff wischte sich über die Stirn. »Noch glauben viele Leute«, nahm er das Thema wieder auf, »von den Mitläufern und Opportunisten abgesehen, an unseren guten Willen. Sie glauben, daß wir nur gegen Stalin und seine Herrschaft kämpfen, ihnen selbst aber helfen wollen. Schon kommen Mißtrauen und zweifelnde Fragen auf: ›Was habt ihr wirklich mit uns vor?‹ Was sollen wir auf diese Fragen antworten? Alles, was ich in der Hand habe, ist illegal. Es gibt keine Vorschriften für meine Leute. Keine anerkannten Ränge. Keine Uniformen. Keine offizielle Löhnung. Keine Bekleidung. Keine Orden. Kein deutscher Soldat grüßt einen Russen, den ich auf eigene Faust als Offizier bestätigte. Die eigenen Leute, die ich habe freistellen können, um Freiwilligenbataillone auszubilden oder zu führen, sind Feldwebel oder Unteroffiziere. Sie haben womöglich ein paar Wochen vorher noch gegen die gleichen Leute gekämpft, die sie jetzt führen sollen. Die Ideen von den bolschewistischen Verbrechern spuken überall herum. Ich kann auf die Dauer nicht russische Offiziere Unteroffizieren unterstellen. Bei den Opportunisten spielt der Glaube an unseren Sieg die entscheidende Rolle. Bei den echten Freiwilligen nicht. Was werden sie tun, wenn es weitere militärische Rückschläge

gibt und sie auf unserer Seite kein Entgegenkommen finden, das sie zu echten Verbündeten macht? Ich halte nichts von Landsknechten und Söldnern. Aber wenn man schon Söldner haben will, muß man ihnen zumindest einen Sold bezahlen. Wenn sie mich fragen, wofür sie kämpfen, werde ich ihnen in Kürze ein Ziel stecken müssen, das auch ihren Wünschen entspricht, und das ist nicht der deutsche Sieg, sondern ein neues Rußland.«
Tresckow dachte: Wenn wir einen anderen Oberbefehlshaber hätten, einen Mann mit politischem Gefühl, einen Mann mit Rückgrat, der nicht schwankt wie ein Blatt im Wind …
»Ich habe das lange kommen sehen«, sagte er düster. »Wir werden wieder da anfangen müssen, wo wir im Dezember gescheitert sind. Wir brauchen die russische Gegenregierung und die russische Persönlichkeit, die sie führt. Sie kann alle Fragen nach dem Ziel besser beantworten als wir … Herr General«, fuhr er fort, »ich fliege morgen früh nach Mauerwald.«

Die Abteilung »Propaganda« des Oberkommandos der Wehrmacht in Berlin war unter der Führung des beliebten Oberst von Wedel so gut wie unvorbereitet in den Krieg gegen die Sowjetunion hineingeraten.
Wedel hatte den Standpunkt vertreten, daß dieser »Feldzug« nach sechs Wochen zu Ende sein würde.
Erst im April 1941 hatte die Propagandaabteilung im Rahmen ihrer Gruppe »Aktivpropaganda« zwei Männer eingestellt, die eine Art psychologische Kriegführung gegen die Sowjetunion vorbereiten sollten. Der eine war Oberst Dr. Blau, der als Fachmann für »psychologische Kriegführung« galt – aber er hatte längst seine Spannkraft verloren. Der andere war ein Sonderführer und späterer Hauptmann namens Nikolaus von Grote, ein gutaussehender Mann mit rotblondem Haar.

Er war Balte und hatte als junger Mensch noch in der Zarenarmee gedient. Später war er als Journalist tätig gewesen. Er verfügte über Weltkenntnis, enorme Arbeitskraft und Geschick als Unterhändler. Vor allem aber konnte man von ihm sagen, daß er von der Sowjetunion und ihrer Bevölkerung viel verstand.
Bei Beginn seiner Tätigkeit hatte Grote es für selbstverständlich gehalten, daß die deutsche Politik durch einen Grundtenor bestimmt sein würde, der nur heißen konnte: Befreiung der Bauern, Befreiung von den Kolchosen, Rückgabe des Landbesitzes. Er hatte im Ersten Weltkrieg erlebt, wie die russische Front am Landhunger der russischen Bauernmassen zerbrochen war, am Landhunger all jener Soldaten, die rechtzeitig zu Hause sein wollten, nachdem ihnen von den neuen Machthabern die Aufteilung des Großgrundbesitzes versprochen worden war. Er war überzeugt, daß es keinen wirkungsvolleren Coup gegen Stalin geben könne als die Rückgabe des verstaatlichten Grund und Bodens an die Bauern, die immer noch den Hauptteil der sowjetischen Bevölkerung ausmachten.
Schon nach ein paar Tagen aber hatten ihn Blau und Wedel belehrt, daß Hitlers Kriegsziele im Osten nichts mit tatsächlicher »Befreiung« zu tun hatten.
Grote hatte sich gefragt, ob es überhaupt Sinn habe, unter solchen Umständen zu arbeiten. Aber wie zahlreiche andere hatte er gehofft, daß Vernunft und Erfahrung über kurz oder lang stärker sein würden als Illusionen.
Am 16. Juni, wenige Tage vor Beginn des Feldzuges im Osten, hatte er in der Person des in Rußland gebürtigen Oberleutnants Dürksen einen Gehilfen bekommen, der seine Ansichten teilte. Hätte er zu diesem Zeitpunkt gewußt, daß er viele Monate lang mit diesem einen Mitarbeiter nicht nur die gesamte Aktivpropaganda im Osten, also die Herstel-

lung von Flugblättern, von Zeitungen, die Leitung von Rundfunksendungen und von Propagandaaktionen mit Lautsprechern an der Front, durchführen sollte, sondern gleichzeitig auch um eine Änderung der propagandistischen Kursrichtung kämpfen mußte, hätte er sich vielleicht um eine andere Verwendung bemüht.

Erst im März 1942 wurde die »Aktivpropaganda« des Oberkommandos der Wehrmacht zu einer Sondergruppe zusammengefaßt, deren Schwergewicht sich auf den Osten konzentrierte.

Die Gruppe erhielt die Bezeichnung »WPr IV«. Ihr Chef wurde Oberst Hans Martin, der bisher Verbindungsoffizier zwischen der Propagandaabteilung des OKW und dem Propagandaministerium gewesen war. Unter dem Pseudonym Nitram hatte er vor 1933 durch ein Buch über Ostpreußen Aufsehen erregt, und für die »Aktivpropaganda« war er bestimmt ein Gewinn. Er war kein Büromensch. Häufig packte er diesen oder jenen Mitarbeiter ohne nähere Erklärung in seinen Dienstwagen, fuhr mit ihm in den Tiergarten und diskutierte ein schwieriges Problem, »weil man für so etwas frische Luft braucht«. Von seinen Feinden wurde er als »kaltschnäuzig« bezeichnet. Er hatte keine Angst vor Risiken, schätzte Initiative und wußte einiges über die Sowjetunion. Grote und Dürksen wurden ihm unterstellt, obwohl er kein Wort Russisch verstand.

Bedeutsam für die weitere Entwicklung wurden auch zwei andere Persönlichkeiten, die einmal durch Zufall, das andere Mal auf abenteuerliche Weise zur Gruppe stießen. Der eine hieß Alexander Stepanowitsch Kasanzew. Ihn brachte Dürksen eines Tages mit. Einige seiner russischen Emigrantenfreunde hatten ihn empfohlen. Er war unauffällig und hatte ein faltiges Gesicht mit klugen, scheuen Augen. Sein Deutsch war noch verhältnismäßig schlecht. Er war in Rußland geboren und hatte in den zwanziger Jahren über China den Weg nach draußen gefunden, um schließlich in Belgrad im Kreise der dort versammelten russischen Emigranten der jüngeren Generation eine Heimat zu finden. Er gehörte zum inneren Kreis ihrer Organisation NTS (Nacionalno Trudowoi Sojus oder Nationale Arbeitsunion), die unter ihrem Führer Baidalakow nach neuen Ideen suchte, mit denen das russische Volk zu gewinnen war, und seit Beginn des deutschen Ostfeldzuges konspirativ zahlreiche Leute in deutsche Organisationen einschleuste – von Kriegsgefangenenlagern und Verwaltungsstellen im Osten bis hinauf zum Ost- und Propagandaministerium.

Weil Dürksen der Meinung war, daß der NTS die einzige moderne russische Emigrantenorganisation darstelle, die ernst zu nehmen sei, versprach er sich von Kasanzew viel. Auch Grote fand Gefallen an ihm und setzte durch, daß er als Mitarbeiter für den Entwurf und die Überprüfung von Propagandaflugblättern und Propagandazeitungen für die Ostfront eingestellt wurde.

Das Auftauchen der zweiten Persönlichkeit hing mit dem Umzug der Aktivpropaganda-Gruppe in ein neues Haus zusammen.

Mehrere Wochen vor Beginn des Angriffs im Osten hatte die Ostabteilung des Propagandaministeriums in einer alten Villa, Berlin, Viktoriastraße 10, eine Anzahl von »Kennern der Ostsprachen« versammelt und sie völlig von der Außenwelt getrennt.

Der kleine schmächtige Leiter der Ostabteilung, ein Jurist namens Dr. Taubert, der Jahre vorher das kindliche Instrument der Antikomintern* aufgezogen und sich ganz in die propagan-

* Organisation zur propagandistischen Bekämpfung der Kommunistischen Internationale, 1937–1941 in Berlin.

distische Bekämpfung des »jüdischen Bolschewismus« gestürzt hatte, war auch Chef dieses Hauses geworden.
Er hatte die »Fachleute«, die als Angestellte eines »Vineta«-Verlages getarnt wurden, damit beschäftigt, Propagandaplakate, Flugblätter, Broschüren und Rundfunkansprachen in russischer und anderen Sprachen vorzubereiten. Deren Tenor lautete: »Begrüßt die deutschen Soldaten als eure Befreier vom Joch Stalins.« – »Erschlagt Politkommissare, Bolschewiken, Parteigenossen, Komsomolzen.« – »Erhebt euch gegen eure Unterdrücker. Die Stunde der Befreiung ist gekommen.« Von einer Alternative, von dem Schicksal der Bevölkerung der Sowjetunion nach einem deutschen Sieg war bewußt nicht die Rede.
Am 22. Juni war die Klausur in der Viktoriastraße aufgehoben worden. Das Gebäude war zu eng geworden. »Vineta« hatte sich nach größeren Räumen umgesehen. Statt dessen übernahm Oberst Martin das geheimnisumwitterte Haus. Er übernahm damit auch ein kleines Sonderkriegsgefangenenlager in einem Seitenflügel über der Garage. Dieses kleine Lager hatte ein paar prominente sowjetische Kriegsgefangene beherbergt. Taubert hatte sie nach Berlin bringen lassen, damit sie im Rundfunk sprachen und durch die Popularität ihres Namens auf der sowjetischen Seite irgendeinen zersetzenden Einfluß ausüben könnten.

Als Martin das Haus in der Viktoriastraße übernahm, fand er keine Prominenz von Bedeutung vor. Das Lager selbst jedoch brachte Grote auf den Gedanken, Kriegsgefangene aus allen Schichten der sowjetischen politischen und militärischen Führung zusammenzuziehen, um durch planmäßige Befragung herauszufinden, wie man im Rahmen der gegebenen Möglichkeiten Frontpropagandasendungen am wirksamsten gestalten könnte.

Martin griff diesen Plan auf.
Er schickte Grote zu Gehlen und setzte sich mit den IC's der Heeresgruppen im Osten in Verbindung. Er bat, ihn zu verständigen, wann immer Gefangene gemacht wurden, die besondere Kenntnisse über die interne, materielle und psychologische Struktur der Sowjetunion besaßen. Ferner bat er um Gefangene, auch aus dem Mannschaftsstand, die aufgeschlossen genug waren, um über die Wirkung der deutschen Propaganda zuverlässig zu berichten.
Unter den ersten, die nach Berlin transportiert wurden, befand sich der sowjetische Fliegermajor Fjodorow, der bei Leningrad in Gefangenschaft geraten war. Er ließ keinen Zweifel daran, daß er überzeugter Kommunist sei und nicht daran denke, den Deutschen die Hand zu reichen.
Als nächster kam ein Major Golowin, Chef des Stabes eines sowjetischen Korps. Er erklärte sich zur Mitarbeit bereit, aber nur unter der Bedingung, daß wohl Stalin beseitigt, aber nach ihm ein Rußland in freierer Form und ungeschmälerter Größe aufgebaut werde. Als er seine Forderung stellte, standen Martin und Grote vor einem Dilemma. Was konnten sie schon zusagen, was versprechen?
Nach vierzehn Tagen lebten fünfzehn sowjetische Offiziere und Soldaten in dem Lager über der Garage. Das Wehrkreiskommando protestierte dagegen, daß um das Haus Viktoriastraße 10 kein Stacheldraht gezogen war und daß die Sonderbestimmungen für sowjetische Kriegsgefangene nicht eingehalten wurden. Die Gefangenen schliefen in sauberen Betten. Sie hatten Tische und Schreibmaterial. Sie bekamen Verpflegung wie deutsche Soldaten, Zigaretten und gelegentlich eine Flasche Wodka. Martin und Grote ließen niemanden in ihre Büros zur Vernehmung vorführen. Beide suchten die Gefangenen in deren Zimmer auf, um sich mit ihnen von Mensch zu Mensch zu unterhalten und eine Antwort auf die

Frage zu finden: Was muß man tun, um die sowjetische Bevölkerung für eine überzeugte Beteiligung am Kampf gegen das Stalinregime zu gewinnen?

Am 26. April 1942 tauchte die erste wirklich überragende russische Persönlichkeit in der Viktoriastraße auf.
Sechs Tage vorher hatte Oberstleutnant von Freytag-Loringhoven, IC der Heeresgruppe Süd, Martin angerufen. Er hatte ihm am Telefon gesagt, er habe soeben einen sowjetischen Armeekommissar vernommen, der einen ungewöhnlich starken Eindruck auf ihn gemacht habe und der aus Überzeugung ein Gegner Stalins zu sein scheine.
»Sein Wissen und seine Intelligenz sind phänomenal«, hatte Freytag hinzugesetzt. »Er hat aus dem Ärmel eine Ausarbeitung über die Rüstungsproduktion hingeworfen, die mich umgeschmissen hat. Seine Angaben decken sich weitgehend mit unseren Kenntnissen. Ich würde es begrüßen, wenn Sie ihn bei sich unterbringen können. Dann ist er wenigstens vor der SS in Sicherheit.«
Martin hatte nicht lange überlegt: »Ich nehme ihn sofort.«
Vom anderen Ende der Leitung war noch ein Einwand gekommen: »Ich muß Sie darauf aufmerksam machen, daß der Mann wahrscheinlich Jude ist.«
»Bei mir hier ist er auch in dieser Beziehung sicher.«
Am 26. April traf Miletij Alexandrowitsch Sykow in der Viktoriastraße ein. Er trug noch seine Felduniform, war klein, hatte wulstige Lippen, krauses schwarzes Haar und außerordentlich wache Augen. Er betrachtete mißtrauisch das Zimmer, in das er geführt wurde.
Als Dürksen zwei Stunden später kam, um mit ihm zu sprechen, stieg er gerade aus der Zinkbadewanne, in der die Gefangenen ihre Wäsche wuschen. Er wandte Dürksen den Rücken zu, rieb sich mit einem Handtuch ab und schlüpfte in

seine Kleider. Dann erst drehte er sich um und betrachtete Dürksen mit durchdringendem Blick.
Dürksen sprach mehrere Stunden mit ihm. Jedes Wort, das über Sykows Lippen kam, war überlegt. Er wollte genau wissen, zu welchem Zweck er hierher gebracht worden sei, und erklärte: »Herr Oberleutnant, ich bin ein Feind Stalins und des heutigen Regimes in meiner Heimat. Aber ich bin nicht bereit, bei Ihnen in irgendeiner Weise mitzuarbeiten, wenn ich nicht ganz klar erfahre, welche Rolle und welches Schicksal dem russischen Volk von deutscher Seite zugedacht ist. Ich bin ein Sozialist und russischer Patriot, und ich werde nur tun, was für meine Heimat von Nutzen ist ...«
Dürksen zögerte. Dann folgte er dem Beispiel Martins und Grotes. Er gab stellvertretend Versprechungen ab, die Wechsel auf eine noch völlig ungewisse Zukunft waren.
Sykow blieb trotzdem vorsichtig. Er wußte vieles über die Behandlung russischer Kriegsgefangener. Dürksen brauchte fast eine Stunde, um ihn zu überzeugen, daß dies entweder nur Folgen unglücklicher Umstände oder aber der Befehle eines törichten Teiles der deutschen Führung seien.
»Herr Sykow«, sagte er, »das ist es ja, was wir hier wollen. Wir wünschen Ihre Hilfe, um den vernünftigen Kräften in der deutschen Führung zu helfen, sich durchzusetzen. Wenn Sie uns darin unterstützen und dazu beitragen, die radikalen Strömungen in unserer Führung zu neutralisieren, dann tun Sie ja das, was Sie wollen: Sie helfen Ihrem Volk ...«
Viele Stunden später erklärte Sykow lediglich: »Ich werde es mir überlegen ...«
Bevor Dürksen ging, sagte er, er habe von der Heeresgruppe Süd gehört, daß Sykow eine hervorragende Arbeit über die Lage in der sowjetischen Rüstungsindustrie geschrieben habe, ob er nicht für seine Abteilung einen ausführlichen

Bericht darüber schreiben wolle. Sykow wiederholte: »Ich werde es mir überlegen.«
Am folgenden Morgen bat er um Feder, Tinte und Papier. Er besann sich noch einmal vierundzwanzig Stunden. Dann erst begann er mit der Arbeit. Er schrieb sechsunddreißig Stunden ...
Grote stellte fest, daß das Ergebnis das Erstaunlichste darstellte, das er jemals in dieser Art gelesen hatte.
Von der kompliziertesten Technologie und den Produktionsmöglichkeiten kaum bekannter Fabriken bis zur Verteilung der Rohstoffe und neuen Produktionsverfahren schrieb Sykow wie ein Fachmann, aus unendlicher Kenntnis heraus. Grote gab den Bericht an deutsche Fachleute weiter. Sie bestätigten ihm, daß hier keine Schaumschlägerei vorliege, sondern ein offenbar ungeheures Wissen um tatsächliche Vorgänge und Gegebenheiten, zugleich aber eine Kombinationsfähigkeit von bemerkenswertem Umfang, auf jeden Fall eine außerordentliche geistige Kapazität.
Der Gedanke, daß Sykow ein Agent sei, der sich in irgendeine Position in Deutschland hineinspielen sollte, drängte sich auf. Aber auch Dürksen hatte keinen Zweifel daran, daß Sykow Jude war. Es hätte schon sehr viel Unkenntnis auf sowjetischer Seite im Spiel sein müssen, um einen Mann, dem man die jüdische Abstammung deutlich ansah, als Agent nach Deutschland zu schicken.
Am nächsten Morgen hatte Dürksen seine zweite Unterredung mit Sykow. Sykow erzählte zum erstenmal aus seinem Leben.
Er war als Mitglied des kommunistischen Jugendverbandes nach dem Ersten Weltkrieg in die »Lenin-Garde« geraten. Er hatte Bucharin kennengelernt, Rykow und Bubnow, die intellektuelle Blüte des russischen Marxismus, die von Stalins harter Faust später an die Wand gedrückt, verbannt und

vernichtet worden war. Bubnow war damals Volkskommissar für Volksbildung gewesen. Sykow hatte seine Tochter geheiratet. Er war Mitarbeiter und später Stellvertreter Bucharins in der Zeitung »Iswestija« geworden, bis der Chef der GPU, Jeschow, bei der Vernichtung der Lenin-Anhänger auch Sykow verhaftete und verbannte. Nur der Menschenmangel nach den schweren Verlusten bei den ersten deutschen Offensiven hatte Sykow befreit. Er war Politkommissar eines Bataillons, später einer Division, dann eines Korps, geworden. Die erstbeste Gelegenheit hatte er genutzt, um sich gefangenzugeben.

Die Lebensgeschichte erklärte seine Feindschaft gegen Stalin. In seiner Jugend war er zum orthodoxen Marxisten geworden. Stalin war in seinen Augen ein Verräter, weil er die marxistischen Theorien nur noch als Verbrämung seiner nackten Gewaltherrschaft benutzte. Jede Frage, die Dürksen stellte, und jede Antwort, die er darauf erhielt, überzeugte ihn davon, daß Sykow auch in dieser Stunde, in der er in der Viktoriastraße vor ihm saß, geistig dem wissenschaftlichen Sozialismus treu geblieben war.

Am 5. Mai überreichte Sykow Dürksen eine neue Schrift. Sie trug den Titel »Organisationsplan zur praktischen Mobilisierung des russischen Volkes gegen das Stalinsystem«. Sie enthielt nicht mehr und nicht weniger als ein Programm für die Bildung einer russischen Befreiungsregierung und einer ihr unterstellten russischen Befreiungsarmee, die im Bündnis mit Deutschland Stalin stürzen sollte.

Sykow schlug vor, an die Spitze von Regierung und Armee einen populären Mann der sowjetischen Armee zu stellen, einen Korps- oder Armeegeneral, der durch seine militärische Leistung berühmt geworden sei und im russischen Volk nicht als Stalinist gelte. Sykow brachte die Überzeugung zum Ausdruck, daß sich genügend Männer finden würden, sobald Deutschland seine Bereitschaft erklärte, der Regierung eine Garantie zu geben, daß sie den russischen Staat nach eigenem Ermessen und in seinen Grenzen von 1938 neu gestalten könne. Als Preis dafür spare Deutschland unendlich viel Blut und Kraft, erhalte einen baldigen Frieden im Osten und ein Bündnis mit einem dankbaren Volk. Die Schrift schloß: Wenn Deutschland sich nicht dazu bereit finde, auf diese Weise das russische Volk zu gewinnen, werde es den Krieg im Osten verlieren. Jeder Gedanke an eine deutsche Gewaltherrschaft in Rußland sei illusorisch.

Historisch gesehen, war die Situation in diesem Augenblick beinahe grotesk. Nicht genug damit, daß Martin, Grote und Dürksen in ihrem Zwerglager einen überzeugten jüdischen Marxisten und Exkommissar, das Symbol der antibolschewistischen deutschen Propaganda, beherbergten und verbargen. Sykow machte ihnen auch noch Vorschläge, wie anstelle der kommunistischen Stalindiktatur ein »echtes marxistisch-kommunistisches Volksregime« nach seiner Vorstellung errichtet werden könnte – also ein Regime, das für Hitler, Himmler und die gesamte nationalsozialistische Vorstellungswelt genauso Anathema sein mußte wie das Regime Stalins. Diese Konzeption Sykows mußte auch bei Männern wie Grote oder Dürksen Unbehagen erzeugen. Sofern sie überhaupt schon irgendeine Vorstellung von einem »freien Rußland« hatten, das man den Bewohnern der Sowjetunion anstelle der Stalindiktatur anbieten mußte, dann handelte es sich sicherlich nicht um irgendeine Rückwendung zum Zarismus wie bei vielen alten Emigranten. So wie Roenne waren sie sich trotz romantischer Erinnerungen an Altrußland klar darüber, daß es kein Zurückdrehen sozialer, industrieller, intellektueller Entwicklungen gab. Aber ihre Vorstellungen waren mit Bestimmtheit »bürgerlich-sozial«, vielleicht mit

einem »Schuß traditionell-totalitärer russischer Regierungsweise – ohne Stalins Exzesse«.
Trotzdem bestach sie Sykows intellektuelle Gesamtkonzeption. Eine Gegenregierung unter einem volkstümlichen sowjetischen General nebst einer Befreiungsarmee – das kam ihnen vor wie die Lösung in ihrem Suchen nach einem nicht nur propagandistischen, sondern politischen Ausweg. Sie würde wahrscheinlich für deutsche Militärs akzeptabel sein. Vom Abend des 6. Mai an konzentrierten sich alle Gespräche in der Viktoriastraße auf die Idee einer »Befreiungsarmee«, einer »Befreiungsregierung« und auf die Persönlichkeit, die beide führen könnte.
Als ein besonderer »Dränger« erwies sich dabei Alexander Stepanowitsch Kasanzew als mehr oder weniger geheimer Vertreter des NTS. Seine Gründe gingen aus späteren Aufzeichnungen hervor: Die (russische) Emigration war sich in ihren Anschauungen uneinig, unter welchen Umständen eine Wandlung der Heimat stattfinden könnte. Der linke Flügel, vertreten durch die sozialistischen Parteien, deren Führung sich fast ausnahmslos bei den Westmächten befand, war geneigt, auf eine Evolution der sowjetischen Staatsordnung zu hoffen. Er rechnete damit, daß Stalin das Land bremsend zur Demokratie führen wird. Dieser Gesichtspunkt entsprach den sowjetfreundlichen, illusionistischen Vorstellungen bei den Westmächten selbst.
Der andere Teil der Emigration setzte seine Hoffnungen seit langem auf einen russischen Napoleon. Man hatte sich schon immer bemüht, ihn in jedem neuen General, der am sowjetischen Horizont erschien, zu erkennen. Lange Zeit galt Tuchatschewski als Favorit. Nach dem Untergang von Tuchatschewski wurden die Hoffnungen der Emigranten auf Marschall Blücher verlagert, später schließlich sogar auf Timoschenko. Das Gefühl für das, was lächerlich sein muß-

te, verließ diesen Teil der Emigration so weit, daß man eine Zeitlang den russischen Napoleon in Woroschilow zu erkennen glaubte.
»Wir, die den Geist der sowjetischen Diktatur besser kannten, verwarfen die Möglichkeit einer Evolution. Wir betrachteten die Formel als richtig: ›Die sowjetische Ordnung kann verwesen, aber nicht evolutionieren.‹ Das Erscheinen eines russischen Napoleon wurde dagegen von uns nicht abgelehnt. Wir hatten aber die oberste Stalinsche Gefolgschaft gut studiert. In dieser langjährigen Gefolgschaft hatten wir nicht einmal eine Karikatur eines Napoleon gefunden. Wir rechneten vielmehr damit, daß als Führer eines Umsturzes nur eine bis zum Kriege noch unbekannte Gestalt eines Korpskommandeurs oder eines Armeebefehlshabers auftreten werde. Abstrakt nannten wir ihn ›Komkor Ssidorschuk‹. Für die Begegnung mit diesem Ssidorschuk – in der Hoffnung, ihm notwendig und nützlich zu sein – haben wir uns mehr als zehn Jahre vorbereitet.«

Am 4. Juni, drei Tage bevor Tresckow nach seinem Gespräch mit Schenckendorff nach Mauerwald kam und mit Gehlen und Roenne zusammentraf, schrieb Grote an Roenne einen Brief, in dem er ausführlich das Programm Sykows und seine eigenen Gedanken dazu darlegte.
Er schrieb, die Wende der deutschen Politik im Osten in eine vernünftige, für Russen akzeptable Richtung hänge, soweit er die Dinge übersehe, davon ab, daß eine sowjetische Führerpersönlichkeit gefunden werde, die bereit sei, sich an die Spitze einer Befreiungsarmee zu stellen. Er schrieb: »Ich darf Sie mit aller Herzlichkeit und Dringlichkeit bitten, auf jedes Anzeichen des Erscheinens einer solchen Persönlichkeit auf unserer Seite zu achten ... Bei wochenlangen Gesprächen mit unseren Russen hier tauchen immer wieder die

Namen Rokossowski, Malinowski oder Wlassow als Typnamen auf. Ich glaube, unser Schicksal hängt davon ab, daß wir eine Persönlichkeit finden oder daß das Schicksal sie uns zuwirft. Wenn das aber geschieht, darf keine Sekunde versäumt werden ... Ich bin sicher, daß wir uns verstehen ...«
Der Brief lag auf Roennes Tisch, als Tresckow am Morgen des 8. Juni zur Besprechung kam. Roenne schob wortlos das Papier zu ihm hinüber ...

III

Der General der Kavallerie Ernst Köstring war, als er am 10. August 1942 plötzlich nach Winniza beordert wurde, gerade sechsundsechzig Jahre alt geworden.

1876 in Moskau als Sohn eines deutschen Buchhändlers geboren, hatte er dort die Schule besucht und einwandfreies Russisch gelernt. Um die Jahrhundertwende war er Offizier in Deutschland geworden. Dann hatte er den Weltkrieg mitgemacht und war 1917, während der Selbständigkeitsbestrebungen der Ukraine, zur deutschen Militärkommission bei Skoropadskij kommandiert worden. Von 1927 bis 1930 hatte er der deutschen Botschaft in Moskau als Militärattaché angehört, war 1933 verabschiedet worden, aber 1935 in der gleichen Funktion nach Moskau zurückgekehrt. Er hatte in der Sowjetunion großes menschliches Ansehen genossen. Sowjetische Parteiführer und Offiziere hatten ihn ihren »letzten Baron« genannt.

Köstring hatte vor einem Krieg mit der Sowjetunion gewarnt und bezweifelt, daß die Sowjetunion die Absicht gehegt habe, den Freundschaftspakt zu brechen und Deutschland anzugreifen. Sie habe zwar aufgerüstet, aber aus Furcht vor der immer stärker werdenden deutschen Wehrmacht und zur eigenen Sicherung. Erst der deutsche Angriff habe die Auseinandersetzung auf Leben und Tod erzeugt, in der die Sowjetunion sich nun zu einer Macht entwickle, der Deutschland in absehbarer Zeit militärisch nicht gewachsen sei.

Diese Warnung vergaß Hitler nicht. Zwar hatte er Köstring, als dieser im Juli 1941 über Baku–Tiflis–Cospoli aus der Sowjetunion nach Deutschland zurückkehrte, empfangen.

Er hatte ihn jedoch endgültig fallenlassen, als Köstring vor einem voreiligen Jubel über die Siege im Osten warnte.
Seither hatte der General tatenlos in Berlin gelebt, eigentlich ohne Hoffnung, noch einmal um Rat gefragt zu werden. Er hatte in wachsender Sorge die politische Entwicklung in den besetzten Gebieten der Sowjetunion verfolgt. Ebenso tatenlos hatte er dem Beginn der großen Sommeroffensive 1942 im Süden der Ostfront am 1. Juli zugesehen – skeptisch, sorgenvoll, ohne Hoffnung.
So war er völlig überrascht, als er an diesem 10. August 1942 den Befehl erhielt, sich über das Oberkommando des Heeres zum Hauptquartier der Heeresgruppe A zu begeben, die sich auf dem Vormarsch zum Kaukasus befand.
Seine Dienstbezeichnung sollte lauten: »Der Beauftragte General für den Kaukasus«.
Kurz vor der Abfahrt erfuhr Köstring, daß Führerhauptquartier und Oberkommando des Heeres ihren Sitz nach Winniza in der Ukraine verlegt hätten. Als Köstring nach sechsunddreißigstündiger Bahnfahrt dort eintraf, fand er das OKH am Westausgang der Stadt in den Universitätsgebäuden.
Der Generalquartiermeister residierte zwei Kilometer außerhalb der Stadt in den Gebäuden einer Irrenanstalt.
»Wenn wir Sie für diese Funktion ausersehen haben«, sagte Wagner, während er Köstring die Hand gab, »so stehen sehr ernste Perspektiven dahinter. Bisher sind in den besetzten Gebieten furchtbare Dummheiten begangen worden. Daher halte ich es für unerläßlich, daß bei den nunmehrigen Operationen in den kaukasischen Raum hinein wenigstens von unserer Seite Fachleute an Ort und Stelle sind. Der Kaukasus ist weit entfernt. Dem Anschein nach gilt seine Bevölkerung auch für den Führer als politisch ungefährlich. Auch für den Herrn Ostminister scheinen die Kaukasier akzeptabel. Jedenfalls ist es merkwürdig, daß unter den landeseigenen

Verbänden, die wir bisher haben, die Turk- und Kaukasusverbände die einzigen sind, die offiziellen Segen erhielten. Professor von Mende vom Ostministerium hat ein Dutzend Befreiungskomitees für kaukasische Stämme in der Tasche. Die Chancen, wenigstens die Bevölkerung dort unten zu gewinnen, sind günstig. Ich möchte die Sicherheit haben, daß für uns ein Mann dabei ist, der den Sinn vom Unsinn unterscheiden kann ...«

Er blickte auf Köstrings weiße Haare. »Wir hier wissen«, sagte er sarkastisch, »daß der Führer ohne Sie auskommt, aber wir möchten uns nach allem, was geschehen ist, an Sie halten ...«

Vierundzwanzig Stunden später flog Köstring vom Hauptquartier ab. Von Poltawa aus mußte er seine Fahrt im Kraftwagen fortsetzen. Mit ihm fuhr Oberleutnant von Herwarth als Adjutant. Auch er hatte lange als Diplomat in Moskau gelebt.

Schon unterwegs erfuhr Köstring, daß die Operationen gegen den Kaukasus zwar bis zu den Gebirgskämmen nördlich Suchum und Tuapse sowie bis in den Raum von Ordschonikidse gediehen seien, daß sich der Angriff aber festgefahren habe. Generalfeldmarschall List, der Oberbefehlshaber der Heeresgruppe A, habe die Einstellung des Angriffs gefordert oder aber die Aufgabe des Versuchs, mit den Kräften seiner Heeresgruppe zwei Ziele – nämlich Schwarzmeerküste bei Suchum und Küste des Kaspischen Meeres bei Machatschkala – gleichzeitig zu erreichen. Als Köstring im Hauptquartier in Stawropol eintraf, war List bereits abgelöst. An seine Stelle war Generaloberst von Kleist getreten. Er war ein Kavalier und Kavallerist alter Prägung, aber wie die meisten seinesgleichen ohne jede politische Kenntnis oder Erfahrung.

»Ich freue mich, Sie hier zu sehen«, sagte Kleist, als er

Köstring in seinem von Gärten umgebenen Haus empfing. »Mich bedrückt der riesige Raum. Mich bedrückt die Masse der Menschen, in der wir verloren sind, wenn wir sie nicht gewinnen.«
»Gewinnen« – das war nun zu einer Art Schlagwort geworden.

Zur gleichen Zeit waren Wagner und Stauffenberg in Winniza bemüht, noch einen zweiten Mann ihres Vertrauens zur Heeresgruppe A zu entsenden.
Sie wünschten, bei der Heeresgruppe einen Bevollmächtigten des Ostministeriums zu haben, der selbständig politische Dinge entscheiden und somit der politische Partner Köstrings sein konnte. Es kam darauf an, ihn so zu lancieren, daß er echte Vollmachten bekam. Er mußte handeln können, ohne wegen jeder kleinen Entscheidung Rückfragen in Berlin zu halten.
Sie entschieden sich für Bräutigam. Dieser konnte sich nichts Besseres wünschen, als den Kaukasus wiederzusehen und dem Berliner Ministerium noch weiter zu entrinnen. Aber er wußte, daß seine Entsendung Kampf kosten würde. Und Stauffenberg wußte es noch besser.
»Herr General«, sagte er, »bei Rosenberg stehen für den Kaukasus eigentlich nur zwei Leute zur Diskussion. Der eine ist Professor von Mende ... Der andere der vorgesehene Reichskommissar für den Kaukasus, Rosenbergs Freund Schickedanz. Herr Schickedanz wartet seit mehr als einem Jahr auf seine Stunde. Er soll 1200 Beamte beisammen haben, um seine Verwaltung im Kaukasus aufzubauen. Er wird alles in Bewegung setzen, um zu verhindern, daß ein anderer vor ihm vollendete Tatsachen schafft.«
Wagners rotes Gesicht wurde noch um eine Spur röter. »Zwei Reichskommissare genügen mir für den Augenblick.

Herr Schickedanz kommt dort unten erst hin, wenn der Kaukasus einmal kein Operationsgebiet mehr sein sollte und wir nichts mehr zu sagen haben. Im Operationsgebiet haben ›Goldfasane‹ nichts verloren. Dorthin kommen nur Soldaten. Und Bräutigam ist Hauptmann ...«

Stauffenberg hatte richtig vermutet, wenn er bei Schickedanz die größten Widerstände sah. Mende war ohne Einschränkung für Bräutigam. Er wollte die Dinge von der hohen Warte des Völkerkundlers leiten. Die Kräfte, mit denen er seine Renaissance kaukasischer und turkestanischer Nationalstaaten zu verwirklichen hoffte, lebten in seinem Umkreis in Berlin – an der Spitze Veli Chajum Khan, der Führer des Turkestanischen Einheitskomitees. In den anderen Nationalkomitees gärte es noch. Bei den Nordkaukasiern lagen Vertreter der Vielzahl der Völker und Sprachen im Kampf miteinander. Bei den Georgiern kämpften die Aristokraten unter dem alten Emigranten Alschibaja mit den Demokraten unter Oberst Maglakelidse. Im Hintergrund meldete sich ein neuer Führeraspirant in Mischa Khedia. Bei den Armeniern, Aserbaidschanern oder Wolgatataren waren ähnliche Machtkämpfe im Gange.

In dieser unwirklichen, auf vage Zukunftshoffnungen bauenden Welt fühlte Mende sich zu Hause. Er setzte sich für eine Beauftragung Bräutigams ein. Schickedanz dagegen opponierte sofort. Um zu verhindern, daß er, der nun schon so lange als König ohne Land wartete, übergangen werde, bedrängte er Rosenberg, einen Mann für die Heeresgruppe A zu bevollmächtigen, den er selbst für eine spätere Rolle in seinem eigenen Reichskommissariat vorgesehen hatte. Die Verhandlungen gingen hin und her. Dann zerschlug Wagner den Knoten, indem er einen günstigen Augenblick bei einer Lagebesprechung benutzte, um eine zustimmende Bemerkung Hitlers über Bräutigam zu erwirken. Wie häufig in solchen Fällen war sich Hitler der Folgen seiner Bemerkung nicht bewußt. Für Rosenberg aber genügte die Erwähnung Hitlers, um Bräutigam zu beauftragen und ihm zwei Zusicherungen zu geben. Die erste Zusicherung lautete, daß im Kaukasusgebiet keine gewaltsamen Abtransporte von Arbeitern stattfinden sollten. Die zweite ermächtigte Bräutigam, der Bevölkerung die sofortige Auflösung aller Kolchosen und Kollektive zu versprechen. Da Bräutigam den zweifelhaften Wert einer Zusicherung Rosenbergs kannte, sicherte er sich zusätzlich durch Abmachungen mit der Hauptabteilung »Arbeit« und eine Rücksprache mit der Chefgruppe »Ernährung und Landwirtschaft« ab. Dort wurde ihm allerdings nur zugestanden, daß alle Kolchosen in den unfruchtbaren kaukasischen Gebirgsgegenden aufgelöst werden konnten. In dem fruchtbareren Kubangebiet sollten »die Verhältnisse erst an Ort und Stelle studiert werden«.

Das Land vor der bedrückenden, aber auch gewaltigen Kulisse der kaukasischen Berge, zwischen Steppe, fruchtbaren Feldern und dem unübersehbaren Grün des kaukasischen Hochwaldes war immer ein Sorgenkind der Zaren und der Sowjetunion gewesen. Erst 1934 hatten sowjetische Sonderverbände den letzten Widerstand der Bergstämme überwunden. Bei den Kosaken am Kuban und Terek, den Karatschaiern, Kabardinern, Balkaren, Osseten und Inguschen war das Selbständigkeitsgefühl auch jetzt noch nicht tot. Wo deutsche Truppen durch deren Städte und Dörfer marschierten, entstanden neue Hoffnungen.

Köstring und Bräutigam waren, genaugenommen, ein merkwürdiges Gespann, denn Köstring fühlte nach all seinen Moskauer Jahren großrussisch und hielt nichts von der rückwärtsgewandten Abtrennung der Randstaaten, der Bräutigam nahestand. Sie fuhren mutterseelenallein durch die Steppen, über fruchtbare Äcker, auf kaum fahrbaren Wegen in alte

Bergnester. Sie wurden überall herzlich empfangen. Nirgendwo in diesem Bereich gab es Partisanen. Überall nur eine vertrauensvolle Erwartung, in deren Mittelpunkt entweder die Rückkehr zum freien Bauerntum stand, das im Kaukasus im Gegensatz zu der Leibeigenschaft des übrigen Rußland immer vorherrschend gewesen war, oder gelegentlich die Rückkehr zu »freiem Hirtentum«.
Die Kabardiner empfingen Köstring, als dieser im Gefolge deutscher Verbände ihr Gebiet erreichte, in der Hauptstadt Naltschik. Die Gebietsältesten nahmen von Köstring die Zusage entgegen, daß das Land und die Viehherden wieder in persönlichen Besitz übergehen würden. Draußen wartete die Masse der Kabardiner, zu Fuß und zu Pferde. Als Köstring selbst zu ihnen hinaustrat und die gleichen Zusagen machte, die er ihren Ältesten gegeben hatte, wurde er ergriffen, immer von neuem in die Luft geschleudert und wieder aufgefangen. Dann bat man ihn, der deutschen Heeresgruppe als Dankbarkeitsgeschenk ein paar Tausend Hammel und hundert Pferde der berühmten Kabardinerrasse zu überbringen. Die Reiter dazu stünden bereit, um auf seiten der Deutschen am Kampf um die Befreiung teilzunehmen.
In der Hauptstadt der Balkaren wurde die Befreiungsfeier zum religiösen Fest. Tänze wechselten mit Reitervorführungen. Als die Balkaren ein Befreiungsgeschenk für Hitler, ein goldbeschlagenes Zaumzeug, herbeitrugen, senkte Bräutigam für einen Augenblick den Kopf. Ihn bedrängte aus der Tiefe seines Gewissens heraus die Erkenntnis der entsetzlichen Illusion, die diese Menschen im Hinblick auf den vermeintlichen Urheber ihrer »Befreiung« erfüllte.
Niemand von all denen, die dort jubelten und an eine neue Zukunft glaubten, schien es für möglich zu halten, daß die Sowjettruppen jemals zurückkehren und an ihnen zwangsläufig blutige Rache nehmen könnten.

Es hatte in diesen spätherbstlichen Tagen den Anschein, als ob mit der Kommandoübergabe an Kleist der Vormarsch über den Kaukasus wieder in Gang gekommen sei. Es folgte der Einmarsch in das Gebiet der Karatschaier mit neuem Jubel und neuen Festen.
Aber zwischen den Tagen und Wochen einer »makaberen Befreiung« meldeten sich wieder die Anzeichen des »Herrengeistes«, der aus dem Führerhauptquartier und den übrigen besetzten Gebieten herüberwehte.
Als die Karatschaier zu Ehren der deutschen Truppen zum Bairamfest einluden, waren Vertreter des Vierjahresplanes mit Staatssekretär Körner an der Spitze bei der Heeresgruppe eingetroffen. Einer von ihnen ergriff das Wort: »Karatschaier, Karatschaierinnen! Wir haben euch vom Bolschewismus befreit. Das heißt aber nicht, daß ihr jetzt machen könnt, was ihr wollt. Jetzt müßt ihr euch der Befreiung durch unseren großen Führer Adolf Hitler würdig erweisen und für den deutschen Sieg opfern und arbeiten. Jetzt wird einmal richtig in die Hände gespuckt. Ran an den Feind. Schlappmachen gilt nicht ...«
Bräutigam war bleich geworden, aber er faßte sich und übersetzte: »Karatschaier! Uns ist bekannt, daß im Kaukasus ein edles Volk lebt, die Karatschaier. Wir hörten, daß die Bolschewiken diesem Volk seinen Besitz und seine Freiheit nahmen. Deshalb hat Adolf Hitler seine Wehrmacht geschickt und euch befreit ...« Das Gewissen plagte ihn, als er fortfuhr: »Ihr werdet von jetzt an wieder frei in euren Dörfern und auf eurem eigenen Grund und Boden leben ...«
Und seine inneren Stimmen rührten sich noch eindringlicher, als der Jubel verrauscht war und der Redner der Vierjahresplan-Kommission zu seinem Nachbarn sagte: »So muß man mit den Brüdern reden. Die anfeuernde Stimme des Herrn verstehen sie sofort.«

Aber Bräutigam ließ sich von den Ereignissen über Gewissensskrupel und Sorgen hinwegtragen und rettete sich noch einmal in eigene Illusionen hinein.
Am Kuban, am Terek, in dem leicht hügeligen Land mit kleinen Wäldern und fruchtbaren Äckern, folgten die »Befreiungsfeiern« der dort lebenden Kosaken und die Erklärung ihrer Wohngebiete zu Selbstverwaltungszonen. Die Kosaken wurden ermächtigt, ihre Verwaltung und ihre Landwirtschaft nach eigenen Ideen und eigenem Willen zu organisieren. Ihnen wurde lediglich ein Ablieferungssoll für Getreide aus dem Kubangebiet auferlegt. Als Führer der Kosaken wurden Atamane ernannt. Zum Dank brachten auch die Kosaken eine Unzahl von Geschenken herbei, ganze Herden von Schafen und Pferden, beschämende Opfer für die »sorgenvoll Wissenden«, die wie Köstring und Bräutigam an Dingen bauten, über denen sie die Gewitterwolken fühlten.

Die gegen die Wolga eingesetzte Heeresgruppe von Weichs marschierte währenddessen durch die weit nördlich gelegenen Siedlungsgebiete anderer Kosakenstämme zwischen Don und Wolgastrom.
Der IC der Heeresgruppe, Oberstleutnant Freiherr von Freytag-Loringhoven, kam dabei auf den Gedanken, die langjährige Gegnerschaft zwischen den Kosaken und der sowjetischen Regierung zu nutzen und aus den Kosaken Reiterverbände aufzustellen.
Er war dabei nicht ohne Vorbehalte. Er wußte, daß die kosakische Gegnerschaft gegen den Kommunismus ein Generationsproblem war. Stalin hatte schon vor Ausbruch des Krieges versucht, die junge Generation der Kosaken dadurch zu gewinnen, daß er neue sowjetische Kosakenverbände mit besonderen Rechten aufstellen ließ, die auch in Moskau zu den großen Maiparaden erschienen. Sein Bemü-

hen hatte zweifelsohne bei der jungen Generation Erfolg gehabt. Trotzdem hatten sich seit Kriegsbeginn ganze Kosakengruppen versteckt, um der sowjetischen Rekrutierung zu entgehen. Sie kamen jetzt hervor. Alte versteckte Uniformen wurden ausgegraben. Waffen hervorgeholt. Die Pferde gesattelt. Im Nu tauchten Reiterhaufen auf, meistens nach Stanitzen geordnet, in Uniformen und Ausrüstungsstücken der Roten Armee.

Der seit rund zwei Jahrzehnten für tot gehaltene alte Feldataman Kulakow – neben dem General Schkuro die vielleicht berühmteste Kosakengestalt der Kämpfe zwischen Weiß und Rot nach dem Ersten Weltkrieg – wurde aus seinem Versteck in einem der felsigen Dörfer im Terekgebiet in einer Troika, von jubelnden Kosaken begleitet, nach Poltawa gefahren. Rund sechzehn Jahre lang hatte der Alte, dem während der letzten Kosakenkämpfe eine Granate beide Beine weggerissen hatte, in einem zwölf Meter tiefen kellerähnlichen Schacht unter seinem Haus gelebt und sich in der Versenkung aus Buchenholz Prothesen geschnitzt. Der Aufbruch war so unmittelbar, daß Freytag-Loringhoven alle seine Vorbehalte fallenließ, um so mehr, als auch an der Front Kosakengruppen der Roten Armee überliefen und in zahlreichen deutschen Kriegsgefangenenlagern Kosaken sich als Freiwillige meldeten.

Auf dem Gelände eines sowjetischen Rüstungswerkes in Wojenstroj Sseleschtschina wurden alle Kosaken gesammelt, die in geschlossenen Verbänden auf deutscher Seite kämpfen wollten.

Sofern sie aus den Stanitzen kamen, war das verhältnismäßig einfach. Schwierig wurde es in den Gefangenenlagern, wo sich Tausende vordrängten und behaupteten, Kosaken zu sein, um dem Verhungern zu entgehen. Freytag-Loringhoven konnte sich nicht anders helfen, als daß er eine

Kommission aus vertrauenswürdigen Kosakenoffizieren bildete. Man ließ einen Fragebogen drucken, der nur von Kosaken beantwortet werden konnte.
Die Kommission zog von einem Lager zum anderen. Sie richtete in den Baracken der deutschen Lagerführung Vernehmungszimmer ein. Durch dieses Zimmer zog die trostlose Reihe derer, die sich als Kosaken gemeldet hatten. Die Bilder, die die Kommission in den Lagern sah, waren entsetzlich …
Kein Stroh, keine Decken, Seuchen, keine Medikamente. Der Hunger war so groß, daß diejenigen, die schließlich nach Wojenstroj Sseleschtschina transportiert wurden, mit Gewalt daran gehindert werden mußten, mehr zu essen, als sie vertrugen.
Viele Führer deutscher Sicherungsverbände im rückwärtigen Gebiet der Heeresgruppe handelten auf eigene Faust und stellten Kosakenschwadronen auf. Aber die Verbände bewährten sich bei der Sicherung der seit der Offensive auf Stalingrad ins uferlose ausgedehnten Nachschubstrecken.
Unterdessen bildete sich eine kosakische Selbstverwaltung, die offenbar funktionierte – sie brachte die Ernten ein. Noch als der Winter 1942/43 anbrach, dachte niemand unter den Kosaken daran, daß es einen deutschen Rückschlag geben könnte oder daß sie gar ihre Heimat würden verlassen müssen.

Je weiter die Heeresgruppen A und B in den Herbsttagen 1942 zwischen Kaukasus und Stalingrad vordrangen, desto gewaltiger wurde die Lücke, die in der Kalmückensteppe zwischen ihren Angriffsspitzen aufriß.
Eine einzige deutsche Division, die 16. mot. (motorisierte) des Generals Graf von Schwerin, sicherte schließlich diesen Bereich. Weit auseinandergezogen, in hoffnungsloser Ver-

einsamung in der kahlen Steppe, zwischen Steppengras und Sanddünen, ohne Orientierungsmöglichkeit, ohne feste Siedlungen – mit Ausnahme von Elista, der kleinen Hauptstadt der Kalmücken.
Von winzigen, kaum einen Meter hohen Erhebungen sahen die deutschen Soldaten an schönen Abenden, wenn der Himmel in ungezählten Farben, vom grellen Orange über Purpur bis zum dunkelsten Violett, prangte, über hundert Kilometer weit nach Osten ins Nichts. Die einzigen Lebewesen waren die Reste des Kalmückenvolkes, dem die sowjetische Verwaltung ihre einstmals riesigen Herden weggenommen hatte, um es zu Seßhaftigkeit zu zwingen.
Die Kalmücken zählten vielleicht noch sechzig- oder achtzigtausend Menschen. Sie lebten in niedrigen Zelten aus Lederhäuten und im Winter in Gruben, die sie mit Schilf abdeckten. Aber sie hatten ihre nomadischen Instinkte noch nicht aufgegeben und auch nicht ihr wildes Selbständigkeitsgefühl.
Der IC der 16. deutschen mot. Division, ein Industrieller aus dem Ruhrgebiet, hieß Poltermann. Er beschloß, die antisowjetischen Gefühle der Kalmücken zu nutzen und Reiterverbände aufzustellen, die die offenen Flanken der Division sichern könnten. Oberstleutnant von Freytag-Loringhoven in Poltawa entsandte einen Dolmetscher, dem Erfahrungen mit den Kalmücken nachgesagt wurden.
Der Dolmetscher hieß Wrba. Er war eine Abenteurernatur. Unter dem Decknamen Dr. Doll durchquerte er die Steppe und stellte sechzehn Kalmückenschwadronen auf, für die er deutsche Uniformen und Beutewaffen besorgte. Die Kalmückenverbände, ohne westliche Disziplin und Ordnung, aber glänzende Reiter und Kämpfer im Steppengebiet, erfüllten ihre Aufgabe mit Leidenschaft. Die Vernichtung sowjetischer Restverbände in der Steppe besorgten sie mit solcher

Wut, daß deutsche Verbände gelegentlich eingreifen mußten, um bestialische Grausamkeiten zu verhindern.

Köstring und Bräutigam waren über diese Entwicklung bei den Donkosaken und Kalmücken nur unvollständig orientiert. Riesenräume lagen zwischen ihren Standorten und der Heeresgruppe von Weichs.
Köstring sammelte aber Erfahrungen mit Feldbataillonen, die aus den turkasischen und kaukasischen Legionen im Generalgouvernement hervorgegangen waren und überstürzt an die Kaukasusfront geschickt wurden, um hier an der »Befreiung ihrer georgischen oder armenischen Heimat« mitzuwirken. Die Bataillone kamen aus dem Generalgouvernement Polen. Köstring hatte sie nie vorher gesehen. Sie hatten keine landeseigenen Führer, sondern wahllos abkommandierte Deutsche, die kein Wort ihrer Landessprache verstanden. Bar jeder Kenntnis und jeden Verständnisses für ihre Untergebenen, hatten sie »Kolonial-Truppen« zusammengestellt und mit der Überheblichkeit echter Neo-Kolonialisten behandelt.
Seit die Georgier und Armenier durch die Komitees ihrer selbsternannten Landesführer aus Gefangenenlagern herausgeholt worden waren, hatten sie außer den allgemeinen Phrasen über den Kampf gegen den Bolschewismus keinerlei politische Ansprache gehabt. Die Drohung mit Strafen hatte sie zusammengehalten. Sogar die Verbindung mit den Kommissionen war abgerissen. Zur selben Zeit hatten sie im Generalgouvernement die harte Behandlung der Polen beobachtet. Diese Eindrücke hatten nicht dazu beigetragen, ihre anfängliche »Bereitschaft zum gemeinsamen Kampf mit den Deutschen« zu festigen. Ihre Bewaffnung bestand nur aus Beutewaffen. Einige ihrer deutschen Vorgesetzten hatten ihnen mitgeteilt, daß diese Waffen für sie gerade gut

genug seien. Ein Teil der Deutschen betrachtete die Kommandierung zu den Legionen als Strafe.
So trafen diese Bataillone bei der Heeresgruppe A ein.
Als Köstring ein georgisches Bataillon und ein aus Osseten, Tscherkessen und Karatschaiern zusammengesetztes auf dem Marsch zur Front besichtigte, war das erste Unglück schon geschehen. Ein bereits an der Front eingesetztes armenisches Bataillon war zum größten Teil übergelaufen. Der deutsche Regimentskommandeur war empört. Bar jeder politischen Kenntnis, wütete er über das »Gesindel«, über »Spione« und »Feiglinge«.
Köstring erkannte das drohende Unheil, das die »landeseigenen« Truppen zerstören konnte. Er erhob dringende Vorstellungen bei Stauffenberg. Er forderte die sofortige Einstellung übereilter Fronteinsätze von Legionsverbänden. Er verlangte eine gründliche Überprüfung der Verhältnisse bei den Legionen im Generalgouvernement. Den wütenden Berichten deutscher Kommandeure über ihre Fronterfahrungen mit den ersten kaukasischen Verbänden hielt Köstring Berichte entgegen, die in den gleichen Tagen vom Führer der »Bergmann-Verbände«, Hauptmann Oberländer, über dessen kaukasische Einheiten eintrafen.
Oberländer beklagte sich zwar bitter darüber, daß seine Verbände nicht zu dem Zweck eingesetzt würden, für den er sie unter so viel Mühe geschaffen hatte – nämlich zum Insurgenteneinsatz jenseits der deutschen Front.
Die wachsende Erbitterung der Kämpfe im kaukasischen Vorgebirge und der zunehmende Mangel an deutschen Kräften hatte dazu geführt, daß die »Bergmann-Verbände« am Terek kurzerhand in den normalen Fronteinsatz hineingeworfen wurden. Aber sie hatten dort trotz schwerer Verluste und drittklassiger Bewaffnung zäh und zuverlässig gekämpft.

Sie hatten bewiesen, daß die Zuverlässigkeit kaukasischer Einheiten eine Frage ihrer richtigen Führung war.

Köstrings Ruf blieb nicht ohne Widerhall. Am 22. September verließ der Oberst Ralph von Heygendorff auf dem Warschauer Bahnhof einen der Fronturlauberzüge, die aus dem Bereich der Heeresgruppe Mitte kamen. Während er sich nach Möglichkeiten umsah, sein Ziel Rembertow zu erreichen, entdeckte er auf einem Nebengleis einen Zug, der seine Aufmerksamkeit erregte. Die Wagen trugen die Aufschrift: »Polen, Juden und Legionäre letzter Wagen.«
Heygendorff erhielt auf diese Weise einen Vorgeschmack der neuen Aufgabe, für die er auf Drängen Stauffenbergs aus der Front herausgeholt worden war.
Er hatte bis vor wenigen Tagen ein Infanterieregiment bei der Heeresgruppe Mitte geführt. Jetzt trug er den Befehl in der Tasche, der ihn zum »Kommandeur des Aufstellungsstabes der Ostlegionen« in Rembertow machte, zum Kommandeur also der Legionäre, die hier wie Aussätzige in den letzten Wagen verbannt wurden...
Heygendorff hatte bis dahin nur sporadisch von der Aufstellung der verschiedenen »landeseigenen Verbände« in seinem Heeresgruppenbereich gehört. Daß es außerdem im Generalgouvernement »landeseigene Verbände« unter der Bezeichnung »Ostlegionen« gab, war ihm neu. Das bedeutete nicht, daß seine Ernennung zu ihrem Kommandeur ihm ärgerlich gewesen wäre. Im Gegenteil. Er hatte während des Ersten Weltkrieges Russisch gelernt, 1930 und 1932 hohe sowjetische Offiziere bei Manöverbesuchen in Deutschland begleitet. Während des Feldzuges in Polen war er Verbindungsoffizier zur sowjetischen Armee gewesen. Im Anschluß daran hatte er der deutsch-sowjetischen Kommission angehört, die nach dem jähen Abschluß des deutsch-sowjeti-

schen Freundschaftspaktes 1939 und dem beiderseitigen Angriff auf Polen die neue Grenze zwischen dem sowjetischen und deutschen Gebiet festlegte. Danach war er bis 1941 Gehilfe Köstrings gewesen. Bei Heygendorff konnte man also einiges Verständnis voraussetzen. Das war der Grund für Stauffenberg, Heygendorff diese neue Aufgabe zuzuweisen.

Am 13. September traf Heygendorff in Rembertow ein. Major Meyer-Mader, der erste Kommandeur in Rembertow, hatte schon Anfang April den Ort verlassen. In Skierniewicze hatte er das Turkbataillon 450 aufgestellt und war damit Anfang Mai zur Heeresgruppe Süd abgerollt. Seither hatten die Führerstellen ständig gewechselt.

Aus Rembertow waren vier Legionen hervorgegangen: die Turkestanische Legion, die Aserbaidschanische Legion, die Georgische Legion und schließlich die Armenische Legion. Die Georgische Legion war noch einmal geteilt worden. Man hatte eine Nordkaukasische Legion abgezweigt. In der Turkestanischen Legion gab es Usbeken, Kasachen, Kirgisen, Turkmenen, Karalpaken und Tadschiken. In der Georgischen Legion Georgier, Südosseten, Swenen, Laken, Adscharen und Karatschaier. Einen einheitlichen Eindruck machten nur die Aserbaidschaner und Armenier.

Das aus den verschiedensten Einheiten herbeigeholte und dort zum Teil wegen mangelhafter Qualitäten gern abgegebene deutsche Führungspersonal verstand nicht, weshalb Leute, die bisher als »Untermenschen« betrachtet worden waren, plötzlich auf deutscher Seite kämpfen und auch noch anständig behandelt werden sollten. Die meisten deutschen Offiziere und Unteroffiziere begriffen nicht, daß es bei ihren Untergebenen so etwas wie Nationalgefühl, Stolz und Selbstachtung geben konnte.

Deutsche Bataillonskommandeure erklärten im Beisein von

Turkoffizieren, die Deutsch verstanden, es sei die Aufgabe der Turkbataillone, wertvolleres deutsches Blut an der Front zu sparen. Heygendorff ließ während seiner Rundfahrt solche Kommandeure ablösen.
In Kielce fand Heygendorff in einem häßlichen Gebäude ein Versehrtenheim für amputierte, gelähmte und erblindete Legionäre. Ein paar hundert Schwerverwundete wurden durch den Sturmbannführer Geibel betreut. Es gab keinen leitenden deutschen Arzt, keine Apparate zur Heilbehandlung, keine Übungsmöglichkeiten, nichts. Ein Turkarzt zeigte Heygendorff ein Antwortschreiben der Heeressanitätsinspektion, die er um Prothesen gebeten hatte. Es lautete: »Prothesen sind knapp und werden ausschließlich für deutsche Soldaten benötigt.« Geibel hatte sich um leichtes Eschenholz bemüht, damit sich die Verwundeten selbst Prothesen schnitzen könnten. Die Antwort lautete: »Eschenholz wird ausschließlich für Flugzeugbau benötigt...«
Hätte man nicht wenigstens ein paar Prothesen liefern können, um den guten Willen zu zeigen? Es gab keine Auszeichnungen, keine Anerkennungen. Soldaten, die wieder arbeitsfähig geworden waren, hatte man in Ostarbeiterlager abgeschoben und ihnen das Ostarbeiterabzeichen auf die Brust genäht.
Schließlich fuhr Heygendorff nach Warschau. Er besuchte dort ein Lazarett für Legionäre und fand georgische und kaukasische Ärzte, die von deutschen Gefreiten zu Schmutzarbeiten wie Latrinenreinigen abkommandiert worden waren. Der Zahlmeister enthielt den verwundeten Legionären Sonderverpflegung und Zigaretten vor. Er wunderte sich, als Heygendorff ihn zurechtwies und mit Bestrafung drohte. Die Verwunderung des Zahlmeisters war echt. Sie kam auch aus dem Gifttümpel der Propaganda.
Heygendorff ließ sich beim Generalgouverneur Frank mel-

den. Er forderte dort die Beseitigung der Schilder an den Eisenbahnzügen »Polen, Juden, Legionäre letzter Wagen«.
»Aber, Herr Oberst«, sagte ein Beamter, »wir können die Asiaten, die Sie da kommandieren, doch nicht mit Deutschen zusammen in einem Wagen fahren lassen ...«
Heygendorff war ein Mann von großer Selbstbeherrschung. Aber jetzt rief er: »Aber sie sind gut genug, in deutsche Uniformen gesteckt zu werden und ihre Haut für uns zu Markte zu tragen ...«
»Herr Oberst«, antwortete der Mann, »glauben Sie, daß ein Eingeborener in einem englischen Kolonialregiment in einem Eisenbahnwagen mit Engländern fahren darf?«
Heygendorff verschlug es die Sprache. Er beherrschte sich mühsam, wiederholte seine Forderung nach Entfernung der Schilder und fuhr, als man ihm endlich die Zustimmung gab, nach Rembertow zurück. Er war fest entschlossen, ganze Arbeit zu machen oder zurückzutreten.

Mitte Dezember 1942 hielt Stauffenberg eine Verfügung in der Hand, die es endlich gestattete, eine Inspektion für die Hilfswilligen und Freiwilligenverbände Ost zu schaffen und damit den so eruptiv entstandenen Kräften wenigstens organisatorisch eine gewisse Ordnung zu geben.
Stauffenberg hatte dieses Ziel in aller Stille verfolgt. Die Zustimmung des Oberkommandos der Wehrmacht hatte wieder am längsten gedauert. Sie wurde nur mit der Bemerkung erteilt, die Inspektion habe sich darüber klar zu sein, daß sie nur eine beratende Funktion habe und daß ihr die Verwendung von Ostvölkern zur Aufstellung größerer Verbände verboten bleibe.
Die Dienststelle durfte die Bezeichnung »General der Osttruppen« führen. Roenne meldete von vornherein Bedenken gegen diese Bezeichnung an. Das Wort »Ost« hatte bereits

durch seine Verwendung als Abzeichen für die Ostarbeiter eine beleidigende Bedeutung. Das Wort »Truppen« klang ähnlich wie das russische Wort »Trup«, das Leiche heißt. Aber man konnte froh sein, daß die Dienststelle überhaupt genehmigt war, und Roenne schlug seinen früheren Divisionskommandeur, General Hellmich, als »General der Osttruppen« vor.
Hellmich war zu dieser Zeit Kommandeur einer Reservedivision im Generalgouvernement. Während der Schlacht vor Moskau hatte er als Kommandeur der 13. Division wirklich oder vermeintlich versagt und sein Frontkommando verloren. Während des Ersten Weltkrieges hatte er in russischer Gefangenschaft halbwegs russisch sprechen gelernt. Er war groß, fast vierschrötig, mit dunkelblondem graumeliertem Haar und einem großen Kopf, in dem nicht besonders intelligente, aber menschlich gütige Augen saßen. Er war sicherlich ein erfahrener biederer Soldat, aber ohne jedes Verständnis für Politik oder Diplomatie.
Roenne begriff zu spät, daß er selbst nun einen Mißgriff begangen und einen Nur-Soldaten auf einen Posten gestellt hatte, auf dem ein besonders geschickter Unterhändler und Psychologe, vor allem aber ein Mann ohne militärische Scheuklappen, stehen mußte.
Derselbe Treuekomplex, der in gewissem Sinne Roenne bewog, seinen alten Divisionskommandeur vorzuschlagen, führte Hellmich dazu, seinen neuen Stab aus einstigen Offizieren der 13. Division zusammenzustellen – die natürlich nicht Russisch sprachen und keinerlei Spezialkenntnisse hatten. Solche Kenntnisse besaß nur der erste Chef des neuen Stabes, Oberstleutnant von Freytag-Loringhoven, der Mitte Dezember von der Heeresgruppe Süd nach Lötzen befohlen wurde.
Als Hellmich seine Diensträume in der Steinmetzkaserne am

Ausgang des Ortes Lötzen bezog, wußte er nicht, daß seine neue Aufgabe nächst dem Kriegstod seiner beiden Söhne zur größten Tragik seines Lebens werden würde.

Seit dem 19. November blickte man unterdessen im Stabe des Generaloberst von Kleist besorgt nach Norden.
Hitlers trotziger Wille, Stalingrad zu erobern, hatte dazu geführt, daß der Heeresgruppe A immer mehr Kräfte und immer mehr Material für den Kampf um Stalingrad entzogen worden waren. Jeder im engeren Kreis um Kleist wußte, daß der zweite große Versuch, die Sowjetunion im Jahre 1942 militärisch zu Fall zu bringen, gescheitert war. Die Fronten zwischen Don, Wolga und Kaukasus dehnten sich. Überlegene russische Armeen waren zum Zangenangriff nordwestlich und südwestlich von Stalingrad angetreten und in die viel zu dünnen deutschen und verbündeten Fronten eingebrochen.
Als Bräutigam in den ersten Dezembertagen nach der Rückkehr von einer Fahrt in die Kosakengebiete eine kurze Unterredung mit Kleist hatte, sagte ihm dieser: »Die 6. Armee ist in Stalingrad eingeschlossen. Wir müssen uns mit dem Gedanken vertraut machen, unsere Heeresgruppe bis zum Don zurückzunehmen.«
Er begegnete Bräutigams erschrockenem Blick. »Nach dem Kaukasus werden wir niemals mehr zurückkehren«, sagte er düster.
Bräutigam dachte an das Schicksal all derer, die die deutschen Truppen – und ihn – als Befreier begrüßt und inzwischen voller Vertrauen ein neues Leben begonnen hatten. Sie bei einem Rückzug nach Westen zurückzulassen war gleichbedeutend mit ihrem Untergang.
Unterdessen erkrankte Köstring. Die Krankheit schaltete ihn für Wochen aus. Und Bräutigam blieb allein zurück.

Am 28. Dezember trafen die Rückzugsbefehle für die Heeresgruppe A ein.
Am Neujahrsmorgen erklärte ihm Kleist: »Stalingrad ist erledigt. Der Führer hat der 6. Armee den Ausbruch verboten. Jetzt ist es zu spät. Er hat auch uns verboten, bis über den Don zurückzugehen. Wir haben einen Brückenkopf am Kuban und außerdem die Stadt Rostow zu halten. Der Führer wünscht, mit Rücksicht auf die Türkei eine Position am östlichen Schwarzen Meer zu behaupten ...«
»Bedeutet das«, fragte Bräutigam, »daß der Gedanke der Eroberung des Kaukasus noch nicht aufgegeben ist?«
Kleist machte eine sarkastische Mundbewegung. »Der Gedanke sicher nicht«, erwiderte er. Das besagte alles.
»Und was wird aus den Kaukasusvölkern, die sich auf unsere Seite gestellt haben? Wir können sie nicht zurücklassen.«
Kleist sah müde an ihm vorbei. »Wir werden um unser eigenes Leben zu kämpfen haben. Wir müssen marschieren, um unsere eigene Haut im letzten Augenblick zu retten.«
Bräutigam beharrte. »Wir müssen wenigstens alle diejenigen mitnehmen, die sich besonders exponiert haben und die mit uns gehen wollen ...«
»Wie soll ich das verantworten?« sagte Kleist. »Die Trecks würden unsere Straßen verstopfen und unsere eigenen Verbände in heillose Zwangslagen bringen ...«
»Dann müssen die Trecks außerhalb der Straßen marschieren.«
Kleist fragte: »Halten Sie das für möglich?«
Bräutigam wußte nicht, ob es möglich sein würde. Aber er sagte: »Ja ...«
Kleist erwiderte: »Sie werden morgen meine Entscheidung erfahren.« Bräutigam verbrachte eine schlaflose Nacht.
Am folgenden Morgen befahl Kleist die Aufstellung eines »Flüchtlingsstabes Kaukasus«. Sein Leiter wurde der Feld-

kommandant von Pjatigorsk, General Mierczynski. Bräutigam wurde dessen Vertreter. Vierundzwanzig Stunden später gingen die Weisungen an die Feldkommandanturen hinaus. Bräutigam hatte noch einmal die Herbsttage voller Jubel vor Augen, die er bei den kaukasischen Völkern erlebt hatte, und wünschte sich wahrscheinlich, er hätte sie niemals erlebt.
Abermals vierundzwanzig Stunden später war der Ausmarsch aus der Heimat bereits im Gange. Niemandem blieb die Zeit, das eigene Schicksal zu beklagen und die Deutschen zu verfluchen. Von den Feldkommandanturen war gesagt worden, es handle sich nur um einen vorübergehenden Rückzug für den Winter. Zehntausende bepackten über Nacht ihre Wagen.
Bräutigam tat, was er konnte, um die Trecks auf halbwegs sichere Wege zu leiten. Die Kosaken sollten über das Eis des Asowschen Meeres nach Mariampol ziehen. Da das Eis aber noch nicht ganz geschlossen war, fielen große Kosakengruppen den nachdrängenden sowjetischen Verbänden in die Hände. Die kaukasischen Trecks versuchten, den Kubanbrückenkopf zu erreichen oder bei Asow, wo das Eis geschlossen war, an das Asowsche Meer zu kommen.
Bräutigam selbst gelangte nach Tagen voller niederdrückender Erlebnisse und Selbstvorwürfe nach Rostow. Dort sammelte er alle Flüchtlinge, um sie in die Nogaische Steppe weiterzuleiten. In Taganrog erreichte ihn eine Anweisung des Ostministeriums, sofort nach Berlin zurückzukehren. Die »Kaukasussache« sei »erledigt«. Aber Bräutigam konnte sich nicht von dem allgemeinen Schicksal lösen, für das er Mitverantwortung empfand. Er blieb. Er verfocht den Gedanken, die Kosaken in dem Raum von Baranowitschi zu leiten und ihre Familien dort anzusiedeln. Koch aber drohte, Kosaken, die durch die Ukraine zögen, die Pferde wegzunehmen. Jeder Tag brachte neue Kämpfe um einen rettenden

Weg nach Westen. Schließlich endete der Marsch der Kosaken in Tolmezzo in Norditalien. Dort trennte sich Bräutigam von ihnen.

In den gleichen Wochen strömten auch die Kalmücken nach Westen. Doll und seine Helfer sammelten die Stämme, die zuerst nicht begreifen wollten, daß ihr Vertrauen zu den Deutschen sie in ein Abenteuer hineingerissen hatte, das sie jetzt ihre Existenz als Volk kosten mußte.
In langen Trecks – mit Frauen und Kindern und mit ihren Herden – zogen sie der Ukraine zu. Kalmückenschwadronen, die die östliche Ukraine erreichten und vorübergehend in Sicherheit waren, wurden zum Bahnschutz eingesetzt.
Sie erfüllten ihre Aufgabe nach Kräften. Aber bald zeigten sich die Folgen der Verpflanzung in eine für sie fremde Welt. Niemals hatte Doll angestrebt, aus den Kalmücken Soldaten im westlichen Sinne zu machen. Er wußte, daß das unmöglich war. So wurden sie jetzt ein Dorn im Auge deutscher Kommandostellen. Einmal wurde hier, einmal dort ihre Entwaffnung verlangt. Die Trennung von ihren Frauen und Kindern wurde gefordert. Die Kalmücken reagierten darauf, wie sie reagieren mußten – als Entwurzelte, Heimatlose, Mißverstandene und Angegriffene. Sie nahmen sich, was man ihnen nicht gab.
Mit der zurückweichenden Front gerieten sie von Etappe zu Etappe weiter nach Westen, bis sie schließlich den Truppenübungsplatz Neuhammer in Schlesien erreichten.

Am 1. März 1943 stand Bräutigam, gezeichnet von den Strapazen des großen Trecks, in Mauerwald Wagner gegenüber. Das Führerhauptquartier und das OKH waren nach dem Zusammenbruch der Offensive des Jahres 1942 von Winniza nach Mauerwald zurückgekehrt.

Wenige Tage vorher war Köstring dort gewesen. Er war jetzt nach Berlin gereist, sollte aber in wenigen Wochen zurückkommen, um in Mauerwald das Amt eines »Inspekteurs der Turkvölkischen Verbände« zu übernehmen.
»Berichten Sie mir nichts!« sagte Wagner. »Ich weiß, daß das Ende dieses Kaukasuszuges entsetzlich gewesen ist und daß niemand die Folgen übersehen kann.« Er senkte den Kopf. »Was zählen noch Menschen in diesem Irrsinn …«
Er wischte sich über die geröteten Lider. »Wir sind ausweglos in das Drama verstrickt. Wenn wir nicht einfach alles aufgeben wollen, müssen wir den Kampf weiterkämpfen. Während Sie dort unten waren, hat hier eine neue Schlacht angefangen, bei der mehr auf dem Spiele steht, als im Kaukasus jemals auf dem Spiel gestanden hat.«
Bräutigam sah ihn fragend an.
»Wir haben Ihre russische Führernatur gefunden«, sagte Wagner.

IV

Am späten Abend des 4. September 1942 wurde Nikolaus von Grote, der sich über die Zeit in seinem Büro in der Viktoriastraße aufhielt, vom Oberkommando des Heeres in Winniza verlangt. Fern, aber deutlich hörte er die Stimme Roennes.

»Was glauben Sie, wen wir seit einiger Zeit hier haben«, sagte Roenne. »Wen?«

Roenne schwieg – offenbar absichtlich – einige Sekunden. Dann sagte er – Wort für Wort betonend: »Den Oberbefehlshaber der sowjetischen Armeegruppe am Wolchow ...«

»Wen?« wiederholte Grote.

»Andrej Andrejewitsch Wlassow, Verteidiger von Kiew 1941, Oberbefehlshaber der 10. sowjetischen Armee in der Winterschlacht vor Moskau ...«

Roenne hätte nicht weiterzusprechen brauchen. Wlassow! Seit Jahren in den sowjetischen Militärzeitschriften als Reorganisator der 99. sowjetischen Division hervorgehoben. Militärberater bei Tschiang Kai-schek. Seit seinen Erfolgen als Befehlshaber der 10. Sowjetarmee in der Schlacht vor Moskau von Stalin persönlich belobigt, mit Orden belohnt und in der Presse zusammen mit Schukow und anderen erwähnt.

»Wir wären Ihnen dankbar«, kam aus der Ferne Roennes Stimme, »wenn Sie selbst oder einer Ihrer Herren herkommen könnten. Wir haben aus unseren Unterredungen mit Wlassow den Eindruck gewonnen, daß er in einer gefühlsmäßigen Opposition zu Stalin steht. Seine Erlebnisse in der Wolchow-Schlacht haben einen nachhaltigen Eindruck auf

ihn gemacht. Aber wir halten es für wichtig, wenn Sie sich selbst informieren würden ...«
Grote schlug vor, Dürksen mit einer der Ju 52, die OKW/WPr zur Verfügung standen, nach Winniza zu schikken.

Dürksen landete am 6. September in Winniza.
Ein Wagen brachte ihn zu den Klinikgebäuden, in denen »Fremde Heere Ost« einquartiert war.
Roennes schmales bebrilltes Gesicht verriet innere Erregung. Hinter Roenne stand ein mittelgroßer, etwa fünfundvierzigjähriger Hauptmann.
»Ich mache Sie mit Hauptmann Strik-Strikfeldt aus meiner Abteilung bekannt«, sagte Roenne. »Hauptmann Strik-Strikfeldt hat bis Anfang des Jahres als Dolmetscher beim Stab der Heeresgruppe Mitte gearbeitet und gehört jetzt, auf Anforderung General Gehlens, unserer Abteilung an. Er hat bereits die ersten Gespräche mit General Wlassow geführt und kann Sie über alles Nötige informieren und Sie dann mit dem General zusammenbringen ...«
Strik-Strikfeldt nahm Dürksen mit in sein Zimmer. »Wenn es Ihnen recht ist«, sagte er in einem baltisch klingenden Deutsch, »können Sie sich morgen früh mit Wlassow unterhalten. Und zwar allein. In Wlassow steckt noch mißtrauische Scheu. Er öffnet sich einem Gesprächspartner leichter als zweien. Sie müssen nicht glauben, daß das, was ich Ihnen jetzt sagen werde, von Wlassow in einem Zug berichtet worden wäre. Ich habe hart mit ihm kämpfen müssen.«
Strik-Strikfeldt reichte Dürksen Fotos, die nach Wlassows Gefangennahme bei der Heeresgruppe Nord und im Lager Lötzen gemacht worden waren, wohin man ihn zunächst gebracht hatte. Sie zeigten einen ausgehungerten, hohlwangigen, erschöpften, ungewöhnlich großgewachsenen Mann.

»Ein petrinischer Russe«, sagte Strik-Strikfeldt, »ein echter petrinischer Russe, groß und fest wie ein Baum und doch klug und fein wie eine schwingende Saite. Mit einer Skala der Seele ...« Er stockte, weil er fühlte, wie sehr er seiner Begeisterung für Rußland freien Lauf ließ. »Schirokaja Natura ...«, sagte er. »Sie werden es sehen ... Wir werden keinen zweiten finden, den uns die Geschichte so vor die Tür setzt, als wollte sie uns sagen: Hier habt ihr, und nun zeigt, daß ihr würdig seid.

Ich will Ihnen der Reihe nach berichten«, fuhr Strik-Strikfeldt fort. »Nach allem, was ich bis jetzt weiß, bekam Wlassow im Frühjahr von Stalin persönlich den Auftrag, von der Wolchow-Front her mit einer starken Stoßtruppe mitten durch das zugefrorene Sumpfgebiet dort oben vorzustoßen und Leningrad zu entsetzen. Wlassow trieb mit der 1. sowjetischen Stoßarmee den bekannten neunzig Kilometer tiefen Keil in die Front unserer 18. Armee unter Generaloberst Lindemann, blieb dann aber stecken. Die 1. sowjetische Armee bildete nun einen Frontsack, der nur noch eine schmale Schlauchverbindung mit der eigentlichen sowjetischen Front am Wolchow hatte. Mit Sommeranfang begann die Katastrophe. Die Sümpfe tauten auf. Der Nachschub für die 1. sowjetische Stoßarmee kam nicht mehr durch den Schlauch. Der bisherige Oberbefehlshaber Merezkow verlor die Nerven. Wlassow übernahm selbst den Befehl über die eingekesselte 2. Stoßarmee. Er erlebte, wie Lindemanns Divisionen den Kessel langsam zusammenpreßten und seine eigenen Soldaten ohne Munition und Verpflegung kämpften, wie Zehntausende seiner Armee im wahrsten Sinne des Wortes hoffnungslos zugrunde gingen, vor Hunger Menschen fraßen und trotzdem nicht die Erlaubnis bekamen, zurückzugehen oder sich hinter den Wolchow durchzuschlagen ...

Ich kenne die Verhältnisse am Wolchow nicht«, fuhr Strik-Strikfeldt fort, »aber der Major aus dem Stabe Lindemanns, der mit Wlassow hierherkam, hat mir einiges berichtet. Wissen Sie Bescheid?«

»Nur, was wir so von unseren Gefangenen erfahren haben.«

»Es war ein Leichenfeld«, sagte Strik-Strikfeldt. »Zehntausende im Sumpf, unter Schwärmen von Fliegen und Mücken, unter Wolken von Gestank ... Das alles hat Wlassow bis zuletzt im Kessel gesehen. Er hat es als einer der wenigen, zusammen mit seiner Köchin Maria Woronowa, überlebt und sich nachher noch ein paar Wochen versteckt gehalten. Aber davon später. Im Stab Lindemanns war man bereits der Überzeugung, Wlassow sei entweder tot oder rechtzeitig aus dem Kessel ausgeflogen worden. Es gab Fehlalarme. Mehrmals hatte die Bevölkerung Tote, die irgendeine Ähnlichkeit mit Wlassow hatten, für den General gehalten. Beim XXXVIII. Armeekorps im Raum von Nowgorod traf am 11. Juli schließlich eine Meldung ein, wonach Wlassow am Tag vorher bei Jam-Tesero von einem Posten erschossen worden sei. Der IC, Hauptmann Schwerdtner, fuhr los, um den Toten zu identifizieren. Unterwegs kam er durch das Dorf Tuchowetschi. Der russische Dorfvorsteher meldete dem Dolmetscher, daß ein halbverhungerter hoher Sowjetoffizier mit einer Frau in einem Stall untergekrochen sei. Aber der IC suchte zunächst weiter nach dem Toten. Bei dem handelte es sich aber, wie sich später herausstellte, um Wlassows Stabschef Winogradow, den Wlassow vor längerer Zeit mit seinem eigenen Mantel zugedeckt hatte. Als die deutsche Gruppe zurückfuhr, wurde sie in Tuchowetschi wieder auf den russischen Oberst und die Frau aufmerksam gemacht. Man brach die Schuppentür auf. Und dann stand Wlassow da, ausgebrannt, kaum noch fähig zu gehen. Er gab das Versteckspiel auf, erklärte: ›Nicht schießen. Ich bin General Wlassow‹, und zog Papiere heraus, die er aus einem Grund, über den ich noch sprechen muß, nicht vernichtet hatte. Im Anschluß daran wurde er nach Siverskaja zu Lindemann gebracht. Lindemann unterhielt sich mit ihm und behandelte ihn wie einen tapferen Gegner. Dann schickte er ihn nach Lötzen. Von dort ist er zu uns gekommen ...«

Strik-Strikfeldt richtete sich auf. »Wir sollten nach draußen gehen. Im Gehen spricht sich's leichter ... Vielleicht merken Sie, daß diese Sache mich mitnimmt. Ich habe schon vor dem Debakel vor Moskau nach einem solchen Mann gesucht.«

Es war plötzlich etwas Pathetisches an ihm.

Sie gingen hinaus, an Obstgärten entlang, die im Sonnenlicht dalagen, friedlich und unberührt, so als seien nicht ringsum Welten im Aufruhr. »Wenn Sie morgen mit Wlassow sprechen«, sagte Strik-Strikfeldt, »und wenn es Ihnen gelingt, sein Vertrauen zu gewinnen, wird er Ihnen möglicherweise noch weitere Antworten auf die Frage geben, weshalb er bei seiner Armee im Wolchow-Kessel geblieben ist, obwohl vom sowjetischen Oberkommando auf Stalins Befehl wenigstens viermal Flugzeuge in den Kessel geschickt worden sind, um ihn herauszuholen und nach Moskau zu bringen. Und Sie werden ihn wie ich danach fragen, was ihn bewogen hat, sich nicht zu erschießen, sondern sich zu ergeben und schließlich mit mir über Dinge zu sprechen, über die er wahrscheinlich noch nie gesprochen hat.

Am nächsten liegt selbstverständlich die Vermutung, er habe aus Furcht vor einer Rache Stalins für das unglückliche Ende am Wolchow gehandelt und habe bei uns seine Haut retten wollen.

Es ist sicher, daß er rechtzeitig den Rückzug aus dem Flaschenhals auf das Ostufer des Wolchow vorgeschlagen hat, während Stalin die Fortsetzung des Angriffs in Richtung

Leningrad befahl. Am 19. März geschah dann, was Wlassow befürchtet hatte. Lindemann riegelte den Flaschenhals ab. Am 17. März gelang es Wlassow, noch einmal in Richtung auf die sowjetische Hauptfront durchzubrechen und einen drei Kilometer breiten Verbindungsschlauch zu erobern. Aber Stalin erlaubte auch jetzt nicht, daß die 1. Armee den Flaschenhals aufgab. Statt dessen erschien bei Wlassow jene Maria Woronowa, mit der zusammen er gefangengenommen wurde. Sie war die Köchin seiner Frau in Moskau und eine resolute Person. Sie hatte sich bis zu ihm durchgeschlagen und überbrachte ihm einen verborgenen Brief, auf dessen Rückseite die Umrisse der Hand seines Sohnes als Talisman gezeichnet waren. Im Brief selbst aber fanden sich zwei Worte ›Gosti byli‹. ›Es waren Gäste da ...‹ – Sie wissen, was diese Worte besagen sollten ...«

Dürksen antwortete: »Hausdurchsuchung durch das NKWD.«

»Genau«, fuhr Strik-Strikfeldt fort. »Von diesem Tage an wußte er, daß sich Stalins pathologisches Mißtrauen auch gegen ihn richtete.

Erst am 14. Mai gab Stalin die Genehmigung zum Rückzug aus dem Flaschenhals. Aber da war es zu spät. Wlassow schleuste nur noch einige Divisionen heraus. Am 10. Mai unterbrach Lindemann endgültig den Verbindungsschlauch, und Wlassow blieb mit sechzehn Divisionen und Brigaden im Kessel zurück. Er hat also zweifellos gewußt, was ihn als unglücklichen Verlierer bei einer Rückkehr nach Moskau erwartete ...«

Sie waren ans Steilufer des Bug gekommen. Unten landete ein Boot, und ukrainische Frauen schleppten schwere Lasten an Land. Strik-Strikfeldt sagte: »Aber damit ist nicht erklärt, weshalb er hier ist. Das ist zu simpel für den Mann. Dahinter steckt ein langer Prozeß der Enttäuschungen und Einsichten über Stalin, den Bolschewismus und deren tatsächlichen Nutzen für das russische Volk.«

Andrej Andrejewitsch Wlassow war nach der Jahrhundertwende im Gebiet von Nischnij Nowgorod als achtes Kind eines Dorfschneiders geboren. Das Priesterseminar von Nischnij Nowgorod hatte ihn als mittellosen Schüler aufgenommen. Dort hatte er die russische Revolution erlebt und war als Soldat, später als Kompaniechef, mit der Roten 2. Don-Division in den Kampf gegen die weißrussischen Truppen der Generale Denikin und Wrangel in der Ukraine und auf der Krim gezogen. Später war er Bataillonskommandeur, dann Taktiklehrer in Moskau, später Kommandeur des Schützenregiments 2 einer turkestanischen Division geworden. 1933 hatte er ein Mädchen aus einem Nachbardorf, das Ärztin geworden war, geheiratet.
Als Stabschef der 72. Sowjetdivision hatte er 1936/37 Stalins brutale Säuberung des sowjetischen Offizierskorps im Zusammenhang mit angeblichen Umsturzplänen des Marschalls Tuchatschewski erlebt. Dabei wurden 30 000 Offiziere verhaftet, von fünf Marschällen drei, von neunzehn Armeeführern dreizehn, von 180 Divisionsgeneralen mehr als die Hälfte, zum Teil mit Angehörigen, liquidiert. Seine Frau, die Tochter eines Bauern, hatte sich wegen ihrer nichtproletarischen Abstammung nach außen hin von ihm losgesagt, um ihn nicht in Gefahr zu bringen.
Eine Kommandierung nach China, zuerst als einfaches Mitglied, dann als Stabschef einer sowjetischen Militärberater-Kommission für Tschiang Kai-schek unter Generalmajor Tscherepanow, hatte ihn schließlich aus der Schußlinie entfernt. Unter dem schicksalhaften Decknamen »Wolchow« hatte er einen ersten Blick in die nichtsowjetische Welt getan und die Doppelgleisigkeit der sowjetischen Politik erlebt, die

auf der einen Seite den Nationalisten Tschiang Kai-schek gegen die Japaner unterstützte, gleichzeitig aber Verbindung mit Tschiang Kai-scheks innenpolitischen Gegnern, den chinesischen Kommunisten, unterhielt. Seine Vorlesungen an der chinesischen Militärakademie in Tschungking hatten ihm nationalchinesische Orden und Ehren eingetragen, die ihm bei der Rückkommandierung in die Heimat abgenommen wurden.

Hier war die große Tuchatschewski-Säuberung vorüber. Der Nichtangriffspakt zwischen Stalin und Hitler hatte das bestehende ideologische Bild von der Todfeindschaft zwischen Bolschewismus und Faschismus erschüttert.

Bei Besuchen in seinem Heimatdorf fand Wlassow seinen Vater und die Freunde seiner Jugend trotz aller einstigen revolutionären Versprechungen in der gleichen Primitivität und Armut vor wie in seinen Jugendjahren.

Das Versagen der sowjetischen Armeen im ersten Winterkrieg gegen Finnland 1939/40 beleuchtete grell die Folgen der Stalinschen Säuberungen für die Armee. Als neuernannter Kommandeur der 99. sowjetischen Schützendivision, die den Ruf völliger Disziplinlosigkeit genoß, hatte Wlassow zwar gezeigt, daß er größtes organisatorisches Geschick mit Energie und den Eigenschaften eines »geborenen Truppenführers« verband – in kurzer Zeit hatte er aus ihr eine Spitzendivision gemacht, die in der sowjetischen Militärliteratur als Musterverband bezeichnet wurde, und Wlassow selbst wurde durch Marschall Timoschenko, aber auch durch lobende Erwähnungen in der »Prawda«, ausgezeichnet. Die ständige Überwachung durch Politkommissare hatte seine Arbeit jedoch so schwer behindert, daß er 1940 nach seiner Ernennung zum Generalmajor in Vorträgen in Kiew und bei einer Ansprache vor höheren Offizieren in Moskau eine Beschränkung der Befugnisse der Kommissare auf

nichtmilitärische Dinge vertrat. Die Erfahrungen des finnischen Winterkrieges gaben ihm so eindeutig recht, daß seine Kritik hingenommen und, wenn auch nur zögernd, befolgt wurde. Er wurde im Januar 1941 zum Befehlshaber des IV. sowjetischen Panzerkorps in Lwow ernannt und mit dem Lenin-Orden ausgezeichnet. Als die deutsche Offensive begann, folgte die Ernennung des Vierzigjährigen zum Befehlshaber der 37. Sowjetarmee und des Festungsbezirkes Kiew. Persönliche Befehle Stalins, die Dnjepr-Front zu halten – auch als sich die Zange des deutschen Angriffs schon um die gesamte sowjetische Heeresgruppe Süd-West geschlossen hatte –, ließen Wlassow am Dnjepr ausharren, während ringsum bereits 600 000 sowjetische Soldaten in völliger Auflösung kapitulierten. Schließlich schlug er sich mit dem Rest seiner Armee nach Osten durch und beobachtete von Kommissaren geführte Sonderkommandos, die nicht nur Fabriken und Militärlager niederbrannten, sondern auch Erntescheunen, Vorratslager und ganze Orte zerstörten.
Aber der fürchterliche Zusammenbruch, die Unwilligkeit Hunderttausender, für ihren Staat zu kämpfen, beschäftigte ihn ebenso wie die vorangegangenen Besuche in seinem Heimatdorf. Er hatte Zeit dazu, denn er lag wegen totaler Erschöpfung im Lazarett Woronesch, und alte Bekannte zogen sich von ihm zurück, weil sie fürchteten, er könne wegen seiner Beteiligung an der Katastrophe um Kiew bei Stalin in Ungnade gefallen sein. Sie sprachen erst wieder mit ihm, als er Anfang November von Stalin den direkten Befehl erhielt, sich am 10. November im Kreml zu melden.
Hier hatte ihm Stalin in einer nächtlichen Konferenz – Moskau befand sich in Panik, und deutsche Panzerverbände der Generale Hoth und Guderian bedrohten im Süden und Norden die Stadt – den Befehl über die 20. Stoßarmee übertragen, die über ganze 15 Panzer und einige frische, aus

Sibirien eingetroffene Verbände verfügte. Im Zentrum der Heeresgruppe Schukow hatte er einen entscheidenden Teil des sowjetischen Gegenangriffs getragen. Die amerikanische Kriegskorrespondentin Eve Curie, die seine Armee besuchte, berichtete über ihn, er sei ein Mann, der sich mit Mut und Leidenschaft zu schlagen wisse. Ilja Ehrenburg schrieb über ihn in »Krasnaja Swesda«. Nach dem Zurückfluten der Heeresgruppe von Bock erhielt Wlassow den Orden der Roten Fahne.

In den ersten Märztagen 1942 schließlich war er erneut zu Stalin befohlen worden. Stalin, der sich in deprimierter Stimmung befand und über Engländer und Amerikaner klagte, die nur zweitklassiges Kriegsmaterial sandten und nicht ganze Armeen, um die er Churchill schon im September 1941 dringend gebeten hatte, hatte ihn in Gegenwart von Molotow, Berija und Woroschilow zum Stellvertretenden Oberbefehlshaber der Nord-West-Front bei Leningrad ernannt und erregt befohlen, dort »Ordnung« zu schaffen. Als er am 9. März in Begleitung Woroschilows an der Wolchow-Front eintraf und das Kommando aus den Händen des nur noch nominellen Oberbefehlshabers Merezkow übernahm, hatte das letzte Stück des Weges begonnen, das ihn in deutsche Kriegsgefangenschaft und nach Winniza führte.

Mehrere Jahrzehnte später berichtete Strik-Strikfeldt über die Unterredungen, die er von Ende Juli bis Anfang September 1942 mit Wlassow gehabt hatte. Es ist möglich, daß die lange Zeit manchen Akzent anders setzte oder nachträglich Ideen in die Gespräche hineinlegte, die 1942 noch nicht zu erkennen waren. In jedem Fall aber schilderte er die inneren Wandlungen, die notwendig waren, bis Wlassow offen gegen Stalin auftrat.

Daraus ging hervor, daß schon die Wochen vor der Gefan-

gennahme, die Wlassow in den Wolchow-Sümpfen verbracht hatte, ihn auf seine spätere Rolle vorbereiteten. Durch die unsinnigen Aushaltebefehle mit all seinen Leuten zum Untergang oder zu Gefangenschaft verdammt, durch Stalins pathologisches Mißtrauen tief verletzt, waren ihm alle Grausamkeiten, Ungerechtigkeiten und Mißstände zum Bewußtsein gekommen, die sein Leben begleitet hatten, aber immer wieder von seiner ungewöhnlichen Karriere überdeckt worden waren: das Schicksal seines Vaters und seiner Jugendgenossen auf dem Lande; das mörderische Entsetzen der Tuchatschewski-Ära; die stille Tragödie seiner Frau und seiner Schwiegereltern, die er nur heimlich unterstützen konnte, weil sie »Kulaken« waren; das hoffnungslose Ausharren am Dnjepr; Stalins verzweifelte Hilferufe an die englischen und amerikanischen Kapitalisten, die er während seines Paktes mit Hitler beschimpft hatte ...
Nach seinem Eintreffen in Roennes Sondergefangenenlager – nun in Winniza – war Wlassow neben anderen Offizieren auf den Generalstabsoberst und Kommandeur der 41. sowjetischen Gardedivision Wladimir Bojarski gestoßen, der vor ihm verwundet in Gefangenschaft geriet. Zum erstenmal in seinem Leben hatte Wlassow erfahren, daß es möglich war, offen mit jemandem zu reden, ohne auf Spitzel zu achten oder zu befürchten, verhaftet zu werden. Er erlebte, daß Bojarski, ein fanatisch national denkender Russe, vor allen anderen Gefangenen seinen Groll auf Stalin und den Bolschewismus entlud und auf dessen Sturz mit Hilfe der Deutschen und ein sozialistisches freies Rußland hoffte. Bojarski arbeitete an einer Denkschrift, in der er darlegte, daß der Sturz Stalins zum Greifen nahe sei, wenn die Deutschen sich zurückhielten und den Kampf einer russischen Kriegsgefangenenarmee überließen. Sie bräuchten nur Waffen, Handlungsfreiheit und das Versprechen, daß die Deut-

schen keinerlei territoriale Ansprüche an Rußland stellen würden. So war Wlassow vorbereitet, als Strik-Strikfeldt ihn zu gewinnen suchte.
Strik-Strikfeldt schrieb in seinen Erinnerungen: »(Ich) ... berichtete ihm, daß wir zu Beginn des Feldzuges selbst an einen Befreiungskrieg, an die Befreiung der russischen Völker geglaubt hätten. Ich berichtete ihm von der Notlage der Kriegsgefangenen, die leider nicht zu ändern sei. Dann auch davon, daß die nationalsozialistischen Führer von Hochmut besessen und nicht gewillt seien, ein vernünftiges politisches Konzept zu entwickeln. Das Ergebnis von alledem sei nun die katastrophale Lage der fünfzig bis siebzig Millionen Menschen in den besetzten Gebieten ...« – »Aber die Feldmarschälle und die hohen Offiziere im Generalstab streben politische Ziele und damit eine Neuordnung unseres Verhältnisses zum russischen Volk an. Sie sind gewillt, mit denjenigen Russen zusammenzuarbeiten, die bereit sind, gegen Stalin zu kämpfen.«
Wlassow antwortete darauf: »Gegen Stalin – einverstanden. Aber wofür? Werden die deutschen Offiziere ... uns gestatten, eine russische Armee gegen Stalin aufzustellen? Diese Armee darf kein Söldnerheer sein. Sie muß ihren Auftrag von einer nationalen russischen Regierung erhalten. Nur die höhere Idee kann den Kämpfer von dem Vorwurf reinwaschen, die Waffe gegen die Regierung seines Landes, wenn auch nicht gegen seine Bürger, erhoben zu haben ...«
Das war eine Frage, die Strik-Strikfeldt nicht mit »Ja« beantworten konnte. Statt dessen erklärte er: Um die Leute um Hitler, die »mit Blindheit geschlagen« seien, zu überzeugen, müsse man zuerst beweisen, wie groß die Wirkung der Namen auf die sowjetische Armee sei. Wlassow müsse ein Flugblatt entwerfen, in dem er zum Kampf gegen Stalin

auffordere, ohne zunächst eine eigene Armee zu erwähnen. Wenn es daraufhin zu ungewöhnlichen Überläuferzahlen komme, könne man den nächsten Schritt tun und die oberste Führung überzeugen, daß eine Gegenregierung gegen Stalin und eine Befreiungsarmee wirkungsvolle Waffen seien.

Wlassow zögerte lange. Er lehnte es ab, in einem Aufruf zum Überlaufen aufzufordern. Als Soldat könne er nicht andere Soldaten aufhetzen, ihre Pflicht zu verletzen, solange nicht eine russische Armee mit einer höheren Aufgabe auf sie warte ... Strik-Strikfeldt und Roenne verzichteten auf diesen Appell zum Überlaufen. Was das Flugblatt selbst anbetraf, so erklärte sich Wlassow schließlich bereit, auf Strik-Strikfeldts wiederholte Vorschläge einzugehen. Den entscheidenden Anstoß gab dabei das merkwürdige Phänomen, das Roenne einmal Herre gegenüber angedeutet hatte: das Gefälle im Grad der Diktatorengewalt zwischen der Sowjetunion und Deutschland.

Für Wlassow war der Umstand, daß Strik-Strikfeldt (und auch Roenne) offen mit ihm über Pläne und Absichten sprach, die der Richtung Hitlers entgegengesetzt waren, unbegreiflich. Er überschätzte daher Strik-Strikfeldts oder Roennes Möglichkeiten ganz erheblich.

Strik-Strikfeldt erklärte in seinen Erinnerungen: »Mit vielen anderen Offizieren glaubte ich damals noch, daß Hitler sich der besseren Einsicht nicht verschließen ... würde. Das deutete ich Wlassow an und bat ihn, mir niemals Vorwürfe zu machen, falls meine Mutmaßungen und Erwartungen sich einmal als falsch erweisen würden. Er hat mir das in die Hand versprochen und sein Wort bis zur letzten Stunde unseres Zusammenwirkens gehalten.«

Er schuf sich eine Rückversicherung für sein Gewissen. Aber das änderte nichts daran, daß Wlassow seine Möglichkeiten weit überschätzte, als er zusammen mit Bojarski einen ersten Flugblattaufruf an die Russen schrieb, in dem es unter anderem hieß:

»Genossen Kommandeure!
Genossen der Sowjet-Intelligenz!
Ich, der Unterzeichnete, Gen.-Lt. A. A. Wlassow, bin der ehemalige Befehlshaber der 2. Stoßarmee und Stellvertreter des Oberbefehlshabers der Wolchow-Front – heute bin ich als Kriegsgefangener Nr. 16901 in Deutschland.
Angesichts der unermeßlichen Leiden unseres Volkes in diesem Krieg, unsere militärischen Mißerfolge schmerzlich empfindend, stellt man sich die natürliche Frage: Wer trägt hier die Schuld?
Wenn man auf die letzten zwölf bis fünfzehn Vorkriegsjahre zurückblickt, zieht man unwillkürlich den Schluß: An all diesem Unglück ist die Stalin-Clique schuld. Sie hat das Land durch das Kolchosensystem ruiniert. Sie hat Millionen ehrlicher Menschen vernichtet. Sie hat den besten Stamm der Armee in den Jahren 1937 bis 1938 ermordet. Sie ist es, die durch ihre Abenteuerpolitik das Land in einen unnützen und sinnlosen Krieg für landesfremde Interessen hineingerissen hat. Jetzt führt sie das Land der Niederlage entgegen, nachdem sie die Unterstützung der Massen verloren, den Verwaltungsapparat zerrüttet und die Wirtschaft untergraben hat. Die deutschen Armeen sind nach der Eroberung der Krim und der Vernichtung der Südwestfront bis zur Wolga vorgedrungen und haben, ohne auf wesentlichen Widerstand zu stoßen, den Nordkaukasus besetzt ...
Die Lage des Offiziers an der Front ist aussichtslos. Die Stalin-Clique schiebt ihm die Schuld an allen Mißerfolgen zu. Dabei ist er in seinen Handlungen durch den Kommis-

sar, die Politische Abteilung und das NKWD gebunden, die alle nichts von militärischen Dingen verstehen ...
In der Heimat – völliges Chaos und ein heraufziehender, nie dagewesener Zusammenbruch ...
Die Stalin-Clique hofft stark auf die Hilfe durch England und Amerika und die aufzurichtende zweite Front. Die Mehrzahl von Euch kennt genau die Politik Englands und Amerikas – bis zum letzten russischen Soldaten zu kämpfen, sich die Kastanien aus dem Feuer holen zu lassen, Deutschland durch die Russen zu erschöpfen – und letzteren dafür eine sagenhafte zweite Front zu versprechen.
Blickt zurück auf die Geschichte! Es ist nicht das erstemal, daß das russische Volk sein Blut für die englisch-amerikanischen Interessen vergießt!
Welchen Ausweg gibt es aus dieser Sackgasse, in die die Stalin-Clique unser Land geführt hat? Es gibt nur einen Ausweg ... Wer sein Vaterland noch liebt, wer sein Volk glücklich sehen will – der muß sich mit allen Kräften und Mitteln für die Niederringung des allen verhaßten Stalinregimes einsetzen, der muß die Bildung einer neuen, gegen Stalin eingestellten Regierung anstreben, der muß für die Beendigung des verbrecherischen, den Interessen Englands und Amerikas dienenden Krieges, für einen ehrenvollen Frieden mit Deutschland eintreten.
Es liegt jetzt an Euch!«

Dürksen sollte Wlassow am frühen Nachmittag des 7. September 1942 sehen. Er erwartete ihn in einem winzigen Vernehmungszimmer, das früher als Krankenraum gedient hatte.
Als sich die Tür öffnete und Wlassow eintrat, »war es, als habe sich der Raum gefüllt«.
General Wlassow stand da, mager, noch von den Hunger-

wochen am Wolchow gezeichnet, in der zerschlissenen Uniformbluse der Roten Armee, mit Ledergürtel, abgewetzter graubrauner Hose und von Schnee- und Moorwasser ausgelaugten Stiefeln, ein Riese von 1,96 Meter Länge, mit einem Kopf, wie ihn Dürksen nie gesehen hatte, einmalig in seinem Mangel an Symmetrie, mit hoher Stirn, breiten Lippen, vorgeschobenen Jochbogen und dunklen Augen hinter einer schweren Hornbrille, von einer Häßlichkeit, die fasziniert.

Dürksen erhob sich, während Wlassow mit prüfendem Blick an der Tür stehenblieb. Der Blick verriet ein mißtrauisch suchendes Vorwärtstasten in einer neuen unbekannten Welt.

Dürksen streckte ihm die Hand entgegen und sagte: »Sdrawstwuitje, Gospodin General!«

Dürksen schrieb ein paar Tage später, als er wieder in Berlin eingetroffen war, einen Bericht über die Unterredung. Mit den dürren Worten, in denen solche Berichte abgefaßt werden, gab er den Inhalt seiner Unterredung wieder: »Wlassow betonte, daß er überzeugter Bolschewist gewesen sei und sich über den Weg, der ihn zur Höhe führte, in keinem Abschnitt zu beklagen gehabt hatte. Stärker aber strich er heraus, daß er ein Mann des Volkes sei und daß ihm dessen Nöte nicht verborgen geblieben seien. Den entscheidenden Schock habe ihm die menschenverachtende Art der zentralen Kriegsführung durch Stalin gegeben ...« Weiter: »Nach der Zerschlagung seiner Armee sei er in den Wolchow-Sümpfen herumgeirrt. Er habe dabei einige Wochen Zeit gehabt, seinen eigenen und den Werdegang seines Volkes zu überprüfen. Ihm sei dabei auch ein Vergleich vor Augen getreten, der Vergleich mit dem Schicksal der 2. russischen Armee im Anfangsstadium des Ersten Weltkrieges, der Armee, die unter der Führung des Generals Samsonow infolge der Schlacht von Tannenberg in Ostpreußen unterging. Samso-

now habe die Schande der Niederlage dadurch wettzumachen versucht, daß er sich erschoß ...«
Als das hin und her tastende Gespräch am frühen Nachmittag des 7. September bis hierhin gediehen war, fragte Dürksen: »Eine Reihe Ihrer Kameraden sind Samsonow gefolgt ...«
Wlassow, der Dürksen gegenüber auf einem der unbequemen hölzernen Stühle saß, sich aber so hielt, als säße er in einem gepflegten Sessel, rührte sich nicht. »Sa tschto?« (»Wofür?«), fragte er. Er blickte an Dürksen vorüber in die Weite. Dann erst brachte er langsam eine Erklärung hervor. »Ich habe oft die Pistole in der Hand gehabt. Aber ich habe sie wieder weggesteckt. Samsonow hat gewußt, wofür er sich erschoß. Samsonow glaubte an den Zaren, an Größe und Ehre. Und ich? Ich habe keine Antwort gewußt, weil ich nicht mehr glauben konnte ...«
Dürksen schrieb: »Dies war für mich eigentlich der entscheidende Punkt der Unterredung. An diesem Punkt wurde mir klar, daß Wlassow mir nicht aus Feigheit oder Opportunismus oder Unentschlossenheit gegenübersaß, sondern nach sorgfältiger Prüfung seiner selbst.«
Nach der Unterredung wurde zwischen Roenne und Gehlen beschlossen, Wlassow nach Berlin in die Viktoriastraße zu überführen und Strik-Strikfeldt als seinen ständigen Begleiter abzuordnen.

»Mit dem Erscheinen von Wlassow bei uns wurde es vollkommen klar, daß ... wenn jemals eine sogenannte russische Aktion in Form der Bildung einer nationalen russischen Regierung oder irgendein anderes ähnliches Unternehmen gestartet werden würde, nur er, Wlassow, an dessen Spitze stehen könnte ...«
Dies schrieb Kasanzew in der Viktoriastraße in Berlin, nach-

dem Wlassow am 17. September 1942 zusammen mit Strik-Strikfeldt eingetroffen war.
Schon zwei Tage später scharten sich alle um ihn wie um einen natürlichen Mittelpunkt. Er saß schon nach wenigen Tagen, zuhörend, sparsam redend, wie ein ruhender Pol zwischen den anderen. Menschlich am nächsten trat ihm der General Malyschkin, der kurze Zeit vorher aus dem Lager Wuhlheide in die Viktoriastraße gekommen war. Er war Stabschef eines sibirischen Wehrkreises gewesen und im Zusammenhang mit der Tuchatschewski-Affäre verhaftet worden. Bei den monatelangen Verhören war er oft bis zur Bewußtlosigkeit gepeinigt worden, hatte aber kein Geständnis gemacht. Erst nach mehr als einem Jahr war er entlassen, Lehrer an der Militärakademie und 1941 Stabschef der 19. Armee geworden. Bei Wjasma geriet er in Gefangenschaft.
Über die Ereignisse der Wochen im »Laboratorium« der Viktoriastraße blieben zwei persönliche Zeugnisse erhalten. Das eine stammte von Kasanzew.
Kasanzew traf sich am 18. September an einem geheimen Treffpunkt im Tiergarten mit Baidalakow und berichtete: »Weißt du, es scheint mir, daß der Mann, auf den wir gewartet haben, erschienen ist.«
»Ssidorschuk?«
Wlassow war Baidalakow ein Begriff. Er gab Kasanzew den Auftrag, von jetzt an möglichst enge Beziehungen zu Wlassow zu unterhalten, ihn zu beobachten und auf ihn im Sinne des NTS einzuwirken, wenn die Zeit dazu reif sei.
Kasanzew berichtete: »Wlassow erschien zwischen uns wie ein großer suchender Schweiger ... Wenn er sprach, berichtete er zunächst nur von seinen Erlebnissen drüben, von seinem Weg, von seinen Unterredungen mit Stalin und von den Geschehnissen am Wolchow ... Trotzdem war das eigentlich nur der große Hintergrund ... Erst als Wlassows

erstes Flugblatt gedruckt bei uns eintraf, wurde uns klar, daß Wlassow wenigstens schon halb entschlossen war, den Kampf aufzunehmen. Von diesem Tage an ging er auch aus seiner Reserve heraus, obwohl er sie eigentlich nie völlig aufgab und ich als Emigrant längere Zeit brauchte, um sein Vertrauen zu gewinnen und ihm klarzumachen, daß wir nichts mit den alten zaristischen Emigranten zu tun hatten. Als er nach Wochen sagte: ›Komische Emigranten seid ihr. – So was wie Komsomolzen ...‹, war der Weg offen.«

Den zweiten Bericht über den schicksalhaften Auftakt in der Viktoriastraße schrieb Dürksen:
»Wlassows Flugblatt aus Winniza war durch Wedel und Keitel ohne weiteres genehmigt worden, weil man es für die übliche propagandistische Auswertung eines kriegsgefangenen Generals hielt. Als Wlassow jedoch kaum vier Tage bei uns war, kamen die ersten Nachrichten über die bemerkenswerten Auswirkungen des Flugblattes auf Zahl und Haltung der Überläufer.
Der IC der 16. Armee der Heeresgruppe Nord, Oberst i. G. (im Generalstab) Freiherr von Uckermann, hatte das Flugblatt durch Flugzeuge abwerfen lassen. Er hatte die Überläufer selbst vernommen. Das Echo auf die Tatsache, daß ein Sowjetgeneral selbst das Wort ergriff, war ungewöhnlich. Gleiche Meldungen kamen kurz darauf von den Heeresgruppen Mitte und Süd.
Die sowjetische Gegenpropaganda schwieg zunächst. Offenbar, um den Vorgang nicht noch bekannter zu machen. Wir aber durften jetzt nicht allzuviel Zeit verlieren. Wir mußten Wlassow so schnell wie möglich in großem Stil herausstellen und Grotes Idee von einer Smolensker Befreiungsproklamation, einem Befreiungskomitee und einer Befreiungsarmee verwirklichen. Grote überstürzte nichts. Obwohl Strik-Strik-

feldt, seiner Art entsprechend, täglich drängte, ließ Grote Wlassow zunächst Zeit, sich einzuleben und ein Vertrauensverhältnis zu den anderen, vor allem zu Malyschkin, Sykow und Kasanzew, zu gewinnen. Erst dann sprach er selbst mehrfach mit Wlassow und schilderte ihm seine Ideen.

Wlassow war durch Strik-Strikfeldt vorbereitet. Er erklärte sich nach einem längeren Gespräch bereit, mit den anderen die Pläne für ein Smolensker Komitee für die Befreiungsarmee sowie den Text einer ersten großen Proklamation vorzubereiten. Er machte jedoch den Vorbehalt, daß es sich nicht um einen Propagandatrick, sondern um ehrliche Politik handeln müsse.

Grote erwiderte, er habe selbst ein klares politisches Ziel im Auge. Wenn es sich nur um einen Propagandatrick handle, dann könne er selbst darüber entscheiden. Aber weil es hier um eine Frage von größter politischer Tragweite gehe, müsse er eine Entscheidung an höchster Stelle herbeiführen. Damit er sich hierfür aber einsetzen könne, brauche er von Wlassow die Erklärung, daß er bereit sei, sich für den Fall einer positiven Entscheidung an die Spitze des Komitees und der Armee zu stellen. Wenn seine, Grotes, Bemühungen scheitern sollten, werde man neue Wege suchen.

Heute könnte es wie Irrsinn aussehen, daß wir überhaupt annahmen, unsere Bemühungen könnten zu einem Ergebnis führen. Uns schienen unsere Ideen aber logisch. Wir hatten einen Mann gegen Stalin gefunden. Das schien in unseren Händen eine so sichere, so triumphale Waffe, daß wir uns, trotz aller vorangegangenen Erfahrungen und Enttäuschungen, tatsächlich mit Hoffnung wappneten. Uns kam gar nicht der Gedanke, daß unsere Logik an der Spitze des OKW und im Führerhauptquartier nicht verstanden werden könnte.

Den ganzen Oktober hindurch versuchten Grote und Martin

über Wedel, ihre Pläne an Keitel und damit, wie sie dachten, an Hitler heranzubringen. Die Argumente waren einfach.
Als Propagandamann, der sein Ressort nicht unvorsichtig überschreiten durfte, ging Grote von der Aktivpropaganda im Osten aus. Die bisher angewandten deutschen Methoden hätten sich erschöpft. Auch die Methode, Russen durch Russen ansprechen zu lassen, verliere ihre Wirkung, weil sie nur das Stalinsystem angreife, aber nichts an seine Stelle setze – nichts, wohin Russen sich wenden könnten. Propaganda könne in Zukunft nur wirksam sein, wenn sie von Russen vertreten werde, die darauf hinweisen könnten, daß sie eine antistalinistische Gegenregierung gebildet und eine antistalinistische Armee begründet hätten, die alle Rotarmisten zum Beitritt und zum Kampf um eine neue Heimat auffordere. Ein in Rußland weit bekannter Mann, kein Emigrant, kein Reaktionär, sondern ein ausgezeichneter General Stalins, ein Mitverteidiger von Moskau im Winter 1941/42, der als Führer von Regierung und Armee gegen Stalin auftreten wolle, sei gefunden. Er befinde sich in der Viktoriastraße. Sein Name sei Andrej Andrejewitsch Wlassow.
Die Zahl von Grotes Vorlagen und Eingaben vermehrte sich von Woche zu Woche. Sie kamen jedoch ausnahmslos abgelehnt zurück. Von Keitels Hand, mit lila Stift geschrieben, stand darunter: ›Politik geht uns nichts an.‹ Oder: ›Kenne die Einstellung des Führers zu solchen Gedanken. Kommt nicht in Frage.‹ Oder: ›Ausgeschlossen. Ausnutzung des Generals Wlassow für Überläuferpropaganda soviel, wie Sie wollen. Von der Politik Hände weg!‹ Schließlich: ›Weitere Vorlagen dieser Art verbeten …‹
Wedel weigerte sich Anfang November, neue Eingaben weiterzureichen.
Wlassow und den anderen Russen blieb natürlich nicht verborgen, daß Woche um Woche verging, ohne daß es zu

einer Entscheidung kam. Obwohl Wlassow auf Schwierigkeiten vorbereitet worden war, hatte er doch noch keinerlei klare Vorstellung von der inneren deutschen Situation. Die Tatsache, daß Soldaten wie Grote, Strik-Strikfeldt oder ich so offen gegen einen Regierungskurs mit ihm sprachen, hatte ihn dazu verführt, größere Freiheiten und Einflüsse bei uns vorauszusetzen, als tatsächlich vorhanden waren. Je mehr er sich bei uns mit der Idee des Komitees beschäftigte, um so logischer und überzeugender erschien sie auch ihm. Und dann wollte und wollte die Entscheidung nicht kommen. Uns selbst kostete es schlaflose Nächte, um langsam zu begreifen, daß das, was uns als selbstverständliche, vom Schicksal gesandte Lösung erschien, im OKW und im Führerhauptquartier nicht selbstverständlich war, sondern auf eine anscheinend undurchdringliche Mauer stieß.
Es zeigte sich, daß nur Strik-Strikfeldt eine so enge persönliche Beziehung zu Wlassow besaß, daß er bei ihm Zweifel, Mißtrauen oder die Absicht, in ein allgemeines Gefangenenlager zurückzukehren, überwinden konnte. Auf der anderen Seite war Strik-Strikfeldt für uns eine Last, weil er keine Ruhe gab, immer neue, manchmal naive und irreale Vorschläge machte und nicht warten wollte. Die Leidenschaft seiner Ideen machte ihn bereit, jeden Weg zu gehen, auch solche, die im zivilen Geschäftsleben möglich, bei uns aber undurchführbar waren.
Strik-Strikfeldt bewog Wlassow schließlich dazu, in der Zwischenzeit ein neues Flugblatt zu schreiben, in dem er die Gründe für seine Umkehr schilderte.
Strik-Strikfeldt war unerschöpflich in seinen Argumenten. Er erklärte Wlassow immer wieder die Schwierigkeiten, die aus dem Zorn Hitlers über die sowjetische Haltung entstanden seien. Und dann las er Wlassow Sätze vor, die Hitler geschrieben oder gesprochen hatte und die zeigten, daß Hitler im

Grunde sehr wohl zu richtigen Erkenntnissen fähig sei und daß der Erfolg also einmal kommen müsse. Es gab solche Hitlerzitate genug. Etwa: ›Wir hängen mit grenzenloser Liebe und Treue an unserem eigenen Volkstum. Aber wir respektieren die nationalen Rechte auch der anderen Völker aus dieser selben Gesinnung heraus. Wir kennen daher nicht den Begriff des Germanisierens ...‹ Oder: ›Jeder Versuch, die natürliche Eigenart eines Volkes auslöschen zu wollen, verstößt gegen das Sittengesetz und ist ein Willkürakt ...‹«

Dürksen fuhr später in seinem Bericht fort: »Mitte November mußten wir uns eingestehen, daß wir gescheitert waren. Wir hatten alle unsere Möglichkeiten erschöpft. Der Weg über Keitel – und das war unser einzig möglicher Weg nach oben – war blockiert. Wir hatten eine Reihe von verzweifelten Beratungen. Wir ließen Wlassows zweites Flugblatt als reine Propagandasache drucken und abwerfen ... Es gab keine Armee, die nicht aufgrund der Überläuferergebnisse und der sichtbaren Bewegung unter den Kriegsgefangenen und der Bevölkerung Brandmeldungen an uns gegeben hätte, die nach einer Aktivierung Wlassows verlangten.
Am 15. November berieten wir vierzehn Stunden lang, was geschehen könne, um uns diese Chance für ein Ende des Krieges im Osten nicht aus der Hand schlagen zu lassen. Ein Gefühl der Machtlosigkeit drückte uns zu Boden.
Da sagte Grote: ›Wenn das Komitee und die Befreiungsarmee nicht wirklich geschaffen werden dürfen, dann müssen wir durch die Propagierung einer ›Fiktion‹ dieses Komitees und dieser Armee in den besetzten Gebieten eine Bewegung in der Bevölkerung und bei den Heeresgruppen hervorrufen. Diese Bewegung wird dann derartig eindeutige Forderungen nach der Verwirklichung des Komitees und der Befreiungsarmee stellen, daß die politische Führung

diese Bewegung und diese Forderung nicht länger übersehen kann ...‹
Grote schloß: ›Ich bin mir klar darüber, daß man uns bei entsprechenden Flugblättern die Auflage machen wird, daß sie nur jenseits der sowjetischen Front abgeworfen werden dürfen. Aber ich denke, es gibt draußen Flieger genug ...‹, Grote sah uns zwielichtig an, ›die sich einmal verfliegen könnten ...‹
Grote wandte sich an Strik-Strikfeldt. ›Ich habe Wlassow mein Wort gegeben‹, sagte er, ›daß von unserer Seite keine propagandistische Fiktion in Frage kommt. Die Möglichkeit, die ich eben beschrieben habe, ist so indirekt, riskant und in ihren Erfolgschancen unvoraussehbar, daß Sie alleine Wlassow davon überzeugen können, daß unsere ehrlichen Absichten sich nicht geändert haben, daß wir aber keinen anderen Weg mehr sehen als dieses *va banque.* Wenn er sich danach entscheidet weiterzumachen, werden wir alle tun, was in unseren Kräften steht ...‹«

Über die entscheidende Unterredung zwischen Strik-Strikfeldt und Wlassow berichtete Kasanzew:
»... Im November kam Hauptmann Strik-Strikfeldt nach einem Besuch ›irgendwo oben‹, wo er sich nochmals überzeugt hatte, daß keine Änderungen zu erwarten seien, zu Wlassow.
›Andrej Andrejewitsch‹, sagte er, ›es gibt noch eine Möglichkeit.‹
Wlassow sagte: ›Welche?‹
›Bis jetzt versuchen wir, Politik zu machen und damit die Propaganda aufzubauen. Soll man die Sache nicht einmal umgekehrt versuchen? Wir machen die Propaganda für drüben so, als wenn die Politik bereits vorhanden wäre ... Sie wird dann drüben Reaktionen hervorrufen. Man wird aber

daraufhin auch bei unseren Heeresgruppen und in den besetzten Gebieten aufmerksam werden und Forderungen erheben. Gestützt darauf, könnten wir dann eine bestimmte Politik erzwingen ... Also: Wir würden jetzt bekanntgeben, daß ein ›Russisches Komitee‹ gebildet ist, und rufen in seinem Namen das russische Volk auf. Dann wird man drüben wünschen, mit uns Verbindung aufzunehmen und die Einzelheiten eines gemeinsamen Kampfes sowie der zukünftigen gegenseitigen Beziehungen mit Deutschland zu klären. Aufgrund dessen können wir dann hier Zugeständnisse verlangen. Die deutsche Armee wird uns viel entschlossener unterstützen, als sie es bis jetzt tut ... Mit dieser Aktion könnten wir sofort anfangen. Alles, was die Propaganda für drüben anbetrifft ... liegt in unserer Hand ...‹

Wlassow hatte Einwände: ›Wenn es dann aber so kommt, daß trotzdem auf deutscher Seite keine Änderung in der Politik stattfindet, und wenn man unter allen Russen begreift, daß nur ein Propagandatrick angewandt worden ist, dann ist das Vertrauen in mich für immer verloren. Und wenn es in der Zukunft wirklich zu einer anderen Politik kommt, dann wird eine Mitteilung darüber nur als ein neuer Versuch zum Betrug aufgefaßt werden ...‹

Aber nach langen Beratungen willigte Wlassow schließlich ein.«

Kasanzew lieferte – über diesen verhältnismäßig dürren Dialog hinaus – keinen weiteren Einblick in die Kämpfe, die dieser Entscheidung Wlassows vorausgegangen sein müssen.

Strik-Strikfeldt seinerseits erinnerte sich viel später: »Wlassow und alle Angehörigen seines Stabes lehnten diese Aktion zunächst wegen des politisch unverbindlichen Tenors grundsätzlich ab. Mit einer einzigen Ausnahme – des politisch und taktisch besonders versierten Sykow, der den Gedanken

Grotes, die deutsche politische Führung vor vollendete Tatsachen zu stellen, voll unterstützte: ›Laßt nur das Teufelchen aus der Flasche entweichen. Es wird schon wirken.‹ Schließlich gab Wlassow doch sein Einverständnis.«

Während Strik-Strikfeldt mit Wlassow »rang«, verfielen Tresckow und sein IC Gersdorff ungeduldig auf die Idee, im Bereich der Heeresgruppe Mitte auf eigene Verantwortung eine Art Musterverband für eine russische Befreiungsarmee zu begründen. Sie dachten an eine ganze Brigade unter rein russischer Führung, in abgeänderten russischen Uniformen, mit russischer Bewaffnung und nur einem kleinen deutschen Verbindungsstab. Wenn diese Brigade sich an der Front bewährte oder gar einen spektakulären Erfolg errang – so rechneten sie –, mußte das vielleicht eine entscheidende Wirkung auf die Wlassow-Pläne ausüben.
Sie sicherten sich die Zustimmung des Generalfeldmarschalls von Kluge, indem sie ihm ohne nähere Angaben Verstärkungen für die Front versprachen. Danach wurde Kluge nicht weiter mit den Plänen befaßt. Als Kernzelle für die Einheit, die den Namen »Versuchsverband Mitte« erhielt, wählten sie die Reste einer etwas mysteriösen Truppe, die im März 1942 in einem Barackenlager des ehemals sowjetischen Torfwerkes Ossintorf durch die deutsche Abwehr aufgestellt worden war. In Zusammenarbeit mit dem Abwehrkommando 203 in Smolensk hatten hier einige russische Emigranten-Offiziere, der Ex-Oberst Konstantin Kromiadi, der Leutnant Igor Sacharow (der unter General Franco in Spanien gekämpft hatte), der Oberleutnant Graf Grigorij Lamsdorff und einige andere aus Kriegsgefangenenlagern, ein »Russisches Bataillon z. b. V.« (auch »Unternehmen Graukopf« genannt) aufgestellt.
Seine Aufgabe war die Durchführung von Kommandounter-

nehmen hinter der sowjetischen Front. Die Stärke erreichte zeitweise 7000 Mann, mit vier Bataillonen und einer Artillerieabteilung. Die Ausrüstung bestand aus Beutewaffen. Die Uniformen waren russisch, hatten aber andere Achselstücke und weiß-blau-rote Kokarden. Kromiadi, der den Decknamen Sanin benutzte, hatte seiner Truppe bisweilen auch den sehr romantisch klingenden Namen »RNNA – Russische Nationale Volksarmee« gegeben und eine Anzahl beachtlicher Kommandoerfolge erzielt. Im Sommer war es aber zu Auseinandersetzungen zwischen der Heeresgruppe Mitte und der Abwehr gekommen. Letztere hatte ihr Interesse an dem Verband in Ossintorf verloren.

Jetzt übernahmen ihn Tresckow und Gersdorff. Wegen des notwendigen neuen Führungspersonals für eine »Versuchs-Brigade« wandten sie sich an Roenne. Dieser empfahl General Georgij Nikolajewitsch Schilenkow als Kommandeur – er war inzwischen aus dem Sonderlager der Abteilung »Fremde Heere Ost« in die Viktoriastraße in Berlin überführt worden. Ferner Oberst Bojarski. Letzterer erklärte Roenne, er werde ehrlich mit den Deutschen zusammenarbeiten, soweit diese keine Ansprüche auf Beherrschung russischer Gebiete erhöben. Bojarski war geradeheraus und schroff, wo Schilenkow geschmeidig war.

Roenne akzeptierte Bojarski guten Gewissens, nachdem Gersdorff ihm erklärt hatte: »Ich brauche hier keine Leute, die uns nach dem Munde reden, sondern russische Persönlichkeiten.«

Schon acht Tage nach Beginn der Neuaufstellung in Ossintorf lagen mißtrauische Anfragen untergeordneter Stellen vor: »Was hat die Aufstellung eines Großverbandes aus russischen Kriegsgefangenen zu bedeuten, die russische Uniformen tragen und an dessen Spitze ein russischer General und ein Oberst in russischer Uniform stehen? Angehöri-

ge der russischen Bevölkerung, die Fühlung mit dem Verband haben, berichten, daß dort eine feindselige Kritik an den deutschen Kampfzielen im Osten geübt wird!«
Gersdorff verhinderte, daß derartige Meldungen bis zu Kluge vordrangen und diesen veranlaßten, seine Zustimmung zurückzunehmen. Schilenkow und Bojarski hatten keine Schwierigkeiten, Offiziere, Unteroffiziere und Mannschaften für ihren Verband zu finden. Sie hätten das Zwanzigfache der benötigten Zahl zusammengebracht. Die Aufstellung ging außerordentlich schnell voran. Die Nachricht über den Verband verbreitete sich unter der Bevölkerung. Wo Kompanien oder Bataillone erschienen, winkte man ihnen zu.
Ende November überreichten Schilenkow und Bojarski Gersdorff eine Denkschrift folgenden Wortlauts über ihren Verband: »Alle Angehörigen der Brigade sind durch folgende Idee geeint: Befreiung ihres Vaterlandes von der Gewaltherrschaft des jüdischen Bolschewismus, Kampf für eine lichte Zukunft Rußlands im engsten Bündnis mit Deutschland ... Nur mit dieser Idee ist eine Freiwilligentruppe einsatzbereit.«
Die Idee der Einheit ›Kampf gegen Stalin, für Freundschaft mit Deutschland und ein schöneres Rußland‹ ist volksnah. Die Bevölkerung unterstützt die russische Einheit in jeder Form: Sie meldet Banden, stellt Wegführer im Gefecht und versorgt die Truppe freiwillig. Zahlreiche Freiwillige aus der Bevölkerung melden sich.
Die Klippe der Vereidigung wurde umschifft, indem die Brigade außer auf Hitler als den Führer im gemeinsamen Befreiungskampf auch auf ihre Heimat schwor.
In den ersten Dezembertagen war die Brigade einsatzbereit. Schilenkow erwartete den Einsatz an der Front. Tresckow aber mußte auf eine günstige Stunde bei Kluge warten, um

ihm den neuartigen Verband vorzustellen und die Erlaubnis zum Einsatz zu erwirken. Eingespannt zwischen Schilenkows, vor allem aber Bojarskis mißtrauischer Ungeduld und Kluges ängstlicher Unberechenbarkeit, wartete er bis zum 16. Dezember. Die Frontverbände der Heeresgruppe schrien nach Ersatz. Der Winter fraß die Menschen und Verbände wie ein Moloch. Am Morgen des 16. Dezember bot Tresckow Kluge die Brigade als frontbereit an. Kluge fuhr sofort zur Besichtigung nach Ossintorf hinaus. Die Brigade hielt sich ausgezeichnet. Und schon glaubten Tresckow und Gersdorff alle Klippen überwunden. Da befahl Kluge, als sei dies das Selbstverständlichste von der Welt, die Aufteilung der Brigade auf deutsche Regimenter und ihre Einkleidung in deutsche Uniformen. Schilenkow in russischer Generalsuniform hatte Kluge erschreckt. Tresckow versuchte, dem Feldmarschall noch einmal deutlich zu machen, um was es ging. Er erklärte, daß eine Aufteilung den Zielen, mit denen die Brigade aufgestellt sei, ins Gesicht schlage. Schwerste psychologische Erschütterungen beim Einsatz müßten die Folge sein.

Kluge verstand nicht oder wollte nicht verstehen. Er beharrte auf seinen Befehlen. Tresckow versuchte am 17. Dezember noch einmal, eine Wendung herbeizuführen.

Kluge blieb unbeeinflußbar. »Können Sie mir garantieren, daß die Brigade, wenn sie geschlossen eingesetzt wird, uns nicht selbst in die Flanke fällt und ein Loch in unsere Front reißt ...?

Ich brauche den Verband nicht, um unsere Front zu gefährden, sondern um Löcher in ihr zu stopfen. Es müssen Truppen sein, die fest in unserer Hand sind. Das ist bei diesem großen Verband unmöglich ...«

»Ich habe keinerlei Zweifel«, sagte Tresckow, »daß er unkontrolliert fester auf unserer Seite steht als alle anderen landeseigenen Verbände, weil er ein eigenes Ziel hat, nämlich sich unabhängig und in eigener Verantwortung hervorzutun und das Muster für eine Armee zu werden … Einmal muß dieser Versuch gewagt werden. Und der Oberbefehlshaber, der ihn macht, erringt ein historisches Verdienst um Deutschland …«

»Oder wird als Hasardeur gestürzt …«

Tresckow kannte Kluge gut genug, um zu wissen, daß in dieser Situation nichts zu erreichen war.

Gersdorff fuhr nach Ossintorf, um Schilenkow auf Kluges Einsatzbefehle vorzubereiten. Er versuchte, Schilenkow dafür zu gewinnen, jetzt nicht alles aufzugeben, sondern auch in dem kleineren Rahmen zu handeln und Erfolge zu erzielen. Vielleicht hätte sich der geschmeidige Schilenkow gebeugt. Aber Bojarski blieb hart. Maßlos enttäuscht und verbittert stieß er hervor: »Ich werde mich lieber erschießen lassen, als daß ich zum Landsknecht werde.«

Schilenkow entwarf in fliegender Hast eine Adresse an die Heeresgruppe. Sie lautete: »Die Brigade ist ein Teil der zukünftigen russischen Armee und wird nur als Teil einer solchen kämpfen. Die Brigade vertritt den Standpunkt, daß sie zur Erfüllung russischer Ziele, der Befreiung Rußlands vom Bolschewismus, aufgestellt wurde, und betrachtet ihr Verhältnis zu der deutschen Armee nur als das eines Verbündeten …«

Gersdorff nahm die Adresse mit. Sie klang nach Empörung und Meuterei! Aber diente Schweigen der Wahrheit? Als Gersdorff durch die Wälder bei Smolensk fuhr, überfiel ihn eine zornige Entschlossenheit, das Schicksal herauszufordern. Er gab die Adresse Schilenkows weiter. Mochte jetzt kommen, was da wollte.

In wilder Empörung rief Kluge, da habe er den Beweis für seine Vorsicht. Mißtrauen erzeugte Mißtrauen. Unter schrof-

fer Umgehung Tresckows ließ er Schilenkow und Bojarski ein Ultimatum übersenden. Darin wurde ihnen die Wahl zwischen Befolgung seiner Einsatzbefehle oder Verhaftung und Entwaffnung der Brigade gelassen.
Bojarski zeichnete vor den Augen der deutschen Offiziere, die das Ultimatum überbrachten, schweigend eine Lageskizze mit den Verteidigungsmöglichkeiten seiner Brigade für den Fall eines deutschen Versuchs, sie gewaltsam zu entwaffnen. Als Gersdorff davon erfuhr, änderte er seinen Entschluß, das Schicksal herauszufordern. Wenn es zum Kampf kam, war für alle Gegner des Gedankens der Befreiungsarmee ein Präzedenzfall geschaffen, der wie ein furchtbares Menetekel jede weitere Entwicklung unterbinden mußte. Nach den psychologischen Hintergründen würde niemand fragen. Das Schreckgespenst der Meuterei würde durch alle Stäbe und Ämter geistern. Alles, auch die bescheidensten Anfänge, würde verschüttet werden. Das Experiment wäre am nackten Mißtrauen gescheitert.
Es war ein Glück, daß Kluge am 17. Dezember zu sehr mit der Last der Ereignisse an der Front beschäftigt war. Tresckow riß den Lauf der Dinge an sich. Er bat Schilenkow und Bojarski zu sich und garantierte ihnen freies Geleit.
Wie die Entwicklung in diesem Augenblick der Konfrontation von den Russen gesehen wurde, zeigte eine Niederschrift Kasanzews, die dieser nach den Berichten Schilenkows und Bojarskis anfertigte. Sie lautete: »Daß man Schilenkow und Bojarski einigermaßen lauter gegenübertrat, erklärte sich wohl durch die Tatsache, daß die ausgezeichnet bewaffnete russische Einheit sich in nur dreißig Kilometer Entfernung von der Front befand. Ein Kampf mit ihr hätte schwer zu übersehende Folgen mit sich bringen können. Aber auch für die Russen war die Lage aussichtslos.«

Seine Worte zeigten, wie das Mißtrauen auf beiden Seiten die Anfänge zerstörte, denn Kasanzew fand kein Wort für Tresckows Bemühungen, die Entwicklung, die er selbst mit so viel Freizügigkeit eingeleitet hatte, vor dem vollständigen Zusammenbruch zu bewahren. Tresckow sicherte Schilenkow und Bojarski zu, daß die Brigade zwar aufgeteilt, aber ihre russischen Offiziere behalten und nicht an der Front eingesetzt werde, um sie als Keimzelle für eine »Befreiungsarmee« unter Wlassow zu erhalten. Schilenkow und Bojarski selbst bot er nach einer eiligen Besprechung mit Gehlen die »Beschäftigung« bei der Abteilung »Fremde Heere Ost« an, bis Kluges Erregung sich gelegt habe und sie wieder in Erscheinung treten konnten.
Notgedrungen nahmen beide sein Angebot an. Einer ihrer Offiziere, Major Rilj, wurde zum Oberst und neuen Kommandeur ernannt. Aber die Stimmung wurde bedrohlich, als Schilenkow und Bojarski sich von der Brigade verabschiedeten. In der folgenden Nacht gingen 300 Offiziere und Soldaten als Partisanen in die Wälder. Die anderen blieben und wurden zu Sicherungsaufgaben im Gebiet von Mogilew eingesetzt. Schilenkow kehrte viele Wochen später zu Martin in die Viktoriastraße zurück. Bojarski wurde zu einer Propagandaeinheit an die Nordfront versetzt.

In den ersten Dezembertagen, als in Berlin mehr und mehr Nachrichten über die drohende Katastrophe von Stalingrad eintrafen, erhielt die »Proklamation des Smolensker Komitees« in der Viktoriastraße ihre letzte Form.
Wenn man sie las, wirkte sie wie ein Konglomerat aus Wahrheiten und Unwahrheiten, echter antistalinistischer Überzeugung Wlassows und Einflüssen deutscher Propagandathesen über das Bündnis zwischen Stalin, England und Amerika. Es war ein Gebilde, in dem deutsche Propaganda

über Stalin als Kriegstreiber mit Wlassows Erinnerungen an den Kriegsbeginn in Fehde lagen. Erstere ließ ihn anscheinend zweifeln, ob er wirklich genug wußte, um die deutschen Thesen zu widerlegen. Wunschdenken auf eine Wandlung der Deutschen stand neben wirklichkeitsfremden Vorstellungen Strik-Strikfeldts über eine europäische Völkergemeinschaft. Und die dreizehn Propagandapunkte waren offenbar ein Durcheinander von Freiheitsphrasen und sozialen Kasanzew-Ideen.
Wlassow hatte sich erstaunt dagegen gewehrt, daß unter den »Dreizehn Punkten« die Garantie der Freiheit einzelner Völker Rußlands eine Rolle spielen sollte. Er hatte zum erstenmal von den Aufteilungsabsichten des ihm noch kaum bekannten Ostministeriums gehört. Strik-Strikfeldt hatte ihn nach langen Kämpfen davon überzeugt, man müsse diesen Absichten zum Schein entgegenkommen, um die Zustimmung zum Komitee nicht zu gefährden.
Der fertige Text des Aufrufes des »Russischen Komitees von Smolensk« lautete im Auszug:

> »Freunde und Brüder!
> Der Bolschewismus ist der Feind des russischen Volkes. Unübersehbares Elend hat er über unsere Heimat gebracht und das russische Volk schließlich in einen blutigen Krieg für fremde Interessen verwickelt ... Für das verbrecherische Streben Stalins nach der Weltherrschaft, für die Riesengewinne der anglo-amerikanischen Kapitalisten haben Millionen russischer Menschen mit ihrem Leben bezahlen müssen. Millionen sind zu Krüppeln geworden und haben für immer ihre Arbeitsfähigkeit eingebüßt. Frauen, Greise und Kinder starben infolge von Hunger, Kälte oder untragbar gewordener Arbeitsüberlastung. Hunderte russischer Städte, Tausende von russi-

schen Dörfern sind auf Befehl Stalins zerstört, gesprengt oder niedergebrannt worden.
Die Rote Armee hat in diesem Krieg Niederlagen erlitten, wie sie unsere Geschichte vorher nicht kannte. Trotz der Selbstaufopferung unserer Soldaten und Offiziere, trotz der Tapferkeit und Opferbereitschaft des russischen Volkes wurde eine Schlacht nach der anderen verloren. Die Schuld trifft allein das verfaulte bolschewistische System, sie trifft Stalin und seinen Stab.
Stalin und seine Clique haben es nicht verstanden, die Verteidigung des Landes zu organisieren. Sie versuchen jetzt die Dauer ihrer Herrschaft im Blutbad des russischen Volkes zu verlängern ...
Das russische Volk ist von den Verbündeten Stalins, den anglo-amerikanischen Kapitalisten, verraten worden. Diese Plutokraten retten nicht nur ihre eigene Haut, indem sie Millionen russischer Menschen opfern, nein, sie strekken mit Unterstützung des Bolschewismus nunmehr auch ihre Hände nach den Reichtümern unserer Heimat aus und haben mit Stalin Geheimverträge abgeschlossen. Deutschland dagegen kämpft nicht gegen das russische Volk und unsere Heimat, sondern gegen den Bolschewismus ... Das nationale Deutschland Adolf Hitlers hat sich die Neuordnung Europas ohne Bolschewisten und Kapitalisten zur Aufgabe gestellt, und in diesem neuen Europa wird jedem Volk sein Platz angewiesen. Die Stellung des russischen Volkes in der europäischen Völkergemeinschaft wird von dem Maße seiner Mitarbeit im Kampf gegen den Bolschewismus abhängen, denn die Vernichtung Stalins und seiner Verbrecherclique ist vor allem eine Sache des russischen Volkes. Um das russische Volk im Kampf gegen das verhaßte Regime zu einen und zu führen, haben wir – Söhne dieses Volkes und Patrioten –

ein ›Russisches Komitee‹ zur Zusammenarbeit mit Deutschland zwecks Bekämpfung des Bolschewismus und Aufbau des neuen Europa gebildet.
Das Russische Komitee legt dem Neuaufbau Rußlands folgende Richtlinien zugrunde:

a) Die Vernichtung des Bolschewismus und damit Stalins und seiner Clique.
b) Die Herbeiführung eines ehrenvollen Friedens mit Deutschland.
c) In Zusammenarbeit mit Deutschland und den Völkern der europäischen Neuordnung ein neues Rußland, ohne Bolschewismus und Kapitalisten, zu schaffen.

Im einzelnen:

1. Abschaffung der Zwangsarbeit – freies Recht auf Arbeit – die Sicherstellung des materiellen Wohlergehens aller Werktätigen.
2. Aufhebung der Kolchoswirtschaft und planmäßige Übergabe des Landes in den Besitz der Bauern.
3. Wiederaufrichtung von Handel, Handwerk und Heimindustrie. Das Wirtschaftsleben des Landes soll durch private Initiative wieder belebt werden.
4. Die Intelligenz soll die Möglichkeit erhalten, sich frei schöpferisch für das Volkswohl zu betätigen.
5. Soziale Gerechtigkeit und Schutz aller Werktätigen gegen Ausbeutung.
6. Allen Werktätigen ihr gutes Recht zur Weiterbildung; Sicherung von Urlaub und Altersversorgung.
7. Beseitigung des Terrors und der Vergewaltigung. Religionsfreiheit, Gewissensfreiheit, Freiheit des Wortes, der Versammlung, der Presse, Unantastbarkeit der Person und des Heimes.
8. Garantie der völkischen Freiheit.

9. Amnestie für durch den Bolschewismus verurteilte politische Gefangene, Rückkehr in die Heimat aller im Kampfe gegen den Bolschewismus Verurteilten aus den Gefängnissen und Konzentrationslagern.
10. Wiederherstellung der während des Krieges zerstörten Städte und Dörfer auf Staatskosten.
11. Wiederherstellung der dem Staate gehörenden und während des Krieges zerstörten Fabriken und Werke.
12. Keine Schuldenzahlung laut Geheimverträgen, die Stalin mit den anglo-amerikanischen Kapitalisten abgeschlossen hat.
13. Sicherstellung eines Existenzminimums für alle Kriegsinvaliden und deren Angehörige.

In der heiligen festen Überzeugung, daß auf der Grundlage dieser Richtlinien eine glückliche Zukunft für das russische Volk aufgebaut werden kann, fordert das Russische Komitee alle russischen Menschen sowohl in den befreiten als auch in den noch von den Bolschewiken besetzten Gebieten, alle Arbeiter und Bauern, die Intelligenz, Soldaten und Politruks* auf, sich im Kampf für das Vaterland und gegen dessen ärgsten Feind, den Bolschewismus, zu vereinen …

Das Russische Komitee fordert alle Soldaten und Offiziere der Roten Armee auf, zur russischen Befreiungsarmee, die auf deutscher Seite kämpft, überzutreten.

Allen, die sich auf die Seite des antibolschewistischen Kampfes stellen, wird das Leben garantiert, unabhängig von ihrer früheren Tätigkeit und der von ihnen innegehabten Stellung.

Das Russische Komitee ruft alle Russen auf, den Kampf gegen den verhaßten Bolschewismus aufzunehmen, anti-

* Politischer Offizier einer sowjetischen Truppeneinheit.

bolschewistische Partisanenabteilungen zu gründen und die Waffen gegen Stalin und seine Anhänger zu wenden.
Russen, Freunde und Brüder! …
Erhebt euch zum Kampf für die Freiheit! …«

Einige Tage nach der endgültigen Niederschrift der Proklamation erschien Strik-Strikfeldt in Wlassows kahlem Zimmer. Er brachte einen Zivilanzug und einen Mantel. Nach zahllosen vergeblichen Versuchen, offiziell einen Bezugsschein für einen Anzug zu bekommen, hatte er einen NSV-Angestellten durch seine Zähigkeit überredet, ihm einen alten Anzug und einen Mantel aus einer Winterspende zu überlassen. Der Anzug war blau und abgetragen, die Hose für Wlassow zu kurz. Auch der braune Mantel beengte ihn. Trotz seines naiven Optimismus fühlte er sich beschämt und fürchtete, die Anzug-Affäre könne Wlassow aus seiner augenblicklichen Hochstimmung herausreißen. Was lag näher, als daß dieser sagte: »Ihr wollt die Pläne der deutschen Regierung ändern und besitzt nicht einmal Macht genug, um einen anständigen Anzug zu besorgen.« Er versuchte die triste Angelegenheit zu überspielen, indem er Wlassow einen Ausweis übergab, der es ihm gestattete, das Haus Viktoriastraße in Begleitung von Strik-Strikfeldt zu verlassen. In einem Atemzug damit erklärte er, daß alles vorbereitet sei, um mit Wlassow zu einigen Gefangenenlagern für höhere sowjetische Offiziere zu fahren, in denen er Ausschau nach weiteren Freunden des Komitees halten könne. Wlassow ließ es bei einem zwiespältigen Blick auf die Kleidungsstücke bewenden.
In der folgenden Frühe verließen beide Berlin, um in das Lager Wuhlheide zu fahren. Das deutsche Lagerpersonal ließ sie nur mit Unbehagen ein. Einer der Lagerwächter, der das Tor wieder schloß, ein Unteroffizier, war zuvor Wächter

in einem Durchgangslager bei Witebsk gewesen. Als er den Riegel vorlegte, sagte er: »Sollst du das glauben? Was macht die Asiatenfratze hier?«

Sein Gegenüber, ein älterer Obergefreiter, sah stumpf vor sich hin. Auch er kam von einem Durchgangslager. Er hatte die Schrecken des letzten Winters noch nicht vergessen.

Wlassow und Strik-Strikfeldt wurden zur Generalsbaracke geführt.

Der erste Angehörige seiner eigenen Generalsklasse, dem Wlassow gegenübergestellt wurde, war Wetlugin, Kommandierender General eines sowjetischen Korps, das bei Rostow aufgerieben worden war, ein noch junger Mann mit hagerem klugem Gesicht.

Wlassow blieb zwei Stunden mit ihm allein. Strik-Strikfeldt wollte es so. Wenn Wlassow einen echten Erfolg haben sollte, dann durfte kein Deutscher neben ihm stehen. Er sollte so frei und unkontrolliert sein, wie es überhaupt nur möglich war. Als Wlassow später in das kleine Barackenzimmer kam, in dem Strik-Strikfeldt wartete, sagte er: »Er wäre bereit gewesen. Aber er kann die Lager nicht vergessen, durch die er geschleppt worden ist. Er glaubt deutschen Versprechungen nicht. Er wollte meinen Schwur, daß Hitler mir persönlich die Befreiungsarmee und die Unantastbarkeit unserer Heimat garantiert hat ... Ich konnte ihm vieles sagen, Wilfried Karlowitsch. Aber den Schwur konnte ich ihm nicht geben ...«

Er sah Strik-Strikfeldt durch seine dicken Brillengläser an. »Können Sie mir den Schwur geben?« sagte er mit einer Anwandlung von Zweifel und Sarkasmus. Und Strik-Strikfeldt fürchtete, jetzt werde die Bemerkung folgen, die er schon bei der Übergabe der Kleider erwartet hatte: »Ihr, die ihr mir nicht einmal einen anständigen Anzug besorgen könnt ...« Aber Wlassow beließ es bei seinem zweifelnden

Blick und fuhr fort: »Er hat mich gebeten, niemandem etwas zu sagen. Es gibt im Lager Terroristen, die jeden erschlagen wollen, der einem Deutschen die Hand reicht.«
Der nächste, mit dem Wlassow sprach, war General Ponedjelin. Die Unterredung war nur kurz.
»Er wollte vor mir ausspucken«, sagte Wlassow. »Er hätte mich damit beleidigt, wenn er ein anderer Mann wäre. Aber er gehört zu den Karrieretypen, deren Verstand so eng ist, daß sie bis an ihr Lebensende nur nachbeten können, was man ihnen einmal vorgebetet hat.«
Er sprach in Wuhlheide noch fünf andere sowjetische Generale, mit einigen von ihnen drei und vier Stunden lang. Sie gestanden ihm, daß sie lieber einem Staate dienen würden, der sie nicht ständig kontrollierte, überwachte, tägliche Beweise ihrer Solidarität verlangte und sie mit beruflicher, familiärer, körperlicher oder psychischer Vernichtung bedrohte. Aber sie verlangten, was Wetlugin gefordert hatte: Sicherheiten, die es ihnen möglich machten, dem guten Willen der Deutschen zu vertrauen und nicht mißbraucht und ihrem eigenen System wieder ausgeliefert zu werden.

Zwei Tage später fuhren Wlassow und Strik-Strikfeldt in das Lager Hammelburg in Franken, um dort mit fünf weiteren Generalen zu sprechen. Wlassow schwieg fast während der ganzen Fahrt. Sein Gesicht wirkte dunkel und verschlossen. Sie trafen in Hammelburg ein, als Essensausgabe war und Generale zusammen mit einfachen Soldaten zum Essensempfang angetreten waren. »Ich verstehe euch nicht«, sagte Wlassow suchend, »das verstehe ich nicht. Ihr behauptet, daß ihr nicht wie die Kommunisten alle gleichmachen wollt. Warum tut ihr das? Damit könnt ihr die Welt nicht erobern.«
Wlassow blieb zwei Tage. Es mochte tröstlich sein, daß unter den Generalen, mit denen er sprach, nur einer war, der ihn

als schmutzigen Verräter beschimpfte und ihm nachrief, er wünsche ihn in Moskau hängen zu sehen. Vier fand er, die grundsätzlich bereit waren, sich an dem Komitee und an einer Armee zu beteiligen.
Die vier waren von Lager zu Lager geschleppt worden, hatten deutsche Mißachtung beim Tode Zehntausender von Mitgefangenen erlebt und forderten, was die sechs Generale in Wuhlheide gefordert hatten: eine offizielle deutsche Zusicherung der Unantastbarkeit ihrer Heimat in den Grenzen von 1939 und Handlungsfreiheit für eine vorläufige Regierung, der sie sich zur Verfügung stellen sollten.
Die Reise nach Wuhlheide und Hammelburg war ein Mißerfolg.

In den gleichen Dezembertagen, in denen Wlassow Hammelburg besuchte, empfing Rosenberg die Befehlshaber der rückwärtigen Heeresgebiete Nord, Mitte und Süd. Das Treffen fand in der ehemaligen sowjetischen Botschaft Unter den Linden statt. Seit September hatte das Ostministerium darin neue Quartiere bezogen.
Was Rosenberg zu diesem überraschenden – durch Schenckendorff vor mehr als einem Jahr erbetenen – Empfang veranlaßt hatte, war den Gästen unbekannt. Sie wußten nicht, wie hilflos Rosenberg war und daß er ihnen keine Hilfe gewähren konnte, sondern Hilfe von ihnen erhoffte. Drei Tage zuvor hatte ihn Erich Koch von neuem in einen Abgrund machtloser Erniedrigung gestürzt.
Es hatte sich um Schulpläne gedreht, die in Rosenbergs Kulturabteilung für die Ukraine entwickelt worden waren. Koch war, wie immer, durch seine eigenen Kanäle vorzeitig von diesen Plänen unterrichtet worden. Er war zusammen mit seinem Vertreter Dargel nach Berlin geflogen und ohne Anmeldung im Ostministerium erschienen, um Rosenberg

mitzuteilen, er solle sich nicht der Illusion hingeben, daß in seinem Reichskommissariat irgend etwas für die Bildung der Bevölkerung getan werde.

Während Koch sich direkt zu Rosenberg begeben hatte, war Dargel, ohne anzuklopfen, in das Zimmer des stellvertretenden Leiters der Kulturabteilung, van der Milwe, eingedrungen und hatte diesem erklärt, der Blödsinn mit den Schulplänen habe sofort »unter den Tisch zu fallen«.

Van der Milwe fragte: »Wollen Sie mir sagen, wen ich eigentlich vor mir habe. Ich habe noch nicht die Ehre gehabt, Sie hier zu sehen ...«

»So, Sie kennen mich nicht einmal? Das ist bezeichnend. Ich bin Dargel, Stellvertreter des Reichskommissars Koch.«

»Ja, dem Namen nach kenne ich Sie. Ich selbst werde, wenn ich einmal zu Ihnen nach Rowno komme, bestimmt vor Ihrer Tür anklopfen ...«

»Ich halte das nicht für nötig. Ich bin empört über die Pläne, von denen ich gehört habe. Sie stehen im Gegensatz zum Willen des Führers. Sie wollen eine ukrainische Bildungsschicht heranziehen, während wir die Ukrainer vernichten wollen ...«

»Sie können doch nicht vierzig Millionen vernichten.«

»Das lassen Sie unsere Sorge sein ...«

»Und was soll aus der Ukraine werden?«

»Leben Sie eigentlich hinter dem Mond? Es sollte Ihnen bekannt sein, daß nach dem Willen des Führers aus der Ukraine Siedlungsland für deutsche Bauern wird ...«

»Woher wollen Sie alle diese Siedler nehmen?«

»Wollen Sie daran zweifeln, daß die Pläne des Führers durchgeführt werden?«

»Wir wollen doch wie vernünftige Leute und nicht mit Schlagworten reden. Was wollen Sie mit den Ukrainern anfangen?«

»Sofort nach dem Sieg werden wir Konzentrationspunkte hinter der Wolga schaffen.«
»Was bedeutet das?«
»Hinüberjagen. Was dabei übrigbleibt, wird schon sehen, wie es weiterkommt ...«
»Wenn Sie die Ukrainer wirklich vertreiben könnten, würden Sie das Land in eine Wüste verwandeln, anstatt seine Schätze Deutschland nutzbar zu machen. Sie werden weder die Millionen Deutsche finden, die das Land bestellen, noch die Millionen, die in die Bergwerke gehen ...«
»Das werden wir schon regeln. Dafür werden wir schon Ukrainer zurückbehalten. Aber die brauchen keine Schulen und keine Bildung. Schön, mir ist jetzt endgültig klar, was für ein Geist hier herrscht. Mein Reichskommissar ist gerade unten bei Rosenberg, ich werde ihm einiges erzählen ...«
Zehn Minuten später wurde van der Milwe in Rosenbergs Zimmer gerufen. Rosenberg saß mit gequältem Gesicht hinter seinem Schreibtisch, während Kochs gedrungene Gestalt davor auf und ab ging. Dargel stand im Hintergrund. Koch schritt mit funkelnden Augen auf van der Milwe zu. »Sie kenne ich doch ... Sie kenne ich doch vom Vierjahresplan in Ostpreußen. Damals haben Sie einen ganz vernünftigen Eindruck gemacht. Jetzt erfahre ich von Ihren verrückten Plänen, in meine Angelegenheiten hineinzupfuschen ...« Er hob drohend seine Faust mit dem großen Ring. »Sehen Sie sich das an«, sagte er. »Den Ring hier habe ich einem Beamten, der sich in meine Sachen hineinmischte, in die Fresse gehauen ...«
Van der Milwe, ein schmächtiger Mann, wurde totenblaß. Aber er hatte von seinem Vater etwas von dem Stolz geerbt, der nicht nach Folgen fragt. »Da haben Sie vollkommen recht gehandelt«, sagte er gepreßt, »weil der Beamte Ihnen nicht zuvorgekommen ist.«

Der Jähzorn stieg in Kochs Gesicht. Rosenberg sah mit weiten Augen die Katastrophe kommen. »Koch«, bat er, »beruhigen Sie sich doch. Ich bin einen derartigen Ton nicht gewöhnt...«
Koch wandte ihm sein Gesicht zu: »Sie vertragen keinen anständigen, männlichen Ton.«
»Den Ton in meinem Ministerium bestimme ich.« Rosenberg unternahm einen schwächlichen Versuch, den Hausherrn zu spielen. »Sie wünschten, daß Herr van der Milwe herunterkommt. Was haben Sie vorzubringen ...?«
Koch machte eine wegwerfende Geste, in der seine ganze Verachtung lag. »Hier wird keine Gerichtsverhandlung gespielt«, sagte er. »Ich habe Ihnen gesagt, Rosenberg, daß Sie und Ihr Ministerium die Finger von Schulplänen für meine Ukrainer lassen sollen. Was in der Ukraine und mit der Ukraine geschieht, bestimme ich im Einvernehmen mit dem Führer. Wenn sich van der Milwe oder ein anderer Ihrer Bildungskünstler in der Ukraine sehen läßt, werde ich ihn bei Überschreiten der Grenze verhaften lassen. Das ist, was ich van der Milwe zu sagen habe ...«
»Ich wünsche nicht, daß in meinem Haus ein solcher Ton angeschlagen wird ...«, versuchte Rosenberg noch einmal sich zu wehren.
Als van der Milwe das Zimmer verließ, hörte er, wie Koch verächtlich sagte: »Sie sind nicht mehr der Rosenberg, den ich früher gekannt habe. Sie sind ein von Emigranten irregeführter Mensch. Und seien Sie versichert, in meiner Ukraine werden die Folgen dieser Irreführung nicht zum Tragen kommen ... In meiner Ukraine bestimme ich ...«
Das war im wesentlichen der Ablauf des erwähnten Aufeinanderpralls. Er hatte Rosenberg dazu getrieben, die Verbindung zu den Militärs zu suchen. Er hatte durch Bräutigam vor dessen Abreise zum Kaukasus erfahren, daß der Gene-

ralstab des Heeres die zukünftige Haltbarkeit der Front von der Sicherheit und dem Frieden im Hinterland abhängig machte. Er glaubte, ein Bündnis mit den Militärs und der Hinweis auf die militärische Notwendigkeit einer »positiven« Verwaltung der Ukraine könne seiner Stimme vielleicht mehr Gewicht bei Hitler und gegen Koch verschaffen.

Das Treffen mit den Befehlshabern der rückwärtigen Heeresgebiete war eine in gewissem Sinne gespenstische Sitzung, die den Gegensatz zwischen den von der Not der Wirklichkeit getriebenen Offizieren und den weltfremden Literaten um Rosenberg deutlich machte. Allerdings nicht deutlich genug, um Schenckendorff und den anderen, die zum erstenmal das Ostministerium betraten, klarzumachen, daß von dieser Institution nicht der geringste direkte oder indirekte Einfluß auf Hitler zu erwarten war.
Rosenberg eröffnete die Sitzung mit den Worten: »Ich danke Ihnen allen für Ihr Erscheinen. Sie, meine Herren, erleben täglich in der Praxis das Zwiespältige in unserer Ostpolitik. Ich verrate kein Geheimnis, wenn ich sage, daß auch ich als Minister für die besetzten Ostgebiete immer wieder gegen die Einflüsse derer kämpfen muß, die versuchen, brutale Verwaltungsmethoden anzuwenden.«
In seinen gestelzten Sätzen schwang die Erregung über den Zusammenprall mit Koch nach. »Es ist jetzt ein Zustand erreicht worden, der im Interesse des Ganzen nicht mehr länger ertragen werden kann. Die heutige Besprechung soll mir das Material liefern, um eine Wendung in der Ostpolitik der obersten Führung zu erreichen. Ich habe gerade Sie zu dieser Besprechung gebeten, weil ich der Ansicht bin, daß die militärischen Gesichtspunkte den Vorrang haben, solange Deutschland im Kriege steht. Darf ich daher bitten, mir die militärischen Belange im Lichte der Ostpolitik darzulegen.«

Darum brauchte Rosenberg nicht lange zu bitten. In Schenckendorff war genug Zündstoff angesammelt. Er gebrauchte ein paar Höflichkeitsfloskeln Rosenberg gegenüber. Dann riß er die Führung der Debatte an sich und gab sie bis zum Schluß der Sitzung, mittags gegen 13 Uhr, nicht mehr aus der Hand.

Schenckendorff entrollte vor Rosenberg, gelegentlich sekundiert durch die Befehlshaber im Norden und Süden, ein schonungsloses Bild der Auswirkung der rabiaten Politik in den Reichskommissariaten und der Wirtschafts- und SD-Stäbe in den rückwärtigen Heeresgebieten. Er entwickelte ein ebenso schonungsloses Bild der Partisanenlage und des Zwiespaltes, in den die landeseigenen Verbände von Monat zu Monat mehr hineingetrieben wurden. Schenckendorff hatte sich nie mit der Rosenbergschen Konzeption und den groben oder feineren Unterschieden, die zwischen ihr und der praktizierten Besatzungspolitik bestanden, beschäftigt. So erklärte er: »Wir wollen und müssen auch später mit dem russischen Volk leben. Wir sind auf dem besten Wege, uns diese Zukunft zu verbauen ...«

Ahnungslos berührte er damit den für Rosenberg neuralgischen russischen Punkt.

Auf der anderen Seite aber zeichnete er in seiner Erregung ein so rücksichtsloses Bild der fortschreitenden Schwächung der deutschen militärischen Potenz, daß Rosenberg die ihm politisch unangenehme Erklärung Schenckendorffs vor innerem Erschrecken überhörte. Er hatte bisher niemals ein Gespräch mit führenden Generalen gehabt. Er war nur über die offiziellen Kanäle über die militärische Entwicklung orientiert worden. Er hatte nie daran gezweifelt, daß der Sieg im Osten über kurz oder lang errungen werden würde. Während der Sitzung begann er zum erstenmal zu ahnen, daß seine ganze Traumwelt von der »Neuordnung des

Ostens« nicht nur durch Männer wie Koch bedroht war, sondern daß sie von einer militärischen Niederlage ganz und gar hinweggefegt werden könnte.
Schenckendorff schloß mit den naiven Sätzen: »Ich kann mir nicht denken, daß der Führer ein klares Bild über diese Zustände hat. Ich bitte daher den Herrn Minister, dem Führer die notwendige Aufklärung persönlich und so schnell wie möglich zu geben ...«
Aber hinter Rosenbergs Antwort stand noch mehr Naivität. »Ich werde versuchen, sofort eine Unterredung mit dem Führer herbeizuführen. Ich hoffe, daß es mir möglich sein wird, eine grundlegende Änderung unserer Ostpolitik herbeizuführen.«
Am 22. Dezember erreichte er tatsächlich einen Empfang durch Hitler, der aber nur mit einer neuen selbstverschuldeten Erniedrigung endete. Ungeschickt wie immer und ohne die Kraft zu eigener Initiative eröffnete er seine Ausführungen mit den für seine Unkenntnis bezeichnenden Worten: »Die Generale sind hinsichtlich unserer Ostpolitik der Meinung ...« Damit lieferte er Hitler ein Argument, sofort zu kontern: Generale haben Krieg zu führen und sich nicht um Politik zu kümmern.

Drei Tage später – während Wlassow schweigsam und in sich verschlossen von Hammelburg nach Berlin zurückkehrte – erteilte Gehlen in Mauerwald Herre die Weisung, sich nach Angerburg zu begeben und dort Krupjennikow, den Oberbefehlshaber der 3. sowjetischen Gardearmee, zu vernehmen, der in Stalingrad gefangengenommen und soeben im Lager Lötzen eingetroffen war.
Herre hatte angenommen, er werde am Abend wieder in Mauerwald zurück sein. In Wirklichkeit aber verbrachte er drei volle Tage mit der Vernehmung. Da er Krupjennikow als

Kavalier behandelte, gewann er am zweiten Tag ein etwas vertraulicheres Verhältnis zu dem äußerlich grobschlächtigen, aber intelligent-schlauen Mann. Krupjennikow – vor den Kämpfen um Stalingrad lange Zeit an hervorragender Stelle in der Hauptverwaltung der Roten Armee – berichtete manchmal mit einem Unterton der Verachtung über diese oder jene Erscheinung, die er unter Stalin erlebt hatte. Das ließ Herre aufhorchen. Trotzdem war er überrascht, als Krupjennikow am Nachmittag des dritten Tages nach einer Pause plötzlich die Frage stellte: »Warum sind von deutscher Seite unsere Kriegsgefangenen nicht zum Kampf gegen die Rote Armee aufgerufen worden ...?«
Herre hatte beabsichtigt, das Thema Wlassow gegen Ende der Vernehmung vorsichtig zu streifen. Daß Krupjennikow ihn von sich aus auf die Möglichkeiten einer »Befreiungsarmee« anredete, machte ihm die Sache leichter. Er fragte: »Herr General, würden Sie denn bereit sein, sich für einen solchen Kampf zur Verfügung zu stellen?«
Krupjennikow sah ihn vorsichtig an. »Vielleicht möchte ich«, sagte er dann langsam und ein wenig lauernd, »nach Rußland und nicht mehr nach Sowjetrußland zurück ...«
Herre mußte eine Stunde später das Gespräch mit Krupjennikow abbrechen. Er hatte die vorgesehene Zeit für Lötzen schon um zwei Tage überschritten. Aber er konnte notieren: »Krupjennikow führte aus, daß von den in deutscher Gefangenschaft befindlichen russischen Offizieren seiner Schätzung nach siebzig Prozent bereit wären, gegen das Stalinsystem zu kämpfen, weil etwa dieser Hundertsatz unter der Stalinherrschaft entweder selbst oder aber im Rahmen der Familien gelitten hätte. Die Bereitwilligkeit zum Kampf wäre zu der Zeit, als das deutsche Heer siegreich vordrang, besonders groß gewesen. Deutschland hätte in Rumänien, Italien, Ungarn schlechte Bundesgenossen. Deutschland

brauche Bundesgenossen, die fähig seien, zu kämpfen. Entscheidende Vorbedingung sei ein gut formuliertes Programm unter der Parole: ›Kampf bis zur Vernichtung des Bolschewismus‹, das seine Landsleute vor Gewissenskonflikten mit den vaterländischen Idealen bewahre. Krupjennikow schlägt die Aufstellung einer Freiwilligenarmee vor. Wenn die Masse der Kriegsgefangenen erkannt hätte, daß Deutschland ihnen die Möglichkeit geben wolle, in Rußland die Dinge zu beseitigen, die falsch seien, werde man zu einer Mobilisierung innerhalb der Kriegsgefangenenlager übergehen können. Krupjennikow schlägt für den Anfang die Auswahl des Offiziers und Unteroffiziers aus Kreisen vor, die drüben gemaßregelt worden sind. Bei Fliegereinheiten will er zunächst nur Soldaten wählen, deren Familien sich in den besetzten Gebieten diesseits der Front befinden ...«

Gehlen gab den Bericht nach Berlin weiter. Er traf in der Viktoriastraße vier Tage nach Wlassows Rückkehr von seiner gescheiterten Mission ein. Grote und Strik-Strikfeldt hatten sich zu einem neuen Akt des verzweifelten Seiltanzes entschlossen und versucht, Wlassow zu überzeugen, daß er das Manifest nun allein oder zusammen mit den wenigen prominenten Persönlichkeiten aus dem »Laboratorium« unterzeichnen müsse. Aber Wlassow hatte sich seit seiner Rückkehr von allem abgeschlossen. Strik-Strikfeldt empfand lähmend die drohenden Wolken über allen Plänen der letzten Wochen. Er suchte nach der Gelegenheit, Wlassows Schweigen zu durchbrechen. Als er den Bericht Herres in Händen hielt, eilte er in Wlassows Zimmer. Der Riese saß einsam da. Seine Holzschnitt-Silhouette hob sich gegen das Abendlicht.

»Wilfried Karlowitsch«, sagte er, »was wollen Sie?«

Strik-Strikfeldt las langsam, aber laut den Bericht vor. Aber Wlassow schüttelte den Kopf.

»Auch Krupjennikow wird nicht handeln – ohne Sicherheit«,

sagte er. »Wilfried Karlowitsch! Geben Sie ihm allerhöchste Sicherheit. Geben Sie ihm ein Papier von Adolf Hitler. Wenn Sie es nicht geben können, brauche ich ihn nicht zu fragen ... Die Krupjennikows brauchen noch mehr«, fuhr er fort. »Sie brauchen möglichst noch ein Papierchen von Stalin, daß sie in Gnaden wieder aufgenommen werden, wenn es schiefgeht ... Die Krupjennikows sind verdorben von zwanzig Jahren Angst ... Wir alle sind verdorben ...«
Er stützte den Kopf in die Hand. »Aber wundert euch das?«
Er blickte auf seine zu kurzen Hosen herab, und jetzt kam heraus, was Strik-Strikfeldt seit Tagen erwartet hatte: »Ihr könnt mir nicht einmal einen richtigen Anzug geben und fordert Vertrauen.«
Aber dann fügte er resigniert hinzu: »Ich wollte Sie nicht kränken, Wilfried Karlowitsch. Mich selbst betrifft es auch nicht. Ich habe all diese Tage hindurch nachgedacht ... Für mich gibt es kein Zurück ... Wer einmal über die Schwelle hinüber ist, kann nicht zurück ...«
Strik-Strikfeldt fühlte die Gunst des Augenblicks.
»Einer muß immer vorausgehen«, sagte er, »wo ein Weg noch dunkel ist ... Die Schwächeren kommen von selbst, wenn es heller wird ...« Er drängte: »Andrej Andrejewitsch! Sie müssen allein den Aufruf des Smolensker Komitees unterzeichnen. Vielleicht noch Malyschkin als Vertreter und Sekretär. Vielleicht noch der Bürgermeister und die Stadtväter von Smolensk. Sie dürfen nicht mitten auf dem Weg stehenbleiben. Ich beschwöre Sie. Sie dürfen nicht!«

Einige Stunden später unterzeichneten Wlassow und Malyschkin das Manifest.
Am nächsten Morgen begann Martins und Grotes Kampf, um auf dem Wege über Wedel die Genehmigung des OKW für das Flugblatt zu bekommen. Sie operierten mit dem

Argument des Zusammenbruchs der bisherigen Propaganda und mit der Notwendigkeit, nun endlich ein wirksames neues Lockmittel einzusetzen. Als das allein nicht genügte, sprachen sie gegen Herz und Gewissen von einer »Fiktion«, einem »propagandistischen Trick«. Sie spielten ihr Spiel, wenn man so will, skrupellos mit allen Mitteln und Listen, die ihnen zur Verfügung standen. Sie nutzten die Schatten von Stalingrad. Sie brauchten zehn Tage bis zu einem halben Erfolg. Die mit der Genehmigung verbundene, offenbar wieder von Keitel stammende Anweisung, OKW/WPr sei dafür verantwortlich, daß keines der Flugblätter diesseits der sowjetischen Front publik werde, wurde in der Viktoriastraße mit verborgener Ironie aufgenommen.

Dürksen schrieb über die weitere Entwicklung: »Alle Vorbereitungen waren so getroffen, daß der Druck von Millionen von Flugblättern noch am 12. Januar beginnen konnte. Alles weitere verlief planmäßig. Die Masse der Flugblätter wurde durch bereitgestellte Flugzeuge hinter der sowjetischen Front abgeworfen. Aber schon aus den Druckereien verschwanden Exemplare. Die ehemals sowjetische Druckerei in Smolensk verteilte Flugblätter an Ort und Stelle. Flugzeuge verflogen sich und warfen die Flugblätter im rückwärtigen Heeresgebiet ab.

Dann warteten wir voller Spannung auf die Dinge, die da kommen sollten. Zwar bewahrte die sowjetische Propaganda auch jetzt noch Schweigen. Sie blieb entschlossen, den Namen Wlassow dadurch nicht noch bekannter zu machen. Dafür aber meldeten die IC's der Armeen ein schlagartiges Anwachsen der Zahl der Überläufer. Einzelne Armeen meldeten tausend in einer Nacht. Die Überläufer erkundigten sich ausnahmslos nach Wlassow und der russischen Befreiungsarmee. Die Befehlshaber in den rückwärtigen Heeresgebieten, an der Spitze Schenckendorff, meldeten eine

›Woge hoffnungsvoller Erregung‹, die durch die Bevölkerung ihrer Gebiete ging. Ein Stimmungsumschwung schien sich anzukündigen. Das gleiche ereignete sich bei den Freiwilligenverbänden. Von überall her kam die Forderung, Wlassow zu sehen und von ihm selbst Näheres über das Komitee zu hören. Die Partisanenlage erfuhr in den letzten Januar- und ersten Februarwochen, obwohl die Katastrophe von Stalingrad die unwiderrufliche Umkehrung der militärischen Machtverhältnisse deutlich machte, eine merkwürdige Veränderung. Der Boden, auf dem das Partisanentum sich bisher zum großen Teil ausgebreitet hatte, nämlich Ungewißheit und Unzufriedenheit der Bevölkerung, war offenbar erschüttert worden.
Unsere Stimmung hob sich von Tag zu Tag. Es schien uns jetzt nur noch auf eines anzukommen: Die Bewegung, die durch die Propaganda entfacht worden war, durfte nicht zum Stillstand kommen. Sie mußte weiter geschürt werden, um die entsprechenden politischen Folgen nach sich zu ziehen und die Verwirklichung der Fiktion zu erzwingen.
Die nächsten Schritte ... ergaben sich aus der von Tag zu Tag dringenderen Forderung aus dem Bereich der Heeresgruppe Mitte und dem Bereich der Heeresgruppe Nord, Wlassow nach dort zu schicken und ihn persönlich zur Bevölkerung und zu den Freiwilligen sprechen zu lassen. Die Partisanenpropaganda bezeichnete unsere ganze Aktion als Bluff und Lüge. Man mußte sie widerlegen, indem man Wlassow selbst auftreten ließ.
Strik-Strikfeldt drängte mit all seiner Leidenschaft. Er ließ mit Grotes und Martins Zustimmung eine Phantasieuniform für Wlassow anfertigen, einen braunen Rock, eine entsprechende Mütze, lange schwarze Hosen mit roten Generalsstreifen und einen braunen Mantel mit roten Aufschlägen.
Martin und Grote kämpften unterdessen mit einem schwe-

ren Entschluß. Tresckow erklärte, daß Kluge, auf jeden Fall aber Schenckendorff, die Verantwortung für das Auftreten Wlassows im Heeresgruppenbereich übernehmen würde. Wlassows Erscheinen sei jetzt von so entscheidender Bedeutung für die Haltung der Bevölkerung und der Freiwilligenverbände, daß Zögern und lange Rückfragen nicht mehr am Platz seien. Man müsse ohne oberste Genehmigung, unter der Devise der Propaganda, das Spiel zwischen den Gewalten wagen. Es wurde beschlossen, Wlassow am 25. Februar über Lötzen nach Smolensk zu schicken. Schenckendorffs IC, Oberstleutnant Schubuth, der fließend Russisch sprach, sollte ihn in Lötzen abholen und auf der Reise begleiten. Während der Fahrt durch das Gebiet, das den Reichskommissaren und ihrer Zivilverwaltung unterstand, sollte Wlassow (vorsichtshalber) den Zug nicht verlassen.«

Schubuth erwartete Wlassow auf dem kleinen Bahnhof in Lötzen. Wlassow erschien in der neuen Uniform. Aber sein ganzes Wesen war Zurückhaltung. Schubuth nahm an, daß Wlassow auch in ihm zunächst einen Aufpasser sah.

Sie nahmen zusammen in einem für Wlassow reservierten Abteil des Urlauberzuges Lötzen–Smolensk Platz. Nur einmal, in Minsk, betrat Wlassow kurz den Bahnsteig. In dem Gewimmel von Uniformen fiel er nicht auf. Schubuth erzählte von Schenckendorffs Mühe, das Schicksal der Kriegsgefangenen zu bessern, über seinen Kampf für eine Selbstverwaltung, über seine Fürsorge für die Freiwilligen. Langsam faßte Wlassow Vertrauen.

Am Abend des 26. Februar kamen sie in Smolensk an.

Es war bitter kalt und ein schneidender Wind fegte durch die Straßen. Ein paar Offiziere der Smolensker Propagandaabteilung warteten.

Es geschah zum erstenmal, daß Wlassow, seit er Moskau

verlassen hatte, wieder als Prominenter vor Kameras stand. Er unterhielt sich mit Schubuth und den Offizieren der Propagandaabteilung noch bis tief in die Nacht. Er vergaß darüber, wie unwichtig und machtlos diese Offiziere waren, und lebte auf.

Am nächsten Morgen wartete ein Wagen, der Wlassow und seinen Begleiter zu Kluge in das »Waldlager« bei Smolensk brachte.

Gersdorff empfing sie, lebendig, offen, herzlich. Er brachte sie zu Kluge. Dieser war zurückhaltend und vorsichtig in der Wahl seiner Worte. Aber Gersdorff hatte nicht mehr erwartet. Kluge war immerhin der erste deutsche Feldmarschall, der Wlassow die Hand reichte und ihn in seinem Befehlsbereich begrüßte.

Sie fuhren nach Mogilew zu Schenckendorff. Und hier stand der erste deutsche General, der Wlassow auch mit dem Herzen empfing und ihm mit aller Natürlichkeit die Hand entgegenstreckte.

Er führte ihn zu Tisch. Er trank ihm zu. Hier gab es keine Ressentiments. Schubuth beobachtete Wlassow genau. Ihm entging nicht das Flackern in seinen Augen, dieses Zeichen für das Gefühl, verstanden zu werden.

Als der Wagen Richtung Smolensk zurückfuhr, sah Wlassow zum erstenmal mit hellen Augen über das endlose Land.

»Sametschateljnyj tschjelowek – ein großartiger Mensch«, sagte er.

Als sie nach Smolensk zurückkamen, hatte sich die Nachricht von Wlassows Eintreffen durch die gleichen unerfindlichen Kanäle, durch die der Inhalt seines Flugblattes bekanntgeworden war, verbreitet.

Die Leute, die zwischen Ungläubigkeit und Hoffnung, zwischen der sowjetischen Gegenpropaganda, alles sei »Bluff der Deutschen«, und der Meinung, Wlassow könne vielleicht doch existieren, hin- und hergerissen waren, wollten den General sehen. Sie wollten sich mit eigenen Augen überzeugen, daß er lebte. Sie standen in Gruppen an den Straßen, und man las aus ihren Gesichtern eigentlich alles, was sie bisher erlebt hatten. Den Hunger, die Armut, das Hin und Her zwischen Angst, Hoffnung und Enttäuschung, zwischen Glauben und Zweifel, zwischen Propaganda und brutaler Realität, zwischen Brutalität der Vergangenheit und Brutalität der Gegenwart – die ganze Existenz zwischen den Gewalten.

Wlassow bat darum, der Wagen möge halten. Dann stand er zwischen den Leuten. Es wurden immer mehr. Es gab Frauen, die seinen Mantel und seine Hände küßten. Er war also da. Die Deutschen hatten nicht gelogen.

Wlassow fuhr zur Kathedrale und sah auf die Zerstörung hinab, die in diesem Bezirk nicht von den Deutschen angerichtet worden war, sondern von NKWD-Truppen, die vor dem Rückzug brennende Benzinfässer über die abfallenden Straßen in die Wohnviertel hatten hinabrollen lassen. Die Holzhäuser hatten Feuer gefangen wie Zunder. Zu den Gebäuden, die den großen Brand überdauert hatten, gehörte der Theatersaal. Hier hatte die Propagandaabteilung für den Abend zu einer öffentlichen Versammlung eingeladen. Der Saal war schlecht beleuchtet und ungeheizt. Er war nur zur Hälfte gefüllt.

Als Wlassow zum Rednerpult ging, sagte er leise: »Sie fürchten sich. Sie fürchten sich, wie alle sich fürchten. Draußen auf den Straßen sind sie nicht so beobachtet. Aber hier wird man es von jedem wissen, wenn er diesen Saal betreten und mit mir gesprochen hat. Und wissen sie, nach allem, was geschehen ist, was die Zukunft bringen wird?«

Als Wlassows tiefe Stimme erklang, herrschte lautloses Schweigen.

Er erzählte seine Geschichte und die Geschichte seiner Wandlung. Dann sagte er: »Nun erzählt mir eure Geschichte. Sagt mir, was euch bedrückt und was ihr erlebt habt. Ich will euch Antwort geben. Und fürchtet euch nicht, alles zu sagen. Ich will euch helfen. Und die Deutschen hier bei mir sind Freunde, die das gleiche wollen ...«

Es gab zuerst ein großes Zögern. Dann brach Nikitin, der stellvertretende Rayonchef von Smolensk, den Bann.

»General«, sagte er, »wir haben viel erhofft und wenig erhalten. Wir wissen, daß Sie ein berühmter General unserer Heimat sind. Aber gerade deshalb müssen Sie uns raten. Die meisten von uns haben nicht geglaubt, daß Sie wirklich an die Seite der Deutschen getreten sind. Die eingesickerte Propaganda aus Moskau und die Partisanen, die in die Stadt kommen, haben gesagt, es sei nur ein neuer Versuch der Deutschen, uns zu täuschen. Aber wir sehen jetzt, daß Sie wirklich da sind. Unsere Fragen sind einfach. Können Sie uns sagen, ob es zutrifft, daß Deutschland aus unserer Heimat nur eine Kolonie machen will und daß die Deutschen uns nur als Arbeitssklaven betrachten? Haben diejenigen recht, die uns sagen, daß sie lieber in einem schlechten bolschewistischen Rußland als unter der deutschen Knute leben wollen? Und die andere Frage ist folgende: Man sagt uns immer, wogegen wir kämpfen und wogegen wir die Deutschen unterstützen sollen, gegen Stalin und den Bolschewismus. Aber wir wissen nicht, wofür wir kämpfen sollen. Warum hat uns noch keine deutsche Kommandobehörde und warum hat der Führer der Deutschen noch niemals erklärt, was aus unserer Heimat werden soll? Die Deutschen sind jetzt viel länger als ein Jahr im Land. Aber sie haben uns nur dazu angehalten, die untersten Verwaltungskörperschaften einzusetzen. Und alles, was diese tun, muß unter deutscher Kontrolle geschehen ... Wenn die Deutschen im Sinn haben, uns wirklich zu befreien, dann hätten sie uns längst erlauben können, eine eigene Verwaltung für das ganze Land zu schaffen ... Wir möchten wissen, warum das noch nicht geschehen ist. Wir möchten wissen, ob es Gründe hat, die wir verstehen können ... General«, schloß Nikitin, »wollen Sie uns diese Fragen beantworten?«

Wlassow sah eine Weile in die Augen, die auf ihn gerichtet waren. Schubuth, der ihn sorgsam beobachtete, fühlte, daß sich die Fragen plötzlich wie Gewichte auf Wlassow legten. Aber er wurde erstaunlich gut damit fertig.

»Wir stehen zur Stunde noch mitten im Kampf«, sagte er. »Die Deutschen kämpfen gegen Stalin und den Bolschewismus, der im letzten Winter gezeigt hat, daß er noch nicht tot ist. Millionen und Abermillionen unseres Volkes kämpfen weiter im Dienst Stalins, entweder weil sie müssen oder weil sie durch Fehler der Deutschen Angst vor diesen haben. Genauso haben viele von euch gegen die Deutschen gekämpft. Dadurch sind die Deutschen zu der Annahme gelangt, daß die Masse der Russen den Bolschewismus billigt. Sie müssen uns mißtrauen, und sie vom Besseren zu überzeugen, ist sowohl unsere wie eure Sache. Die Deutschen haben aus diesem Mißtrauen heraus Fehler gemacht. Aber ich habe mit guten Deutschen gesprochen, und ich weiß, daß diese sich im klaren sind über diese Fehler und daß sie sie gutmachen wollen. Aber dazu müssen sie gegen das tiefe Mißtrauen kämpfen, das in ihrem eigenen Land entstanden ist. Und es ist unsere Aufgabe, sie darin zu unterstützen ... den Deutschen zu zeigen, daß wir den Bolschewismus wirklich nicht lieben und ehrlich bereit sind, gegen ihn zu kämpfen ... Alle Deutschen, mit denen ich gesprochen habe, haben mir ehrlich gesagt, daß es ein Unding sei, ein 190-Millionen-Volk wie das unsrige in eine Kolonie zu verwandeln. Das Russische Komitee, dessen Haupt ich sein werde, hat die Aufgabe, Verträge mit Deutschland zu schließen, die zu einem ehrlichen Nebeneinander der Völker Rußlands und Deutschlands führen werden. Ich habe eine Welt kennengelernt, die freier ist und die trotzdem besser organisiert ist und größere Reichtümer hat, als wir sie haben. Wir haben bis zu diesem Kriege niemals allein die Kraft gehabt, uns gegen das System des Bolschewismus aufzulehnen. Dazu brauchen wir die Hilfe von außen. Und für diese Hilfe müssen wir auch bereit sein, Opfer zu bringen. Wir sind immer ein großmütiges Volk gewesen. Wir sind Menschen, die nicht nur nehmen, sondern die auch immer stolz gewesen sind, wenn sie für eine Hilfe großzügig geben konnten. Das müssen wir heute tun. Laßt euch nicht von der Propaganda verwirren, die von drüben kommt. Ihr wißt doch alle, mit welchen Mitteln die bolschewistische Propaganda immer gearbeitet hat. Ich bin jetzt da und werde bei den Deutschen eure Sorgen und Nöte vertreten. Helft mir, und laßt euch nicht einreden, daß ihr Verräter an unserem Volk seid. Wenn die Masse unseres Volkes Stalin und den Bolschewismus ablehnt, dann ist es auch kein Verrat, gegen Stalin und den Bolschewismus zu kämpfen und die Hilfe derjenigen anzunehmen, die uns heute als einzige in diesem Kampf unterstützen können ... Das sage ich euch. Ich, der ich selbst lange für Stalin und vor unserer Hauptstadt gegen die Deutschen gekämpft habe, ich habe mich zu diesem Weg entschlossen, den ich jetzt gehe. Kein Deutscher hat mich dazu gezwungen. Ich bin ihn freiwillig gegangen. Aber damit ich ihn mit Erfolg bis zum Ende gehen kann, brauche ich euer Vertrauen und eure Hilfe ...«

Noch während seine tiefe tragende Stimme durch den Raum hallte, waren die ersten Anzeichen des Beifalls laut geworden. Die Deutschen, soweit sie Russisch sprachen, begriffen, daß vor ihnen ein Mann stand, der mehr als ein Militär war –

eine echte politische Führernatur mit höchstem Geschick der Interpretation (zwischen guten und bösen Deutschen) und unbestreitbarer Macht über Menschen. Ihn noch einmal aus der Hand zu geben und durch Betrug seitens der obersten Führung zu verlieren schien ihnen unvorstellbar.

Unterdessen war man in Berlin, Mauerwald und Lötzen nicht müßig gewesen. Nach Gesprächen mit Gehlen und Hellmich entschloß man sich, das kleine Sonderlager in der Viktoriastraße auf eine breitere Basis zu stellen und für Wlassow und den Kreis um ihn ein »Planungszentrum« für seine zukünftige Regierung und Armee aufzubauen.
Nach außen hin wurde das Projekt als Schulungslager für Propagandatrupps, die die Kriegsgefangenenlager aufsuchen sollten, und für die »geistig-propagandistische Schulung der Freiwilligenverbände« getarnt. Auch hier wollte Grote unter der akzeptierten Flagge der »Propaganda« Realitäten schaffen. Den Auftrag, das Lager einzurichten, erhielt Strik-Strikfeldt.
Die Tage seit der Abreise Wlassows hatte Strik-Strikfeldt wieder einmal mit einem seiner halb konspirativen Unternehmen verbracht. Er hielt es für selbstverständlich, daß Wlassow als »Führer einer Befreiungsarmee und einer Gegenregierung« eine halbwegs würdige »Residenz« haben müsse, in der er in Freiheit leben sollte.
Er hatte ein leerstehendes Haus in Berlin-Dahlem, am Kiebitzweg, gefunden. Ihm war keine Verbindung zu schwierig und keine Mühe zu groß gewesen, um Beamte, die über das Haus verfügten, zu überzeugen oder zu bluffen. Er hatte gerade die Bestätigung erhalten, daß das Haus OKW/WPr zur Verfügung gestellt sei, als Grote ihm den Auftrag zur Schaffung des »Planungszentrums« mit der Bezeichnung »Ostpropaganda – Abteilung z. b. V.« gab. Strik-Strikfeldt

fand den Auftrag nach seinem Geschmack. Er entdeckte in Dabendorf, südlich Berlins an der Strecke nach Zossen, ein Barackenlager, das bisher für französische Kriegsgefangene benutzt wurde und ihm geeignet schien.

Nach den Plänen von OKW/WPr sollte die neue Abteilung vierzig Mann umfassen. Strik-Strikfeldts Phantasie, die so oft die Realitäten vergaß, ließ ihn dagegen Tausende ins Auge fassen. Gut, er würde Lehrgänge für die Betreuung von Kriegsgefangenen schaffen. Er würde Hellmich zufriedenstellen und Propagandakurse für die »Freiwilligen« ins Leben rufen. Aber dahinter sah er bereits eine freie, unter russischer Führung stehende »Akademie der Befreiungsbewegung«.

Strik-Strikfeldt begann seinen neuen makaberen Seiltanz zwischen den tatsächlichen Gewalten. Er nutzte die Tatsache, daß vier Stellen für sein Lager zuständig waren: Martin weisungsmäßig, Hellmich truppenmäßig, der Wehrkreis III administrativ und schließlich die Abteilung »Fremde Heere Ost« und Gehlen, in dem Strik-Strikfeldt immer noch den eigentlichen Vorgesetzten sah, auch wenn er ihm nur noch auf dem Papier unterstand.

Er brachte es fertig, mit Hilfe von Roenne, Altenstadt und Stauffenberg innerhalb des Etats des Oberkommandos des Heeres Planstellen für acht russische Generale, 60 Stabs- und einige hundert Subaltern-Offiziere für Dabendorf zu erhalten, denen nach Strik-Strikfeldts Vorstellungen nur 23 deutsch-besetzte Planstellen gegenüberstehen sollten. – Dies alles nur dreißig Kilometer südlich von Berlin, fast unmittelbar unter den Augen des Oberkommandos der Wehrmacht, des Propagandaministeriums und des Ostministeriums.

Zuerst überführte er die Insassen des Hauses in der Viktoriastraße, darunter Sykow, nach Dabendorf. Sykow und sein

Gehilfe, der Ukrainer Kowaltschuk, waren die geeigneten Leute, um mit dem Aufbau der propagandistischen Tarnung zu beginnen, und zwar durch die Herausgabe der Zeitschriften »Dobrowoletz« (»Der Freiwillige«) für die Freiwilligenverbände und »Zarja« (»Die Morgenröte«) für russische Kriegsgefangenenlager, die später Auflagen von 100 000 bis 120 000 Exemplaren erreichten (und illegal den Text des Manifestes von Smolensk verbreiteten). Sie enthielten auch deutsche Übersetzungen der russischen Zeitschriftentexte für das deutsche Personal der Freiwilligenverbände, um es mit den echten Problemen der Freiwilligen bekanntzumachen. Aber das war nur Vorgeplänkel.
Ein deutscher »Schulungsleiter«, sein baltendeutscher Landsmann Oberleutnant Baron von der Ropp, erhielt die Aufgabe, die zukünftige Arbeit der Russen »unter sich« nach außen abzuschirmen. Die wirkliche »Schulung« unterstand zunächst dem General Blagoweschtschenski. Er war aus der sowjetischen Marine-Infanterie hervorgegangen und 1941 an der baltischen Küste in Gefangenschaft geraten. Er war ein wortkarger und wegen eines Leberleidens labiler, aber kluger Mann. Seine Aufgabe sollte es sein, nach außen hin erlaubte Propaganda unter Freiwilligen und Kriegsgefangenen in antibolschewistisch-stalinistischem Sinn zu betreiben, in Wahrheit aber als »Betreuer« Offiziere zu schulen, die aus Einheiten und Lagern nach Dabendorf gebracht würden. Nach der Schulung sollten sie in ihren Einheiten und Lagern für menschenwürdige Behandlung eintreten und Verstöße melden, gleichzeitig aber sollten sie ihre Kameraden und Untergebenen für die spätere Sammlung in der »Befreiungsarmee« vorbereiten und ihnen die taktischen Schwierigkeiten erklären, die auf dem Wege dorthin noch überwunden werden mußten.
Strik-Strikfeldt, der in seinem Traumbild nichts übersah,

sicherte sich in Mauerwalde und Lötzen weitere Planstellen bei allen deutschen Divisionen, denen Freiwilligeneinheiten angeschlossen waren. Sie sollten mit Offizieren besetzt werden, die durch die »Akademie« von Dabendorf gegangen waren. Seine »Visionen« nahmen greifbarere Gestalt an, als er in dem Sondergefangenenlager Wustrau den Generalleutnant Fedor Iwanowitsch Truchin traf. Truchin, ein wortkarger, verschlossener, aber hochintellektueller Mann, hatte den Beginn seiner Offizierslaufbahn noch in der zaristischen Armee erlebt. Seine Mutter hatte sich große Mühe mit seiner Erziehung gegeben. Er empfand es schmerzlich, daß ihm während vieler Jahre in der Roten Armee so viel von dieser Erziehung abhanden gekommen war. Nach seiner ersten Unterredung mit Strik-Strikfeldt bemerkte die Protokollführerin: »Die Freiheit, mit der der General sich während der Diskussion in der Nase bohrte, hat mir imponiert. Als er 1941 verwundet in deutsche Gefangenschaft geriet, war er Chef des Stabes des baltischen Wehrkreises.«
Im Lager Hammelburg, wo Truchin eine Weile gewesen war, hatte er sich einer sogenannten »Russisch Sozialen Volkspartei« unter Führung eines gefangenen sowjetischen Militärjuristen, Maljzew, angeschlossen. Die neue Partei, die gegen die Stalinanhänger in Hammelburg Stellung bezog, hatte ihr Programm nationalsozialistischer Literatur entnommen, die ihr zur Verfügung stand. Maljzew war dabei auf die ideologischen Grundsätze einer faschistischen russischen Oppositionspartei gestoßen, die sich in den dreißiger Jahren einmal in Charbin gebildet hatte. Es blieb unklar, wie weit bei diesem Fund der Beauftragte der Gestapo für Hammelburg, Koch, eine Rolle gespielt hatte. Auf jeden Fall versuchte er, die neue Partei als Instrument für die Säuberung der 60 000 sowjetischen Offiziere »von Juden und Bolschewisten« einzuspannen.

Truchin hatte sich dann von dieser »neuen« Partei getrennt. In Wustrau hatte er sich statt dessen dem NTS genähert. Auf jeden Fall vereinte er in sich alle Voraussetzungen, um in Dabendorf einen mehr oder weniger geheimen »Akademie«-Betrieb aufzuziehen, der Strik-Strikfeldts höchsten Träumen entsprach. Diese höchsten Träume umfaßten die Ausbildung eines geschlossenen höheren Offizierskorps für die Befreiungsarmee. Sie umfaßten auf der anderen Seite die Entwicklung der endgültigen Ideologie für ein soziales, aber nicht bolschewistisches neues Rußland und die Ausbildung von Fachleuten, auf die sich eine »Befreiungsregierung« stützen konnte.

Strik-Strikfeldt hielt es für selbstverständlich, daß diese neue Ideologie eine Sache der Russen sei, und er stellte Truchin einen russischen »Chefideologen« oder »Dozenten« zur Seite, einen sowjetischen Soziologen, der 1941 in Gefangenschaft geraten war. Auch ihn hatte er in Wustrau aufgespürt. Sein Name war Alexander Nikolajewitsch Saizew. Er hatte sich ebenfalls dem NTS genähert und einen neuen Kurs zwischen Liberalismus und gemäßigtem Dirigismus gesucht. Im Überschwang wählte Strik-Strikfeldt auch den Rest des deutschen Personals, von den Lagerkommandanten Elben und Peterson bis zu den Vertretern in der deutschen Schulungsleitung oder dem deutschen Abwehroffizier von Kleist, vor allem aus russisch sprechenden baltischen Landsleuten oder Freunden. Von ihnen nahm er mit Recht an, daß sie Russen wohl beobachten, aber nicht kommandieren würden. Er sah ihre Aufgabe auch darin, sie mit allen erdenklichen Tricks gegen Eingriffe von außen zu verteidigen und ihnen die literarischen Mittel zu schaffen, »um einen eigenen Weg zwischen Nationalsozialismus und Bolschewismus« zu finden.

Wie weit er sich mit seiner Haltung von allen Realitäten

entfernte, hätte ihm an dem Tage klarwerden können, als General Hellmich zur Eröffnungsbesichtigung in das Lager Dabendorf kam. Über dem Lager wehte neben dem Hakenkreuz eine Fahne, die in zähen Auseinandersetzungen als Flagge der künftigen »Befreiungsarmee« entworfen worden war. Sie zeigte das blaue Andreaskreuz auf weißem Grund mit schmaler roter Umrandung. Sie hatte im OKW, im Propagandaministerium und im Ostministerium Zustimmung gefunden, weil eine Flagge für Propagandabilder unerläßlich schien. Auf der anderen Seite traten die russischen Nationalfarben gegenüber dem Weiß »genügend zurück«.
Hellmich sprach zu den angetretenen Freiwilligen und begrüßte sie kernig »als ehrliche Waffenkameraden im Kampf für Deutschlands Zukunft«. Der deutsche Dolmetscher übersetzte geistesgegenwärtig: »... im Kampf für die Zukunft des russischen Volkes.«
Aber das ging über Hellmichs Vorstellungskraft hinaus.

Am 10. März 1943 traf Wlassow wieder in Berlin ein. Nach dem unvergessenen Abend in Smolensk hatte ihn seine Reise über Mogilew und Beresino nach Bobruisk geführt. Von dort war er nach Werejzy bei Osipowitschi und dann wieder über Mogilew nach Orscha gekommen. Er hatte die russischen Bürgermeister in Mogilew, Bobruisk und Borrisow besucht und sich der Kosakenabteilung 600, den Freiwilligenregimentern z. b. V. 700 und 701 sowie den Ostbataillonen 601, 602 und 605 zur Aussprache gestellt. Er hatte Unerfreuliches und Unverständliches gesehen. Aber er hatte auch das große Vertrauen erlebt, das man ihm – mit Ausnahme einiger Emigrantenoffiziere und bestimmter Kosakenkreise, die um ihre Selbständigkeit fürchteten – entgegenbrachte.
Die Besichtigung des Ost-Ersatz-Bataillons in Bobruisk war

für ihn ein Abschluß der Reise gewesen, von dem er noch zehrte, als er wieder in Berlin eintraf. Dieses Bataillon, das eine rein russische Führung hatte und nur von ein paar deutschen Verwaltungsleuten unterstützt wurde, hatte den besten Eindruck gemacht.
Der Jubel des Bataillons hatte ihm bewiesen, daß man auf ihn wartete. Er brauchte nur eines: die Zustimmung der entscheidenden Deutschen.
In der Nacht nach seiner Heimkehr diktierte Wlassow einen Bericht über die Erfahrungen seiner Reise: »Das russische Volk zeichnete sich immer durch seine Vaterlandsliebe aus. Fünfundzwanzig Jahre lang versuchten die Bolschewisten, diese Eigenschaften zu zerstören. In diesem Kampf brachte das russische Volk große seelische wie physische Opfer ...
Daher begrüßte bei Beginn des Krieges die Masse der Bevölkerung die deutschen Truppen. Sie hoffte, mit ihrer Hilfe sich von der drückenden Führung befreien zu können.
Es sind nun zwei Jahre vergangen. Die Stimmung der Bevölkerung hat sich aufgrund verschiedener Ereignisse geändert ...
Die Masse der russischen Bevölkerung – besonders die gebildeten Schichten – betrachtet diesen Krieg jetzt als einen deutschen Eroberungskrieg ... Die deutsche Propaganda stellt ... diesen Behauptungen kein positives Programm entgegen. Sie spricht nur von den Schattenseiten des bolschewistischen Regimes. Aber der Haß gegen den Bolschewismus allein kann heute das russische Volk nicht mehr mobil machen. Die Bevölkerung will wissen, wofür ... sie kämpfen und ihr Blut vergießen soll ...
Eine russische Verwaltung besteht nicht, denn die russischen örtlichen Behörden haben keine Vollmachten und sind ganz von den zugeteilten deutschen Dolmetschern abhängig, die Rußland häufig übelwollen. Die Ortspolizei

und die Wirtschaft sind ihnen nicht unterstellt, so daß die Behörden keine Autorität besitzen. Die besten Vertreter der gebildeten Klassen melden sich also für Verwaltungsposten nicht, sie wollen nicht zum Schaden ihres eigenen Volkes arbeiten. Die örtliche Polizei hat in ihren Reihen Abenteurer, Stalinsche Agenten und minderwertige Elemente. Diese zeigen den deutschen Behörden gegenüber viel Eifer und Schmeichelei. In der Bevölkerung aber rufen sie nur Haß hervor und säen Mißtrauen gegenüber den Deutschen. Die deutschen Kommandanten, die Mentalität und Sprache des Volkes nicht kennen, haben aber oft gerade zu diesen Leuten Vertrauen.

Besonders schädlich auf die Stimmung der Bevölkerung hat sich die Aushebung für den Arbeitseinsatz nach Deutschland ausgewirkt. Die örtliche Polizei griff Leute auf, oft nachts im Bett oder in einer Kinovorstellung, und führte sie zum Abtransport ab. Die Erlaubnis, sich von den Verwandten zu verabschieden, wurde verweigert; ohne Wäsche und Kleider, oft barfuß wurden sie in die Wagen eingesperrt. All dies rief Haß, Schrecken und Tränen hervor. Manche liefen zu den Banditen über oder verübten Selbstmord. Aus Deutschland kommen nur Kranke zurück. Kein Gesunder hat seine Heimat besuchen können.

Dazu kommt noch der Vormarsch der Roten Armee in diesem Winter. Nachrichten über die Siege der Sowjets werden durch die Partisanen verbreitet. Die Hoffnung auf einen deutschen Sieg schwindet.

All das hat bewirkt, daß die Einstellung der Bevölkerung zu Deutschland sich kraß verändert hat.

Der kritische Wendepunkt ist da. Es ist notwendig, die Politik dem russischen Volk gegenüber vollkommen zu ändern ... Die Bevölkerung erwartet mit Ungeduld eine Deklaration Adolf Hitlers zu diesen Fragen. Die Bevölkerung, besonders

die Bauern, erwartet eine gute russische Verwaltung und eine endgültige Lösung der Landfrage ... Der Bauer beobachtet, daß die Ortspolizei nicht imstande ist, seine Arbeit zu schützen. Er beobachtet, daß die Partisanenbewegung zunimmt. Und schließlich beobachtet er, wie die Polizisten und andere Beamte ihre eigenen Familien in die Städte – unter den Schutz der deutschen Truppen – überführen. Der Bauer bekommt dadurch den Eindruck, daß die Lage nicht stabil ist, und fürchtet für die Zukunft, was ihn veranlaßt, Kontakt mit den Banditen zu suchen.
Die russischen Freiwilligenverbände in der deutschen Wehrmacht sind beinahe ausschließlich aus früheren Rotarmisten angeworben.
Daß tragende Ideen fehlen, fühlte ich bei jedem Soldaten und jedem Offizier. Die Ehrlichen und Starken warten und hoffen. Die Schwachen aber schwanken schon. Der Vormarsch der Roten Armee untergräbt auch hier den Glauben an einen deutschen Sieg. Die Meinung, daß das bolschewistische System sich bessert, gewinnt Raum.
Bei der jetzigen Lage ist aber von diesen Verbänden kein Vertrauen zu erwarten.
Die Masse der ehrlichen kriegsgefangenen Offiziere und Soldaten wie die Masse der anständigen Bevölkerung steht noch abseits. Sie erwartet eine Deklaration des Führers des deutschen Volkes, Adolf Hitler, um sich zu entscheiden.
Heute kann man sie noch für den großen Kampf gewinnen – morgen wird es zu spät sein.«

Am 10. April – vier Wochen nach Wlassows erster Reise – wartete Strik-Strikfeldt auf einem Bahnsteig des Schlesischen Bahnhofs in Berlin auf den Fronturlauberzug, der aus Riga kam.
Nachdem Wlassows Besuch im rückwärtigen Gebiet der

Heeresgruppe Mitte solchen Eindruck hinterlassen hatte, hatten Feldmarschall Küchler und Generaloberst Lindemann OKW/WPr aufgefordert, Wlassow auch in ihr rückwärtiges Gebiet bei der Heeresgruppe Nord zu entsenden. In erster Linie erhofften sie eine Beruhigung der Bevölkerung, eine Einschränkung der Partisanentätigkeit und die Hebung der Moral der »landeseigenen Hilfskräfte«. Auch sie hatten die Verantwortung auf sich genommen.

Als der Zug einlief, erkannte Strik-Strikfeldt hinter einem Fenster Wlassows hohe Gestalt im braunen Mantel. Neben ihm stand Hauptmann Antonow, sein Adjutant, der bei Stalingrad übergelaufen war, nachdem er eines von Wlassows Flugblättern gelesen hatte.

Wlassows Gesicht war von tiefem Ernst erfüllt. Aber seine Augen leuchteten auf, als er Strik-Strikfeldt die Hand zum Fenster hinausreichte und dann auf den Bahnsteig hinaustrat.

»Andrej Andrejewitsch«, sagte Strik-Strikfeldt, »es war ein Erfolg. Ich habe es gehört.«

Wlassows Gesicht war bewegt. »Ja«, sagte er. »Man wartet auf uns.«

Strik-Strikfeldt ergriff seinen Arm: »Und ich habe eine Überraschung für Sie. Wir haben einen weiteren Schritt vorwärts getan. Sie werden sehen ...« Strik-Strikfeldt sprach mit der kaum beherrschten begeisterungsfähigen Eindringlichkeit, dic zu ihm gehörte.

Sie gingen durch die Sperre und zum Wagen hinunter.

Wlassow lehnte sich zurück und sah schweigend vor sich hin. Er sah sich noch in Riga, in Pskow, Luga, Wolosowo, Pljussa, Pleskau und Gatschina. Das Interesse der Bevölkerung und der Freiwilligenverbände war noch größer gewesen als bei der Heeresgruppe Mitte. Wlassow hatte zur russischen Bevölkerung und zu den Freiwilligen gespro-

chen. Die in Riga erscheinende russische Zeitung »Prawda« hatte ihn als Helden des antibolschewistischen Befreiungskampfes gefeiert. Am Rande hatte es einige Proteste der Letten gegeben, die befürchteten, ihr eigenes Ziel einer Rückkehr zur nationalen Selbständigkeit könnte durch Wlassow beeinträchtigt werden. Sonst aber war der Erfolg groß. Wenn das Smolensker Manifest nicht genügt hatte, das Oberkommando der Wehrmacht und Hitler zu einer positiven Stellungnahme zu veranlassen, so konnte dieser neue Erfolg im Norden überhaupt nicht überhört werden. Das schien undenkbar und unmöglich.
Der Wagen rollte nach Dahlem hinaus. Als er vor dem kleinen Haus am Kiebitzweg hielt, sah Wlassow sich erstaunt und mißtrauisch um. Aber dann öffnete sich die Tür. Und darin stand Malyschkin mit seinem feinen Lächeln im Gesicht.
»Willkommen, Andrej Andrejewitsch«, sagte er, »hier sind wir jetzt zu Hause.«
Wlassow sah Strik-Strikfeldt an. »Heißt das Freiheit?« fragte er. »Ja«, sagte Strik-Strikfeldt. »Freiheit.«

Um dem Verlangen des OKW nach einer zumindest formellen Kontrolle Wlassows nach Übersiedlung in den Kiebitzweg zu genügen, hatte Strik-Strikfeldt nach einem »Hofmeister« gesucht, der von Wlassow nicht als Bewacher empfunden werden konnte. Er hatte ihn am 8. März in dem Baltendeutschen Sergej Fröhlich gefunden.
Fröhlich war im Zuge der Umsiedlung der Baltendeutschen 1940 nach Deutschland gekommen und hatte sich bei Beginn des Krieges gegen Rußland zum »Unternehmen Zeppelin« gemeldet, einer Abwehr- beziehungsweise Sabotageorganisation des SD im Osten. Dort hatte er von Wlassow gehört und war mehrfach nach Berlin gefahren, um ihn zu

sehen. In der Viktoriastraße 10 hatte man ihn nicht vorgelassen, da ihn niemand kannte, bis er in Strik-Strikfeldt einen alten baltischen Bekannten fand. Dieser hatte ihm zunächst nicht getraut. Strik-Strikfeldt fragte sich, welche Motive Fröhlich dazu bewogen, aus eigenem Entschluß Verbindung zu Wlassow zu suchen. War er ein Beauftragter des SD? Er hatte ihn beobachten lassen, bis sich herausstellte, daß es sich bei ihm wirklich nur um persönliches Interesse handelte. Dann hatte er Fröhlich mit Malyschkin zusammengeführt. Malyschkin sollte ihn als »Hofmeister« akzeptieren. Malyschkin – und kein Deutscher – sollte ihn Wlassow vorstellen.

Als Fröhlich das Haus im Kiebitzweg am 14. April betrat, war Wlassow seit drei Tagen eingezogen. Er war noch erfüllt von den Erlebnissen seiner zweiten Frontreise und war – ohne viele Worte – mit Fröhlich einverstanden.

Das Haus war einfach möbliert. Wlassows Arbeitszimmer war im Erdgeschoß, das Fenster zeigte auf den Garten hinaus. Er hatte einen einfachen Schreibtisch darin, Stühle, einen Radioapparat. An den Wänden hingen Karten von Rußland – mit Einzeichnungen der Frontlage. Das zweite Zimmer im Erdgeschoß, das auf der Straßenseite lag, diente als Wohnzimmer.

Im ersten Stock befand sich Wlassows Schlafzimmer, daneben das Schlafzimmer Malyschkins, schließlich noch ein drittes Zimmer, in dem zwei Adjutanten wohnten.

Im Keller befand sich die Küche. Dort hausten der Koch und die Burschen, die Strik-Strikfeldt aus Dabendorf abgeordnet hatte.

Das Haus war noch unbewacht. Strik-Strikfeldt veranlaßte jedoch, daß aus Dabendorf eine Wache herübergefahren wurde, die den Eingang kontrollierte. Sie wurde Fröhlich unterstellt, und dieser erhielt auch die Weisung, niemanden ins Haus zu lassen, der nicht einen schriftlichen Befehl von OKW/WPr vorwies. Viel schwieriger war es, Wlassow persönlich zu bewachen. Bei allem gewohnheitsmäßigen Mißtrauen war er plötzlich von einem Leichtsinn erfüllt, für den es keine Erklärung zu geben schien. Er wollte nicht in bewaffneter Begleitung ausgehen, obwohl er bei seiner Größe überall auffiel. Entweder wollte er allein gehen oder lieber in seinem Garten bleiben. Genauso zog er es vor, ohne Begleitung mit der U-Bahn oder der S-Bahn zu fahren, statt sich in den Wagen zu setzen, den Strik-Strikfeldt ihm anbot. Teils war es seine Abneigung gegen jede Art Überwachung. Teils wollte er das alltägliche Leben in Berlin beobachten können. Teils wollte er – auch wenn es gegen die Vernunft war – das Gefühl der Unabhängigkeit, der Freiheit genießen.

Durch die zahlreichen Verbindungskanäle zwischen Russen in Deutschland wurde Wlassows Aufenthalt im Kiebitzweg schnell bekannt. Russische Emigranten, Freiwillige auf Urlaub und Ostarbeiter erschienen vor dem Haus, die Wlassow sprechen und ihm ihre Sorgen vortragen wollten. Es kam vor, daß Fröhlich sie abweisen ließ, daß aber Wlassow selbst in der Haustür erschien und sie zu sich einlud. Er wollte von seinen Landsleuten selbst die Wahrheit hören.
Die Wache aus Dabendorf rückte abends ab. Im ganzen Haus befand sich dann nur eine einzige Pistole. Ein paar bewaffnete Agenten hätten Wlassow und Malyschkin mit Leichtigkeit beseitigen können.
Bei OKW/WPr waren keine Waffen vorhanden. Auch in Dabendorf gab es kein überflüssiges Gewehr. Fröhlich handelte daher auf eigene Faust. Ein Sturmbannführer des SD, Kleinert, den er während des »Unternehmens Zeppelin« kennengelernt hatte, besorgte ihm eine Maschinenpistole mit zwei Streifen Munition. Dann reiste Fröhlich nach Riga,

nutzte andere persönliche Beziehungen und kehrte mit sechs sowjetischen Maschinenpistolen, die bei Partisanenkämpfen erbeutet worden waren, sowie sowjetischen Handgranaten zurück. Erst dann fühlte er sich beruhigt.
Die Masse von Post, die Wlassow erreichte, zwang dazu, eine eigene Feldpostnummer und eine Kanzlei einzurichten. Diese wurde mit vier russischen Studenten besetzt, die später auch einen Teil des Wachdienstes übernahmen. Ihr Chef wurde Major Kalugin.
Alle Insassen des Hauses erhielten normale Lebensmittelkarten. Darüber hinaus brachte ein Kurier, der täglich zwischen Dabendorf und dem Kiebitzweg hin- und herfuhr, die Suppe, die in der dortigen Feldküche gekocht wurde. Fröhlich benutzte jedoch seine Verbindungen nach Riga, um Wodka, Speck und Zigaretten zu beschaffen. Dies gab Wlassow die Möglichkeit, Landsleuten gegenüber als Gastgeber aufzutreten. Alles blieb bescheiden genug. Aber entscheidend war, daß er überhaupt »geben« konnte.
So begann das Leben am Kiebitzweg mit großen Hoffnungen und ohne die geringste Ahnung, daß sich bereits eine Katastrophe anbahnte, die alle großen Hoffnungen zu zerstören drohte.

Zuerst waren es nur Gerüchte, die zu Grote drangen. Darin war von einer Demarche Himmlers bei Hitler die Rede. Sie galt Wlassows Reise zur Heeresgruppe Nord und einer Einladung Wlassows zum Essen bei einem hohen deutschen Stab in der Nähe von Gatschina. Angeblich waren bei dieser Gelegenheit Reden über die Freundschaft zwischen Deutschland und Rußland gehalten worden. Dabei soll Wlassow in Richtung Leningrad geblickt und geäußert haben, es werde ihm eine Freude sein, später deutsche Offiziere bei sich zu Gast zu sehen, um sich für seine freundli-

che Aufnahme bedanken zu können. Himmler hatte Hitler vorgehalten, so weit sei es also schon gekommen, daß ein hergelaufener Bolschewist sich erdreiste, deutsche Generale bei sich zu Gast zu laden, und sich einbilde, Bundesgenosse spielen zu können.
Am 17. April kam die erste Hiobsbotschaft. Die Gerüchte bestätigten sich. Keitel forderte von Wedel ultimativ Auskunft darüber, wie es möglich sei, daß Wlassow gegen den ausdrücklichen Willen des Führers politische Äußerungen getan habe. Keitel verlangte den genauen Text der Wlassow-Erklärung und drohte mit scharfen Gegenmaßnahmen, falls es sich bestätigen sollte, daß Wlassow als »zukünftiger Führer Rußlands« aufgetreten sei.
Oberst Martin alarmierte Strik-Strikfeldt. Dieser traf ahnungslos bei ihm ein. Nach Martins ersten Worten trat Schweiß auf seine Stirn. Er hätte selbst nicht sagen können, welcher Art seine Gefühle in diesem Augenblick waren: Auflehnung gegen diese Ausbeutung einer für ihn nur menschlichen Geste? Sich wehren gegen die Erkenntnis, daß alle Fortschritte, um die er so mühsam gekämpft hatte, in Wirklichkeit nur Selbsttäuschung und Illusion sein sollten?
Martin gab ihm den Befehl, den genauen Wortlaut von Wlassows Rede festzustellen. Strik-Strikfeldt fuhr nach Dahlem hinaus. Als er dort eintraf, war Wlassow gerade von einer Ausfahrt zurückgekommen. Er stand noch in der Tür. »Wilfried Karlowitsch«, sagte er ahnungslos, »ich habe euren Bauern zugesehen. Nicht zu glauben. Jedes Steinchen nehmen sie heraus ...«
Strik-Strikfeldt fühlte einen Stich im Herzen. Das war der petrinische Russe, den er liebte. Er sagte Wlassow nichts von dem drohenden Ungewitter. Er konnte es nicht. Als sie ins Haus gingen, mußten sie sich durch eine Schar von Warten-

den hindurchschieben. In Wlassows Arbeitszimmer saß Malyschkin vor einem Berg von Briefen, gerichtet an den »Befehlshaber der russischen Befreiungsarmee A. A. Wlassow« in Berlin. Malyschkin sagte: »Es werden jeden Tag mehr.«
Strik-Strikfeldt benutzte ein paar Vorwände, um zu hören, was er hören sollte. Wlassow wiederholte, ohne Verdacht zu schöpfen, die Worte, die er in Gatschina gesagt hatte: »... Der Krieg wird zu Ende gehen. Wir werden uns vom Bolschewismus befreien. Und dann werden wir in unserem Leningrad, dem wir seinen richtigen geschichtlichen Namen wiedergeben werden, auch die Deutschen als unsere lieben Gäste empfangen.«
Am späten Nachmittag traf Strik-Strikfeldt wieder bei Martin ein. Während der ganzen Fahrt hatte ihn sein Gewissen geplagt. Die Ahnungslosigkeit, mit der Wlassow diesen Satz wiedergegeben hatte, schien ihm Beweis dafür, wie wenig Malice und wieviel Glaube an eine gemeinsame Zukunft darin steckte.
Sollte er, Strik-Strikfeldt, diesen Satz nun verfälschen? Das würde nichts helfen, weil er sicherlich von anderen schon mehr oder weniger richtig gemeldet worden war.
Martin hörte schweigend zu. »Leningrad«, sagte er dann, »soll nach dem Willen des Führers für alle Zeiten dem Erdboden gleichgemacht oder bestenfalls der Grund und Boden für eine deutsche Stadt an der Handelspforte nach Rußland werden ... Wissen Sie das nicht?«
»Nein«, sagte Strik-Strikfeldt, »aber das ist doch eine völlig irreale Vorstellung.«
»Darauf kommt es nicht an«, gab Martin zurück. »Man hätte Wlassow einen besseren Begleiter mitgeben müssen. Durch diese verständliche, aber überflüssige Bemerkung geht unter Umständen alles verloren ...«
»Der wahre Wlassow muß doch einmal oben bekannt wer-

den«, beharrte Strik-Strikfeldt. »Mit Schlichen allein können wir es nicht schaffen. Was haben wir erreicht? Was bleibt von allen Hoffnungen, allen klugen Rechnungen, die wir aufgestellt haben? – Dies!!«

Aber Martin blieb kühl.

»Wenn Sie den Weg der Schliche verlassen, erleben Sie die absolute Katastrophe.«

Ein paar Stunden später überreichte er Strik-Strikfeldt wortlos einen Befehl Keitels, der an alle anderen in Frage kommenden Stellen, auch an die Befehlshaber von Heeresgruppen und Armeen, ausgegeben worden war. Er besagte kurz und kalt: »Angesichts der unqualifizierten, unverschämten Äußerungen des kriegsgefangenen russischen Generals Wlassow auf einer Reise zur Heeresgruppe Nord, die ohne Wissen des Führers und ohne mein Wissen durchgeführt worden ist, wird befohlen, daß der russische General Wlassow mit sofortiger Wirkung unter Sonderbewachung wieder in ein Kriegsgefangenenlager zu überführen ist ... Der Führer wünscht den Namen Wlassow in keinem Zusammenhang mehr zu hören, es sei denn zu reinen Propagandaaktionen, zu deren Durchführung man wohl des Namens, aber nicht der Person des Generals Wlassow bedarf. Sollte General Wlassow noch einmal persönlich in Erscheinung treten, ist dafür Sorge zu tragen, daß er der Geheimen Staatspolizei übergeben und unschädlich gemacht wird.«

Fast zur gleichen Stunde hielt auch Gehlen den Befehl in der Hand. Wenn er auch stets mit Rückschlägen rechnete, so traf dieser Befehl doch den Kern seiner weitausgreifenden Pläne. Er traf ihn um so tiefer, als er mitten in Vorbereitungen hineinplatzte, die Gehlen seit der Reise Wlassows zur Heeresgruppe Mitte eingeleitet hatte.

Es handelte sich um eine Überläuferaktion größten Stiles, die gleichzeitig mit der für Anfang Mai geplanten deutschen

Sommeroffensive 1943 im Frontbogen von Kursk beginnen und auf die ganze Ostfront ausgedehnt werden sollte.

Einzelheiten und Ziele der Planung gingen aus den Aufzeichnungen hervor, die Herre neben seiner Arbeit führte.

Darin stand unter dem 15. April: »Unsere Vorbereitungen für die Überläuferaktion, die den Namen ›Silberstreif‹ (›Silberstreif am Horizont‹) erhalten wird, sind abgeschlossen. Sie gehen davon aus, daß eine solche Aktion Erfolg haben muß, wenn sie im Zusammenhang mit einem erfolgreichen deutschen Angriff gestartet wird. Die zweite Voraussetzung zum Erfolg sind (klare) Zusagen an die Rotarmisten für den Fall ihres Überlaufens. Das mindeste ist dabei das Versprechen bevorzugter Behandlung und Unterbringung in erstklassigen Lagern. Diese Versprechungen sind der Inhalt eines Flugblattes Nr. 13, dessen Entwurf gestern nach eingehenden Beratungen mit Grote fertiggestellt worden ist. Der entscheidende Erfolg muß jedoch durch (die gleichzeitige) Herausstellung des Smolensker Komitees, Wlassows und der Befreiungsarmee erzielt werden, und zwar durch den Abwurf von Millionen der im Januar bereits genehmigten ›Wlassow- und Smolensk-Flugblätter‹. OKW wird nachher Einspruch erheben. Aber dann ist es geschehen ...

Von einer erfolgreichen Großaktion und von großen Überläuferzahlen erwarten wir das letzte, das entscheidende Druckmittel, das noch notwendig ist, um Wlassow auf eine Plattform zu heben. Alle Vorbereitungen sind getroffen, um Auffanglager zu schaffen, die menschenwürdig sind. Außerdem wird jede am Angriff beteiligte deutsche Division sowie eine große Zahl anderer Divisionen an der ganzen Ostfront je einen russischen Betreuungstrupp erhalten, der die Überläufer aufnehmen, sie menschlich ansprechen, sie über Wlassow und die geplante Befreiungsarmee aufklären und ihnen den Eintritt in diese Armee anheimstellen soll.

Aufgrund von Vereinbarungen mit Grote und Strik-Strikfeldt werden diese Betreuungstrupps in den nächsten zwei Wochen im Lager Dabendorf in Schnell-Lehrgängen ausgebildet und bereitgestellt, so daß sie am 5. Mai bei ihren Divisionen eintreffen können. Gehlen hat sich entschlossen, das Flugblatt Nr. 13 selbst zu unterzeichnen, um lange Kämpfe um dessen Unterzeichnung durch irgendeine andere Persönlichkeit zu vermeiden.«

Am 17. April trug Herre in sein Tagebuch ein:

»Wir warten auf den günstigsten Augenblick für Gehlen, um Zeitzler, dem Chef des Generalstabes, den Befehl zur Durchführung ›Silberstreif‹ abzuringen oder abzulisten. Wenn nicht im letzten Augenblick noch irgendein Schlag aus dem OKW oder Führerhauptquartier erfolgt, muß der Plan gelingen. Solch ein Schlag ist aber wohl kaum zu erwarten, da dem OKW gegenüber nur von dem Flugblatt Nr. 13 und nicht von den älteren Flugblättern Wlassows die Rede ist...

Heute abend teilte mir Gehlen mit, daß ich zum neuen Chef bei Hellmich vorgesehen sei. Hellmich sei ein braver Soldat, brauche aber eine persönliche Stütze, die ihn politisch, im Hinblick auf die erhoffte Änderung im Status der Freiwilligenverbände, führe. Stab Hellmichs müsse geändert werden...«

Herre ahnte, als er diese Zeilen niederschrieb, noch nicht, daß der Schlag, von dem er gesprochen und den er in zu großem Optimismus für unwahrscheinlich gehalten hatte, schon im Gange war.

Seine Tagebucheintragung am schicksalhaften 18. April: »Unfaßbarer Gegenschlag gegen alle unsere Bemühungen von höchster Stelle.« Unter dem 19. April schwieg das Tagebuch. Ebenso am 20. Erst am 21. fand Herre wieder Kraft und Zeit, seine Eintragungen fortzusetzen. In der Nacht auf den 22. April schrieb er: »Die letzten Tage zu beschreiben ist unmöglich. Rückschlag auf Rückschlag … Verbitterung und empörte Wut. Scharfe Maßnahmen gegen Wlassow … Mit Mühe erreicht, daß Wlassow unter ›Bewachung‹ im Kiebitzweg bleiben kann. Die Auswirkungen auf ›Silberstreif‹ sind gar nicht zu übersehen …

Niemals wird Zeitzler in der jetzigen Situation die Ausführungsbefehle unterzeichnen. Es bleibt nur das Flugblatt Nr. 13. Damit fällt jedoch die entscheidende politische Konzeption fort. Es bleibt nur der Appell an kleine menschliche Instinkte, der angesichts der Festigung der sowjetischen Front und des Rückschlages von Stalingrad nur eine geringe Wirkung haben kann …

Ausgedehnte Gespräche mit Altenstadt. Auch mit Gersdorff bei Heeresgruppe Mitte. Bei beiden herrscht Entschlossenheit, den Schlag aus dem Führerhauptquartier nicht widerspruchslos hinzunehmen. Gersdorff schlägt in wilder Erregung vor, Wlassow im Bereich der Heeresgruppe Mitte auf eigene Faust zu starten. Er werde Kluge in einem günstigen Augenblick dazu bewegen, die Verantwortung dafür zu übernehmen. Wenn Kluge erst ja gesagt habe, könne er nicht mehr zurück.«

Die nächste Eintragung erfolgte in der Nacht vom 24. auf den 25. April. Sie lautete: »›Silberstreif‹ wird durchgeführt. Der Chef des Generalstabes hat Gehlens Vorschläge unterzeichnet. Aber von Wlassow ist keine Rede …

Neue ausführliche Gespräche mit Gehlen, Altenstadt, Grote, Strik-Strikfeldt, Gersdorff.

Allgemeine Entschlossenheit, nun entweder auf eigene Faust zu handeln und … vollendete Tatsachen zu schaffen oder einen gemeinsamen Schritt mit Rosenberg beim Führer zu erzwingen. Der militärische Weg ist durch Keitel blokkiert. Eine politische Stimme muß mitziehen. Rosenberg.«

Wieder vergingen ein paar Tage ohne genauere Eintragungen. Erst am 4. Mai schrieb Herre weiter. Er schrieb: »Achtzehn Millionen Flugblätter bereitgestellt. Vom Schwarzen Meer bis zum Nordmeer ... Und im Hintergrund der innere Zweifel, ob der riesige Apparat noch die Mühe lohnt ...«

Die nächste Eintragung erfolgte am Tage darauf, am 5. Mai: »Soeben kam die Meldung, die der ganzen ›Silberstreif‹-Aktion die letzten wirklichen Chancen raubt. Die Offensive bei Kursk beginnt nicht am 6. Mai, sondern wird auf unbestimmte Zeit verschoben. Der Führer hat erhebliche Kräfte nach Charkow umdirigiert ...«

Acht Tage später, am 13. Mai, trug Herre ein: »Versagen der Aktion, die ohne Offensive und ohne Wlassow in der Nacht vom 6. auf den 7. Mai gestartet werden mußte. Wenige tausend Überläufer. Es ist gekommen, wie es kommen mußte ...«

Am Mittag des nächsten Tages aber, zu einer Zeit, in der Herre sonst nie an seinen Aufzeichnungen schrieb, am 14. Mai, 13.20 Uhr, erschienen die Sätze: »Konferenz in Mauerwald: Schenckendorff, Tresckow, Gehlen, Gersdorff, Altenstadt. Entschluß, Entscheidung des Führerhauptquartiers gegen Wlassow nicht hinzunehmen ... Altenstadt schlägt vor, die Verwirklichung seiner alten Idee, Wlassow als Dach auf die von unten her aufgebaute russische Selbstverwaltung zu setzen, durchzukämpfen. Wenn Wlassow hier erst eine Verwaltungsfunktion – und sei es zunächst nur im rückwärtigen Gebiet der Heeresgruppe Mitte – hat, ergibt sich alles Weitere in Kürze von selbst. Gersdorff und Tresckow hoffen ..., Kluge in Konsequenz der militärischen Lage einzuschalten. – So gut wie sicher, daß ich trotz der Rückschläge Funktion bei Hellmich übernehmen muß. Freytag rät mir, dies nur zu tun, wenn ich absolute Vollmachten zum selbständigen Handeln, vor allem in der Neubesetzung des Stabes Hellmich, erhalte.«

Am 16. Mai schließlich schrieb Herre: »General Wagner schaltet sich ein. Wagner hat heute mit Dr. Bräutigam als Übermittler Rosenberg und der politischen Hauptabteilung des Ostministeriums eine ultimative Forderung gestellt. Er fordert Zusammentritt einer Konferenz zwischen Vertretern des Generalstabes und bevollmächtigten Vertretern des Ostministeriums zum Beschluß einer gemeinsamen, direkten Intervention beim Führer. Ziele: die Vorbringung der Forderung, die russische Selbstverwaltung einzuführen, Wlassow an ihre Spitze zu setzen und Besatzungskurs radikal zu ändern ... Drohung mit selbständigem Handeln im rückwärtigen Gebiet Heeresgruppe Mitte.«

Herre trat inmitten dieser gespannten Situation am 21. Mai 1943 seine neue Stellung als Chef des Stabes bei General Hellmich an. Er ging sofort daran, Hellmichs Stab umzubauen. Das machte böses Blut, weil Hellmich sich nur ungern von Offizieren aus seiner alten Division trennte. Herre mußte manches von seiner eigenen vorwärtsdrängenden Schärfe abschleifen, um unnötige Auseinandersetzungen zu vermeiden.
Einige Stabsangehörige, die Herre ungeeignet erschienen, wurden abgelöst. Als Bearbeiter für die Personalangelegenheiten der Freiwilligen holte Herre sich den Oberleutnant Ungermann, der im Ostregiment Mitte persönliche Erfahrungen mit Freiwilligen gesammelt hatte.
Leutnant Urban als erster Ordonnanzoffizier des Stabes hatte inzwischen erfolgreich gegen zahllose unvorhergesehene Schwierigkeiten angekämpft, die sich seiner Aufgabe, Überblick über die Freiwilligen und Hilfswilligen in den deutschen Verbänden zu gewinnen, entgegenstellten. Er hatte die Bearbeiter bei den Heeresgruppen davon überzeugen müssen, daß sie nicht in Schwierigkeiten geraten wür-

den, wenn sie wahrheitsgemäße Angaben über ihre »landeseigenen« Hilfskräfte machten und über Verbände berichteten, die sie bisher verschwiegen hatten.

Oberleutnant Michel behielt Herre zunächst als IC der Dienststelle bei, obwohl er ein instinktives Mißtrauen gegen den ganz anders Gearteten empfand. Er hatte jedoch in einem sprachenkundigen Oberleutnant namens Ofzcarek schon einen Nachfolger im Auge.

In die erste Phase dieser Veränderungen traf die Antwort des Ostministeriums auf Wagners ultimative Forderung vom 16. Mai.

Rosenberg wand sich gequält. Die Forderung, sich ausgerechnet für den Großrussen Wlassow einzusetzen, widersprach so sehr seinen Träumen und Ideen, daß sie beinahe unerträglich war. Auf der anderen Seite wollte er den Offizieren keine klare ablehnende Antwort geben. Er wußte nicht, ob er damit nicht die einzigen möglichen Verbündeten zurückstieß, die ihm in seiner Hilflosigkeit gegenüber Koch doch noch beispringen konnten. Noch weniger wünschte er das Eingeständnis, daß ihm tatsächlich jeder Einfluß auf Hitler mangelte.

Zunächst äußerte er – hinhaltend – den Wunsch, die Konferenz möge in seinem Ministerium stattfinden. Wagner ließ erwidern, alle notwendigen Unterlagen befänden sich in Mauerwald und ihr Transport nach Berlin sei kaum möglich. Dann versprach Rosenberg, maßgebende Vertreter seines Ministeriums nach Mauerwald zu entsenden.

Sie trafen auch pünktlich ein. Aber an ihrer Spitze stand nur Dr. Bräutigam. Leibbrandt und Meyer hatten Vorwände gefunden, um in Berlin zu bleiben.

Bräutigam richtete aus, Rosenberg sei eventuell bereit, Hitler die neuen Wlassow-Pläne gemeinsam mit einem der maßgebenden Herren der Wehrmacht, etwa dem Feldmarschall Keitel oder dem General Jodl, vorzutragen. Die Aufforderung zu diesem Vortrag müsse aber von Hitler ausgehen, und Hitler müsse zu dieser Aufforderung durch das Heer veranlaßt werden.

Für Wagner und Gehlen, die sich gerade deswegen an Rosenberg hielten, weil sie keinen Weg mehr sahen, über Keitel oder den eigenen Generalstabschef ihre Alarmrufe und Vorstellungen an Hitler heranzutragen, war das gleichbedeutend mit dem Scheitern ihres Versuchs. Altenstadt war so enttäuscht und verbittert, daß er wieder an ein Handeln auf eigene Faust dachte. Wagner aber sah ganz klar, daß sie dabei vielleicht Unterstützung bei Tresckow und einigen anderen (die ein Jahr später bei dem Attentat auf Hitler zeigten, daß sie genauso wie Altenstadt und Wagner zu revolutionären Gewaltakten und zur Überwindung traditioneller Vorstellungen von Offiziersehre und Gehorsam fähig waren) finden würden. Aber schon wenn er an Gehlens entschlossenen, aber kühl alle Realitäten abwägenden und noch tief in jenen traditionellen Vorstellungen wurzelnden Verstand dachte, wußte er, daß sie eine kleine Gruppe ohne jede Chance sein würden. Nicht einmal das Objekt einer solchen Aktion, Wlassow und seine Umgebung, war reif für einen derartigen Akt. An Kluge als einen Mitakteur zu denken grenzte an eine Groteske. In der Masse der ahnungslosen, noch unvorbereiteten deutschen Soldaten würde niemand sie begreifen. Die Vorstellung vom eigenen Handeln als Fanal, das Hitler selbst doch noch aufmerksam machte, war eine verzweifelte, verworrene Fiktion ... Es blieb gar nichts anderes übrig, als Rosenberg doch noch zu überzeugen oder zu pressen.

Am 26. Mai begann die Konferenz in dem langen Versammlungsraum von Wagners Baracke. Bräutigam und zwei Begleiter sahen sich außer Wagner, Hellmich, Gehlen, Altenstadt und Herre noch sechzehn weiteren Offizieren gegenüber.

Wagners rundes Gesicht war noch röter als sonst. Sein cholerisches Wesen drohte mit Sturm. Vor ihm türmte sich ein Berg von Forderungen, Beschwerden, Beschwörungen der Heeresgruppen und Armeen.

Obenauf lag ein langes Schreiben der Heeresgruppe Mitte, das Gersdorff und Tresckow verfaßt hatten. Dem wie immer schwankenden Kluge hatte Tresckow tatsächlich die Unterschrift abgelistet. Der Brief enthielt alles, was Wagner oder Gehlen selbst hätten sagen können. Er wies darauf hin, daß die russische Selbstverwaltung in Kluges rückwärtigem Heeresgebiet die größten Fortschritte gemacht habe. Diese Organisation verlange aber jetzt nach einem Führungsinstrument »landeseigener Prägung«, das dem Apparat ein Ziel setze, ein politisches Programm für Rußland verkünde, die russische Verwaltung und die russischen Verbände aktiviere. Es wurde dringend darum ersucht, den »Faktor Wlassow so schnell wie möglich zum Tragen zu bringen«. Ohne russische Hilfe erscheine es unmöglich, daß der Sieg noch zu erringen sei.

Wagner verlas den Brief. Es klang fast zu schön, daß er Kluges Unterschrift trug, und es erschien zweifelhaft, ob der Zögerer mit seiner panischen Angst vor jeder Berührung »politischer« Probleme wirklich wußte, was er da unterschrieben hatte.

»Meine Herren vom Ostministerium«, fuhr Wagner dann fort, »ich möchte darauf verzichten, Ihnen diesen Berg von Eingaben und Protesten gegen die heutige Ostpolitik vorzulesen. Sie verstärken lediglich die Argumente, die der Feldmarschall von Kluge in seinem Brief ausführt. Es ist die Überzeugung aller hier anwesenden Herren vom Heer, daß

Wlassow uns als Geschenk des Himmels in den Schoß gefallen ist ... Wenn wir schon daran gehindert werden, unter Wlassow eine echte russische Befreiungsarmee zu bilden, so muß jetzt wenigstens der Versuch gemacht werden, Wlassow zum Chef einer landeseigenen Verwaltung zu machen. Keiner von uns hier ist geborener Politiker. Aber jeder von uns kann sich vorstellen, was hinter unserer Front, vor allen Dingen aber drüben bei der Roten Armee, geschieht, wenn wir Wlassow die Möglichkeit geben, der Masse der russischen Bauern ihr Land zurückzugeben, und zwar bis zu einem bestimmten Termin, zu dem sich jeder melden muß, der Anspruch auf Land erhebt. Es gehört schon ein unerhörtes Maß an Blindheit dazu, um nicht zu erkennen, welche Wirkung die Beauftragung Wlassows mit einer solchen Aktion haben könnte. Wäre Wlassow erst Chef einer Selbstverwaltung, so könnten wir bald damit beginnen, die Pläne für eine Befreiungsarmee wenigstens vorzubereiten. Es geht jetzt also um den ersten Schritt. Und es hängt alles davon ab, ob er jetzt getan wird oder nicht. Ich habe Ihnen mit bitterstem Ernst zu sagen, daß jede Hoffnung, den Krieg im Osten mit unseren militärischen Machtmitteln zu einem günstigen Ende zu führen, eine Illusion ist. Dieses Handeln muß sich auf der politischen Ebene vollziehen. Daher unser Appell an Sie, meine Herren ...«

Die Adern auf Wagners Schläfen pochten.

Der Sturm, der von Beginn der Sitzung an in der Luft gelegen hatte, ließ nicht lange auf sich warten. Bräutigam saß zwischen den Stühlen. Als Diplomat versuchte er an der Tatsache, daß er praktisch ohne Vollmachten war, vorbeizusteuern. Er rettete sich zunächst in den Hinweis, daß die Vertreter des Heeres ja trotz allem von militärischen Argumenten ausgingen und daß sie deswegen auch den ersten

Schritt tun müßten. Er erklärte, die Vertreter des Heeres verfügten nach wie vor über die schlagendsten Argumente. Bei Hitler wirkten nur Erwägungen der militärischen Niederlage oder des Sieges. Rosenberg könne nach der Zurückweisung vom Dezember nicht nochmals zu Hitler gehen und mit militärischen Argumenten operieren.

Herre schrieb auf seinen Notizblock: »Tauziehen, unter dem Motto: Hannemann, geh du voran ...«

Die Adern an Wagners Schläfen klopften stärker. »Das sollten Sie als Verbindungsoffizier des Ostministeriums zum Generalstab des Heeres nicht sagen«, erklärte er. »Sie wissen sehr genau, daß wir den ersten Schritt mehr als einmal versucht haben und daß wir ihn von neuem tun würden, wenn wir könnten. Auf unseren Wegen aber ist es erwiesenermaßen aussichtslos, Hitler vorzutragen. Und wenn wir als Soldaten auch von militärischen Argumenten ausgehen, so bleibt die Sache selbst doch eine politische. Der Vorstoß muß von einer Seite kommen, die bisher für Wlassow noch keinen Finger gerührt hat und der es nicht schwerfallen sollte, ihre politischen Argumente zu finden – wenn sie will.«

»Ich habe nicht gesagt«, erwiderte Bräutigam, »daß Minister Rosenberg nicht handeln will. Aber er hat sich in letzter Zeit so häufig vergebens bemüht, den Führer auch nur zu sprechen, daß er es für ausgeschlossen hält, vom Führer in der Wlassow-Angelegenheit empfangen zu werden, wenn er von sich aus um diesen Empfang bittet. Ein Schritt seinerseits hat überhaupt nur eine Chance, wenn dieser Schritt von der militärischen Seite her eingeleitet wird.«

»Und warum von der militärischen Seite?« warf Wagner ein, und in diesem Augenblick sprach seine eigene Unkenntnis der politischen Machtkonstellation um Hitler mit. »Rosenberg ist einer der ältesten Mitkämpfer des Führers ...«

Bräutigam zuckte unmerklich mit den Achseln. »Der Ostminister verfügt über keinerlei unmittelbare Vertretung in der dauernden Umgebung des Führers«, umschrieb er zögernd Rosenbergs Bedeutungslosigkeit. »Die obersten Vertreter der Wehrmacht und der Chef des Generalstabes sehen den Führer täglich. Sie haben also ständig eine Möglichkeit zum Sprechen, um die mein Minister erst nachsuchen muß ...«
Bräutigam sah die wegwerfenden Gesten ringsum. Es war ein Spiel mit Worten. Auch als Wagner begann, mit der Faust auf den Tisch zu schlagen, und Bräutigam entgegenschleuderte: »Reden wir doch nicht um den Brei herum, meine Herren vom Ostministerium. Sie sind hier erschienen ohne irgendwelche Vollmachten und mit dem Auftrag, die Übernahme jeder Initiative von ... Ihrem Minister abzuwälzen. Das scheint mir ein Symptom für die politische Situation, in der wir uns befinden und für die wir Soldaten unsere Haut zu Markte tragen. Wir haben jeden Versuch unternommen. Ihr Ministerium hat noch nichts getan. Und wenn ich Ihnen noch einmal sage, daß das Heer allein ohne politische Hilfe diesen Krieg im Osten nicht gewinnen kann, dann trägt Ihr Ministerium entscheidende Mitverantwortung für alles, was kommen wird, und sei es nur deswegen, weil es seine Selbstentmannung vollzogen hat ...«
In diesem Augenblick wurde Bräutigam aus dem Raum gerufen. Ein Telefongespräch aus Berlin lag für ihn vor. Leibbrandt war am Apparat, seine Stimme war erregt und ängstlich: »Hoffentlich haben Sie keinerlei Zugeständnisse gemacht. Der Minister beauftragt Sie dringendst, jede Zusicherung an das Heer abzulehnen. Dr. Köppen hat soeben aus dem Führerhauptquartier neue vernichtende Äußerungen des Führers über Wlassow an uns weitergegeben. Es ist

gänzlich ausgeschlossen, daß der Minister irgend etwas unternehmen kann ...«

Bräutigam begab sich in den Beratungsraum zurück.

»Meine Herren«, sagte er, »ich werde in Berlin dem Minister den ganzen Ernst der Situation vortragen. Ich sage Ihnen fest zu, daß ich im Sinne ... Ihrer Wünsche auf ihn einwirken werde ... Ich werde auch nach politischen Argumenten suchen. Aber ich kann Ihnen aus der Kenntnis der Dinge heraus sagen, daß mein Minister auf der Koppelung meines Vorstoßes mit einem neuen Vorstoß von militärischer Seite bestehen wird ...«

Die Versammelten erhoben sich schweigend. Die schmale Kavalleristengestalt Altenstadts ging langsam auf Bräutigam zu. »Wen sie verderben wollen«, sagte er, »den schlagen die Götter mit Blindheit!«

Zwei Tage später war Bräutigam in Berlin. Bevor er sich zu Rosenberg begab, schrieb er einen Bericht über die Sitzung in Mauerwald. »Sämtliche anwesenden Vertreter der verschiedenen Abteilungen des Generalstabes des Heeres waren übereinstimmend der Ansicht, daß der Krieg im Osten verloren sei, wenn nicht von politischer Seite eine wesentliche Wandlung und Unterstützung erfolge.«

Er legte seine Aufzeichnung Rosenberg persönlich vor und sagte ihm, daß er die letzte Hoffnung des Heeres im Osten sei ... Rosenberg hörte beklommen zu. Man wußte nicht, was ihn in diesem Augenblick am stärksten beschäftigte. Die Verantwortung, die ihm hier aufgeladen wurde, die verhaßte großrussische Wlassow-Konzeption, für die ausgerechnet er den Weg bereiten sollte, oder die makabre Peinlichkeit eines Gesprächs mit Hitler, das ihm nur neue Erniedrigungen bringen konnte.

Nach langem Schweigen sagte er gequält, er werde an

Köppen schreiben und ihn beauftragen, sich mit Keitel oder Jodl in Verbindung zu setzen. Dann könne der Generalstab ihm nicht vorwerfen, daß er keine Initiative ergriffen habe. Er fügte mit einer Art von Erleichterung hinzu: »Die Besprechung müßte aber noch vor dem 3. Juni stattfinden. Meine Reise in die Ukraine kann ich deswegen nicht aufschieben. Wenn Köppen mir bis dahin keine Antwort gibt, muß ich reisen ...«

Bräutigam fühlte Rosenbergs Wunsch, der Tag seiner Abreise möge da sein, bevor eine Antwort käme. Tatsächlich erhielt er keine Antwort. Am 3. Juni bestieg er seinen Sonderzug zu einer neuen Fahrt durch einen Teil des Ostreiches, das nicht sein Reich war.

Fünf Tage später, am Abend des 8. Juni 1943, waren auf dem Berghof Keitel, Zeitzler, Schmundt und der Oberst Scherff zur Lagebesprechung um Hitler versammelt. Es handelte sich um eine kleine Lagebesprechung ohne besonderen Anlaß, wenn man von den Rückschlägen an der Ostfront absah. Niemand ahnte zu Beginn, wie sie enden würde, mit Ausnahme von Keitel.

Keitel war seit zwei Tagen über alle Einzelheiten der Zusammenkunft in Mauerwald unterrichtet. Er kannte das von Kluge unterzeichnete Schreiben, das dort verlesen worden war, und auch die Absicht, ihn mit Rosenberg zusammenzuspannen und in der Wlassow-Frage vorzuschicken.

Die offene Mißachtung seines Anti-Wlassow-Befehls vom 12. April, den er, ohne Hitler mit der Angelegenheit zu behelligen, erlassen hatte, versetzte ihn in helle Wut. Er war der letzte, der sich zum persönlichen Einsatz in einer Sache bewegen ließ, von der er wußte, daß sie Hitlers Vorstellungswelt widersprach und die eigene Stellung gefährden konnte. So wie es seiner knechtischen Natur und seinem totalen Mangel

an Weitblick und eigenem Denken entsprach, beschloß er, nun einen direkten »Führerbefehl« zu provozieren, der ihm ein für allemal »Wlassow vom Halse schaffen sollte«.
Die Lagebesprechung auf dem Berghof bot ihm eine geeignete Gelegenheit. Ihm war ein Exemplar des Gehlen-Flugblattes Nr. 13 in die Hände gefallen, das harmlos genug war und Wlassow nicht erwähnte. Aber an einer Stelle verwendete es doch das Wort »Befreiungsarmee«. Keitel legte das Blatt vor und bemerkte, er habe erfahren, daß Befehlshaber der Ostfront, darunter auch Kluge, reine Propagandamaßnahmen falsch einschätzten und mit der Aushebung einer solchen Armee rechneten.
Dies genügte, um Hitler zu einem langen erregten Dialog zu veranlassen. Er erklärte zwischen irrelevanten weitschweifigen Rückblenden auf den Ersten Weltkrieg und Ludendorffs Enttäuschungen mit polnischen Legionen:
»... Ich kann Kluge und all diesen anderen Herren nur eins sagen: Ich baue nie eine russische Armee auf. Das ist ein Phantom ersten Ranges. Es soll sich niemand bei uns einbilden, wir brauchten nur einen ukrainischen Staat zu gründen, dann wäre alles in Ordnung, dann bekämen wir eine Million Soldaten. Wir werden nichts kriegen, nicht einen Mann. Aber wir würden einen Wahnsinn begehen. Wir würden unser Kriegsziel aus der Hand geben, das nichts mit einem ukrainischen Staat zu tun hat ...«
»... Wir können keine Versprechungen für Befreiung und unabhängige Staaten gebrauchen, die sich mit unseren Zielen nicht vertragen. Hier liegt die Hauptgefahr. Hier darf bei uns keine irrige Meinung entstehen. Es wäre wichtig, daß ich diese meine Auffassung persönlich den Generalen und Feldmarschällen sagen würde ...«
»... Über die Front hinüber können wir Propaganda machen, soviel wir wollen. Da können wir alles machen und

alles sagen. Aber in unserem Hinterland darf nichts geschehen, das zu einer Erscheinung wie im Jahre 1916 führt. Das darf unter gar keinen Umständen eintreten. Und niemals dürfen wir die vorhandenen Verbände einem Dritten, einem Russen, ausliefern, der sie dann in die Hand bekommt und ihnen sagt: ›Heute macht ihr mit, aber morgen nicht.‹ Da gibt es so eine Streikparole. Und dann gibt es Erpressungen ...«
Niemand der Anwesenden wagte den geringsten Einwand wegen des irreführenden Vergleichs zwischen 1943 und 1916. Keitel beeilte sich vielmehr festzustellen: »Ich werde also bekanntgeben, daß nach Ihrer Entscheidung irgendeine praktische Auswirkung der augenblicklichen Wlassow-Propaganda nicht beabsichtigt ist und daß Wlassow jede Tätigkeit in russischem Gebiet verboten bleibt.« Er schloß mit servilem Ton: »Ich habe gesehen, das Ganze ist ein kleiner Selbstbetrug. Man hofft eine Entlastung zu haben und weiß nicht, was für eine Laus man sich in den Pelz setzt.«

Um diese Zeit befand sich Rosenbergs Sonderzug bereits tief in der Ukraine. Er war zunächst über Brest-Litowsk nach Rowno gefahren. Er hatte aus seinem Ministerium nur wenige Beamte mitgenommen, den Ministerialdirigenten Kinkelin, den Senator von Allwörden, den Leiter der Presseabteilung, Zimmermann. Dafür befanden sich mehrere Außenstehende im Zug, vor allem zwei Gauleiter: der Steiermärker Dr. Ueberreiter, ferner Gauleiter Dr. Hellmuth aus Mainfranken, ein farbloser Durchschnittsmensch, der Rosenberg wegen seiner Kirchenfeindlichkeit genehm war.
Noch während der Fahrt hatte sich Rosenberg mit einem Plan beschäftigt, auf seiner Reise den Ukrainern eine neue Eigentumsordnung zu verkünden.
Koch hatte sich mit seinem ganzen Stab umgeben, als er

Rosenberg in Rowno empfing. Als Kinkelin mit Zimmermann hinter Rosenberg und Koch in den Wagen stieg, fiel sein Blick auf den schmalen Nacken Rosenbergs und dann auf das verfettete stierhafte Genick Kochs. Er flüsterte Zimmermann zu: »Vergleichen Sie das miteinander. Wie soll das enden?«
Schon am ersten Abend in Rowno zerstörte Koch Rosenbergs Pläne. Er verbat sich die Verkündigung irgendeiner neuen Ordnung, ob sie Eigentumsordnung heiße oder sonstwie. Wenn Rosenberg ihm von neuem mit Theorien in seine schwere Arbeit hineinpfuschen wolle, dann werde er sofort eine gegenteilige Führerentscheidung herbeiführen. Rosenberg beugte sich vor dem Stärkeren.
Die Reise durch die Ukraine begann am nächsten Tage. Sie führte nach Kiew, nach Poltawa, nach Kriwoy Rog, nach dem Kraftwerk Saporoschje, das zur Hälfte wiederhergestellt war, nach Dnjepropetrowsk und nach Nikolajew. Dann auf die Krim, nach Sinferopol, in das zerstörte Sewastopol und zum Khan-Schloß von Bachtschisaray. Schließlich zum Zarenschloß Liwadia, in die Filmstadt Jalta und nach Simeis, wo Rosenberg einmal mit seiner ersten Frau gelebt hatte – sie suchte Heilung von ihrem Lungenleiden. Rosenberg hatte Tränen in den Augen. Aber vielleicht galten die Tränen nicht nur der Frau, die er nie vergessen hatte.
Koch vermied es, ihn zu begleiten. Er wollte nirgendwo den Eindruck hervorrufen, daß er Rosenberg unterstellt war. Er tauchte einmal hier, einmal dort auf, gab Rosenberg nicht die Hand und verhielt sich so brüsk, wie es ihm nur möglich war. Es war zu spüren, daß ein großer Teil der Gebietskommissare Koch haßte. Und sie hatten alles getan, um Rosenberg den Ukrainern vorzustellen und ihn ein paar Worte sprechen zu lassen.
Aber wenn irgendwo eine ukrainische Abordnung erschien,

um Rosenberg Brot und Salz zu reichen, trat Koch dazwischen und hinderte sie.

Auf dem Marktplatz in Melitopol war vor einem Denkmal, das die Ukrainer zum Gedenken für die deutschen Soldaten gebaut hatten, die im Kampfe ihrer Heimat während des Bürgerkrieges gefallen waren, eine Kundgebung vorbereitet. Als Rosenberg und seine Umgebung inmitten der Ukrainer vor dem Denkmal standen, erschien Koch und sagte laut in die feierliche Stille hinein: »Für dieses Negervolk stirbt doch kein deutscher Soldat.«

Beim Abendessen in Kiew äußerte Rosenberg den Wunsch, einige ukrainische Wissenschaftler aus Kiew zu sehen und sie zum Essen zu bitten. Koch sah ihn mit höhnischem Blick an. »Wenn ich einen Ukrainer finde, der wert ist, mit mir an einem Tisch zu sitzen«, sagte er, »muß ich ihn erschießen lassen ...« Rosenberg blickte einen Augenblick entsetzt auf. Aber er fand nicht die Kraft zu kämpfen.

Er fand diese Kraft selbst dann nicht, als er Seite an Seite mit Koch dem Generalfeldmarschall von Kleist in dessen Hauptquartier in der Nähe von Dnjepropetrowsk gegenüberstand. Ohne Zweifel hatte Kleist in Unkenntnis des Charakters von Rosenberg auf diese Stunde gewartet, um seinen Groll gegen Koch zum Ausdruck zu bringen. »Herr Minister«, sagte er, zu Rosenberg gewandt, »ich freue mich, Ihnen persönlich sagen zu können, was uns Soldaten hier auf dem Herzen brennt. Wir haben leider die bittere Erfahrung machen müssen, daß wir alle auf verlorenem Posten stehen, wenn keine Revision der Politik in der Ukraine und den Ukrainern gegenüber erfolgt ...«

Er sah, ohne sein Gesicht zu bewegen, wie Koch seine Fäuste ballte. Koch fiel ihm ins Wort, so als wollte er verhindern, daß Rosenberg auch nur einen einzigen Satz sprechen oder weitere Vorwürfe Kleists hören konnte.

»Es ist bekannt, Herr Feldmarschall«, sagte er, »daß Sie die Situation mit einem sehr gefährlichen Pessimismus betrachten. Ich habe schon lange den Eindruck, daß Ihnen der Glaube an den Führer und das Vertrauen fehlen, ohne das wohl jeder Soldat fehl am Platze ist. Ich weiß durch den Führer persönlich, daß die wirkliche Lage etwas anders aussieht, als Sie sie darstellen.«
Kleist verfügte genausowenig wie Rosenberg über die Sprache der rohen Gewalt, die Koch als einzige verstand. Immerhin war er härter als Rosenberg. Und seine Stimme war kalt vor Hohn, als er Koch antwortete: »Ich wünschte sehr, Herr Gauleiter, daß Ihr Optimismus uns auch hier in der Praxis zum Trost gereichen möge.«
Rosenberg stand schweigend dabei. Er hatte nicht die Kraft, die Hand, die Kleist ihm gereicht hatte, zu ergreifen. Als er das Hauptquartier Kleists verließ, hörte er Koch sagen: »Das ist auch einer, der fällig ist.«
Als Rosenberg wieder in Berlin eintraf, erschien ihm die Rückkehr in sein stilles Büro fast wie eine Erleichterung.
Der erste Tag in seinem Büro versetzte ihm jedoch einen neuen Schlag. Auf seinem Schreibtisch fand er ein Fernschreiben Keitels: »Bei der Lagebesprechung am Abend des 8. Juni 1943 kam der Führer von sich aus auf die Wlassow-Angelegenheit zu sprechen. Er verbot kategorisch jeden weiteren Einsatz von Wlassow in den besetzten Ostgebieten. Er verbot ferner jeden Gedanken an eine Realisierung der Wlassow gemachten Versprechungen. Damit erübrigt sich der beantragte gemeinsame Vortrag des Reichsministers Rosenberg mit dem General Jodl oder mir beim Führer.«

Wenige Tage später schrieb Herre in einer Aufzeichnung: »Wir haben verloren ... Es scheint unwiderruflich wahr, was wir lange nicht glauben wollten, nämlich daß es nicht an der Umgebung des Führers liegt, wenn unsere Lage und die eindeutigsten Erkenntnisse der Vernunft nicht akzeptiert werden, sondern am Führer selbst ...« – »Unser Kampf ist gescheitert. Wir sind unterlegen. Was bleibt?«

V

Es wurde nie geklärt, wer in der Steinmetz-Kaserne in Lötzen das Wort »Bonbon-Zeit« erfunden hat. Aber es war eine treffende Bezeichnung für die Zeitspanne, die Mitte Juni 1943 begann.

Das Wort »Bonbon« jedenfalls fand sich in Herres Tagebuch unter dem 28. Juni 1943. »Die Hoffnung aufzugeben«, so hieß es da, »daß die militärische Lage die oberste Führung doch noch zur Vernunft zwingen wird, hieße, an der Existenz der Vernunft überhaupt zu zweifeln ...

Ich erkläre Hellmich: Da wir die große politische Zielsetzung nicht geben können, kommt es jetzt darauf an, allen Freiwilligen wenigstens eine Ordnung zu geben, in der man ihnen mit gutem Gewissen sagen kann: ›Ihr kämpft mit uns gegen das Sowjetregime. In diesem Kampf seid ihr den deutschen Soldaten gleichgestellt.‹ Was wir hierbei zu geben haben, sind zwar nur Bonbons, aber wir müssen auf diese Weise den Abgrund überbrücken, der vor uns aufgerissen ist.«

Die Notizen lehrten, daß Herre sich von seiner tiefsten Enttäuschung erholt hatte und von neuem »gegen die Hoffnung zu hoffen« begann.

Hellmich schien geradezu erleichtert. Er glaubte, jetzt dem fremdartigen politischen Parkett entrückt zu sein und seine Aufgabe ganz »truppendienstlich« durchführen zu können. Er ahnte nicht, wie sehr er sich dabei täuschte.

Urban hatte in mühseliger statistischer Arbeit ermittelt, daß an der Ostfront im Juni 1943 mindestens 600 000 Hilfswillige eingesetzt waren, und zwar bis in die vordersten deutschen Frontverbände hinein. Weitere 200 000 »Freiwillige« waren

in eigenen Verbänden als kämpfende Soldaten zusammengefaßt, aber über die ganze Front verstreut.
Das Durcheinander hatte die Grenze des Erträglichen erreicht. Hilfswillige, die bei der einen Armee eine gleichberechtigte Haltung gewöhnt waren, wurden im Bereich einer anderen Armee nach wie vor wie Sklaven behandelt. Hier hatten sie Urlaubsmöglichkeiten, dort nicht. Hier gaben ihnen Befehlshaber Auszeichnungen. Dort nahm man sie ihnen wieder ab.
Da die Hilfswilligen (»Hiwis«) nichts mit den über 200 000 Freiwilligen zu tun hatten, die in eigenen Verbänden zusammengeschlossen waren, hatte Herres Vorgänger, Freytag-Loringhoven, bei den Hiwis begonnen. Hier durfte er am ehesten annehmen, »oben« Zustimmung zu finden. Er hatte eine Dienstvorschrift für Hilfswillige entwickelt, die die Bezeichnung »5000« erhielt. Beim Kampf um ihre Genehmigung war General Zeitzler, der als Nachfolger Halders Chef des Generalstabes des Heeres geworden war, zum erstenmal in Erscheinung getreten.
Er war zuletzt Chef des Stabes beim Oberbefehlshaber West gewesen, galt als besonders aktiver Mann und hatte dadurch die Gunst Hitlers gewonnen. Er war klein, rundlich, kahl und trug den Spitznamen »Der Kugelblitz«, weil er dort blitzartige Aktivität bewies, wo es rein militärische Dinge zu erfassen galt.
Politische Probleme ließ er gern fallen. Seine Stellungnahme zum Problem der Hilfswilligen war unwillig und schwankend. Er war sich klar darüber, daß keine Armee im Osten mehr ohne sie auskam. Aber nur unter dem Einfluß Stauffenbergs, der es geschickt vermied, ihn in Schwierigkeiten mit dem Führerhauptquartier zu bringen, hatte Zeitzler seinen Namen unter die Verfügung »5000« gesetzt und ihr für den Kriegsschauplatz im Osten Gültigkeit verliehen.

Die Verfügung bestimmte in Auszügen:
»Hilfswillige sind freiwillig sich meldende Angehörige von Völkern des russischen Raumes, die in eine bestehende deutsche Truppe eingereiht sind und nach erfolgter feierlicher Vereidigung dauernd zu dieser Truppe gehören.
Die Eidesformel für die Hilfswilligen aus den altsowjetischen Gebieten lautet:
›Als getreuer Sohn meiner Heimat trete ich freiwillig in die Reihen der russischen (oder ukrainischen) Befreiungsarmee ein und schwöre feierlich, daß ich ehrlich gegen den Bolschewismus und für das Wohl meines Volkes kämpfen werde. In diesem Kampf, der an der Seite der Deutschen und verbündeten Armeen gegen den gemeinsamen Feind geführt wird, gelobe ich Adolf Hitler als Führer und Oberbefehlshaber der Befreiungsarmeen Treue und unbedingten Gehorsam. Ich bin bereit, für diesen Eid jederzeit mein Leben einzusetzen.‹
Hilfswillige können bei Bewährung zum Gefreiten befördert werden.
Jeder deutsche Soldat verhält sich den Hilfswilligen gegenüber: als Vorgesetzter streng, korrekt, gerecht (keine entehrenden Strafen), fürsorgend (keine unnötige Zurücksetzung gegenüber deutschen Soldaten). Im Zusammenleben hilfsbereit in und außer Dienst (keine Gleichgültigkeit und Mißachtung), der deutschen Würde entsprechend (keine Kritik, kein Schimpfen vor Hilfswilligen).
Der Hilfswillige wird das Bestreben haben, sich seine Frau aus seinem eigenen Volke zu wählen. Eine solche Eheschließung ist daher grundsätzlich zu gestatten.
Hilfswillige können innerhalb des Operationsgebietes der Heeresgruppe zu ihren Familien beurlaubt werden.
Die Hilfswilligen erhalten einen dem Wehrsold angeglichenen Sold.

Die Familienangehörigen der außerhalb der Generalbezirke Litauen, Lettland und Estland beheimateten Hilfswilligen erhalten Familienunterhalt.«
Das war Freytag-Loringhovens Erbe.
Hellmich war bestrebt, das Gewirr der Freiwilligenverbände in eine militärische Organisation zu pressen und »deutsche Ordnung in das Ganze zu bringen«. Wenngleich Herre die politischen Dinge wichtiger erschienen, so war er doch viel zu sehr Generalstabsoffizier, um nicht Hellmichs Streben nach militärischer Form zu unterstützen.
Bei allen Heeresgruppen, Armeen und Wehrmachtsbefehlshabern im Osten entstanden Dienststellen mit der Bezeichnung »Kommandeur der Osttruppen z. b. V.«. Sie bildeten die Außenstellen des Generals der Osttruppen. Sie sollten den jeweiligen Oberbefehlshabern als Berater zur Seite stehen.
Bei der Besetzung der Stäbe mußte man die Offiziere nehmen, die das Heerespersonalamt zur Verfügung stellte. Man mußte froh sein, wenn man darunter wenigstens einzelne Offiziere fand, die nicht nur mit althergebrachten Vorstellungen an ihre Aufgabe herangingen und die Hiwis und Freiwilligen als deutsche Söldner betrachteten.
Kommandeur der Osttruppen z. b. V. bei der 18. Armee wurde Oberst (später Generalmajor) von Henning, bei der 3. Panzerarmee Oberst (später Generalmajor) Ullmer, bei der Heeresgruppe A Oberst (später Generalmajor) Freitag und so fort.
Gleichzeitig drängte Hellmich darauf, Führerschulen für die »landeseigenen Soldaten« zu schaffen. In Mariampol in Litauen entstand eine »Schule für landeseigene Offiziere, Offiziersanwärter und Dolmetscher«. Ihr Kommandeur wurde auf Drängen Herres »sogar« ein Russe, der kriegsgefangene Oberst und spätere General Assberg.
Es gab auch noch andere Fortschritte.

Stauffenberg war es gelungen, die Zustimmung zur Aufstellung des ersten wirklich großen Freiwilligenverbandes zu erlisten. Es handelte sich um die Kosaken. Er setzte durch, daß aus den infolge der Rückschläge an der Ostfront umherirrenden Kosakenverbänden eine Kavalleriedivision gebildet werden durfte. Führer dieser Division wurde Oberst von Pannwitz.

Pannwitz, untersetzt, mit breitem, slawisch wirkendem Gesicht, sprach außer Deutsch nur etwas Polnisch, hatte aber ein angeborenes Einfühlungsvermögen in die Eigenarten der osteuropäischen Völker. Darüber hinaus besaß er Eigenschaften, die ihn prädestinierten, Kosakenführer zu werden. Er war nicht nur ein begeisterter Reiter, sondern ein Freikorpsmann, der gelernt hatte, Menschen ohne militärischen Zwang an sich zu binden. Er war eher ein Vater als ein strenger Führer und hatte ein »wirklich großes Herz«.

Als er mit seiner neuen Aufgabe betraut war, konnte er es kaum erwarten, bis die verstreuten Kosaken von der Heeresgruppe Mitte und Süd und aus Norditalien auf dem Truppenübungsplatz in Mielau in Ostpreußen eintrafen.

Pannwitz verfügte nur über wenige Dolmetscher. Die deutschen Ausbilder, die ihm das Heerespersonalamt zur Verfügung stellte, setzten sich wie üblich aus Leuten zusammen, die keine Vorstellungen davon hatten, daß ihre neue Aufgabe besondere Ansprüche an sie stellte. Das Experiment wäre in kurzer Zeit gescheitert, wenn Pannwitz sich nicht mit Großzügigkeit über Vorschriften und Verordnungen hinweggesetzt hätte. Die ersten brauchbaren Helfer wurden ein paar deutsche Kavallerieoffiziere: von Wolff, von Bosse, von Rittberg und der baumlange Oberstleutnant von Schulz. Sie retteten ihre Reiterbegeisterung, die überall durch Motorisierung bedroht war, zu den Kosaken hinüber.

Pfeiler der Division wurde das Kosakenregiment Kononow,

das im Juni, von der Heeresgruppe Mitte kommend, in Mielau eintraf.
Pannwitz begann sofort, Russisch zu lernen und mit den Kosaken ein »verwegenes Russisch« zu sprechen. Er ließ sich Reden ins Russische übersetzen, versah die russischen Worte, die in lateinischer Schrift geschrieben werden mußten, mit Betonungszeichen und adressierte auf diese Weise die Kosaken, die sich zum erstenmal durch einen deutschen General in ihrer Sprache angesprochen hörten. Er trank mit den Kosaken, saß in ihren Quartieren, wetteiferte mit ihnen im Reiten und organisierte ein Trompeterkorps in Kosakenuniform, dessen Pauker einen Schimmel ritt. Er kümmerte sich nicht im geringsten um das herablassende Kopfschütteln anderer deutscher Generale, die sich mit ihren Verbänden in Mielau aufhielten.
Während der wenigen Monate, die zur Aufstellung der Division zur Verfügung standen, hatte Pannwitz keine Zeit, sein deutsches Rahmenpersonal zu sieben. Seine Mängel blieben lange Zeit eklatant: Unkenntnis der russischen Psyche, der russischen Kampfgewohnheiten und völlige Unkenntnis der Lebensgewohnheiten, der historischen Tradition der Kosaken.
Auf der anderen Seite bildete das kosakische Offizierskorps zunächst einen zusammengewürfelten Haufen aus emigrierten Kosakenoffizieren der alten zaristischen Armee, aus Kosaken, die in der Roten Armee als Offiziere gedient hatten, und aus Leuten, die auf deutscher Seite in den ersten Kosakenverbänden auf eigene Faust zu Offizieren befördert worden waren. Es gab verwegene Haudegen. Es gab hochentwickeltes Ehrgefühl und absolute Stumpfheit allen Ehrbegriffen gegenüber. Zwischen den älteren Emigranten und den befreiten Kriegsgefangenen existierten Spannungen, die bis zu Mordanschlägen ausarteten.

Aus dieser Vielfalt eine Einheit zu machen war eine Aufgabe, die über Menschenkraft zu gehen schien. Trotzdem wurde sie erfüllt, weil Pannwitz sie zu seiner Lebensaufgabe machte. In welcher Tragik sie enden würde, ahnte er nicht.

In den gleichen Monaten entwickelte sich, Hunderte von Kilometern entfernt, noch ein anderer Verband. Schon seit Mitte 1942 hatten die weißrussischen Emigranten, die sich nach der bolschewistischen Revolution über Gallipoli nach Serbien gerettet hatten, den deutschen Befehlshaber in Serbien bedrängt, sie wieder Soldaten werden zu lassen. Die meisten von ihnen waren ehemalige Offiziere oder Söhne von Offizieren. Viele wollten – wie die jungrussische Emigration von der Art Kasanzews – mit der ewigen Trauer um die Vergangenheit brechen und »auf neuen Wegen um die Heimat kämpfen«.
Der durch Partisanen bedrängte deutsche Befehlshaber kam ihnen schließlich, nach vielerlei Rückfragen in Berlin und den Hauptquartieren in Ostpreußen, entgegen, wenn auch nur unter der bezeichnenden Bedingung, daß Emigrantenverbände nur in Serbien eingesetzt werden dürften.
Das »Russische Schutzkorps Serbien« erreichte bald eine Stärke von 15 000 Mann. Befehlshaber wurde der russische General Staifon. Er stellte fünf Regimenter auf. Obwohl es nur deutsche Verbindungsoffiziere gab, machte Staifon in kurzer Zeit aus seinem Korps ein zuverlässiges Instrument, das sich erfolgreich gegen die Partisanenverbände schlug.

Es gab also gewisse Fortschritte. Die Organisation der Kommandeure der Osttruppen mußte jedoch ebenso wie die Aufstellung der Kosakendivision »ohne Gehalt« bleiben, solange es nicht auch für die Freiwilligenverbände gewisse Richtlinien gab.

Die Ausarbeitung einer entsprechenden Verordnung »8000« war nicht schwierig. Schwieriger war ihre Genehmigung. Noch schwieriger die Durchführung.

»Um die Schwierigkeiten des Kampfes, der nun von Woche zu Woche stärker um die ›Bonbons‹ entbrannte, zu begreifen«, schrieb Herre, »braucht man nur die Frage der Heiratsgenehmigung zu betrachten. Wenn man die Heiratsgenehmigung in die Wirklichkeit umsetzen wollte, hatten folgende Stellen mitzusprechen: Personalamt des OKH, Ostministerium, Reichssicherheitshauptamt und der Generalbevollmächtigte für den Arbeitseinsatz, in dessen Bereich zahlreiche Bräute inzwischen tätig waren, schließlich das Rassenpolitische Amt.

Der Generalbevollmächtigte für den Arbeitseinsatz erklärte: ›Nach der Heiratsgenehmigung werden eure verdammten Freiwilligen die Ostarbeiterinnen schwängern, und dann fallen diese uns als Arbeitskräfte aus ...‹

Am stärksten sträubte sich das Rassenpolitische Amt, das mehrfach auf dem Wege über Bormann Hitler zu mobilisieren versuchte. Offenbar hat nur Zufall verhindert, daß dies gelang. Wir sahen uns blankem Irrsinn gegenüber ...

In der Praxis des Lebens heirateten Russen Ukrainerinnen und umgekehrt, ohne sich irgendwelcher Unterschiede überhaupt bewußt zu sein. Das äußere Merkmal der Gleichberechtigung war für die Freiwilligen die generelle Einkleidung in deutsche Uniformen mit deutschen Rangabzeichen.

Die Widerstände, die sich uns bei dem Bestreben, die deutschen Uniformen und die deutschen Abzeichen einzuführen, entgegenstemmten, kamen aus den verschiedensten Lagern ... Man wollte nicht begreifen, daß ›Russen deutscher Uniform würdig sein sollten‹.

Glücklicherweise machte ich in diesen Monaten die Bekanntschaft eines jungen Generalstabsoffiziers im Wehrmachtsführungsstab, Major Rohrbeck. Rohrbeck war ein Geschenk des Himmels, ein Verbündeter, der mich fortan immer dann informierte, wenn sich die Aufmerksamkeit ›dort oben‹ durch einen Zufall auf uns richtete und neue Gewitterwolken am Himmel auftauchten. Ein anderer glücklicher Umstand war die Tatsache, daß an die Stelle Stauffenbergs, der sich aus einem plötzlichen Gefühl des Überdrusses in diesen Wochen zum Fronteinsatz meldete, Major Klamroth trat, der die Ideen Stauffenbergs völlig akzeptierte …

Das war von besonderer Bedeutung, als es um die Frage der Ordensverleihung ging. Weil die Frontkommandeure den Freiwilligen keine deutschen Orden geben durften, waren auf eigene Faust Orden für ›Angehörige der Ostvölker‹ geschaffen worden. Da deutsche Soldaten diese Orden … belächelten, bedeuteten sie keine Auszeichnung mehr, sondern … eher eine Kränkung.

Unser Kampf ging darum, beim Personalamt für die Freiwilligen die Verleihung des deutschen Sturmabzeichens und des deutschen Verwundetenabzeichens durchzusetzen. Sodann ging es um das Eiserne Kreuz. Da wir diese Dinge jedoch mit einem ›ausgesprochenen Mann des Führerhauptquartiers‹, General Burgdorf, aushandeln mußten, rannten wir monatelang gegen eine Mauer … Wir mußten ständig darauf achten, unsere Forderungen nicht so überspitzt zu formulieren, daß Burgdorf eine Entscheidung Hitlers anrief. Für Burgdorf war es unfaßbar, daß ein deutscher Offizier überhaupt die Forderung erhob, Russen ein Eisernes Kreuz zu verleihen.

Im Herbst 1943 war die Verfügung ›8000‹ endlich unter Dach und Fach … Als es jedoch soweit war, hatten die Auswirkungen der deutschen Politik in den besetzten Gebieten und zu Hause neue Krisen heraufbeschworen.

Was sich im Jahre 1942 erst angekündigt hatte, die unfaßbare Behandlung der Ostarbeiter, war zu einem Problem geworden …

Kein Mensch in der obersten Führung machte sich Gedanken darüber, was es für einen beurlaubten Freiwilligen bedeutete, wenn er mit einer Ostarbeiterin mit dem Zeichen Ost auf der Brust in Deutschland über die Straße ging. Ihm war es jetzt erlaubt, Kinos oder Gaststätten zu besuchen oder mit der Straßenbahn zu fahren. Die Ostarbeiterin dagegen wurde überall abgewiesen. Hellmich polterte gegen die These des Reichssicherheitshauptamtes, daß die Bewachung der Ostarbeiter und ihre Kennzeichnung notwendig sei, um ihre verbrecherischen Instinkte einzudämmen …

Aber er sah ratlos in das Gestrüpp der politischen Ämter, das durchbrochen werden mußte … Er ›floh‹ immer häufiger in Besichtigungsfahrten … an die Front. Der Kampf … blieb dem Stab überlassen.

Ich werde nie die Versuche vergessen, bei den Mitarbeitern Sauckels, im Thüringenhaus in Berlin, die Folgen der herrschenden Verhältnisse klarzumachen … Man verschanzte sich hinter dem Auftrag des ›Führers‹ an Sauckel, die nötigen Arbeiter aus dem Osten zu garantieren. Diese Zahl dürfe durch nichts gefährdet werden. Der Gedanke, daß man durch Vertrauen und gleichberechtigte Behandlung von Anfang an viel höhere Arbeiterzahlen und noch bessere Arbeitsleistungen hätte erzielen können, hatte in dieser Sphäre keinen Platz …

(Es gab) … ein Rundschreiben der Frauenschaftsführerin Berlin-Charlottenburg. Darin wurden die Frauen aufgefordert, Ostarbeiterinnen kein Bett anzubieten. Sie seien gewöhnt, auf der Erde zu schlafen … Ferner ein Schreiben einer Führerin der Münchener Frauenschaft, in dem diese gegen deutsche Frauen protestierte, die ihre russischen

Hausgehilfinnen am Familientisch Platz nehmen ließen. ›Wie kann man es wagen, ein solches Wesen aus dem finsteren Osten, ein Wesen, das man nur bedingt als Mensch bezeichnen kann, zu sich an den Tisch zu holen und es aus derselben Schüssel zu speisen wie die eigenen Kinder‹ ...
Als der Herbst kam und die psychologische Krise an der Front immer drängender wurde, standen wir immer noch vor einer Mauer aus Unverstand ... Wlassow aber war unterdessen einen Weg gegangen, der ebenfalls vor dieser entsetzlichen Mauer endete ...«

Strik-Strikfeldt sprach lange Zeit nicht von dem Junitag, an dem er zum Kiebitzweg hinausfuhr, um Wlassow den Zusammenbruch aller bisherigen Bemühungen mitzuteilen.
Er sah sich über Nacht vor der gleichen Aufgabe, vor der Hellmich und Herre gegenüber den Freiwilligen standen.
Erst Jahrzehnte später schilderte er, wie Gehlen ihn über die entscheidende Führerbesprechung auf dem Berghof unterrichtete und dann fortfuhr: »Weiß General Wlassow von dieser Führerbesprechung und wird er weiter mitmachen? Mit Wlassow muß offen gesprochen werden, weil jetzt eine grundsätzliche und vielleicht endgültige Entscheidung gefallen ist, die ihn schwer trifft. Durch sie ist den Vereinbarungen, die wir mit Wlassow getroffen haben, für die nächste Zukunft der Boden entzogen. Der Führer braucht Wlassow zwar nicht, aber wir alle werden ihn einmal noch sehr brauchen. Sagen Sie ihm das ...!«
Diese dürren und am Ende mysteriösen Worte zeigten zwar die Aufgabe, deren Erfüllung Gehlen von Strik-Strikfeldt erwartete, nämlich Wlassow »bei der Stange zu halten«. Aber die für Gehlen bezeichnende kalt rechnende Distanziertheit, die so weit von Wlassows komplizierter und emo-

tioneller Natur entfernt war, machte diese Aufgabe nicht leichter.
Strik-Strikfeldt fuhr in seinem Bericht fort: »Ich mußte Wlassow selbstverständlich die Wahrheit sagen, und ich sagte ihm, daß alle Bemühungen um einen Kurswechsel in der Politik zugunsten der Russischen Befreiungsarmee gescheitert wären. Die Aussprache mit Wlassow fand in Gegenwart Malyschkins ... statt. Es war der härteste Schlag, der Wlassow traf, seitdem er alle Hoffnungen für sein Volk auf die deutsche Unterstützung gesetzt hatte. Er sagte: ›Ich habe den deutschen Offizier – so wie ich ihn kenne – stets geachtet ... Aber diese Herren versagen angesichts der rohen Gewalt, weil auch sie die moralische Vernichtung hinnehmen, um der psychischen zu entgehen. Ich habe das auch getan. So war es auch schon bei uns. Ich sehe die Stunde der deutschen Niederlage kommen. Dann werden sich die ›Untermenschen‹ erheben und Rache nehmen ... Ich weiß, daß unser Kampf vielen als zwielichtig erscheinen wird. Wir haben ein großes Spiel gewagt. Aber wer einmal den Ruf der Freiheit vernommen hat, der kann ihn nie wieder überhören, und wem, wie mir, der Weg aus dem Elend in die Freiheit gezeigt wurde, der muß ihn gehen. Wenn jedoch euer ›Führer‹ glaubt, daß ich mich für seine Eroberungspläne hergebe, dann irrt er sich. Ich gehe in ein Kriegsgefangenenlager zu meinen Landsleuten zurück.‹
Wlassow war zutiefst getroffen und niedergeschlagen. Mein Versuch, ihn durch die Worte Gehlens aufzurichten, mißlang ... Malyschkin gab sich alle Mühe, dem schwer mit sich selbst Ringenden auf seine schöngeistige Art zuzusprechen, indem er die Worte eines zum Tode verurteilten Dekabristenoffiziers zitierte: ›Unsere Schuld ist das Verlangen nach Freiheit!‹ Schließlich einigten wir uns ..., alles noch einmal in Ruhe zu überdenken ... Sykow sagte: ›Wenn wir jetzt die

Zügel aus der Hand geben, dann kommen Opportunisten an unsere Stelle. Dann ist es das Ende des Freiheitskampfes des russischen Volkes‹ ... Der stets wortkarge Truchin bemerkte: ›Hitler hat sein wahres Gesicht gezeigt, die russische Befreiungsbewegung ist jetzt auf sich allein gestellt und auf die wenigen deutschen Freunde angewiesen. Aber sie wird leben, wenn auch vielleicht erst nach unserer Zeit!‹«

Es bleibt offen, inwieweit die späte Erinnerung noch die tatsächlichen Geschehnisse in und um Wlassow in den Junitagen 1943 trifft. Auf jeden Fall erklärt sie nur andeutungsweise, weshalb Wlassow nicht der ersten emotionellen Reaktion folgte, alles aufzugeben und in ein Kriegsgefangenenlager zurückzugehen. Mit Sicherheit lag die Wahrheit für Wlassow, für seine russische, aber auch für seine deutsche Umgebung einschließlich Strik-Strikfeldts, zwischen den Idealen und dem ursprünglichsten menschlichen Instinkt zur Selbsterhaltung und zur Hoffnung, weil Leben ohne Hoffnung unmöglich ist. Alle, von Wlassow bis zu Strik-Strikfeldt, begannen nach wenigen Tagen wieder, ihre naiven Hoffnungen und Rechtfertigungen zurechtzuzimmern. Sie waren unfähig, ihre Träume aufzugeben, und in diesem Sinne traf Wlassows Satz von dem Ruf der Freiheit, den man nie wieder überhören könne, inmitten aller nur so relativen und täglich bedrohten wirklichen Freiheit den Kern der Dinge.

Dieser Prozeß vollzog sich unter Erscheinungen, über die Strik-Strikfeldt schwieg, die aber als menschliche Phänomene nur zu begreiflich waren: Hoffnung wechselte mit Resignation, die Reaktion auf ein ermutigendes Gerücht mit dem Sturz in tiefsten Pessimismus, Versuche zu begreifen mit Haß gegen die Deutschen, gespielte Gleichgültigkeit mit rastlosem Horchen auf Nachrichten, hektischen Gesprächen und Bemühen um Vergessen.

Malyschkin flüchtete sich in Musik und Gedichte. Wlassow griff immer häufiger zum Wodka, zum Préférence-Spiel oder floh in die Arme von Frauen, die ihm im Kiebitzweg auf unerforschlichen Wegen zuflogen – Russinnen, aber auch Deutsche. Er benutzte sie und schob sie wieder zur Seite, gleichgültig, ob es sich um eine Ostarbeiterin handelte oder um die blonde, etwas füllige, geistig unbedeutende Deutsche namens Ilse, die er irgendwo auf einer halb verbotenen, halb erlaubten Fahrt aufgriff. Sie war dem Riesen verfallen und hielt am längsten im Haus des quälenden Wartens aus, mochte Wlassow sie auch verhöhnen: »Seht sie an, Katharina die Große!« Sein Sarkasmus wurde immer schärfer. Während eines Tischgesprächs mit ein paar deutschen Offizieren, die Strik-Strikfeldt mitgebracht hatte, flog hinter dem russischen Koch krachend die Tür ins Schloß. »Entschuldigen Sie bitte, meine Herren«, brach es aus Wlassow in gebrochenem Deutsch hervor, »Untermensch ...«

Die Gleichförmigkeit und Aussichtslosigkeit des Wartens wirkte zersetzend. Strik-Strikfeldt sah, daß er den Teufelskreis aus Hoffnung, Enttäuschung, Resignation und Selbstzerstörung unterbrechen mußte, wenn nicht doch noch sein eigener Traum unwiderruflich zerbrechen sollte. Er unternahm den Versuch, Wlassows Vitalität und den Glauben zu sich selbst durch Begegnungen mit neuen Persönlichkeiten, durch Gespräche und Reisen wieder zu beleben.

Dabei kam ihm der Oberleutnant Michel aus Hellmichs Stab zu Hilfe. Zu Michels Bekannten gehörte der Hauptschriftleiter der führenden Hitlerjugend-Zeitschrift »Wille und Macht«, Günter Kaufmann, der seinerseits wiederum mit dem ersten Führer der Hitlerjugend und jetzt Gauleiter in Wien, Baldur von Schirach, eng befreundet war. Michel stellte eine Verbindung zwischen Kaufmann und Strik-Strikfeldt her.

Einige Hitlerjugendführer, die als Reserveoffiziere an der Ostfront in die Kluft zwischen der offiziellen Politik und der Wirklichkeit gerieten, hatten 1942 versucht, auf ihre Weise »Vernunft« zu predigen. Sie hatten ein »Dorf der deutsch-russischen Freundschaft« hinter der Nordfront im Bereich der 16. Armee begründet und russische Zivilisten, deutsche Soldaten, russische Bürgermeister und Hiwis zu gemeinsamen Erholungswochen zusammengebracht. In diesem Dorf Skurji hatte auch Kaufmann eine Art von Damaskus-Erlebnis gehabt, zumindest was die Kolonialvorstellungen im Osten betraf.

Als ihm Michel im Frühjahr 1943 die Wlassow-Flugblätter gezeigt und dazu gesagt hatte, diese Blätter dürften nur als Propaganda jenseits der Front verwendet werden, hatte Kaufmann beschlossen, Wlassows Erklärungen in »Wille und Macht« zu publizieren und ein Sonderheft herauszubringen, in dem die Lehre von der russischen Minderheit attackiert werden sollte. Als Mitarbeiter für dieses Heft gewann er den Schriftsteller Edwin Erich Dwinger.

Dwinger – seit den Welterfolgen seiner Bücher »Armee hinter Stacheldraht« und »Zwischen Weiß und Rot«, in denen er seine Erlebnisse als Kriegsgefangener in Rußland während des Ersten Weltkrieges und der russischen Revolutionsjahre behandelte, ein Prominenter des Antibolschewismus – hatte nach 1933 eine Anzahl weiterer Bücher geschrieben, die wie »Die letzten Reiter«, »Auf halbem Wege«, »Spanische Silhouetten«, »Der Tod in Polen« in ihrer antibolschewistischen und zugleich nationalen Konzeption in die vielgesichtige Palette des Nationalsozialismus hineinpaßten. Seine Feinde behaupteten, Erfolg und Eitelkeit hätten ihn dazu verführt, mancherlei Ehrungen, darunter einen Rang in der SS, gern anzunehmen. Entscheidend für ihn war aber zweifelsohne, daß der antibolschewistische Gedanke, der

seine Arbeit durchzog, zu den bedeutendsten Punkten der nationalsozialistischen Politik zählte und nirgendwo sonst in dieser Eindeutigkeit vertreten wurde.
Himmler hatte 1941 daran gedacht, Dwinger zu seinem Berater für Ostfragen zu machen. Bei den ersten Unterredungen hatte er jedoch erkannt, daß zwischen seinen Vorstellungen von der germanischen Kolonisierung Rußlands und den antibolschewistischen Gedanken Dwingers ein für ihn unverständlicher Unterschied bestand. Dwinger war, nicht viel anders als Strik-Strikfeldt, ein »Verehrer des russischen Menschen« und der »russischen Seele« und träumte von einem Rußland ohne Bolschewismus. Anscheinend beschäftigten ihn Ideen von einem deutsch-russischen Bündnis, das die bolschewistische Ära ablösen sollte – eher romantisch als durchdacht und ohne klare Einsicht in die Realitäten der nationalsozialistischen Ära. Auf jeden Fall aber paßte eine Zerstörung Rußlands und die Umwandlung großer Teile in deutsches Kolonialland nicht in seine Träume.
Dwinger war als Sonderberichterstatter mit einer Panzerdivision nach Rußland einmarschiert. Seine Erfahrungen hatten ihn veranlaßt, Briefe und Denkschriften an Himmler zu senden. Es geschah aus den gleichen Illusionen heraus, die die Entstehung des Wlassow-Phänomens begleitet hatten – ganz in dem Sinne, daß nicht wahr sein könne, was nicht wahr sein dürfe, oder daß vernünftige Vorstellungen zu Änderungen führen müßten. Seine Zugehörigkeit zur SS verhinderte, daß ihm Ernsthafteres zustieß als die Mahnung, das Schreiben politischer Traktate einzustellen und sich »dichtend« auf das Gut »Hedwigshof« im Allgäu zurückzuziehen, das er von den Erträgnissen seiner Bücher erworben hatte.
Nun schrieb er für Kaufmanns Sonderheft, das im Juni 1943 erschien, einen Aufsatz »Der russische Mensch – der Weg

zur Überwindung des Bolschewismus«. Darin hieß es: »Alle Lebensopfer unserer Soldaten würden eines Tages zwecklos sein, wenn in den rückwärtigen Gebieten ... sich ... halbverdaute Begriffe ohne jede tiefere Kenntnis austoben dürfen. Nur wer Vorbild sein kann, ist dort mit Erfolg zu brauchen. Jedenfalls ist ein primitives Herausstellen eines Herrenstandpunkts immer falsch ...«

Kaufmann zweifelte nicht daran, daß Dwingers Aufsatz, die Veröffentlichung von Wlassows Aufruf sowie eine Einleitung, die mit den Worten begann: »Deutschlands Ringen gegen den Bolschewismus ist in einen neuen Abschnitt eingetreten ...«, Aufsehen erregen und Gegenaktionen hervorrufen würden. Er hatte sich entsprechend vorbereitet und sich Schirachs Rückendeckung gesichert.

Als romantischer Intellektueller, der Bücher mehr schätzte als Realitäten, war Schirach ein Fremdkörper unter den Gauleitern. Er hatte eine »idealistische Jugendidee« verfochten und in seiner spezifischen Art von Weltfremdheit zu spät erkannt, daß er die Jugend einem militaristischen Erobererkurs überantwortete. Bei Kriegsausbruch war er von der Jugendführung zurückgetreten und in innere Konflikte mit Hitler geraten, so sehr er diesen angebetet hatte. Ihm fehlte zwar die Kraft, um sich über wirkungslose Briefe hinaus zu echter Opposition aufzuschwingen, aber als Kaufmann sein Sonderheft plante, sicherte ihm Schirach Unterstützung zu.

Als Himmler und Rosenberg von dem Sonderheft erfuhren, war es zu spät, sein Erscheinen rückgängig zu machen. Sie erreichten zwar bei Goebbels, daß durch einen Rundruf bei sämtlichen deutschen Tageszeitungen ein Nachdruck aus »Wille und Macht« verboten wurde. Das Heft aber war da. Strik-Strikfeldt benutzte es, um Wlassow zu ermutigen.

Wien wußte drei Wochen später nicht, wen es beherbergte, als das kleine Wachkommando der Division »Großdeutschland«, das Schirach zur Verfügung stand, einem übergroßen Mann in einem erdbraunen Waffenrock Ehrenbezeigungen erwies. In seiner Begleitung befanden sich Strik-Strikfeldt und Dwinger.

Goebbels' Aktion gegen »Wille und Macht« war für Schirach, der Goebbels verabscheute, der Anlaß, aus seiner Zurückhaltung herauszugehen und seine Aversion gegen die Politik im Osten zu demonstrieren. Kaufmann teilte er mit: »Ich glaube nicht, daß ich dem Russen Wlassow den Weg zum Führer öffnen kann. Aber ich kann Wlassow zeigen, daß nicht unsere ganze Führerschaft die Aktionen in Rußland bejaht.«

Dwinger überbrachte Strik-Strikfeldt überraschend die Nachricht, daß Schirach bereit sei, Wlassow zu einem offiziellen Besuch in Wien zu empfangen. Grote erreichte bei Wedel, daß die Erlaubnis zu einer »Propaganda«-Reise nach Wien erteilt wurde.

Es handelte sich um die erste größere Reise, die Wlassow durch Deutschland unternahm. Sein Wissensdurst war ohne Grenzen. Er interessierte sich für alles – für die Arbeitsweise einer landwirtschaftlichen Maschine, die er auf einem Güterzug sah, für jede Stadt und jede Landschaft wie für Stellung und Bedeutung des Wiener Gauleiters. Dazwischen erhob sich wieder die Frage, wie es möglich sei, daß ein zwar hoher, aber untergeordneter Funktionär des Staates ihn empfange, wenn Hitler persönlich ihn ablehne. Es handelte sich zwar wieder um ein Anzeichen für die Freiheiten in Deutschland, die ihn von Anfang an verwundert und bestochen hatten. Aber die unvergessenen Erfahrungen aus seiner Heimat erweckten die Vorstellung, daß Schirach vielleicht doch in höchstem Auftrag handelte, und sei es nur, um ihn zu prüfen.

Schirach gab ein Essen. Wlassow lebte im Hotel Bristol wie

ein Ehrengast. Schirachs Wagen stand zur Verfügung, damit ihm die Schönheiten und die modernsten Fabrikbauten Wiens gezeigt werden konnten. Wlassow machte eine wahre Entdeckungsfahrt. Auf Besuche im Stephansdom, in der Oper, bei einem Pferderennen folgte die Visite in der Spanischen Hofreitschule. Ein kleiner Kreis von Wienern hatte sich versammelt, um den mysteriösen Fremden zu begrüßen. Oberst Podhajsky, der Kommandeur der Schule, führte seine Lipizzanerhengste in Hoher Schule vor. Nachher bat Podhajsky Wlassow zum Essen. Dwinger hatte ihn vorbereitet, und Podhajsky legte in seine Begrüßungsworte alle Herzlichkeit hinein.
Als Wlassow einige Gläser getrunken hatte, erhob er sich, um Podhajskys Worte zu erwidern. Es war seine erste freie Rede, die er in einem offiziellen deutschen Kreis hielt. Strik-Strikfeldt hing sorgend an seinen Lippen.
»Ich danke Ihnen«, erklang Wlassows dunkle Stimme. »Ich bin Infanterist und, wenn Sie wollen, ein schlichter russischer Bauernsohn. Von Pferden und Ihrer Hohen Schule verstehe ich nichts. Sollte ich Ihre Leistungen loben, dann müßte ich heucheln. Und was bedeutet für Sie schon mein Lob. Aber danken darf man eigentlich immer. Was ich heute gesehen habe, das hat mich sehr gerührt.« Was er bis dahin gesagt hatte, schien mehr oder weniger konventionell. Aber er versäumte seine Stunde und sein Anliegen nicht. Er fuhr fort: »Wenn die Deutschen das russische Volk und die Kriegsgefangenen mit soviel Liebe behandeln würden wie Sie, meine Herren, Ihre Pferde, dann gäbe es für Sie alle kein russisches Problem, und dieser unselige Krieg wäre überstanden!«
Die Antwort war betretene Stille. Strik-Strikfeldt hatte einigen Grund zu fürchten, daß sich wegen dieses Ausspruches der Aufruhr wiederholen könne, der Wlassows Trinkspruch

im rückwärtigen Gebiet der Heeresgruppe Nord gefolgt war. Aber Wlassow sagte ihm: »Na und? Ist es nicht die Wahrheit? Was kann mir noch geschehen?«
Tatsächlich ließ Schirach sich durch die Worte nicht davon abhalten, Wlassow und seine Begleiter am folgenden Tag zum Abschied am Ballhausplatz zu empfangen. In Wlassows Gesicht zeigte sich nach langer Zeit Hoffnung, mehr als Mißtrauen und Zweifel. Als die Verabschiedung zu Ende war, ließ Schirach sich zusammen mit Wlassow fotografieren.
Dann führte er Strik-Strikfeldt zur Seite und sagte: »Ich will mich dafür einsetzen, daß die Sache jetzt ganz und richtig gemacht wird. Ich werde dem Führer vortragen ...«
Strik-Strikfeldt nahm den Eindruck mit, daß Schirach wirklich handeln werde. Er erinnerte sich, gehört zu haben, daß Schirach als Kronprinz Hitlers galt, wußte aber nichts von der Trübung des Verhältnisses und der mangelnden Stetigkeit in Schirachs politischem Denken.
Als Dwinger Wlassow einlud, einen Besuch auf seinem Hedwigshof zu machen, begleitete er ihn ins Allgäu und begeisterte sich an dem außerordentlichen Eindruck, den die Landschaft, die Dörfer und die Bauernhöfe auf Wlassow machten. Wlassow konnte nicht begreifen, daß die Höfe mitten im Krieg »mehr Schätze beherbergten«, als seine Landsleute sich in ihren Dörfern vorstellen konnten. Die Begegnung mit russischen Kriegsgefangenen, die hier arbeiteten, wurde zu einem besonderen Erlebnis, denn sie berichteten, es gehe ihnen gut, besonders »seit General Wlassow und seine Mitarbeiter in Berlin« für sie sorgten. Dann erkannten sie ihn, und Wlassow erlebte die glücklichste und gelösteste Stunde seit langer Zeit.
Aber bald nach der Rückkehr nach Berlin verblaßten die Erinnerungen, als sich keine Auswirkung des Besuchs bei

Schirach zeigte. Nur ein Gerücht drang noch in den Kiebitzweg. Danach hatte Schirach Wort gehalten und an Hitler geschrieben, aber keine Antwort bekommen.

Strik-Strikfeldt vollbrachte eine Leistung, die ihn über sich selbst hinaushob. Er überhörte, daß man ihn einen »Handlungsreisenden in Wlassow« nannte. Er überhörte, wenn man hinter seinem Rücken lachte, über seinen Eifer, seinen naiven Fanatismus, seine unermüdliche Art, für Wlassow und eine Wende der Ostpolitik zu werben, wenn man ihn in Ministerien, Ämtern, bei Beamten und Zeitungsleuten aufdringlich nannte.

Er hätte Wlassow am liebsten auf neuen Reisen durch Deutschland und möglichst auch durch Frankreich begleitet. Aber Wedel scheute die Verantwortung. Er fürchtete, daß die zufällige Meldung irgendeiner SD-Stelle ein Gewitter zur Entladung bringen könnte, das Wlassow, Strik-Strikfeldt und alle Freunde endgültig von dem schmalen Grat herabstürzen mußte, auf dem sie wie Seiltänzer wandelten.

So kämpfte Strik-Strikfeldt um die Möglichkeit, Wlassow in Berlin mit Personen zusammenzubringen, von denen er hoffte, daß sie Einfluß auf Hitler oder auf Himmler hätten. Er nahm dabei jede Hand, die sich bot, auch diejenige einer Frau namens Melitta Wiedemann.

Melitta Wiedemann, Mitte der Dreißig, von gedrungener kleiner Gestalt, mit einem breiten, aber hübschen Gesicht, blond, mit blauen lebhaften Augen, war ursprünglich Sekretärin der Zeitung »Der Angriff« und später Hauptschriftleiterin der Antikomintern-Zeitschrift »Aktion« gewesen. Ihre Gedanken bewegten sich auf der Linie einer pro-russischen Politik im Osten. Gleich nach dem Auftauchen Wlassows hatte sie versucht, Verbindung aufzunehmen. Über Dürksen kam sie jetzt mit Strik-Strikfeldt zusammen. Sie bot sich an,

ihre Beziehungen zu führenden Nationalsozialisten für Wlassow zu mobilisieren.
Melitta Wiedemann schlug den Gouverneur von Galizien, SS-Gruppenführer Dr. Wächter, vor, der durch seine relativ maßvolle Politik in Galizien allen Eingeweihten bekannt geworden sei. Ferner empfahl sie eine Begegnung mit dem SS-Obergruppenführer von Herff, dem Leiter des SS-Personalamtes. Er war Stabschef des Generalfeldmarschalls Rommel gewesen und vom Heer zur SS gekommen. Die Treffen fanden in der elterlichen Wohnung Melitta Wiedemanns statt, und Melitta zog alle Register der breiten russischen Gefühlsskala. Sie bot russische Gastfreundschaft mit Sakuska und Wodka. Als der Abend mit Dr. Wächter, einem in der Habsburger Nationalitätenpolitik wurzelnden Österreicher, vorüber war, äußerte Wlassow während der Heimfahrt: »Das ist also auch SS.« Der nur scheinbar monolithische Block der Himmlerorganisation hatte ihm ein neues Rätsel aufgegeben. Er fuhr fort: »Ich verstehe das nicht. Aber mit so einem Mann kann man hoffen.«
Ergebnisse aber brachten auch diese Treffen nicht. Strik-Strikfeldt wußte noch nicht von den Machtgruppierungen in der SS. Er wußte nicht, daß Wächter als zu »weich« galt und Herff als Außenseiter beinahe gehaßt wurde. Als sich Gelegenheit bot, Wlassow mit dem Reichsorganisationsleiter und Führer der deutschen Arbeitsfront Ley zusammenzubringen, griff er ebenfalls zu. Dolmetscher war ein baltischer Schulfreund Strik-Strikfeldts namens Walter. Aber die Begegnung endete in einem unsagbaren Debakel. Ley prahlte und tat Wlassows Forderungen nach besserer Behandlung der Ostarbeiter mit Bemerkungen ab wie: das sei Sache von Rosenberg, Koch und Sauckel. »Dazu hat sie der Führer bestimmt. Und der Führer ist nun einmal ein Genie. Er weiß, was er will ...« – »Wir haben nun einmal die

Ukraine, und da soll doch Stalin zuerst einmal versuchen, sie uns wieder zu entreißen.« Wlassows Erklärung für seine Wendung gegen Stalin glaubte er nicht. Angetrunken stieß er hervor: »Wenn Sie mir, General, wenigstens gesagt hätten, daß Sie die Juden hassen und daß Sie gegen Stalin kämpfen, weil er von Juden umgeben ist, dann hätte ich Sie verstanden.« Grußlos verließ Wlassow das Haus. »Josef Wissarionowitsch (Stalin)«, sagte er, »kann sich keinen besseren Bundesgenossen wünschen.«

Im heißen Juni traf überraschend ein Abgesandter der nach Tausenden zählenden Kolonie altrussischer Emigranten in Paris am Kiebitzweg ein. – Jurij Sergewitsch Scherebkow, ein Nachfahre des einstigen Generaladjutanten des Zaren. Er kam persönlich, um Wlassow als Sprecher für eine Kundgebung der Russen von Paris zu gewinnen. Er hatte sich als einer der ersten in Frankreich gegen den Willen vieler Zarentreuer für Wlassow und seine Befreiungsarmee eingesetzt. Strik-Strikfeldt erblickte in der Einladung eine neue Möglichkeit, Wlassow aus dem »Gefängnis« am Kiebitzweg herauszuholen. Er fuhr in die Viktoriastraße und bestürmte Martin und Grote, dafür zu sorgen, daß Wlassow nach Paris reisen konnte. Er war jetzt zu einem so fanatischen Fürsprecher für seinen Schützling geworden, daß Wlassow selbst ihn »mein Starez – mein Heiliger« nannte. Er vergaß völlig, daß eine solche Reise von Hitler und Himmler als eine Provokation ohne Beispiel aufgefaßt werden würde und das Schicksal Wlassows endgültig besiegeln konnte.
Als Martin ihn davon überzeugte, bat er: »Dann Malyschkin. Wenigstens Malyschkin. Er kann nach der Rückkehr berichten und neue Hoffnung nach Dahlem bringen ...«
Martin entschied schließlich, daß Malyschkin, der Stille,

reisen sollte – aber mit Zurückhaltung und Vorsicht. Am 24. Juli 1943 traf Malyschkin in Paris ein. Am Abend sprach er im Salle Wagram vor rund 6000 Russen, darunter auch Vertreter der neutralen Presse. Man empfing ihn mit minutenlangen Ovationen. Er war der erste vormals sowjetische General, der in Frankreich erschien und die Verbindung zwischen der Heimat und der alten Emigration herstellte. Er sprach auf seine kluge, besonnene Art. Aber schließlich konnte er nicht anders. Er sagte: »Wir sind für ein *zjelostnaja rossija* – Wir sind für ein einheitliches Rußland.« Die Zuhörer jubelten und weinten.
Noch nicht vierundzwanzig Stunden später lag vor Grote eine Anfrage des Reichssicherheitshauptamtes, ob es zutreffe, daß Malyschkin in Paris vom Wiedererstehen eines einheitlichen russischen Reiches gesprochen habe.
Fröhlich wurde im Kiebitzweg alarmiert. Malyschkin war noch nicht zurück. Man erwartete ihn aber mit dem nächsten Zug. Fröhlich eilte zum Bahnhof, um Malyschkin sofort zur Viktoriastraße zu bringen. Unterwegs führte er ihn in den oberen leeren Stock des Omnibus Nr. 12. Dort berichtete er ihm, was geschehen war. Er beschwor ihn, zu sagen, ob er die Worte vom einheitlichen Rußland gebraucht habe oder nicht? Ob man erklären könne, daß der SD falsch unterrichtet worden sei, oder nicht.
Malyschkin sah Fröhlich mit seinen träumerischen Augen an, in denen noch der Glanz der Pariser Stunden war. »Nun«, sagte er. »Hat euer Berija es selbst gehört?«
»Nein«, sagte Fröhlich. »Irgendein deutscher Agent hat mitgeschrieben.«
»Nun, was?« sagte Malyschkin. »Vielleicht hat er falsch geschrieben. Wie?!«
Dann schwieg er, bis sie in der Viktoriastraße angekommen waren. Aber Fröhlich kannte Malyschkin. Er wußte, daß

seine Worte ein geheimes Eingeständnis waren. Und Malyschkin beantwortete Grotes und Strik-Strikfeldts Fragen nicht anders, als er Fröhlich geantwortet hatte.
»Geben wir ihnen das Stenogramm«, sagte er schließlich hintergründig.
»Haben Sie ...?«
»Nein ...« Malyschkin schwieg noch hintergründiger. »Aber morgen ...«
Fröhlich brachte das Stenogramm am nächsten Tag. Er zweifelte nicht daran, daß es erst in der letzten Nacht im Sekretariat entstanden war. Aber was bedeutete das in dieser Stunde? Darum ging es nicht.
Die Täuschung gelang. Aber der Vorfall war eine Warnung ...

Strik-Strikfeldt suchte nach neuen Wegen, um den Fluch des Wartens und der Einsamkeit zu brechen.
Er brachte deutsche Techniker zu Wlassow, wohlwollende und weitblickende deutsche Wirtschaftsfachleute. Gedanken, Vorstellungen, Pläne wurden diskutiert, die in ihrer Weite, in ihrer Kombination von europäischer Präzision und russischer Großzügigkeit Strik-Strikfeldts Herzenswünschen entsprachen und auch in Wlassows petrinischem Wesen Wurzeln schlugen. Sie blieben alle machtlose Theorie. Aber sie erweiterten Wlassows politische und wirtschaftliche Vorstellungen erheblich.
Strik-Strikfeldt duldete stillschweigend, daß Wlassow alle vier Wochen nach Dabendorf hinüberfuhr. Er drängte darauf, daß Wlassow anwesend war, wenn Ausbildungslehrgänge zu Ende gingen und die Teilnehmer an die Fronten fuhren, und daß er an den mehr oder weniger getarnten Diskussionen in der »Akademie« teilnahm.

Zu den Männern, die Strik-Strikfeldt in den Kiebitzweg bat, um eine Verbindung mit »guten Deutschen« und das Feuer der Hoffnung zu erhalten, gehörte auch Theodor Krause, einer von Strik-Strikfeldts engsten baltischen Freunden. Er schrieb in jenen Monaten, in denen er endlose Gespräche mit dem Wartenden führte: »Wlassow ist zu uns aus einem Staat gekommen, der auf einem strengen, dogmatischen, philosophischen System aufgebaut ist, dem dialektischen Materialismus. Auch Wlassow hat durch diese Philosophie die strengste Schulung erfahren, die auch dann noch das Denken eines Menschen beeinflussen muß, wenn er sich innerlich von der Lehre entfernt hat. Wlassow ist zu uns aus dieser Welt des dogmatischen Systems als ein Suchender gekommen, ein Suchender nach einem sittlicheren, menschlicheren, lebensnäheren System, in dessen Vollbesitz er die Deutschen kraft ihrer erwiesenen militärischen und organisatorischen Leistungen vermutete ...

Wäre ihm von vornherein die Möglichkeit des Handelns gegeben worden, so hätte sein Suchen nicht die Bahn beschritten, die es nun in der erzwungenen Wartezeit beschritten hat.

Er wäre nicht, wie er es jetzt langsam, aber sicher tut, bei der Suche nach dem System menschlicher Freiheit und Gerechtigkeit auf den deutschen Staatsapparat gestoßen, der sich auf Begriffsungetüme à la ›Blut und Boden‹, ›Rasse‹, ›Volksgemeinschaft‹ aufbaut, deren Definition seinem streng geschulten Denken unmöglich sein muß. Aus diesem Apparat fließt ein Strom von Handlungen, die ihm immer wieder als eine nicht zu übertreffende Sinnlosigkeit erscheinen müssen ...

Wäre nicht ein kleiner Kreis, der seinem Suchen wenigstens in der Theorie ein Bild europäisch-russischer Zukunft malt, müßte sein Suchen auf nichts anderes stoßen als auf das

nackte, durch nichts verbrämte Bild kolonialer Gewalt, das von dem politischen und kulturellen Analphabetentum bestimmt wird, das nach wie vor die wirkliche Macht in Händen hält und die Schuld an allem trägt, was bis jetzt gegenüber den erwartungsvollen Massen im Osten gesündigt, verraten und zerstört worden ist.
Aber durch das Zukunftsbild dieses kleinen Kreises muß für den realistischen Denker und Sucher Wlassow immer wieder die machtpolitische Wirklichkeit in bitteren Erlebnissen und Erkenntnissen durchbrechen ...
Ich erlebe eben, daß Wlassow, von einigen an Deutschland längst verzweifelten Russen beeinflußt, seinen suchenden Blick über Deutschland hinaus auf die anderen großen Völker des Westens, auf Amerika und England, richtet und sich auch von diesen Ländern ein Bild zu machen sucht.«

Alexander Stepanowitsch Kasanzew fuhr immer wieder, soweit es sein Dienst in der Viktoriastraße zuließ, nach Dabendorf zu Truchin oder zu Sykow.
An einem frühen Herbsttag trafen sich Baidalakow und Kasanzew um die Mittagszeit auf einer einsamen Bank im Berliner Tiergarten zu einem getarnten Gespräch.
»Es handelt sich um folgendes«, sagte Baidalakow. »Wir haben zum erstenmal die Möglichkeit, eine Brücke nach dem Westen zu bauen. In diesen Tagen wird ein Bekannter von uns, ein Schweizer, in Berlin eintreffen. Er hat Verbindungen zu Amerikanern, die in der Schweiz tätig sind. Ich möchte wissen, ob du in der Lage bist, mit Andrej Andrejewitsch über diese Sache zu sprechen. Wir möchten gern, daß du ihn fragst, ob wir in seinem Namen den Versuch machen können, mit den Engländern und Amerikanern in Verbindung zu treten und Abmachungen für den zukünftigen Kampf zu treffen ...«

Kasanzews Gesicht war sehr ernst.
»Ich habe schon oft vorsichtig mit ihm gesprochen«, sagte er, »das weißt du. Und ich weiß, daß er begonnen hat, Literatur über England und Amerika zu studieren. Aber er ist bisher nie auf meinen Vorschlag eingegangen, nicht länger auf eine positive Entscheidung der Deutschen zu warten, sondern die Augen auch auf eine andere Hilfe zu richten. Ich werde noch einmal mit ihm sprechen ...«
»Dann aber heute noch«, sagte Baidalakow. »Es wäre wichtig für uns, wenn wir darauf hinweisen könnten, daß in Andrej Andrejewitsch schon der Führer für den kommenden Kampf vorhanden ist. Unsere Köpfe stehen sowieso auf dem Spiel. Aber einen fremden Kopf, wie den von Andrej Andrejewitsch, können wir nur mit hineinziehen, wenn er, Andrej Andrejewitsch, damit einverstanden ist. Der Mann, der aus der Schweiz kommt, ist zuverlässig ...«
Baidalakow und Kasanzew tauschten noch einige Nachrichten aus. Baidalakow gab Informationen, die er von Verbindungsleuten aus Rußland erhalten hatte. Kasanzew berichtete über den Inhalt der letzten Morgensendung des sowjetischen Informationsbüros. Dann trennten sich beide.
Kasanzew fuhr am Abend nach Dahlem hinaus.
Wlassow saß beim Wodka und spielte mit Malyschkin und dem ersten Kommandeur des einstigen »Russischen Bataillons z. b. V.« in Ossintorf, Kromiadi, Préférence. Auf Wlassows Tisch, im Halbdunkel, türmten sich Papiere und Bücher, russische Übersetzungen deutscher, amerikanischer, englischer Schriften und Artikel, die die Kanzlei für ihn herstellte. Er las offenbar ein Churchill-Buch. Kasanzew bemerkte es mit innerer Zufriedenheit. Was Strik-Strikfeldt und die anderen Deutschen nicht brachten – Bücher über den »noch westlicheren Westen« –, das kam durch Kasanzews Direktiven von »irgendwoher«, damit der gelähmte

Tatwille des Riesen eine Möglichkeit fand, zu lernen und zu begreifen, was außerhalb Deutschlands im »Westen« geschah.
»Du bist es«, sagte Wlassow, während er kaum den Kopf hob, »setz dich her, Alexander Stepanowitsch ...« Er machte eine Geste. »Marija – Marija, bring ein Glas ...«
Kasanzew blickte sich um. Er hatte manchen Frauennamen hier draußen gehört und manche Frau gesehen. Der Name Marija war neu. Sie kam aus dem Keller, eine Russin, kaum dreißig Jahre alt, kokett, aber ungepflegt. Sie sah Kasanzew aus forschenden Augen an.
»Das ist Marija Ignatjewna Woronowa«, sagte Wlassow, ohne das Spiel zu unterbrechen, »meine treue Köchin, die mit mir am Wolchow gewesen ist, bis zuletzt. Sie ist von mir getrennt worden, als die Deutschen uns fingen. Ich habe immer gesagt: Sucht mir die Marija, dann wird unsere Küche den Gästen etwas zu bieten haben. Und was glaubst du? Sergej hat sie gefunden. Dort oben in Riga. Und er hat sie hierher gebracht. Und jetzt kocht sie für uns und hilft warten ...«
Die Frau streckte ihren Arm über Kasanzews Schulter und stellte das Glas vor ihn hin. »Ja, warten«, grollte sie, »immer warten. Auf was?«
Wlassow wies sie weg. »Geh in die Küche«, sagte er, »das andere kümmert dich nicht ...«
Als die Tür zugeschlagen war, sah Wlassow Kasanzew zwielichtig an. »Weißt du was?« sagte er. »Sie ist den Deutschen davongelaufen. War bei den Partisanen. Und sie hat den Auftrag gehabt, mich zu vergiften ...«
Er beugte das Gesicht, das in den letzten Monaten voller, aber auch dunkler und hintergründiger geworden war, wieder über das Spiel. »Sie hat es gestanden. Aber sie kann nicht ...«

Er zuckte die Achseln. »Sie kann eben nicht ... Sie haßt die Deutschen, aber sie findet vieles gut, sehr gut ... Das ist es ...«
Er trank sein Glas in einem Zug.
Kasanzew blickte zu den Papieren und Büchern hinüber.
»Andrej Andrejewitsch«, sagte er tastend, »Sie lesen über Churchill. Wissen Sie, wie es in England und Amerika aussieht?«
»Ich bin mit den Deutschen noch nicht fertig«, sagte Wlassow. »Ich sollte sie von Woche zu Woche mehr hassen, je länger sie mich hier warten lassen ... Ihre Führer sind dumm, eingebildet, eine Herde von Spießern. Aber sie haben mich zweimal gefangen. Einmal am Wolchow. Und einmal, wenn ich hier hinauskomme und die Häuser der kleinen Leute sehe und die Bauern ... Die Bauern ...«
Er schwieg und sah nachdenklich zur Wand hinüber.
»Und die Amerikaner?« sagte Kasanzew. »Dort ist die landwirtschaftliche, industrielle, wissenschaftliche Entwicklung noch bedeutend weiter als bei den Deutschen. Dort ist auch Großzügigkeit und doch alles, was uns fehlt ...«
»Kommst du wieder damit?« sagte Wlassow. »Ich habe von den Engländern und deinem Churchill gelesen. Er soll der größte Antibolschewist dort drüben sein ... Aber was weiß er? Er weiß von unserer Heimat und von Stalin noch weniger als Hitler. Und Roosevelt – er weiß nicht einmal, was Bolschewismus ist.«
»Es ist schön draußen«, sagte Kasanzew, »Andrej Andrejewitsch, Sie sollten nicht hier sitzen. Sie sollten noch den Abend genießen ...«
Malyschkin blickte auf und legte die Karten zur Seite. Auf sein feines Gesicht trat ein leises Lächeln. »Alexander Stepanowitsch hat recht ...«
Wlassow schenkte sich noch einmal ein, während sich Maly-

schkin hinter dem Tisch erhob. Er ging langsam, immer noch das Lächeln im Gesicht, hinaus. Wlassow trank und schwieg eine Weile.
»Du hast mir also wieder etwas zu sagen«, sagte er dann. Kasanzew nickte. »Ja, von unserem Senior«, fuhr er fort. »Aber wir sollten in den Garten gehen.«
Sie verließen das halbdunkle Zimmer und gingen durch den Flur, in dem einer der Leute aus der Kanzlei Wache hielt. Dann schritten sie auf den schmalen Gartenwegen zwischen Haus und Gartenzaun hin und her.
Kasanzew berichtete, weshalb er gekommen war. Wlassow sagte lange Zeit kein Wort. Seine Gestalt bewegte sich lautlos, mit nach vorn gesenktem Kopf im Dämmerlicht. Als sie den Garten zum dritten oder vierten Mal in seiner ganzen Länge durchmessen hatten, sagte er: »Ich danke eurem Senior für den Vorschlag. Aber ich muß ihn ablehnen. Du wirst fragen, warum ...«
Er blieb eine Weile am Zaun stehen und sah in die sinkende Nacht hinaus. »Gleich werde ich dir Antwort gehen ...«, sagte er dann und nahm seinen Gang wieder auf.
Kasanzew wartete geduldig. Endlich blieb Wlassow am Eingang der Gartenlaube stehen. »Ich weiß nicht«, sagte er, »Alexander Stepanowitsch, ich weiß nicht, ob es überhaupt möglich ist, Verhandlungen zu führen. Aber nehmen wir einmal an, daß ihr tatsächlich eine Brücke bauen könntet, zu den Engländern oder Amerikanern: Was könnten wir ihnen vorschlagen? Und was würden sie von uns fordern? Wir könnten ihnen mitteilen, daß in Deutschland und in den von Deutschland besetzten Gebieten soundso viele russische Antibolschewisten sind, die darauf warten, für eine neue Heimat kämpfen zu dürfen. Mehr nicht. Und was ist das ...? Siehst du, ich lese. Ich höre, was draußen in der Welt geschieht ... Wilfried Karlowitsch und die anderen drücken

ein Auge zu. Und ich höre jetzt mehr, als die Deutschen hören dürfen ...«

Seine Stimme klang noch tiefer. »Aber was höre ich? Sie beten Stalin an ... Sie beten das Regime in der Heimat an ... Sie beten alles nach, was Stalins kluge Leute ihnen erzählen. Sie glauben, daß unsere Heimat sich zu dem wandelt, was sie Demokratie nennen, oder womöglich zum alten Zarenreich, weil Väterchen in Moskau die alten Uniformen und die alten Nationalhelden ausgräbt, den Popen etwas Freiheit gibt und den vaterländischen Krieg verkündet ... Alexander Stepanowitsch, glaubst du, daß man dort überhaupt auf den Gedanken kommt, man müßte einmal gegen Stalin kämpfen, und daß es deshalb gut wäre, sich heute schon mit uns zu verbünden ... Neun Monate lang hat Väterchen in Moskau meinen Namen verschwiegen. Aber er ist durch alle Ritzen gesickert. Und seit ein paar Wochen hat Väterchen Stellung genommen und der Heimat erzählt, ich sei ein Verräter von Natur und ich sei schon oft ein Verräter gewesen und man habe mir dummerweise verziehen. Früher schon, in China, mit Tuchatschewski ... Welcher Unsinn das ist ... Aber sie beten es nach. Deine Leute im Westen! Und wir alle sind für deinen Churchill und die anderen nichts als Verräter, von den Deutschen gekauft ...!«

»Meinen sie nicht nur die Kaukasier und die Turkestaner und alle, die wirklich deutsche Landsknechte geworden sind?«

»Ihr urteilt zuviel nach der Theorie«, sagte Wlassow, »das Leben ist anders. Wie viele davon haben Landsknechte und Verräter werden wollen ...? Wie viele wirklich? Sie haben an die Deutschen geglaubt ... So wie ich. Und es war dann doch alles anders ... Und viele von den Deutschen, die sie gerufen haben, haben an die Vernunft geglaubt ... Und sie haben sich auch geirrt ...

Das ist alles sehr schwer. Aber was ändert es, ob sie nur wie Verräter aussehen oder wirklich welche sind? Was ändert das an euren Verhandlungen? Es ändert nichts. Es macht alles nur noch aussichtsloser ... Sie werden auch euch als Verräter empfangen und gar nicht anhören oder verhaften ... Vielleicht sogar zu Väterchen schicken ...«
Kasanzew wartete, bis man die Schritte eines auf der Straße vorbeigehenden Pärchens nicht mehr hörte.
»Andrej Andrejewitsch«, sagte er beschwörend, »dies wird nicht mehr lange so sein. Sie werden erkennen, mit wem sie sich verbündet haben, sobald die Rote Armee bis nach Mitteleuropa vordringt und zum Beispiel Polen, für dessen Freiheit die Engländer und Amerikaner ja in den Krieg eingetreten sind, ganz nimmt ... Sie brauchen unsere Heimat, um Deutschland zu schlagen. Und deswegen machen sie gute Miene zum bösen Spiel, so wie du gute Miene zu einem bösen Spiel von Hitler machst. In Wirklichkeit werden Roosevelt und Churchill wissen, daß diese Freundschaft nur eine Notfreundschaft ist ...«
Wlassow ging weiter.
»Wie ist es in Jugoslawien?« sagte er. »Deine Engländer wollten doch für Jugoslawiens Freiheit kämpfen. Aber sie haben den General Michailowitsch verraten, weil er mehr gegen den Kommunismus als gegen die Deutschen ist. Sie haben Tito unterstützt und unterstützen ihn jeden Tag, obwohl er Jugoslawien kommunistisch machen wird ... Was sagt dir das?« Er wartete nicht auf Kasanzews Antwort ... »Ihr habt eine Theorie«, fuhr er fort, »aber sie ist heute noch keine gute Theorie ... Heute haben deine Engländer und Amerikaner nur ein Ziel: Sie wollen Hitler und Deutschland zerstören. Und sie hätten an uns nur Interesse, wenn wir ihnen dabei helfen könnten. Können wir das? ... Es wäre der Untergang, noch bevor wir angefangen hätten,

mehr zu sein als ein Traum ... Nein, Alexander Stepanowitsch.«
Wlassow blieb wieder an dem Zaun stehen und umklammerte ihn mit seinen Händen. »Nein, Alexander Stepanowitsch«, wiederholte er, »ihr wißt mehr als ich. Aber ihr denkt manchmal so wie die Gelehrten in den Stuben. Ihr denkt euch, die Bolschewisten und die Deutschen, sie werden sich zerfleischen. Und dann kommen wir. Und unsere Engländer und Amerikaner werden uns helfen. Aber selbst wenn sie uns dann helfen würden, wenn die Deutschen geschlagen sind – mit was sollen wir denn kommen, wenn es unsere deutschen Freunde bis dahin nicht fertigbringen, uns unsere russische Armee zu geben ... Ihr denkt, dieser Andrej Andrejewitsch, er denkt nicht so hoch wie wir, er weiß nichts, er ist doch ein Bauer ... Gut, ich bin ein Bauer ...«, sagte er. »Aber ich habe die Füße auf der Erde. Und deswegen muß ich dir sagen, es geht nicht, wie ihr euch das denkt ...«
Seine Stimme war schwermütig. »Ihr haßt die Deutschen«, sagte er, »und man sollte sie hassen für alles, was sie unserer Heimat getan haben und was ich noch nicht gewußt habe, als ich zu den Deutschen kam. Ihr glaubt, ihr werdet da drüben in London oder in Amerika mehr Freunde finden ... Ich glaube das nicht. Und wenn, dann ist es weit, zu weit, als daß man es greifen könnte. Mit den Händen hier, verstehst du?«
Er legte seine Hände vor Kasanzews Brust. »Es ist so. Was wir brauchen und wovon alles andere abhängt, das ist die Regierung, und das ist die Armee. Und die kann uns heute niemand geben außer den Deutschen. Niemand. Es gibt gar keinen anderen Weg, Alexander Stepanowitsch ...«
Kasanzew fühlte dunkel das Recht auf der anderen Seite. »Aber wenn die Armee da ist«, sagte er. »Wenn sie fertig ist ...«
»Erst muß sie dasein. Ich warte auf sie! Und wir alle warten.

Und nicht nur wir, sondern auch die deutschen Freunde. Vielleicht warten wir umsonst. Und vielleicht sind wir dann einmal wirklich Betrogene und Betrüger. Aber wir haben den Versuch gemacht. Wir haben gekämpft. Denn auch das Warten ist Kampf...«

Vom Haus her hielt gelegentlich eine der Wachen Ausschau. Wlassow schwieg lange. »Ich weiß jetzt, wie es bei diesen Deutschen aussieht«, sagte er. »Ich habe nach einer Idee gesucht... Aber die haben sie nicht. Der Sozialismus ist wenigstens eine Idee, der Nationalismus ist eine Jagd nach Macht. Sie haben Organisation, Technik und Ordnung. Ich habe nach dem Ganzen gesucht. Aber es gibt nur einzelne und Gruppen, die Macht haben oder keine Macht. Das ist unsere Chance, denn diejenigen, die die Macht haben, werden sie durch ihre Dummheit verlieren. Soll ich Hitler hassen? Man kann ihn nur verachten, weil er dumm ist. Und die anderen auch. Aber sie werden sich an uns wenden, wenn ihre Macht verrauscht und wenn sie ihren dummen Hochmut verlieren und um ihr Leben kämpfen. Dann werden sie uns die Regierung und die Armee geben...«

»Aber wann wird das sein?«

»Ich sagte es. Wenn sie um ihr Leben kämpfen... Dann wird es sein... Und dann können wir noch einmal darüber sprechen. Vielleicht... Weißt du, man soll nicht so oft und so schnell die Fronten wechseln!«

Er ging langsam auf das Haus zu, wie zum Zeichen, daß er mit seinen Ausführungen fertig sei.

»Vielleicht lachst du«, sagte er, »vielleicht denkst du, er ist zu unbeweglich, der Bauer. Aber ich habe einmal gewechselt. Es kostet viel...«

In seinem letzten Wort lag alles – die ganze verzehrende Qual des Wartens, das Hoffen und Suchen so vieler Monate. – Als er ins Haus ging – gerade, als Sergej Fröhlich selbst

nach ihm Ausschau halten wollte –, ahnte er nicht, daß sich ein neuer Schlag gegen seine Sache vorbereitete.
Am 14. September 1943 war der von Hitler mit langer Verzögerung doch noch befohlene Versuch, bei Kursk eine gewaltige Umfassungsschlacht zu schlagen, zusammengebrochen.
Die nächtliche Lagebesprechung in Wolfsschanze stand unter dem Eindruck des Mißlingens. Hitler war totenbleich. Seine Umgebung rechnete mit Ausbrüchen verzweifelter Wut.
In diese gewitterschwüle Stimmung hinein unternahm Himmler den Versuch, von den wirklichen Ursachen für den gescheiterten Angriff, nämlich dem Zerfall der deutschen Offensivkraft, abzulenken. Wahrscheinlich versuchte er auch, sich selbst zu täuschen und ein Ventil für seinen Slawenhaß zu finden.
»Mein Führer«, erklärte er, »ich habe soeben erfahren, daß bei der südlichen Armee der Heeresgruppe Mitte die sowjetischen Erfolge auf den Verrat russischer Freiwilligenverbände zurückzuführen sind, die dort gegen Ihr Verbot in der Front eingesetzt wurden. Ich habe mich immer dagegen gewandt, Russen deutsche Uniformen und Waffen zu geben. Hier haben Sie die Quittung für den Irrsinn bestimmter Kreise des Heeres ...«
Hitler richtete sich ruckartig hinter dem Kartentisch auf. Sein Gesicht verfärbte sich von kalkiger Blässe zu einem bläulichen Rot.
»Keitel«, rief er, »ist Ihnen davon etwas bekannt?« Und dann, da der völlig überraschte Keitel nicht sofort eine Antwort fand: »Sie können wohl nicht leugnen, daß das stimmt. Es wäre ja nicht das erstemal, daß ich außerhalb der Wehrmacht besser, schneller und zuverlässiger unterrichtet werde ...«
Keitel beeilte sich zu erwidern: »Mein Führer. Der Befehls-

haber einer Armee dort unten hat wohl gemeldet, daß die in seinem Abschnitt eingesetzten Freiwilligenverbände sich als unzuverlässig erwiesen hätten. Es ist aber nichts darüber bekannt, daß dies in einem Zusammenhang mit Frontdurchbrüchen steht ...«

Hitler hatte in diesem Augenblick gefunden, was er im Unterbewußtsein suchte: die Schuldigen. Er ließ Keitel nicht weiterreden. Er grollte: »Der Befehlshaber ist wohl auch einer von denen, die am liebsten eine ganze russische Armee aufgestellt hätten und jetzt nicht zugeben möchten, welchen verbrecherischen Blödsinn sie hier vertreten haben ... Mir genügt die Meldung der Unzuverlässigkeit in dieser gefahrvollen Stunde, wo sich schließlich zeigt, wer für uns und wer gegen uns ist. Jetzt habe ich genug ... Ich bin immer noch zu nachgiebig gewesen ...« Er schrie plötzlich: »Jetzt wird diese Pestbeule aufgestochen ...«

Er begann, mit großen Schritten, die Hände auf dem Rücken, hin und her zu gehen. »Keitel, machen Sie den Herren des Generalstabes des Heeres klar ... Wir werden ein Exempel statuieren ... Ich gebe Ihnen hiermit den Befehl, alle Russenverbände sofort auflösen zu lassen. Als erste Rate 80000 Mann. Die werden sofort entwaffnet, und die ganze Bande kommt in die französischen Bergwerke zum Kohlekratzen ...« Er rang nach Atem. »Ich brauche keine russischen Verräter, die uns in den Rücken fallen. Ich brauche Bergleute. Die werden wir uns jetzt da holen. Das kommt geradezu wie gerufen ... Das ist wie ein Wink des Schicksals ...«

Keitel sagte: »Mein Führer, ich muß nur darauf aufmerksam machen, daß das Heer erhebliche Kräfte braucht, um diese Entwaffnung durchführen zu können ...«

»Großartig«, höhnte Hitler, »großartig. Haben die Herren da im Generalstab glücklich die Macht geschaffen, die so stark ist, daß wir sie nicht mehr entwaffnen können ...?! Der Generalstab des Heeres möge die Verbände nehmen, woher er sie nehmen will ... Der Reichsführer wird ihn unterstützen ... In 48 Stunden erwarte ich die ersten Vollzugsmeldungen ... Ich hoffe, Sie haben mich verstanden ...« Er wütete: »... Ich habe oft genug gewarnt ... Jetzt sollen die Herren, die uns diese Suppe eingebrockt haben, sehen, wie sie damit fertig werden ... Das teilen Sie Zeitzler mit. Ich wiederhole nochmals: Vollzugsmeldung innerhalb von 48 Stunden ... Sonst werde ich den Reichsführer SS damit beauftragen, diese Polizeiaktion durchzuführen, und dann geht es schnell ...«

In den frühen Morgenstunden des 15. September wurde Hellmich alarmiert und nach Mauerwald bestellt. Zeitzler unterrichtete ihn über Hitlers Befehl. »Ich habe mich jetzt oft genug wegen Ihrer verdammten Freiwilligen abkanzeln lassen. Ich habe es satt ... Ich erwarte von Ihnen, daß Sie mir binnen sechs Stunden die Durchführungsbestimmungen für die Entwaffnung vorlegen ...«

Hellmich war völlig überrascht. »Das ist gänzlich unmöglich«, erklärte er.

Zeitzler schüttelte den Kopf. »Es ist ein Führerbefehl ... Es steht fest, daß die Freiwilligenverbände am Südflügel der Heeresgruppe Mitte versagt haben. Sie sind übergelaufen. Sie haben Frontlücken aufgerissen ... Der Befehl des Führers wird durchgeführt. Ich sage es Ihnen noch einmal, ich habe keine Lust, mich wegen dieser Russen beschimpfen zu lassen ...«

»Aber die Meldungen über ein derart umfangreiches Versagen der Freiwilligen können unter gar keinen Umständen zutreffen«, beharrte Hellmich. »Ich bin laufend über den Grad der Zuverlässigkeit der Freiwilligenverbände informiert. Die eingegangenen Meldungen besagen, daß die Unzuverlässigkeit nirgends mehr als etwa 1,5 Prozent betragen hat. Auch am Südflügel der Heeresgruppe Mitte nicht. Ich möchte wissen, wer gegenteilige Meldungen verbreitet.«

»Der Führer ist auf direktem Wege unterrichtet worden. Der Oberbefehlshaber der Armee hat entsprechend gemeldet. Außerdem tut das nichts mehr zur Sache ...«

»Verzeihung«, sagte Hellmich. »Selbst wenn die Meldungen zutreffen sollten, scheint man sich im Führerhauptquartier nicht klar darüber zu sein, was eine Entwaffnung bedeutet und welche Folgen sie haben wird ...«

»Ich habe mich an den Führerbefehl zu halten. Wenn ich ihn nicht durchführe, wird Himmler ihn durchführen. Das dürfte noch unangenehmer sein. Ich darf Sie also bitten, die Durchführungsbestimmungen in der gewünschten Frist auszuarbeiten und mir vorzulegen ...«

Als Hellmich in der Steinmetzkaserne eintraf, fand er Major Röpke auf Herres Platz. Herre wurde erst gegen Mittag zurückerwartet.

»Herr General«, sagte Röpke, »wenn dieser Befehl durchgeführt wird, ist das das Ende all unserer Arbeit. Wie sollen wir 80 000 Mann entwaffnen? Glaubt denn irgend jemand da oben, daß sich die Freiwilligenverbände das alles bieten lassen? Wir werden Unzuverlässigkeit und Revolten heraufbeschwören, und Verbände werden in Massen zu den Partisanen gehen ...«

Hellmich sah ihn müde an. »Das habe ich alles längst gesagt.«

»Ich bin überzeugt, daß die Informationen, die der Führer bekommen hat, entweder falsch oder übertrieben sind. Ich schlage vor, dem Abwehroffizier den Auftrag zu geben, die tatsächliche Situation bei allen Heeresgruppen festzustellen. Die Zusammenstellung von Durchführungsbestimmungen für den Führerbefehl innerhalb von sechs Stunden ist sowieso eine Unmöglichkeit. Das muß der Chef des Generalstabes einsehen.«

»Das bezweifle ich ...«

»Herr General«, Röpke kämpfte mit Hellmichs schwerblütiger Resignation, »wir müssen einen Aufschub beantragen. Davon hängt alles ab. Der Abwehroffizier muß Vollmacht erhalten, sich telefonisch unmittelbar mit den Heeresgruppen und Armeen in Verbindung zu setzen.«

Hellmich sah Röpke schweigend an.

»Nun gut«, sagte er, »versuchen Sie es.«

Als Herre gegen Mittag zurückkam, schien die Steinmetzkaserne wie verwandelt. Sein Instinkt sagte ihm, daß irgend etwas Ungewöhnliches geschehen war.

Seit zwei Stunden liefen bereits die Ferngespräche mit den Heeresgruppen und Armeen. Sie waren mit der höchsten Dringlichkeitsstufe angemeldet. Die Gespräche mit der Heeresgruppe waren bereits beendet. Es gab dort keine Anzeichen für eine nachlassende Zuverlässigkeit bei den Ostfreiwilligen.

Als Herre sich einschaltete, meldeten sich die Armeen der Heeresgruppe Süd. Auch von dort kamen keine alarmierenden Nachrichten. Vielmehr hatten sich mehrere Osteinheiten besonders bewährt. Es blieb also die Heeresgruppe Mitte.

Die Nachrichtenverbindungen ließen auf sich warten. Herre und Röpke mahnten. Es war ein Wettrennen mit der Zeit. Hellmich war unterdessen nach Mauerwald hinübergefahren, um den Aufschub der befohlenen Vorlage zu erreichen. Auch er kam nicht zurück.

Endlich meldete sich der IC der Heeresgruppe Mitte. Er war einigermaßen verwundert über die Aufregung, die in Lötzen herrschte. Er meinte, ob man dort keine anderen Sorgen habe. Die Ostverbände? Nichts Ungewöhnliches. Eigentlich

wider Erwarten gut. »Und die Meldungen«, schrie Herre in den Apparat, »auf die sich der Führer beruft?«
»Meldungen? Die könnten nur darauf zurückzuführen sein, daß am Südflügel der Heeresgruppe eine Kosakeneinheit übergelaufen sei, ferner Teile eines Baubataillons. Deutsches Rahmenpersonal war dabei ermordet worden. Aber beide Verbände hätten sich mit mangelhafter Ausrüstung kaum zu lösenden Aufgaben gegenübergesehen.« Soweit der IC die Dinge übersah, hatte der Befehlshaber der betreffenden Armee in einem Augenblick erster Erregung eine verallgemeinernde Meldung nach oben gegeben, die vielleicht in SS-Kanäle gekommen war. Von einer allgemeinen Unzuverlässigkeit könne keine Rede sein. Die Belastungen des Rückmarsches und der Rückschläge seien freilich ungeheuer, und kein Mensch könne voraussagen, wie die Lage sich weiterentwickle. Zur Stunde sei die ganze Erregung gegenstandslos. Herre drang trotzdem darauf, daß jede einzelne Armee der Heeresgruppe befragt wurde. Das dauerte wieder seine Zeit. Endlich meldeten die Armeen: schwere Abwehrkämpfe. Rückzugsbewegungen, hohe Vermißtenzahlen unter Deutschen wie unter Russen, ohne daß man daraus auf ein Überlaufen schließen könnte. Schließlich kam die betroffene Armee selbst. Aber auch deren IC beurteilte die Lage sehr ruhig. Er teilte mit, sein Befehlshaber habe sich bereits beruhigt und bedaure seinen übereilten Schritt. Er sagte wörtlich: »Da ist unser Alter wieder mal fickerig geworden. Ich kann allerdings nicht voraussagen, was noch passiert, wenn es weiter nichts gibt als ›zurück‹. Aber die Verallgemeinerungen sind jetzt Unsinn ...«
Als Oberleutnant Schareck, der Abwehroffizier, den Hörer auflegte, war die Frist von sechs Stunden schon fast verstrichen. Aussichtslos, die vorgesehenen Berichte noch herzustellen. Und Hellmich war immer noch nicht zurück.

Hellmich kam erst eine Stunde später. Er brachte die erlösende Mitteilung, daß er 24 Stunden Zeit gewonnen habe. Er hatte Gehlen aufgesucht. Überall herrschte die Ansicht, daß dem Entwaffnungsbefehl mit allen Mitteln entgegengetreten werden müsse, bis Hitler seinen Zorn und seine Verzweiflung auf das ihm so verhaßte Gebiet der Freiwilligenverbände abgeladen habe.
Die Dienststelle des Generals der Osttruppen arbeitete die ganze Nacht hindurch und den kommenden Vormittag. Dann waren die Berichte fertiggestellt.

Die Berichte wiesen darauf hin, daß eine Entwaffnung der Freiwilligen katastrophale Auswirkungen auf die Millionen Ostarbeiter in Deutschland haben mußte, denen die Sicherheitskräfte des Heimatkriegsgebietes nicht gewachsen sein würden.
Am Vormittag wurden noch einmal Gespräche mit den Heeresgruppen und Armeen geführt. Die Lage hatte sich nicht verändert.
Als Herre Hellmich gegen Mittag die endgültigen Ergebnisse vorlegte, sah dieser ihn düster an. »Das ist sehr schön und eindrucksvoll«, sagte er langsam. Der Überdruß und die Müdigkeit fraßen an ihm. »Glauben Sie«, sagte er, »daß uns das etwas helfen wird ...?«
»Herr General«, sagte Herre, »wer sich selbst aufgibt, der ist verloren ...«
»Wahrscheinlich haben Sie recht«, sagte Hellmich. »Aber Sie haben den Chef des Generalstabes gestern und vorgestern nicht erlebt. Er will in dieser Sache nicht gegen Hitler kämpfen. Um ihn mitzureißen, braucht man mehr, als ich im Augenblick habe ...« Er zögerte. Dann sagte er: »Versuchen Sie es. Ich werde Sie anmelden.«

Als Herre nach Mauerwald fuhr, trug er Beweise dafür bei sich, daß alles in allem 1300 Freiwillige und Hilfswillige übergelaufen waren. Das bedeutete in dieser Stunde nicht mehr als 1,5 Prozent der Gesamtstärke aller auf deutscher Seite erfaßten Freiwilligen und Hilfswilligen.
Zeitzlers Vorzimmer war unruhig wie immer. Als die kleine Offiziersgruppe, die als letzte vor Herre eingelassen worden war, zurückkam, hörte Herre nur die nicht gerade vielversprechenden Worte: »Hat ja eine reizende Laune, der Kugelblitz ...«
Herre durchmaß den vorderen Teil von Zeitzlers Zimmer und ging auf den großen Schreibtisch zu, hinter dem Zeitzler saß. Zeitzlers kugeliger Glatzkopf war über Papier gebeugt. »So«, sagte er, ohne aufzublicken, »also Thema: Kohlekratzen. Nehmen Sie Platz, aber machen Sie's kurz.«
Die grellen Tageslichtlampen über dem Schreibtisch strömten eine Hitze aus, die Herre Schweißperlen auf die Stirn trieb.
»Der Führer hat sich inzwischen etwas beruhigt«, brummte Zeitzler. »Es wird wahrscheinlich nicht zur Auflösung aller Ihrer ... Verbände kommen. Aber der Führer hat die Entwaffnung von wenigstens 50 000 Freiwilligen und ihren Einsatz in den Bergwerken befohlen. Und dabei wird es bleiben ...«
Herre sagte: »Herr General. Auch diese Maßnahme bedeutet eine Katastrophe ...«
Zeitzlers Gesicht verfinsterte sich. »Das habe ich mir gleich gedacht, daß ich immer wieder die gleichen Argumente zu hören bekomme. Können Sie Ihre Behauptungen sachlich begründen? ...«
»Die Freiwilligen haben eine Waffenehre wie unsere Soldaten. Eine Entwaffnung bedeutet für sie eine Entehrung. Ihr Einsatz in Bergwerken eine doppelte Entehrung. Wenn man

schon der ganzen Freiwilligenbewegung einen tödlichen Schlag versetzen will, dann sollte man wenigstens nicht die Folgen für die ganze deutsche Rüstungsindustrie vergessen. Eine Entwaffnung von 50000 Freiwilligen wird sich mit Windeseile unter den Millionen Ostarbeitern in Deutschland herumsprechen ... Was geschieht, wenn die sechs Millionen Ostarbeiter anfangen, Sand in die deutschen Maschinen zu schmeißen ...?«

Zeitzler sah unwillig auf: »Ach, Sie übertreiben ...«

Aber Herre ließ sich nicht beirren: »Herr General, ich übertreibe nicht. Ich habe genug Erfahrung, um zu wissen, daß die eben vorgetragene Anschauung sachlich richtig ist ... Der General der Osttruppen hat die Aufgabe, den Chef des Generalstabes des Heeres in allen Freiwilligenangelegenheiten zu beraten. Aus dem Bewußtsein dieser Verantwortung muß ich im Namen meines Generals vor der Durchführung der vom Führer beabsichtigten Maßnahmen dringendst warnen ...«

»Diese Maßnahmen sind nicht beabsichtigt ... Sie sind vom Führer befohlen ...«

Es sah so aus, als werde der Vortrag ohne Ergebnis enden. Die perlenden Tropfen auf Herres Stirn hatten sich vermehrt. Er fühlte die Versuchung, sein Taschentuch hervorzuziehen und sie wegzutupfen. In diesem Augenblick zog Zeitzler selbst sein Taschentuch und wischte sich über den glänzenden Kopf. Als Herre darauf das gleiche tat, schien es, als ob diese menschliche Geste die Atmosphäre löste.

»Ich will Ihnen ... etwas sagen«, lenkte Zeitzler ein, »wir müssen dem Führer bis zur äußersten Grenze des Möglichen entgegenkommen. Wo ist diese Grenze ...?«

»In den letzten vierundzwanzig Stunden«, sagte Herre, »sind alle Freiwilligenverbände so genau, wie es angesichts der Rückzugsverhältnisse überhaupt nur möglich ist, auf ihre

Zuverlässigkeit überprüft worden. Hier sind die Unterlagen. Ich bitte Herrn General, sich selbst ein Bild zu machen.«
Zeitzler zögerte. Dann überflog er die Berichte. »Das ist doch unmöglich«, grollte er, »1,5 Prozent! Das ist doch frisiert...«
»Nein, Herr General«, sagte Herre. »Das ist die Wahrheit, und die Frage bleibt offen, wie der Führer so falsch unterrichtet werden konnte. Der Befehlshaber der Armee, in deren Bereich sich Unzuverlässigkeit gezeigt hat, hat seine Ansichten inzwischen selbst revidiert. Die prozentuale Zuverlässigkeit ist im Hinblick auf die Gesamtzahl der Freiwilligen aus dem Osten berechnet. Das heißt, daß nur einige kleine Verbände versagt haben. Solche Verbände könnte man auflösen und entwaffnen, ohne daß die Masse der Freiwilligen dies als Ungerechtigkeit empfindet...«
»Aber wie stellen Sie sich das vor?« Aus Zeitzlers kleinen Augen sprach schon das Unbehagen darüber, daß er sich so weit eingelassen hatte. »Wieviel tausend Mann bringen Sie denn da zusammen?«
»Auf keinen Fall mehr als 3000 bis 5000.«
»5000 anstatt der geforderten 50 000 oder 70 000? Sind Sie wahnsinnig? Glauben Sie im Ernst, daß der Führer sich auf so etwas einlassen wird?«
Herres Stimme nahm einen beschwörenden Ton an. »Der Führer muß sich darauf einlassen. Es muß dem Führer anhand dieses Materials deutlich gemacht werden, daß es gar keine andere Entscheidung für ihn gibt.«
Zeitzler griff von neuem nach dem Taschentuch. Er schwankte offenbar zwischen sachlicher Erkenntnis und seiner persönlichen Angst vor Auseinandersetzungen, die über seinen unmittelbaren Aufgabenbereich hinausgingen. Dann sagte er: »Machen wir es kurz. Sie reichen bis morgen vormittag der Organisationsabteilung die Liste der Verbände

ein, deren Auflösung und Entwaffnung Ihrer Ansicht nach keinen grundsätzlichen Schaden anrichtet. Sie teilen meinem Adjutanten vor morgen vormittag 11 Uhr die endgültigen Zahlen der Kohlenkratzer mit, die ich dem Führer Ihrer Meinung nach zur Verfügung stellen kann ... Das ist alles.«

Die Entscheidung fiel nach drei Tagen. Hitler erklärte sich damit einverstanden, daß die Strafaktion auf die Verbände beschränkt blieb, die von Hellmich und Herre inzwischen namentlich genannt worden waren. Aber gleichzeitig kam aus dem Führerhauptquartier die inoffizielle Nachricht, daß beabsichtigt sei, sämtliche Osttruppen aus der deutschen Ostfront herauszuziehen und auf westliche Kriegsschauplätze zu verlegen, um ihnen die Möglichkeit des »Überlaufens zu ihren slawischen Genossen ein für allemal zu nehmen«.
Noch am gleichen Nachmittag, an dem Herre zum erstenmal hiervon hörte, setzte er sich mit Major Rohrbeck im Wehrmachtsführungsstab in Verbindung.
»Ich kann nicht sagen«, erklärte Rohrbeck, »auf wen der Plan im einzelnen zurückgeht. Ich habe heute abend bei Lötzen zu tun. Ich möchte Herrn Oberstleutnant aufsuchen.«
Rohrbeck kam abends um 8 Uhr. Die Entscheidung über die Verlegung der Verbände nach Westen war in einer Unterredung zwischen Hitler, Keitel und Jodl gefallen. Dabei waren verschiedene Probleme zusammengekommen. Erstens der Wunsch Hitlers, die Ostverbände auszuschalten. Zweitens die Erkenntnis, daß ihre Entwaffnung Folgen haben könnte, die man nicht in den Wind schlagen durfte. Drittens die Tatsache, daß die Frontverbände auf den Kriegsschauplätzen im Westen, aber auch im Südosten, Süden und Norden große Kräftelücken aufwiesen und daß weitere Truppenverlegungen von diesen Kriegsschauplätzen an die unmittelbar bedrängte Ostfront nur dann möglich waren, wenn dafür

Ersatz antransportiert wurde. Dem Vernehmen nach hatte Keitel schließlich den Weg vorgeschlagen, der alle Probleme zu lösen schien: Herausnahme aller Ostverbände aus Rußland und ihre Verlegung auf westliche Kriegsschauplätze – erstens zur Schließung bestehender Lücken, zweitens zur Ablösung von Verbänden, die an der Ostfront eingesetzt werden konnten. Im Westen wollte man die Verbände aufteilen und so fest unter deutsche Kontrolle nehmen, daß sie nicht mehr »gefährlich werden könnten«.

»Ist das authentisch?« fragte Herre.

Rohrbeck nickte: »Jawohl. Das ist authentisch.«

Dachte kein Mensch darüber nach, welche verhängnisvollen Folgen auch dieser neue Entschluß haben mußte? Da warteten die meisten Freiwilligen nun auf Anerkennung des einzigen Zieles, das sie bewegen konnte: eine eigene Armee, eigene Führer. Sie hatten vergebens gewartet. Aber immerhin hatten sie bisher auf einem heimischen Kriegsschauplatz gekämpft. Was aber sollten sie in Frankreich oder Dänemark, Italien und Norwegen? Welchen Sinn sollten sie in einem Kampf gegen Engländer und Amerikaner sehen?

»Rohrbeck.« Herre begann in seinem Zimmer auf und ab zu gehen. »Rohrbeck«, sagte er, »das bedeutet, genauso wie das Kohlekratzen, die endgültige Absage an eine vernünftige Konzeption. Das bedeutet den endgültigen Ruin der Verbände.«

Rohrbeck sah Herre zögernd an. »Herr Oberstleutnant«, sagte Rohrbeck mit der klugen Bedächtigkeit, die er trotz seiner Jugend häufig zeigte, »man könnte diese Sache auch von einem anderen Gesichtswinkel aus betrachten.«

»Und der wäre?«

»Herr Oberstleutnant«, sagte Rohrbeck, »die Ostfront geht weiter zurück. Schön, es hat sich gezeigt, daß die Meldungen über das Versagen der Freiwilligenverbände übertrieben waren. Aber wenn unsere Rückwärtsbewegungen so weitergehen – und sie werden weitergehen –, glauben Sie nicht, daß dann die Belastungen für die Ostverbände über kurz oder lang nicht doch zu stark sein werden? Wir haben neue Nachrichten über Überläufer, ermordetes deutsches Rahmenpersonal, Konspiration von Verbänden mit Partisanen ...«

Herre schwieg, in Gedanken versunken.

»Wenn ich so sagen darf, Herr Oberstleutnant«, fuhr Rohrbeck fort, »ich fürchte, diese Fälle werden sich jetzt mehren. Und es könnte jeden Tag zu neuen Kohlekratzerbefehlen kommen. Die Entscheidung, die Verbände nach dem Westen zu bringen, wird dagegen zur Folge haben, daß die Verbände erhalten bleiben – und nicht bei neuen Auseinandersetzungen mit dem Führer vernichtet werden ...«

Er sah Herre erwartungsvoll an. Aber Herre erwiderte: »Was hilft das alles? Wir retten die Substanz, aber der Inhalt ... geht endgültig vor die Hunde.«

Rohrbeck zuckte die Achseln. »Herr Oberstleutnant«, sagte er, »hier geht es nur um die Wahl des geringeren Übels. Die Verlegung der Verbände nach dem Westen rettet gewiß nur die Substanz. Aber im Osten ginge selbst diese Substanz verloren. Wer weiß, wie sich die Dinge entwickeln. Wenn weitere Rückschläge kommen, bleibt dem Führer gar nichts anderes übrig, als seinen Starrsinn aufzugeben. Wenn man dann noch die Substanz in Händen hat, ist nicht alles verloren. Wenn man aber nichts mehr hat ... Was bleibt denn dann?«

Herre ging zu Hellmich.

»Was sollen wir den Leuten sagen? Wie sollen wir ihnen klarmachen, wofür sie im Westen kämpfen sollen, ohne ihre letzten Illusionen zu zerstören ...«

Hellmich zuckte die Achseln.

»Ich bin für morgen früh zum Chef des Generalstabes bestellt. Er wird mir die neue Entscheidung des Führers mitteilen. Dann werden wir sehen ...«

»Die ersten Befehle für die Verlegung der Verbände sind bereits fertig«, sagte Zeitzler. »Die Kosakendivision, die soeben in Mielau aufgestellt worden ist, wird gar nicht erst an der Ostfront eingesetzt. Sie wird sofort nach Jugoslawien transportiert. Die Ostlegionen werden als erste nach Frankreich verlegt. Alle anderen Freiwilligenverbände werden Zug um Zug folgen. Sofern sie von den Rückzugskämpfen nur wenig betroffen sind, sollen sie direkt überführt werden. Sofern sie erst neu formiert werden müssen, werden sie über den Truppenübungsplatz Mielau geleitet. Die Organisation der Kommandeure der Osttruppen wird aufgelöst.«

Hellmich nahm diese Nachrichten zur Kenntnis.

»Nun«, sagte Zeitzler nicht ohne eine Spur von Sarkasmus. »Das OKW wird sich in Zukunft selbst mit Ihren Freiwilligen zu beschäftigen haben. Wenn ich dafür Verbände aus dem Westen bekomme, ist das kein schlechter Tausch. Aber die Sache ist auch für Ihre Leute ein guter Ausweg. Die Klagen, daß die Osttruppen den Belastungen der Rückwärtsbewegungen nicht gewachsen sind, mehren sich seit Tagen. Seien Sie froh, daß die Entscheidungen des Führers vor Eingang dieser Meldungen gefallen sind.«

»Wenn es jetzt zu einem völligen Versagen der Freiwilligen käme«, sagte Hellmich, »so braucht sich niemand darüber zu wundern.«

Zeitzler machte eine Handbewegung, mit der er die Problematik beiseite wischte.

»Ich kann das nicht ändern«, sagte er. »Ich habe andere Sorgen. Ich erwarte Ihre Vorschläge, in welcher Reihenfolge die Abtransporte erfolgen können. Ich erwarte von Ihnen,

daß die neuen Anweisungen des OKW ohne Zögern durchgeführt werden.«
Hellmich machte noch einen Versuch.
»Und welche Erklärung sollen wir den Freiwilligenverbänden dafür geben, daß sie plötzlich aus dem Kampfgebiet, für das sie sich gemeldet haben, herausverlegt werden?«
Zeitzler machte eine ungeduldige Bewegung. »Die sollen froh sein, daß sie aus dem Dreck herauskommen ... Irgend etwas wird man ihnen doch sagen können.«

So begann die Verlagerung der in so viele Einzelverbände zerrissenen, auf einer höheren Ebene aber doch zusammengehörigen »Armee der 800 000«.
Die Besprechungen im Stabe Hellmich über die notwendige »Motivierungspropaganda« verliefen unter Zeitdruck. Man fand keine bessere Lösung, als den Freiwilligenverbänden zu erklären, daß die Verlegung nach dem Westen angesichts der »vorübergehenden Krise« an der deutschen Ostfront notwendig sei, um die bestehenden Verbände an ruhigen Frontabschnitten für eine entscheidende deutsche Gegenoffensive 1944 an der Ostfront vorzubereiten.
Auch Grote, mit dem man konferierte, wußte keine andere These als: Ruhe für die Ostverbände nach schweren Kämpfen, Neuausrüstung mit dem Ziel, die Bildung der geschlossenen Befreiungsarmee vorzubereiten ...
Sie alle wußten, daß sie mit einer eindeutigen Lüge operierten, und zur Beruhigung ihres Gewissens konnte nur eines dienen – eine neue mühselige Anleihe bei der Hoffnung auf eine Sinnesänderung Hitlers. Aber kaum hatten sie sich zu den verzweifelten Propagandarichtlinien durchgerungen, als Herre durch Rohrbeck eine neue Alarmmeldung erhielt. Rohrbeck teilte ihm mit:
»Generaloberst Jodl hat sich, als die Schwierigkeit der propa-

gandistischen Motivierung für die Verlegung nach dem Westen angeschnitten wurde, an Wlassow erinnert. Er ist der Ansicht, daß Wlassow, der für Propagandazwecke in Freiheit gesetzt und wie ein rohes Ei gehütet worden sei, jetzt beweisen könne, ob er wirklich den Einfluß auf die Russen habe, von dem dauernd geredet wird ...«

Herre rief: »Das ist doch unmöglich!«

Aber Rohrbeck fuhr fort: »Jodl erwartet von Wlassow die Abfassung eines offenen Briefes, in dem dieser den Verbänden erklärt, daß die Verlegung nach dem Westen notwendig ist und daß es nicht darauf ankommt, wo sie kämpfen ...«

Herre fuhr nach Berlin, um mit Strik-Strikfeldt den »Wunsch« Jodls zu besprechen.

In der Viktoriastraße holte er Strik-Strikfeldt ab, um sich in seiner Wohnung in Lichterfelde mit ihm auszusprechen.

Strik-Strikfeldt hatte erst vor zwei Stunden Wlassow aufgesucht. Er war noch erfüllt von der Empörung, die den hundertfach Enttäuschten überfallen hatte, als er von der bereits im Gange befindlichen Verlegung der Freiwilligenverbände auf die OKW-Kriegsschauplätze erfuhr. Nie zuvor hatte er bei dem Riesen einen so lauten Ausbruch seiner Verzweiflung, seiner gefesselten Machtlosigkeit erlebt. Wlassow sah in der neuen Aktion ein schamloses Eingeständnis, daß die Deutschen niemals etwas anderes gewünscht hätten als russische Landsknechte.

In hilflosem Zorn, von dem Gefühl, wieder betrogen zu werden, übermannt, hatte er gedroht, er werden diesen Verrat vor allem Russen gegenüber als Verrat bezeichnen. Man könne sicher sein, daß seine Worte, auch ohne Propagandamittel, unter allen Soldaten und Arbeitern von Mund zu Mund eilen und ihre letzten Funken von Glauben an die deutschen Betrüger zerstören würden. Strik-Strikfeldt hatte ihm nicht widersprochen, sondern das Haus am Kiebitzweg

in einem Zustand grenzenloser Verbitterung verlassen. Auch in Dabendorf war man orientiert. Wenn man von der Stimmung einiger Opportunisten absah, herrschten unkontrollierbare Spannung und Erregung. Als Strik-Strikfeldt von Jodls Ansinnen an Wlassow erfahren hatte, brach er innerlich für einen Augenblick zusammen. Jodls Forderung versinnbildlichte für ihn ein unvorstellbar skrupelloses Spiel mit Mensch und Seele, Treue und Glauben.
Herre versuchte ihn zu beruhigen. Er erklärte ihm, wie es zu den neuen Entscheidungen gekommen war, und beschrieb die Alternativen, so wie er sie jetzt sah: entweder zunehmender Zerfall der Verbände an der Ostfront, neue Überlaufalarme und rabiate totale Auflösungsbefehle Hitlers oder Erhaltung der Substanz. Es gelang ihm schließlich, Strik-Strikfeldt, der im Grunde seines Herzens so gerne glauben wollte, um seine eigenen Träume nicht zu zerstören, von der Richtigkeit der »Substanz«-Theorie zu überzeugen. Strik-Strikfeldt war auch bereit, mit Wlassow darüber zu sprechen. Aber was Jodls Ansinnen anbelangte, lehnte er jede Einwirkung auf Wlassow ab.
Herre fuhr unverrichteter Dinge zurück. In der Steinmetzkaserne warteten neue Hiobsbotschaften. Das Rahmenpersonal der Verbände, die nach dem Westen unterwegs waren, meldete Aufsässigkeit, Angriffe, Vertrauensverlust, Mißtrauen gegenüber den Erklärungen für den Abtransport aus dem Osten, Weigerungen, gegen Amerikaner oder Engländer zu kämpfen, und die Forderung nach einer Erklärung Wlassows für den Einsatz im Westen. Es wurde mitgeteilt, einer solchen Erklärung Wlassows werde man glauben.
In den letzten Oktoberwochen entwarfen Grote und Dürksen den Text eines »Offenen Briefes« des Generals Wlassow. Er enthielt eine gequält künstliche Kombination ebenso künstlicher oder unwahrer Argumente: Er wiederholte die

Geschichte von der Ruhepause im Westen und der Auffrischung der Verbände für die kommende Vereinigung zur Befreiungsarmee, ergänzte sie aber durch folgende kühne Theorie: Amerikaner und Engländer, so hieß es, seien Verbündete Stalins. Falls es im Westen zu Kampfhandlungen komme, kämpfe jeder Freiwillige auch hier gegen Stalin und bleibe so seinem Ziel treu.
Dieser Text wurde Jodl vorgelegt und von ihm akzeptiert. Anschließend wurde er Strik-Strikfeldt mit der Anweisung übergeben, Wlassow und dessen Unterschrift dafür zu gewinnen.

Strik-Strikfeldt hätte kein ungünstigerer Zeitpunkt für die Erfüllung dieser seiner Aufgabe beschieden werden können. Am 4. Oktober 1943 hatte Himmler in Posen und am 14. Oktober in Bad Schachen vor höheren Offizieren der Waffen-SS und der Wehrmacht gesprochen. Beide Male hatte er sich über die deutsche Politik und ihre Ziele im Osten geäußert. Am 4. Oktober verkündete er: »Wie es den Russen und Tschechen geht, ist mir total gleichgültig. Das, was in den Völkern an gutem Blut unserer Art vorhanden ist, werden wir uns holen, indem wir ihnen, wenn notwendig, die Kinder rauben und sie bei uns großziehen. Ob die anderen Völker in Wohlstand leben oder ob sie verrecken vor Hunger, das interessiert uns nur insoweit, als wir sie als Sklaven für unsere Kultur brauchen ... Ob bei dem Bau eines Panzergrabens zehntausend russische Weiber vor Entkräftung umfallen oder nicht, interessiert mich nur insoweit, als der Panzergraben für Deutschland fertig ist ... Wenn nun einer kommt und sagt: ›Ich kann mit den Kindern oder den Frauen den Panzergraben nicht bauen, das ist unmenschlich, denn dann sterben sie daran‹ – dann muß ich sagen: ›Du bist ein Mörder an deinem eigenen Blut, denn wenn der Panzergraben nicht gebaut wird, dann sterben deutsche Soldaten, und das sind Söhne deutscher Mütter. Das ist unser Blut ...‹ Von euch werden die meisten wissen, was es heißt, wenn hundert Leichen zusammenliegen ... oder wenn tausend daliegen. Dies durchgehalten zu haben und dabei ... anständig geblieben zu sein, das hat uns hart gemacht. Dies ist ein niemals geschriebenes und niemals zu schreibendes Ruhmesblatt unserer Geschichte ... Wenn die SS zusammen mit den Bauern ... die Siedlung im Osten betreiben wird, großzügig, ohne jede Hemmung ... dann werden wir in zwanzig Jahren die Volkstumsgrenze um fünfhundert Kilometer nach Osten hinausschieben ...«

In der zweiten Rede in Schachen hatte er zunächst seine Theorien über Germanen und Slawen erläutert. Dann aber war er direkt auf Wlassow eingegangen.

»Ich darf hier ganz offen den Namen des Herrn General Wlassow aussprechen. Man hat sehr große Hoffnungen auf diesen General Wlassow gesetzt. Die Hoffnung war nicht so begründet, wie manche das annahmen. Ich glaube, wir sind hier von einer falschen Beurteilung des Slawen ausgegangen. Jeder Slawe, jeder russische General wird, wenn wir ihn zum Reden bringen, indem wir an seine Eitelkeit appellieren, in einer für uns Deutsche geradezu sagenhaften Form zu plaudern beginnen ...

Herr Wlassow hat dann – und das hat mich so ungeheuer erstaunt – in Deutschland selbst Propaganda gemacht und hat in einer ... manchmal geradezu grotesken Form uns Deutschen Vorträge gehalten. Und hierin sah ich den großen Schaden. Wir können nach außen hin Propaganda machen und an Mitteln verwenden, was wir wollen ... Jedes Mittel, das diese wilden Völker uns zu Diensten bringt und dazu führt, daß ein Russe stirbt statt eines Deutschen, ist recht. Das ist vor Gott und vor den Menschen recht und zu verantworten. Es ist aber hier, ohne daß wir es wollten, eines geschehen: Herr Wlassow hat mit der Überheblichkeit, die dem Russen, dem Slawen eigen ist, zu erzählen begonnen. Er hat erzählt: Deutschland hat Rußland noch nie besiegen können, Rußland kann nur von Russen besiegt werden.

Sehen Sie, meine Herren, dieser Satz ist lebensgefährlich ... Das Morgen-, Mittag- und Abendgebet der deutschen Armee muß sein: Wir sind dem Gegner überlegen, wir, die deutsche Infanterie, sind jedem Feind auf dieser Welt überlegen. Wenn dann so ein Russe kommt, so ein hergelaufener – vorgestern vielleicht noch Schlächtergeselle und gestern von Herrn Stalin zum General gemacht –, der mit der Überheblichkeit des Slawen nun Vorträge hält und dann den Satz einschiebt, daß Rußland nur von den Russen besiegt werden kann, dann muß ich schon etwas sagen: Allein mit diesem Satz zeigt ja der Mann, was für ein Schwein er ist ...«

Die Rede fuhr fort:

»Alles, was wir jetzt während des kommenden Winters werden erleiden müssen, während dessen wir sicherlich weitere zwei oder drei Millionen Russen werden erschlagen und abschlachten müssen – alle diese Dinge sind nur vorübergehende Phasen.

Wir werden durchkommen, sowohl durch diese uns bevorstehende Phase als auch durch alle anderen noch kommenden Phasen, ohne daß wir jemals fragen, wie lange der Krieg noch dauern werde.

... Der Alte Fritz hat bis zur Bestätigung Preußens als europäische Macht zehn Jahre gebraucht. Für uns bedeutet das Ende dieses Krieges den freien Weg nach dem Osten, die Schaffung des germanischen Reiches und auf diese oder jene Art – wie im einzelnen, können wir noch nicht sagen – das Hereinholen von dreißig Millionen Menschen unseres

Blutes, so daß wir noch zu unseren Lebzeiten ein Volk von 120 Millionen Germanen werden ...
Das, meine Herren, bedeutet der Friede, bedeutet das Ende dieses Krieges, diese wunderbare Zukunft, an die wir denken wollen.«
Strik-Strikfeldt hatte in diesem Augenblick den Wunsch, der Text und die Tatsache dieser Monstrosität möchten Wlassow verborgen bleiben. Aber als er zum Kiebitzweg hinauskam, hatten die geheimen Verbindungen längst gearbeitet. Strik-Strikfeldt fand den übersetzten Text der Schachener Rede auf Wlassows Tisch.

Wlassow saß im Kreise von Malyschkin, Schilenkow, Truchin, Sykow und Kasanzew, und es war offensichtlich, daß eine heftige Kontroverse im Gange war. Es ging allerdings nur noch zum Teil um Himmlers Äußerungen, deren unsagbare Primitivität, Wirklichkeitsfremdheit oder Verbohrtheit alle Grenzen der Groteske überschritten. Truchin vertrat die Meinung, daß in ihnen nicht das geringste Überraschungsmoment liege. Sie bildeten nur einen Ausbruch bekannter Ideen, hervorgetrieben durch die versteckte Angst Himmlers vor der militärischen Niederlage und ins verschwommen Irrationale gesteigert, weil es für Himmler wie für Hitler keine rationalen Möglichkeiten für einen Sieg mehr gäbe. Sykow, der seit Tagen zwischen Dabendorf, Dahlem und der Viktoriastraße hin und her eilte, stimmte ihm bei. Himmlers Ausbruch war für ihn ein sicheres Zeichen, daß die Deutschen bald ihren Hochmut aufgeben und nach »Wlassow greifen würden wie nach ihrer letzten Rettung«. Deswegen dürfe Wlassow gerade in diesem Augenblick nicht aufgeben, keine Trotzreaktionen begehen oder sich gar freiwillig in ein Kriegsgefangenenlager zurückbegeben.
Malyschkin war wie immer der ruhigste. Kühl und klar warf

er ein, die Propagandathese von der Erhaltung der »Substanz« sei selbstverständlich eine schmutzige Lüge. Aber man müsse zugestehen, daß sie für Freunde wie Martin, Grote, Herre eine Notlüge sei. In der Praxis könne sie trotzdem Wahrheit werden, wenn es nicht zu Kämpfen der Freiwilligen mit Engländern und Amerikanern komme. Schilenkow stimmte ihm zu: Es hänge alles davon ab, daß die Deutschen an der Ostfront weitere heftige Schläge erhielten, die sie zur Besinnung brächten, bevor die Amerikaner und Engländer in Frankreich landeten, und daß man Wlassow die Möglichkeit gäbe, die Truppen, deren Masse nun auf verhältnismäßig engem Raum versammelt würde, schnell zu vereinen und wieder nach Osten zu führen. Kasanzew war völlig anderer Ansicht. Der NTS hatte jede Möglichkeit deutscher Hilfe im Befreiungskampf abgeschrieben. Offenbar war Baidalakow von der Furcht beherrscht, daß der Einsatz der Freiwilligenverbände an der Westfront die erhoffte letzte Möglichkeit der Zusammenarbeit mit Engländern und Amerikanern zerstöre. Kasanzew beschwor Wlassow, nicht länger mit der Aufnahme von Verhandlungen mit den Westmächten zu warten. Der Einsatz von Russen für rein deutsche Interessen werde den ganzen Befreiungskampf für die Westmächte unglaubwürdig machen. Falls es zu Kämpfen zwischen Freiwilligen und Amerikanern oder Engländern komme, sei es zu spät und sei alles verloren. Jeder Tag, jede Stunde, die Wlassow zögere, bedeute eine Verringerung der letzten Chancen. Er müsse den Westmächten eine Deklaration zukommen lassen. Darin müsse er den Verrat der Deutschen offen als Verrat bezeichnen, den Alliierten anbieten, daß er die Truppen auffordern werde, nicht zu kämpfen, sondern den Deutschen bei einer Invasion in den Rücken zu fallen und auf die Seite der Alliierten überzugehen.
Die Wodkaflaschen kreisten und erhitzten die Stimmung, die

Kontroversen, die Mischung von Erbitterung, Machtlosigkeit, Suche nach Deutungen und Auswegen oder die Konstruktion neuer vager Hoffnungen. Auch Wlassow trank – aber trotzdem wirkte er durch Resignation oder verhaltene Bedächtigkeit wie ein Turm in der Brandung. Es störte niemanden, daß Strik-Strikfeldt Kasanzews Vorschlägen für Verhandlungen mit den Westmächten zuhörte. Seine Parteigänger waren völlig sicher, daß Strik-Strikfeldt in seiner traumhaften Besessenheit für die Sache auch das verstehen, ja, wenn es notwendig war, zu ihrem Verbündeten werden würde. »Nun, Wilfried Karlowitsch«, sagte Wlassow, »was bringst du neues Schlechtes?« Er las wortlos den Entwurf für den »Offenen Brief«. Dann sah er Strik-Strikfeldt mit einem jener unbeschreiblichen Blicke an, die diesen tiefer trafen als anklagende Worte, und gab den Text an Malyschkin weiter. Von dort wanderte er weiter, von Hand zu Hand. Dann brach der Kampf von neuem los. Die makaberen Formulierungen, daß ein Kampf gegen Engländer und Amerikaner ebenfalls antibolschewistisch sei, ließen Kasanzew ausrufen, daß jetzt der Gipfel des Verrats und der Schamlosigkeit erreicht sei. Es war ein Aufschrei. Malyschkin sah aus, als empfände er schweren körperlichen Schmerz. Truchin verbarg sein Gesicht in den Händen, als ob er weinte. Wlassow war totenbleich.

Dann geschah etwas Unerwartetes. Sykow saß vor sich hinbrütend da, wie immer, wenn sein überentwickelter Intellektualismus eine Äußerung oder eine Erklärung suchte. Plötzlich sagte er: »Wir müssen diesen Text sehr sorgfältig erwägen und von allen Seiten betrachten. Er hat eine Seite, an die die deutschen Dummköpfe nicht gedacht haben.«

Alle sahen ihn erwartungsvoll an, und er fuhr fort: »Stimmt es, Wilfried Karlowitsch, daß der Generaloberst Jodl den Text anerkannt hat?«

Strik-Strikfeldt bejahte.
»Nun«, fuhr Sykow fort, »dann anerkennt er damit den Standpunkt, daß die Verbände im Westen nur aufgefrischt werden sollen, um dann in der Befreiungsarmee vereinigt zu werden.« Er wandte sich mit den blitzenden Augen eines Mannes, der überzeugt war, eine juristische Patentlösung gefunden zu haben, an Wlassow. »Man kann diesen ›Offenen Brief‹ unterschreiben, wenn man die Unterschrift davon abhängig macht, daß die Verbände innerhalb einer bestimmten Frist – sagen wir, in ein paar Monaten – Andrej Andrejewitsch unterstellt werden. Die Deutschen brauchen die Unterschrift sehr dringend – also muß man sie bei ihren eigenen Worten nehmen ...«
Seine Theorie schien so bestechend, daß auch Strik-Strikfeldt ihr verfiel. Er hätte es besser wissen müssen. Er hätte wissen müssen, daß auch Jodl nicht nur seine Selbstentmannung vollzogen, sondern längst jede Achtung vor juristischem Denken oder juristischen Konsequenzen seiner Handlanger verloren hatte. Noch rund drei Jahrzehnte später schrieb er: »Aber wie, wenn Jodl in der Tat dem Inhalt des Briefes zustimmen sollte, dachte ich? Dann muß er zu seinem Wort stehen! Dann gibt es für ihn kein Zurück!« Sein Wunschdenken ließ ihn nach Sykows Argumenten wie nach einem Strohhalm greifen, der dazu dienen konnte, die schlimmste aller bisherigen Krisen zu überwinden und Wlassow im Spiel zu halten.
Aber Wlassows Mißtrauen war tief genug, um ihn erklären zu lassen, daß er vor seiner Unterschrift Zeit für weitere Beratungen und zum Nachdenken brauche. Strik-Strikfeldt wartete angespannt auf die Entscheidung, nicht ohne sich täglich nach dem Fortgang zu erkundigen.
Es bedurfte keiner tiefschürfenden Psychologie, sondern nur eines Blickes in Wlassows tief zerfurchtes Gesicht, um zu erkennen, daß er in der schwersten Krise stand, seit

Strik-Strikfeldt ihm zum erstenmal begegnet war. Aber nach mehreren Tagen zeigte sich, daß auch er sein Ziel und seine Wunschträume nicht aufgeben konnte und die intellektuelle Wunschbrücke beschritt, die Sykows trickreicher Geist erbaut hatte. Er war überzeugt, daß Kasanzews Ideen nicht weiterführen konnten, solange er nicht über echte Macht, »eine echte Armee«, verfügte – und daß nur die Deutschen ihm diese Armee verschaffen konnten, und sei es im letzten Augenblick. Er entschloß sich, wiederum auf eine Geistesänderung der Deutschen zu hoffen und auf Zeit zu spielen ...
So änderte er den Text des »Offenen Briefes«, milderte die Eindeutigkeit der Erklärungen und sagte zu, den Brief unter der Bedingung zu unterzeichnen, daß der Wehrmachtsführungsstab bereit war, ihm die Unterstellung aller landeseigenen Verbände im Westen innerhalb einer noch festzulegenden Frist zuzusichern.
Strik-Strikfeldt machte sich auf den Weg zum Oberkommando der Wehrmacht, erleichtert über die Lösung, die er anscheinend in Händen hielt. In der Viktoriastraße aber wartete nur ein neuer unvorstellbarer Schreck auf ihn. Er erfuhr, daß es nichts mehr zu unterschreiben gäbe. Jodl hatte, ohne Wlassows Reaktion abzuwarten, am 5. November befohlen, den vorliegenden Text – mit einem Faksimile von Wlassows Namenszug versehen – zu drucken und an die Truppen zu verteilen. Die Aktion war in vollem Gange. Aus seinen Träumen gerissen und ratlos, fuhr Strik-Strikfeldt wieder in den Kiebitzweg, um Wlassow die Nachricht zu überbringen.
Wlassow stand groß und düster am Fenster. Für eine Weile herrschte eine Stille, die Strik-Strikfeldt fast erdrückte. Dann endlich erklang Wlassows Baß vom Fenster herüber: »Was bin ich?« Er rief: »Was bin ich? Was habt ihr aus mir gemacht?!«

Erst am nächsten Tag gelang es Strik-Strikfeldt, ruhiger mit ihm zu sprechen. Er, der sich selbst von vagen Hoffnungen zu immer vageren Hoffnungen rettete, erprobte einen neuen Weg, um von Wlassows Selbstachtung zu retten, was zu retten war. Er beschwor ihn: »Andrej Andrejewitsch ... Weisen Sie die Verbände nicht von sich, weil sie Landsknechte ... geworden sind. Sie müssen selbst zu ihnen an die Westfront fahren ... Auch wenn Sie die Verlegung nach dem Westen nur formell anerkennen, können Sie den Einheiten sagen, was Sie darüber denken ...«

Unermüdlich wie immer machte sich Strik-Strikfeldt daran, auf dem Weg über OKW/WPr eine Genehmigung für eine Frontreise Wlassows nach dem westlichen Kriegsschauplatz zu »erstreiten«. Aber bevor es dazu kam, ereigneten sich Dinge, die seine Bemühungen illusorisch machten. Truchin sandte von sich aus Propagandisten und Betreuer aus Dabendorf an die neuen Standorte der Verbände, so wie sie bisher regelmäßig an die Front im Osten geschickt worden waren. Sie übernahmen die Ausdeutung des »Offenen Briefes« und erklärten, daß die neue Aufgabe lediglich darin bestünde, den Zusammenschluß in der Befreiungsarmee vorzubereiten, nicht aber gegen Engländer und Amerikaner zu kämpfen. Sie wurden verhaftet oder nach Dabendorf zurückgeschickt. Daraufhin reisten Truchin, Malyschkin und Schilenkow selbst an die Westfront und nach Italien, wohin ebenfalls Verbände überführt wurden. Um Wlassow zu beruhigen, machte sich auch Strik-Strikfeldt auf den Weg nach Frankreich. Er begleitete Sykow, der allein in zu großer Gefahr gewesen wäre. Die Generale und Sykow gaben die gleichen Erläuterungen, und Truchin drang an der Südfront bis zu Generalfeldmarschall Kesselring vor. Dann wurden auch sie nach Deutschland abgeschoben.

An den Rand des Antrags auf Genehmigung einer Frontreise für Wlassow schrieb Jodl: »Nein. Zweck mit offenem Brief erfüllt. Habe nicht die Absicht, den Irrtum mit den Dabendorf-Propagandisten, hundertfach potenziert, zu wiederholen. Dabendorf ein deutschfeindliches Nest. Es sollte aufgelöst werden ...«

Über die dramatische Situation, die sich unterdessen im Zuge der großen Truppenverlagerung nach dem Westen im Durchgangslager Mielau entwickelt hatte, schrieb Major Hansen:

»Als ich Mitte November von der Ostfront zurückkehrte und mich in Lötzen meldete, überraschte mich dort der Befehl, als IA nach Mielau zu gehen, um die Neuorganisation der nach dem Westen bestimmten Verbände zu bewerkstelligen. Was ich bei meinem Eintreffen in Mielau am 21. November 1943 vorfand, war nicht sehr erfreulich.

Der Kampf um den Unterbringungsraum entbrannte auf der ganzen Linie. Wir mußten uns erst einmal daran gewöhnen, daß wir nun mit ›Heimatbehörden‹ zu tun hatten, die von russischen Verbänden so gut wie nichts wußten. Die Verbände trafen in schauerlichem Zustand aus den Waldgebieten der Ostfront ein. Nicht nur ausrüstungsmäßig. Auch geistig hatten sie den Boden unter den Füßen verloren. Die Ostverbände waren an sich zusammengeschweißt durch gemeinsame Kämpfc. Aber die ungeklärten Hintergründe der bevorstehenden Verlegung nach dem Westen verbreiteten Unruhe und Unsicherheit. Diese wurde durch die Lage auf dem Platz noch erhöht. Das Platzkommando war uns feindlich gesonnen. Scharfe Diskussionen mit den Heimatdienststellen rissen nicht ab.

Am 2. Dezember 1943 traf endlich General Hellmich zu Besuch ein. Es wurde erklärt, daß bald mit den ersten

größeren Abtransporten gerechnet werden könne ... Es sollte außerdem versucht werden, die Hunderte von ... Angehörigen und Kindern, die ständig mit den Verbänden eintrafen, irgendwo anzusiedeln, da sie eine Belastung für die Truppe auf dem Übungsplatz waren. Die Verpflegung dieser Angehörigen ließ ohnehin zu wünschen übrig. Hier wirkte sich wieder die fehlende Entscheidung über die Gleichstellung dieser Angehörigen mit deutschen Zivilisten aus ...
Die Zustände waren unhaltbar. Jede Nacht fand ein großer Ansturm der russischen Soldaten auf das Frauenlager statt. Wir sahen uns gezwungen, das Frauenlager abzusperren und Wachen davorzustellen. Die Wachen wurden teilweise überwältigt, so daß wir schweren Herzens einen Schießbefehl herausgeben mußten.
Erst nach unendlicher Mühe gelang es, Bekleidung ... heranzuschaffen. Unsere Forderungen nach Uniformen für Russen waren den Heimatdienststellen größtenteils unfaßlich. Auch die Beschaffung von Weihnachtsurlaubsmarken für unsere Verbände stieß auf größte Schwierigkeiten. Niemand wollte uns diese Marken für Russen geben. Am 11. Dezember 1943 teilte die Platzkommandantur mit, es seien wegen des Eintreffens deutscher Panzer für uns nur noch sechs Reviere für ungefähr 5000 Mann und 1500 Pferde verfügbar. Alle Proteste fruchteten nichts. Da trafen in letzter Minute, am 12. Dezember, die ›Zielorte‹ für die Abtransporte ein. Es war fünf Minuten vor zwölf.«

Vor Hansens Ankunft in Mielau, in den letzten Septembertagen, war die 1. Kosakenkavalleriedivision des Generals von Pannwitz von Mielau in Marsch gesetzt worden.
Wenige Tage vor dem Abmarsch hatte Pannwitz den alten Kosakengeneral Krasnow, einen Emigranten, zur Besichtigung der Division eingeladen. Er hatte ihn über den bevor-

stehenden Einsatz auf dem Balkan unterrichtet und gebeten, den Kosaken in einer Rede klarzumachen, daß die Verwendung auf dem Balkan nicht weniger bedeutungsvoll sei als der Kampf im Osten.
Die jüngere Generation der Kosaken verband mit dem Namen Krasnow keine historischen Vorstellungen mehr. Nur die älteren Kosaken kannten ihn noch persönlich.
Trotzdem war Krasnows Besuch in Mielau wegen der Würde seiner Erscheinung ein großer Erfolg. Das Trompeterkorps brillierte. Pannwitz begrüßte Krasnow am Lagertor. Der Alte unter der deutschen Generalsmütze schritt die Paradeaufstellung ab und hielt dann eine Rede. Er sprach mit Feuer, vielleicht sogar greisenhafter Überzeugung. »Es geht um den gemeinsamen Kampf gegen den Bolschewismus. Hierbei spielt es keine Rolle, wo ihr zu diesem Kampf eingesetzt werdet...« Seine Rede trug dazu bei, daß sich der Abmarsch der Kosaken wenige Tage später so reibungslos vollzog.
Die Transportzüge rollten an Warschau vorüber durch die Tschechoslowakei und Ungarn. Bei Esseg erreichten die Kosaken jugoslawischen Boden. Im Raum von Ossiek-Ruma wurde die Division ausgeladen und unmittelbar darauf in der Fruskagora gegen die Partisanen Titos eingesetzt. Diese Kämpfe dauerten bis Anfang November. Dann wurde die Division weiter nach Westen in den Raum um Brod an der Save verlegt.
Die Gebiete, deren Sicherung die Kosaken übernahmen, waren in kurzer Zeit bandenfrei. Die natürlichen Instinkte und die listenreiche Kampfesweise der Kosaken, darüber hinaus ihre Fähigkeit, sich auch im schwierigsten Gelände zu bewegen, machten ihre Erfolge aus.
Im Frühjahr 1944 erfolgte eine Verlegung der Division in das Gebiet von Agram. In dieser Zeit nahm der Bandenkrieg in Jugoslawien fast den Charakter eines Privatkrieges zwischen

Pannwitz und seinen Kosaken auf der einen, Tito und seinen Verbänden auf der anderen Seite an.
Im Sommer 1944 schließlich wurden die Kosaken saveabwärts in den Raum um und nördlich Sissak verlegt. Hier blieben sie bis in die Anfänge des Jahres 1945.

Auch die »Brigade Kaminski«, das glückliche »Experiment« der 2. deutschen Panzerarmee in Lokotj wurde in den Herbsttagen 1943 aus dem Gebiet vertrieben, in dem sie Wurzeln geschlagen hatte.
Am 29. September 1943 stand der Major Keiling, Kommandeur der aus Russen bestehenden Ost-Artillerieabteilung 621, an der Partisanensicherungsfront an der Desna. Er sicherte die wichtige Brücke bei Peritorgi.
Der Himmel war bedeckt. Regenschauer gingen hernieder. Deutsche Verbände zogen ununterbrochen über die Brücke nach Westen.
Da erschien am Nachmittag gegen 15 Uhr ein Offizier, halb in deutscher, halb in sowjetischer Uniform, mit Schulterstücken, die Keiling bis dahin noch nie gesehen hatte. Der Russe forderte Keiling auf, seinem »Komandyr« mitzuteilen, in welcher Weise er mit seinen Leuten die Brücke überschreiten könne.
Keiling fragte, wer der »Komandyr« sei.
»Brigadegeneral Kaminski«, sagte der Russe.
Da erinnerte sich Keiling an Lokotj und die Experimente der 2. Panzerarmee.
Eine Stunde später erschien Kaminski selbst. Er trug seine blaue Schirmmütze, seine blauen Reithosen und die Gymnastjorka. Er hielt Keiling seine alte maschinengeschriebene, von General Schmidt unterzeichnete Ernennungsurkunde hin und sagte in seinem gebrochenen Deutsch: »Ich, Brigadegeneral Kaminski.«

Kaminski befand sich mit insgesamt 30000 Menschen auf dem Marsch in den Raum von Lepel. Fast die gesamte Zivilbevölkerung von Lokotj zog mit ihm. Ein Teil war auf Eisenbahnzüge verladen. Der andere, etwa 15000 Mann, wartete jenseits der Desna, um über die Brücke von Peritorgi zu kommen.
Nochmals eine Stunde später zogen die Kaminski-Leute über den Fluß, Kaminski und seine Offiziere voran. Dahinter die Masse der Verbände in ihrer bunten Uniformierung und mit sowjetischer Ausrüstung. Schwere Geschütze, T-34-Panzer, von Pferden gezogene Panzerabwehrkanonen bewegten sich zwischen Infanteriekolonnen. Dahinter folgten endlose Wagenreihen mit Frauen und Kindern und Herden von Vieh.
Nachdenklich betrachtete Keiling den Zug, der nach Westen verschwand. Was würde geschehen, nachdem die Leute aus ihrer Heimaterde herausgerissen waren?
Kaminski traf acht Tage später in Lepel ein. Hineingeworfen in ein Gebiet, das die Partisanen völlig beherrschten, in dem die Sünden der deutschen Verwaltung ein nicht mehr zerstörbares Gift hinterlassen hatten, erlitt Kaminski seine ersten Rückschläge. Er versuchte zu operieren wie in Lokotj und seine Truppen auf Stützpunkte zu verteilen. Aber hier, in Lepel, waren die Partisanen bereits die Herren der Lage. Und sie hatten ein gewaltiges Propagandamittel in der Hand: die Tatsache des deutschen Rückzugs.
Einige Regimenter meuterten, um gemeinsame Sache mit den Partisanen zu machen. Daraufhin erbat sich Kaminski einen »Storch«. Ohne Begleitung landete er vor dem Stabsgebäude eines seiner meuternden Regimentskommandeure. Er packte ihn und erwürgte ihn vor seinen eigenen Leuten. Einige Offiziere ließ er erschießen. Dann flog er zu den anderen Stützpunkten und handelte dort in der gleichen Art. Am Abend meldete er: »Lage wieder hergestellt.«

Von diesem Augenblick an erlebte er noch einmal einen Aufschwung. Allerdings gelang es Kaminski nie ganz, der Partisanen in diesem Gebiet Herr zu werden. Sie verkrochen sich in die Wälder. Kaminskis Verbände wurden immer wieder aus ihrem Wohnbereich in Lepel herausgezogen. Sie wurden im Rahmen größerer Aktionen gegen die Partisanenbrigaden zwischen Minsk und Lepel eingesetzt. Kaminskis Methode der Infiltration erlebte noch einmal Erfolge. Aber alles, was er jetzt tat oder tun mußte, verlor die politischen Wurzeln, die er in Lokotj gehabt hatte. Der endgültige Absturz in Landsknechttum begann, als von Gottberg, der Höhere SS- und Polizeiführer in Weißruthenien, in seinem Bemühen, soweit wie möglich Ruhe und Ordnung in seinem Gebiet herzustellen, an Kaminski herantrat. Er schlug ihm eine Übernahme seines gesamten Verbandes in die Waffen-SS vor. Er werde seine Leute bekleiden und einheitlich bewaffnen und Kaminski selbst Uniform und Rang eines SS-Brigadeführers verleihen. Der schon halb entwurzelte Kaminski sagte zu, unter der Bedingung, daß er seinen zivilen Anhang nicht schutzlos in Lepel zurücklassen müsse. Gottberg versprach, daß alle Zivilisten des Kaminski-Verbandes in Diatlowo – im ehemals polnischen Gebiet zwischen Warschau und Minsk – eine Heimat finden würden.
So begann ein neuer Treck.

Anfang 1944 war die Hauptmasse der an die Atlantikfront verlegten Verbände an ihren Zielen angelangt. 72 Bataillone und andere Einheiten hatten Frankreich erreicht. Über der Front am Atlantik aber lastete die gewitterschwüle Erwartung der Invasion der Westmächte – hinsichtlich Termin und Ausmaß noch völlig ungewiß. Generalmajor von Wartenberg übernahm in Paris das »Kommando der Freiwilligenverbände beim Oberbefehlshaber West«.

Wartenberg war 1940 Regimentskommandeur gewesen und hatte der Überwachungskommission im unbesetzten Frankreich angehört. Als die Stäbe der Kommandeure der Osttruppen bei den Armeen im Osten gebildet wurden, hatte das Heerespersonalamt ihn wie die meisten anderen Kommandeure ohne besondere Qualifikation zum Kommandeur der Osttruppen 703 ernannt.
Man konnte nicht bestreiten, daß Wartenberg eine gewisse Wirkung auf die Russen ausgeübt hatte – er war ein befehlsgewohnter Mann von riesiger Größe. Aber trotzdem hätte niemand behaupten können, daß er geistig in die politische Problematik der Freiwilligenfrage eingedrungen wäre, auch wenn er anfängliche Äußerungen wie: »Der russische Soldat braucht keine Verpflegung. Er ernährt sich von Baumrinde und Wurzeln«, bald unterließ.
Da Wartenberg Repräsentation und Reisen liebte, ruhte die wirkliche Arbeit seines Stabes auf den Schultern seines IA, jenes Major Hansen, der von Mielau nach Paris kommandiert worden war.
Als Hansen seine Arbeit begann, war die Lage der Freiwilligen in Frankreich völlig verworren. Wartenberg war unterwegs. Der Stab war nicht arbeitsfähig. Mit Generalfeldmarschall von Rundstedt, dem Oberbefehlshaber im Westen, selbst kam Wartenberg nicht in Berührung. Immerhin stieß er bei dessen Chef des Stabes, General Blumentritt, auf einiges Verständnis. Dies war um so wichtiger, als die Masse der Truppenführer an der Atlantikküste die russischen Einheiten nur mit Ablehnung und Skepsis aufnahm. Ein Teil hatte noch niemals von Ostbataillonen gehört.
Noch während Hansen sich in seine neue Aufgabe einarbeitete, traf vom Oberkommando der Wehrmacht ein neuer Befehl ein, wonach die Ostbataillone an der Westfront nicht als selbständige Einheiten im Verband von Divisionen einge-

setzt werden dürften. Alle Bataillone sollten als dritte oder vierte Bataillone in deutsche Regimenter eingegliedert werden, um »ihre Gefährlichkeit zu verringern«. Sofern Freiwillige der neuen Propaganda und Wlassows sogenanntem »Offenem Brief« glaubten, wonach der Einsatz im Westen nur eine Durchgangsstation zur Aufstellung der Befreiungsarmeen sein würde – dieser Befehl mußte dieses Vertrauen von neuem erschüttern. Verbände wurden willkürlich auseinandergerissen. Deutsche Regimentskommandeure, die sich niemals mit Ostfreiwilligen beschäftigt hatten, zerstörten durch ihr Verhalten in wenigen Tagen die Früchte mühseliger jahrelanger Arbeit. Dabei benötigten die spärlichen deutschen Divisionen diese Freiwilligenverbände wie das tägliche Brot, denn ohne sie waren ganze Küstenabschnitte nicht zu besetzen.

Noch bis in den Mai hinein trafen Nachzügler der großen Bewegung von Ost nach West in Frankreich ein, darunter auch Reste der Ostlegionen. Sie wurden in Frankreich zu einer freiwilligen Stammdivision zusammengefaßt, in die auch russische Ersatzeinheiten aufgenommen wurden. Auch die Offiziersschule für landeseigene Verbände, die lange in dem litauischen Städtchen Mariampol stationiert gewesen war, wurde nach Coflans in Frankreich verlegt. Wartenberg wurde schließlich durch General von Niedermeyer ersetzt, der eine Zeitlang eine ganze Division aus Turkestanern und Aserbaidschanern kommandiert hatte.

Aber die Diskrepanz zwischen den propagandistischen Purzelbäumen, der Hinhaltetaktik, den Versprechungen, den Täuschungen und den wirklichen Gegebenheiten blieb zu offenkundig. Und was würden die Freiwilligenverbände im Falle einer Invasionsschlacht tun?

Die Situation wurde noch verworrener, als General Hellmich Ende Dezember endgültig an seiner Aufgabe verzweifelte.

Hellmich sehnte sich nach einem Posten zurück, auf dem er ohne schwierige Verhandlungen Befehle erteilen und Ordnung in die ihm anvertrauten Dinge bringen konnte. Er erklärte Herre: »Ich bin zu all dem nicht geeignet. Ich bin auf der ganzen Linie gescheitert ...«
Herre und die anderen Stabsoffiziere konnten ihm schlecht widersprechen. Dies entsprach auch der Haltung Stauffenbergs, der nach einer schweren Verwundung in Afrika, nach dem Verlust einer Hand und eines Auges, seit wenigen Wochen in das Oberkommando des Heeres zurückgekehrt war. General Olbricht, der Chef des Allgemeinen Heeresamtes, hatte ihn als Chef des Stabes nach Berlin geholt; dort hatte er von den Auseinandersetzungen der letzten Wochen um die Freiwilligenverbände nur am Rande gehört. Als er jedoch von Hellmichs Rücktrittsgesuch erfuhr, nutzte er seinen Einfluß auf das Heerespersonalamt, damit Hellmichs Wunsch schleunigst entsprochen werde. Er forderte, Hellmich durch Köstring zu ersetzen. Dem wurde entgegengehalten, Köstring sei nun zu alt und seine großrussischen Neigungen seien schwerlich das Richtige gegenüber den national eingestellten Freiwilligenverbänden. Er neige außerdem dazu, die Dinge von der hohen Warte des Alters zwar richtig zu sehen, aber auch zu resignieren und seine Aktivität in Sarkasmen zu erschöpfen. Köstring selbst sträubte sich. Er war fest überzeugt, daß alle Bemühungen doch vergeblich waren. Aber er gehorchte.
Die Übergabe der Dienststelle fand in der Steinmetzkaserne statt. Sie war kurz und formlos. Aus Hellmich sprach tiefe Verbitterung. In seinen letzten Worten – »vielleicht werde ich meinen beiden Söhnen folgen ...« – lag fast schon so etwas wie Todesahnung. Er wußte zu diesem Zeitpunkt, daß er eine Division an der Atlantikfront in Frankreich übernehmen sollte. Hier fiel er tatsächlich einem Luftangriff zum Opfer.

Köstring hielt sich in seiner Funktion als »Inspekteur der turkvölkischen Verbände« schon längere Zeit im Sporthotel »Jägerhöhe« zwischen Angerburg und Lötzen auf. Er blieb auch nach der Übernahme des neuen Amtes auf der Jägerhöhe. Darin prägte sich die Beharrung des Alters aus. Er sah schweigend dem Getriebe zu. Er drängte abends darauf, aus der Steinmetzkaserne nach Hause zu kommen und möglichst frühzeitig seine Unterschriften zu erledigen. Diejenigen, die auf seine zunehmende Resignation hingewiesen hatten, waren nicht völlig im Unrecht.
Köstring und sein Stab ernteten einiges, was Hellmich gesät hatte.
Köstrings Weisungsbefugnisse wurden erweitert. Er erhielt jetzt auch Einfluß auf die Freiwilligen, die sich bei der Luftwaffe und der Kriegsmarine einfanden.
Zwanzig neue Kriegs- und Feldlazarette für Freiwillige wurden geschaffen. Eine »landeseigene Schwesternschaft« mit russischer Tracht entstand, das »landeseigene Sanitätskorps« wurde verselbständigt. Russische, ukrainische, turkestanische und andere Ärzte konnten an deutschen Sanitätsschulungskursen teilnehmen.
An der Infanterieschule Posen wurde eine besondere Inspektion für »landeseigene« Offiziere ins Leben gerufen.
Großurlaubsheime entstanden, ebenso Invalidenheime, Umschulungslager, Frontbibliotheken. Deutsche Filme wurden mit russischen Texten versehen. Auch Deutsche hatten jetzt russische Vorgesetzte zu grüßen.
Das Recht auf die Verleihung des Eisernen Kreuzes wurde zugestanden.
Die Heiratserlaubnis wurde endlich Wirklichkeit.
Das Militärstrafgesetzbuch wurde mit Rücksicht auf die Freiwilligen neu bearbeitet. Bei Kriegsgerichtsverhandlungen gegen Freiwillige sollten von jetzt an landeseigene Bei-

sitzer vorhanden sein. Dies erforderte u. a. auch zähe Verhandlungen mit dem Reichssicherheitshauptamt, die in erster Linie auf den Schultern Herres ruhten und die auf erbitterten Widerstand der SS-Führung stießen.
Übersah man die Entwicklung aber von der hohen Warte – Herre nannte sie immer die Erreichung der »Bonbons« – her, von der sie betrachtet werden mußte, so blieb das Ganze eine Betreuungsaktion für Soldaten, die seit dem großen Abmarsch von der Ostfront von Woche zu Woche mehr zu Landsknechten mit verratenem politischem Ziel geworden waren.
Seit den erbitterten Auseinandersetzungen der Wintermonate gab es außer Gesprächen auf unterer Ebene nichts mehr, was auch nur einem Versuch gleichgekommen wäre, noch einmal um eine Wandlung der obersten deutschen Führung zu kämpfen. Wlassow schien endgültig zu hilfloser Untätigkeit verurteilt. Alles war erstarrt, ohne einen Lichtstreifen am Horizont.

Im April verließ Herre der Mut. In den letzten Apriltagen äußerte er Köstring gegenüber den Wunsch, an die Front zurückzukehren. Er begründete diesen Wunsch damit, daß er seit April 1942 kein Frontkommando mehr gehabt habe, daß er unter einem Schreibtischkomplex leide. Köstring wußte, daß dies nur ein Vorwand war. Aber er stimmte müde zu und stellte nur die Bedingung, daß Herre vorher einen Nachfolger einarbeite.
Zwei Tage vor Herres Abreise zur Front in Italien im Juli 1944 meldete sich bei ihm sein Abwehroffizier Schareck und bat um eine persönliche Unterredung. Er hatte offenbar längere Zeit gezögert, bevor er diesen Schritt unternahm. Aber jetzt sagte er: »Herr Oberst. Ich verstehe Ihre Haltung. Es gibt aber meiner Ansicht nach – die auf gewissen beson-

deren Kenntnissen beruht – noch eine Möglichkeit, die hier niemand kennt und überblickt ...«

Herre sah ihn ungläubig an: »Welche Möglichkeit wäre das?«

Schareck erwiderte: »Wenn ich Ihnen das erkläre, werden Sie mir antworten: ›Das ist nach allem, was geschehen ist, unmöglich und absurd.‹ Und doch ist es so – ich meine die SS ...«

Tatsächlich sagte Herre: »Schareck, mir ist in diesem Augenblick nicht nach Scherzen zumute. Haben Sie den ›Untermenschen‹ vergessen oder die Rede Himmlers in Schachen und die Tatsache, daß Himmler die ganze Verlegung nach Westen ins Rollen gebracht hat? Und die Haltung des Reichssicherheitshauptamtes ...?«

Aber Schareck blieb beharrlich. »Natürlich habe ich nichts davon vergessen«, sagte er. »Aber die SS ist nicht die geschlossene, einheitliche, von einer Idee und einem Willen durchdrungene Organisation, als die sie auftritt ... Ich glaube, es gibt nirgendwo hinter einer äußeren Schale verschiedenere Strömungen, Gruppen und Machtkämpfe als bei der SS. Und es gibt keinen schwankenderen und unsichereren Menschen als Himmler selbst.«

»Das mag alles stimmen. Aber was soll ich daraus entnehmen?«

»Im SS-Hauptamt haben sich seit 1940 gewisse Veränderungen angebahnt. Zunächst in der Stille. Jetzt immer deutlicher. Sie gehen von jüngeren SS-Leuten aus.

Am Anfang stand der Schweizer Militärarzt Dr. Riedweg, der in die Waffen-SS übertrat. Er hat die verschwommenen SS-Vorstellungen von Germanentum, von germanischer Herrschaft und Führungsschicht für Europa in die Praxis umgesetzt. Er steht am Anfang der nichtdeutschen germanischen SS-Divisionen aus Holländern, Flamen, Norwegern,

Dänen, Schweizern, die wir ja kennen. Sie wurden von dem leicht beeinflußbaren Chef des SS-Hauptamtes Berger und von Himmler zunächst geduldet. Inzwischen sind sie längst zu einem festen Bestandteil der Waffen-SS geworden. Danach aber haben die Leute um Riedweg einen weiteren Schritt getan, der einen glatten Bruch mit der germanischen Vorstellungswelt bedeutet. Es entstand die wallonische SS-Brigade Degrelle. Dann folgten französische SS-Verbände. Die Riedweg-Leute haben Himmlers Zustimmung hierzu mit romantischen historischen Vorstellungen vom Reichsgau Burgund erschlichen und den französischen Verbänden den Namen ›Charlemagne‹ gegeben. Dahinter steckt natürlich kein Wandel der machtpolitischen Idee von der SS-Elite. Im Gegenteil. Die Leute haben nur erkannt, daß diese Elite durch den Kriegsverlauf gefährdet ist. Sie wissen, daß keine Chance mehr für einen militärischen Sieg besteht, der Deutschland die Vorherrschaft über Europa geben würde. Und sie wissen auch, daß die Waffen-SS mehr Kräfte braucht, als sie aus dem sogenannten ›deutsch-germanischen Raum‹ noch rekrutieren kann. Deshalb basteln sie an der neuen Idee eines europäischen SS-Reiches, das ihnen nicht nur neue Rekrutierungsmöglichkeiten, sondern auch einen Ausweg aus der militärischen Sackgasse liefern soll. Aber dabei ist es nicht geblieben. Seit der Rückwärtsbewegung der Ostfront, die auch ihnen klargemacht hat, daß die offizielle Doktrin vom Germanenreich im Osten nur noch eine Schimäre ist, haben sie die Lehre von einem europäischen Großraum der SS-Elite auch auf den Osten ausgedehnt. Es begann mit der Übernahme der estnischen und lettischen Freiwilligenverbände in die Waffen-SS. Die ersten lettisch-estnischen SS-Divisionen und Brigaden haben sogar einen lettischen Inspekteur, den General Bangerski. Hier wurde Bergers und Himmlers Zustimmung durch Hinweise auf die

Ordensritterzeit im Baltikum herbeigeführt. Das bedeutete den ersten Einbruch in die Anti-Slawen-Lehre.
An die Stelle Riedwegs trat der Standartenführer Sparmann. Um ihn haben sich andere Waffen-SS-Leute aus der früheren Jugendbewegung geschart, und sie sind jetzt dabei, den Slawen- und Untermenschenkomplex endgültig zu ignorieren. Was sie vorhaben, hat nichts mit Dingen zu tun wie der Übernahme von Kaminski in die SS. Auf Sparmann geht die Aufstellung einer galizischen SS-Division zurück. Auch an die Weißruthenen und die Turkvölker hat er sich herangemacht. Neben der ›Germanischen Leitstelle‹ im SS-Hauptamt besteht nicht nur die ›Europäische Mittelstelle‹. Die Sparmann-Leute bereiten eine ›Leitstelle Ost‹ vor. Sie greifen sich überall Fachleute auf, auch wenn sie bisher nichts mit der SS zu tun hatten. Und die Idee dabei ist ein antibolschewistischer Großraum sogenannter gleichberechtigter Völker, einschließlich der Russen, zusammengehalten durch eine nicht mehr germanische, sondern übervölkische SS-Elite ...«
Herre hatte so ruhig zugehört, wie es sein nervöses Temperament gestattete. Jetzt unterbrach er: »Schareck, das ist doch eine politisch-militärische Monstrosität.«
»Gewiß, Herr Oberst«, sagte Schareck. »Aber das war die germanische Herrschaftslehre auch. Und bei der Kriegslage wird sie nie Wirklichkeit werden. Aber die Verzweiflung treibt die beteiligten SS-Leute auf jeden Fall dazu, die Verwirklichung mit großen Mitteln in Angriff zu nehmen. Bei einem Mann wie Berger, bei dem meistens derjenige recht hat, der als letzter bei ihm war, braucht das nichts Endgültiges zu bedeuten. Auf jeden Fall hat er sich dazu gewinnen lassen, einen Fachmann für die Spitze der ›Leitstelle Ost‹ auszuwählen. Er heißt Dr. Arlt, kommt aus der SS und ist noch jung. Fachwissenschaftler für die Nationalitäten in der Sowjetunion. In der Verwaltung im Generalgouvernement

und in einer Waffen-SS-Division hat er praktische Erfahrungen über die wirklichen Verhältnisse im Osten gewonnen. Er streckt bereits seine Finger nach den Ukrainern aus, plant ukrainische SS-Divisionen. Er wird mit Sicherheit auch an Wlassow herantreten, sobald ihm die Situation in der innerlich zerspaltenen SS-Führung das erlaubt.« Schareck schloß: »Herr Oberst, ich bin der Meinung, daß man ihm nicht einfach überlassen sollte, worauf hier so viel Mühe verwandt worden ist.«

Damit fand die Unterredung ihr Ende. Herres Aversion gegen die SS, seine immer wieder bestätigte Erkenntnis, daß dort der Hort des einseitigsten und unerschütterlichsten Widerstandes gegen die Freiwilligenverbände saß, hinderten ihn, an derartige Möglichkeiten zu glauben. Aber Schareck hatte zu oft gezeigt, wie gut informiert er war und wie instinktsicher er Entwicklungen abzuschätzen vermochte, die sich erst vorbereiteten.

Zwei Tage darauf, am 10. Juli 1944, schritt Herre durch den langen Gang im ersten Stock der Steinmetzkaserne Lötzen. Unter dem Arm trug er den Abschlußbericht über die vierzehn Monate seiner Arbeit. Er meldete sich bei Köstring ab.

»Nehmen Sie Platz, lieber Herre«, sagte der alte Herr mit einem fragenden Blick auf den dicken Band unter Herres Arm. »Das ist wohl Ihr Vermächtnis?«

»Jawohl, Herr General«, erwiderte Herre, »ich darf dieses Vermächtnis Herrn General übergeben. Aber ich bitte, noch einiges dazu sagen zu dürfen.«

Köstring sagte: »Machen Sie Ihrem Herzen Luft.«

»Wahrscheinlich ist es zu spät«, antwortete Herre. »Aber möglicherweise gibt es doch noch einen Weg ...«

»Und der wäre?«

»Die SS, Herr General.«
»Die SS? Das ist doch nicht Ihr Ernst?«
Herre gab weiter, was Schareck berichtet hatte. »Ich habe lange darüber nachgedacht«, schloß er, »aber ich glaube nunmehr selbst, daß dort eine letzte verzweifelte Chance liegt. Die Frage ist nur, ob und inwieweit man um der Sache willen mit dem Teufel paktieren muß.«

VI

Der Sturmbannführer der Waffen-SS Dr. Fritz Rudolf Arlt war im Frühjahr 1944 zweiunddreißig Jahre alt. Was ihn unter den Intellektuellen der SS auszeichnete, war die Tatsache, daß man ihn nicht wie viele andere als »bürgerlich entwurzelt« bezeichnen konnte. Er war 1912 in Niederkumersdorf als Sohn eines Landwirts geboren. Er hatte in Leipzig Soziologie, Theologie, Genetik und Statistik studiert und mehrere Studienaufenthalte in Polen, der Tschechoslowakei, Österreich und Ungarn absolviert. 1936 war er Assistent an der Universität Breslau geworden.

1937/38 geriet er durch eine wissenschaftliche Arbeit in einige Schwierigkeiten. Seine Habilitationsschrift durfte nicht veröffentlicht werden. Sie paßte nicht ganz zu den Thesen des Rassenpolitischen Amtes. Trotzdem erhielt er 1939 an der Universität Breslau einen Lehrauftrag für Bevölkerungsstatistik. Er nahm dann als Soldat des Heeres am Krieg gegen Polen teil und wurde in den Stab des Militärbefehlshabers in Polen, General Blaskowitz, kommandiert. Von dort gelangte er in die Regierung des Generalgouverneurs Frank.

Seine Tätigkeit entsprach nicht immer den Gedankengängen, mit denen Frank und, hinter ihm stehend, Himmlers Reichssicherheitshauptamt an die Verwaltung und Behandlung des besetzten Polen herangingen. In der halben Illegalität, die hinter der äußerlichen Totalität des nationalsozialistischen Staates zwar riskant, oft aber möglich war, schuf Arlt zentrale Vertretungsstellen der Bevölkerung des Generalgouvernements. Diese sollten gegenüber der deutschen Regierung des Gouvernements die Interessen der einzelnen Volksgruppen vertreten. So bildete er einen Polnischen Hauptausschuß, ein Ukrainisches und ein Jüdisches Hilfskomitee.

Diese Doppelgleisigkeit wurde nicht zuletzt dadurch möglich, weil Frank seine anfängliche Einstellung unter dem Einfluß der Realitäten wandelte, als er bemerkte, daß die Politik der nackten Gewalt auf die Dauer nicht zweckmäßig sein würde.

Frank hatte Arlt gegen den Einspruch des Reichssicherheitshauptamtes gehalten. Und Arlt hatte über seine Fürsorgetätigkeit hinaus damit begonnen, sich mit politischen Problemen zu befassen, die über den Bereich des Generalgouvernements hinausgingen.

So hatte er sich mit den Ukrainern, den Weißruthenen und den russischen und georgischen Emigranten in Polen beschäftigt und insbesondere die schwierige Lage der Westukrainer in ihrer Stellung zwischen Russen und Polen studiert.

Als sich der Feldzug gegen die Sowjetunion ankündigte, hatte Arlt seine Beziehungen insbesondere zu den Ukrainern verstärkt. Er hatte seine Hände im Spiel gehabt, als die Abwehr kleinere ukrainische Kampfeinheiten, »Roland« und »Nachtigall«, aufstellte. Er hatte dafür gesorgt, daß ukrainische Jugend- und Arbeitslager geschaffen und finanziert wurden. Er hatte geheime Beziehungen zu Melnik, zu Bandera und zu den anderen ukrainischen Führern gepflogen und war im Jahre 1943 der einzige Mann im Umkreis von Frank, der die internen Verhältnisse kannte, soweit das einem Außenstehenden möglich war.

Der Umstand, daß Arlt zu einer Zeit Mitglied der Waffen-SS wurde, als das Reichssicherheitshauptamt ihn als unzuverlässig betrachtete, gehörte zu jenen paradoxen Erscheinun-

gen, die es in so großer Zahl im Bereich der SS gab. Heydrich sagte sich, daß es zweckmäßig sei, Arlt in der SS und damit unter besserer Kontrolle zu wissen, wenn Frank ihn als Fachmann nicht fallenlassen wollte.
Später hatte sich dieses Problem durch Arlts Versetzung an die Ostfront von selbst gelöst. Anfang 1944 war er bei der Division »Das Reich« schwer verwundet und mit Arm- und Rückgratverletzungen nach Deutschland gebracht worden. Hier in einem Lazarett hatte ihn die Anfrage Sparmanns erreicht, ob er mithelfen wolle, der Ostpolitik des SS-Hauptamtes »eine neue Richtung zu geben«.

Am 25. Mai 1944 meldete sich Arlt in Berlin im SS-Hauptamt. Er hatte häufig von Berger als Chef dieses Amtes gehört, aber noch nie persönlich mit ihm gesprochen. Er wußte auch nicht, daß Berger seit 1943 dazu noch einen Posten im Ostministerium innehatte. Auf der verzweifelten Suche nach einer Möglichkeit, seinem entmachteten Ostministerium doch noch Einfluß zu sichern, hatte Rosenberg Leibbrandt fallenlassen und Berger als anscheinend starken Mann für dessen Nachfolge gewonnen. Er hatte nicht gewußt, daß Berger, ein ehemaliger schwäbischer Lehrer, den die SS-Karriere auf wunderbare Weise emporgetragen hatte, selbst ein schwankendes Rohr zwischen den Ideologien und Mächten war.
Statt dem Ostministerium Schwungkraft zu verleihen, hatte sich Berger bald wieder ganz dem SS-Hauptamt zugewandt und hier Sparmann und dessen Leuten sein Ohr geliehen. Sein Beitrag bestand im wesentlichen darin, daß er Himmler die neue Entwicklung mit einer Portion Bauernschläue »beibrachte«.
Er empfing Arlt auf biedermännische Weise mit den Worten: »Du bischt doch so ein Strolch, der mit dem Oschtkram Bescheid weiß ...«

Die Unterredung dauerte nicht allzu lange. Berger berichtete von den Plänen im SS-Hauptamt und fragte ihn offiziell, ob er bereit sei, die Organisation und Aufstellung nationaler SS-Freiwilligenverbände aus dem Osten zu betreiben.
Arlt sagte: »Jawohl, wenn ich die Möglichkeit erhalte, den Verbänden ihre nationale Selbständigkeit zu konzedieren. Und zwar ebenso für die Randvölker wie für die Russen. Alles andere ist zwecklos. Damit brauchen wir erst gar nicht anzufangen ...«
Berger meinte orakelhaft: »Das kriege wer scho.«
Immerhin dauerte es noch bis Juli, bis Arlt mit der Leitung der sogenannten »Freiwilligen-Leitstelle Ost« im SS-Hauptamt beauftragt wurde. In den ersten Julitagen hielt er Einzug in ein Haus am Fehrbelliner Platz in Berlin.
Zur gleichen Zeit verlor die Amtsgruppe D des SS-Hauptamtes ihren bisherigen Charakter als germanische Leitstelle. Die Dienststelle erfuhr eine durchgreifende Neuordnung. Sie wurde in sechs Ämter aufgeteilt.
Das Amt I erhielt die Bezeichnung »Europäische Mittelstelle«.
Das Amt II nannte sich »Germanische Leitstelle«. Es gliederte sich in die Hauptabteilung Nord mit den Unterabteilungen England, Norwegen, Schweden, Dänemark, Finnland, Estland sowie in die Hauptabteilung West mit den Unterabteilungen Holland, Flandern, Wallonien, Frankreich, Schweiz.
Neu war die »Freiwilligen-Leitstelle Ost«. Arlt gliederte dieses Amt in Einzel-Leitstellen. Sie erhielten die Bezeichnung: Ukraine, Weißruthenien, Kaukasusländer, Lettland, Estland, Litauen und Rußland. Arlt brachte zum Ausdruck, daß er außer den Randnationen auch den »russischen Kern« erfassen wollte, allerdings nicht im großrussischen Sinne, sondern als Teil einer »nationalen Aufgliederung des Ostens«. Arlt unterschied sich also von Rosenberg dadurch, daß er

den »Nationen«, unter anderem den baltischen, viel stärkere Freiheit geben wollte und daß auch Rußland als eigener Staat weiterleben sollte.
Arlt wußte, daß es viel zu wenig Offiziere der Waffen-SS gab, die unvoreingenommen Erfahrungen mit den »Völkern des Ostens« gesammelt hatten. Aber er war überzeugt, daß genug Offiziere des Heeres seine Hand ergreifen würden, wenn er ihnen das freie Handeln zusicherte, das Köstring ihnen nie hatte erkämpfen können. Er war zugleich klug genug, den Gedanken, diese Offiziere in ein SS-Korsett hineinzuzwängen, zunächst einmal über Bord zu werfen. Er wollte die Männer. Nicht SS-Ränge und Uniformen.
Köstring, der sich nach wie vor darum bemühte, wenigstens die Gleichstellung seiner Freiwilligen mit den deutschen Soldaten zu erreichen, war trotz der Vorbereitung durch Herre sehr überrascht, als Arlt an ihn herantrat und über seine Pläne berichtete.
Die plötzliche Wandlung innerhalb der SS blieb ihm unheimlich und verdächtig, und er gab sich mehr als zurückhaltend. Aber er kam nicht an der Einsicht vorüber, daß es für die Freiwilligen tatsächlich nur mit Hilfe der SS noch eine Chance gab, einen halbwegs vertretbaren Status zu erhalten, und daß er ihnen diese Chance nicht versperren dürfe. So kam es zu einer ersten Zusammenarbeit zwischen Köstring und Arlt.
Eine andere Verbindung entwickelte sich zu Rosenberg. Wenn Arlt das Fernziel einer nationalen Gliederung Rußlands verfocht, weil er darin dem neuen ideologischen Denken der SS mit dem Prinzip völkischer Gliederung folgte, so sah Rosenberg in solchen Ideen nur die Verwirklichung seines alten Gedankens »divide et impera«. Er glaubte ernsthaft, mit Arlts Hilfe etwas von seinen Ideen retten zu können. Arlts Bemühungen sprechen sich sehr schnell unter all jenen

Komitees und Vertretungen herum, die sich bisher an Rosenberg geklammert hatten. Automatisch suchten sie jetzt Hilfe bei dem jungen Mann am Fehrbelliner Platz.
Das erste Problem, das Arlt aufgriff, war das ukrainische. Zum Chef seiner Leitstelle Ukraine ernannte er den Obersturmbannführer Ludwig Wolff, einen Volksdeutschen aus Polen. Als Kreisleiter in Lodz hatte man ihn wegen seines Widerstandes gegen den schroffen reichsdeutschen Kurs entlassen.
Sowohl Arlt als auch Wolff waren sich klar darüber, daß sie nur dann ihre Ziele in der ukrainischen Frage erreichen würden, wenn es ihnen gelang, den vielgestaltigen und zerrissenen ukrainischen Organisationen eine Führung zu geben, die allgemein akzeptabel war.
Das konnte weder Bandera sein noch Melnik. Arlt nahm Verbindung mit der UNR auf, einem fünfköpfigen ukrainischen Direktorium, das nach dem Zusammenbruch des ersten ukrainischen Selbständigkeitskampfes 1921 unter Oberst Petljuras Führung nach Polen emigriert war. Es hatte dort als überparteiliche »Emigrantenregierung« ohne direkte Verbindung zu den illegalen ukrainischen Organisationen existiert. Nach Petljuras Ermordung hatte ein gewisser Lewicki die Führung übernommen. Unter ihm lebte die UNR seit 1939 in der Nähe von Lodz ihr stilles, vom SD überwachtes Leben. Arlt fragte Lewicki um Rat. Lewicki schlug den fünfundfünfzig Jahre alten ukrainischen Ex-General Schandruk als geeigneten Führer für alle Ukrainer vor.
Schandruk war 1889 in Kremjenez in Wolhynien geboren. Er hatte 1917 als russischer Oberstleutnant eine Tankabteilung geführt und sich 1920 als Kommandeur einer ukrainischen Brigade in die Reihen der ukrainischen Freiheitskämpfer eingegliedert. 1921 war er mit seinen Leuten nach Polen geflohen und durch Pilsudski in die polnische Armee aufge-

nommen worden. Arlt erfuhr erst durch Lewicki von Schandruks Existenz.
Lewicki sagte ihm, daß die meisten ukrainischen Offiziere in der polnischen Armee von den ukrainischen Nationalisten als Kollaborateure mit Polen betrachtet würden. Schandruk bilde eine Ausnahme. Er habe auch den Polen gegenüber immer die Idee eines ukrainischen Nationalstaates vertreten. 1939 habe er ein polnisches Regiment geführt. Er sei dann in deutsche Gefangenschaft geraten, habe bis 1940 in einem Kriegsgefangenenlager bei Breslau gelebt und sei schließlich nach Skjernjewicze entlassen worden. Dort arbeite er in einem Kino.
Lewicki stellte auch die Verbindung mit Schandruk her. Schandruk kam nach Berlin. Die erste Besprechung fand in der Nähe des Potsdamer Bahnhofs statt. Arlt traf einen Mann, der um der ukrainischen Sache willen zu jedem Opfer bereit war, den aber die Enttäuschungen vieler Jahre mit tiefem Mißtrauen erfüllt hatten. Er sagte: »Die Wandlung der SS ist sehr überraschend ...«
Arlt versuchte, die SS zu verteidigen: »Sie vergessen die ukrainische Division ...«
»Sie heißt bis heute nicht ›Ukrainische Division‹. Sie heißt ›Galizische Division‹. Und ich weiß nur zu gut, daß ihr sie nur aufgestellt habt, um Landsknechte zu haben. Weiter nichts.«
»Auch das ist nicht ganz richtig«, verteidigte sich Arlt weiter, »wenigstens nicht für den Gouverneur von Galizien und für mich.«
»Die Division steht heute noch unter deutschen Offizieren und unter einem deutschen General. Ihre Ausrüstung ist schlecht, und kein Ukrainer hat einen Einfluß darauf, wo und für welches Ziel sie eingesetzt wird.«
»Dann biete ich Ihnen diesen Einfluß an«, sagte Arlt. »Wir haben in all diesen Dingen gegen unsere eigenen alten

Ideologen kämpfen müssen. Es ist geschickter, zuerst den Namen ›Galizische‹ zu wählen und unter diesem Namen etwas zu erreichen, als ›Ukrainische‹ zu sagen und von vornherein abgewiesen zu werden. Wir haben Fortschritte gemacht, und wenn Sie zugreifen, dann werden wir in wenigen Monaten noch weiter sein.«
Schandruk blieb abweisend. Schließlich stellte er Bedingungen. Sie lauteten: landeseigenes Kommando für die Galizische oder Ukrainische Division und für alle anderen bestehenden oder noch aufzustellenden ukrainischen Verbände. Befreiung Banderas und aller anderen ukrainischen Nationalisten aus den Konzentrationslagern. Versammlungsfreiheit, Organisationsfreiheit, Pressefreiheit, Bildung einer vorläufigen ukrainischen Regierung. Verzicht Deutschlands auf jeden territorialen Anspruch in der Ukraine.
»Unter diesen Bedingungen«, sagte Schandruk, »können wir Verbündete sein. Die ukrainischen Truppen würden an Ihrer Seite kämpfen, nicht als Söldner, sondern als Verbündete. Wo stünden wir, wenn uns dies 1941 gestattet worden wäre ...«
Arlt brauchte auf diese Klage nicht zu antworten, weil sie auch seine Klage war.
»Herr General«, sagte er, »wenn Sie in meine Hand einschlagen, werde ich all meinen Einfluß aufbieten, um die Bedingungen zu erfüllen. Ich von mir aus kann Ihnen nicht in allen Punkten bindende Zusagen machen. Aber ich kann Ihnen einen Rat geben. Versteifen Sie sich nicht auf Bedingungen, sondern schalten Sie sich in die Entwicklung ein. Dann werden Sie alles erreichen, was Sie erreichen wollen.« Vorsichtig fügte er hinzu: »Deutschland wird auch im Falle eines halbwegs günstigen Kriegsausgangs nie mehr die Kraft haben, Ihre Bedingungen abzulehnen, wenn Sie erst im Spiel sind. Und ... wenn Sie zunächst die militärische Führung der ukrainischen Verbände übernehmen, werden Sie nicht mehr

außen stehen, sondern werden selbst SS-Gruppenführer sein und als Gleichberechtigter mitsprechen, so wie das alle nichtdeutschen Offiziere in den germanischen SS-Einheiten schon lange können.«

Schandruk verzog verächtlich seine Lippen. »SS-Führer?«, sagte er. »Niemals!«

Arlt versuchte es mit Beschwörung. »Um ein großes Ziel zu erreichen, muß man oft eine Form in Kauf nehmen, die einem nicht paßt.« Schließlich erklärte er: »Ich hoffe, daß ich Ihnen die Form ersparen kann, wenn Sie den Mut haben, meine Hand zu nehmen.«

Schandruk erbat sich Bedenkzeit. Arlt hörte, daß er sich mit dem klugen Hrynjoch, mit verschiedenen Offizieren der Galizischen Division und auf besonderen Wegen sogar mit Bandera beriet. Acht Tage später stimmte Schandruk zu.

Den schnellsten Erfolg hatte Arlt bei den Letten. Bangerski und sein Stabschef, Oberst Silgeilis, übernahmen kurzerhand die Führung der lettischen Waffen-SS-Verbände; so brauchten sie sich nicht länger mit einer Inspektionstätigkeit zu begnügen. Bangerski bedeutete auch die Form nichts. Ob SS-Gruppenführer oder nicht, das war ihm gleichgültig. Er war nur Soldat.

Schwieriger war es bei den Esten, weil die estnische SS-Brigade mit sieben Ritterkreuzträgern zwar zu den härtesten Verbänden zählte, ihr aber vorerst noch höhere Offiziere fehlten, die dic nationale Führung hätten übernehmen können.

Erfolg hatte Arlt auch bei Professor Ostrowskij und den weißruthenischen Schutzmannschaften. Diese wurden zu einer ersten weißruthenischen SS-Freiwilligen-Division zusammengefaßt. Zur Besetzung höherer Führungsstellen aber fehlten auch hier die geeigneten Persönlichkeiten. So mußte vorerst ein Deutscher, Obersturmbannführer Sigling, die Führung der Division übernehmen.

Arlt eröffnete auch freundschaftliche Beziehungen zu Chajum Khan. Er besprach die Zusammenfassung der auf das Heer verstreuten turkestanischen Verbände zu einer turkestanischen SS-Division. Khan erkannte die Möglichkeit, sein Nationalkomitee endlich mit einer militärischen Streitmacht zu verbinden und seine zerstreuten Landsleute zu sammeln. Er begann Verhandlungen mit Köstring und Voelkel, dem Nachfolger Herres bei General Köstring, um die turkestanischen Verbände freizubekommen. Aber er hatte keinen Erfolg.
Ein besonders gutes Verhältnis gewann Arlt zu dem listenreichen Kopf der Georgier, Mischa Khedia.
Als Arlt sein Amt antrat, befand sich ein kaukasisches SS-Bataillon in Dänemark in der Aufstellung. Gleichzeitig war der SS-Standartenführer Theuerkauf in Paluzza, nördlich von Tolmezzo, damit beschäftigt, einen kaukasischen Reiterverband der SS zu begründen. Das konnten – in Verbindung mit einem noch zu bildenden gesamtkaukasischen Nationalkomitee – die Ursprünge einer kaukasischen Division oder Befreiungsarmee sein.
Schließlich erschien Mitte Juli ganz überraschend der General von Pannwitz zu einer Besprechung. Sein Besuch hatte materielle Gründe. Bei der Ausweitung seiner Kosakendivision zu einem Kosakenkorps war Pannwitz beim Heer auf immer größere Schwierigkeiten gestoßen. Er hatte beobachtet, daß die Waffen-SS bei der Aufstellung ihrer außerdeutschen Verbände über größere materielle Möglichkeiten verfügte. Er erklärte, er sei prinzipiell damit einverstanden, daß sein Kosakenkorps der Waffen-SS unterstellt werde, wenn er als Gegenleistung materielle Hilfe erhalte. Arlt gestand zu, keine SS-Offiziere zur Führung des Kosakenkorps einzusetzen. Pannwitz fiel sein Entschluß um so leichter, als die politische Konzeption der »Freiwilligen-

Leitstelle Ost« keine großrussische Tendenz zeigte, die zu inneren Schwierigkeiten in den Kosakenverbänden hätte führen können.
Arlt vermehrte seine Organisation also um eine »Leitstelle Kosaken«. Dann ging er daran zu versuchen, das russische Zentralproblem zu lösen.
Seit 1943 hatte Arlt die Vorgänge um Wlassow sorgfältig beobachtet. Er wußte, daß Wlassow ein Großrusse war, und er bezweifelte auch, daß Wlassow sein großrussisches Denken aufgeben konnte. Aber das schob er einfach vor sich her. Das Wichtigste schien ihm zunächst die Feststellung, inwieweit Wlassow bereit war, mit der Leitstelle Ost zusammenzuarbeiten.
Am 10. Juli sprach Arlt zunächst mit Berger über das Problem Wlassow, so wie er es sah. Berger machte ein saures Gesicht.
»Vieles kann man jetzt mit dem Reichsführer machen«, sagte er, »aber der Wlassow ist für ihn ein rotes Tuch. Da hat er sich mit seinen Reden festgerannt.«
»Man sollte es aber trotzdem versuchen«, sagte Arlt.
Am 12. Juli war er noch einmal bei Berger, um über seine Wlassow-Pläne zu sprechen. Er hatte eine Weile im Vorzimmer zu warten und traf dabei auf einen Oberführer der allgemeinen SS, der sich als Dr. Kroeger vorstellte.
Beide kamen ins Gespräch. Arlt berichtete auch von seiner Leitstelle und von seinen Plänen.
»Das interessiert mich«, sagte Dr. Kroeger. »Ich bin im Augenblick Leiter des Ergänzungskommandos Dänemark. Aber Ihre Leitstelle Rußland würde mich viel mehr reizen. Ist die schon besetzt?«
»Bis jetzt noch nicht.«
Kroeger wurde eifrig. »Im Ernst. Diese Arbeit würde mich interessieren. Ich bin Balte und spreche fließend Russisch.«

»Balte?« sagte Arlt. »Ich bin als Student viel mit Leuten von der Baltischen Bruderschaft zusammengekommen ...«
Kroeger antwortete: »Ich habe der baltischen Jungmannschaft angehört.«
Arlt erinnerte sich, daß die Leute, die er in der Baltischen Bruderschaft kennengelernt hatte, ausnahmslos das gewesen waren, was man in seinen Kreisen »anständige Charaktere« nannte. Und die Offiziere innerhalb der SS, die wirklich Russisch sprachen, waren nicht so zahlreich, als daß man leichtfertig auf einen Mann hätte verzichten können.
»Gut«, sagte Arlt, »ich werde mit Gruppenführer Berger sprechen.«
Kurz darauf wurde er zu Berger gerufen und erfuhr, daß Himmler sehr wenig Neigung zu irgendeiner Verwendung Wlassows im Bereich der SS zeigte. Berger setzte aber hinzu, es sei noch nicht aller Tage Abend, man könne die Sache bei günstiger Gelegenheit wieder vorbringen.
Arlt sprach kurz über seine Bekanntschaft mit Kroeger. Und Berger notierte sich dessen Namen.
Während Arlt zusah, wie Bergers fleischige Finger den Namen niederschrieben, ahnte er nicht, welchen Einfluß dieses scheinbar nebensächliche Ereignis auf seine eigene Zukunft haben würde. Noch weniger konnte er wissen, daß im gleichen Augenblick schon ein stärkerer Mann aus der SS am Werk war, um Wlassow aus der Versenkung zu ziehen. Und nicht nur ein stärkerer Mann, sondern vor allem einer, der Himmler näherstand – Gunter d'Alquen, der Kommandeur der SS-Kriegsberichter-Standarte »Kurt Eggers«.
Gunter d'Alquen gehörte zu jener merkwürdigen intellektuellen oder pseudo-intellektuellen Schicht, die sich hinter der äußerlich brutalen Geschlossenheit der SS-Fassade entwickelt hatte.
Seine Geschichte war symptomatisch. Sein Vater war Woll-

händler in Essen und hatte alles daran gesetzt, seinem 1910 geborenen ältesten Sohn die bestmögliche bürgerliche Erziehung zuteil werden zu lassen. Von Ruhelosigkeit und Tatendrang getrieben, war der junge d'Alquen jedoch aus dem bürgerlichen Gehege ausgebrochen. Die sozialen Spannungen im Ruhrgebiet in den dreißiger Jahren hatten das Ihre dazu getan. Mit sechzehn Jahren war er in die SA eingetreten, mit siebzehn ging er als Hilfsarbeiter zu Krupp und dann als Schlepper auf die Zeche »Viktoria Mathias«. Als sein Vater ihn nach einer Verwundung, die er bei einer kommunistischen Parteiversammlung erhalten hatte, zu Hause mit den Worten empfing: »Scher dich zu den Schweinen zurück, von denen du herkommst«, war die weitere Entwicklung mehr oder weniger klar.

Er ging den Weg eines jungenhaften sozialen Idealismus, der nur deswegen nicht bei den Kommunisten oder Sozialisten endete, weil er eben doch die deutschnationale und bürgerliche Sphäre seiner Herkunft nicht überwinden konnte, und gründete mit einem Kreis sehr verschiedenartiger, halbbürgerlicher Intellektueller »Das Schwarze Korps« als Zeitschrift der SS.

Die Redaktion des »Schwarzen Korps« war schon vor dem Kriege ein Laboratorium, in dem an den verschiedensten Dingen herumexperimentiert wurde, die nicht unbedingt in die sogenannte SS-Ideologie hineinpaßten, die aber geduldet wurden, weil die ganze Ideologie sich selbst ja noch im Entwicklungsprozeß befand und auch bis ans Ende ihrer Tage nicht daraus herauskam.

D'Alquens eigentlicher Aufstieg hatte nach dem Feldzug gegen Polen begonnen. Himmler beauftragte ihn mit der Aufstellung einer SS-Kriegsberichter-Kompanie. Er erhielt umfangreiche Mittel und die Möglichkeit, sich die geeignetsten Leute heranzuholen. Er warb tüchtige Journalisten und

Fotografen an, gleich, ob diese irgendeine Verbindung zur SS hatten oder nicht. Er selbst war noch nicht einmal Offizier.
D'Alquens Front-Propaganda-Einheiten brachten dieselbe unbestreitbare Tapferkeit auf, die den meisten SS-Divisionen eigen war. Sie bezahlten, wie diese, Führungsfehler mit schweren Opfern. Aber sie setzten sich durch, weil sie freier, beweglicher und besser ausgerüstet waren als die Propagandaeinheiten des deutschen Heeres.
Es war bezeichnend für d'Alquen und seinen Kreis, daß er sich sofort den neuen Ideen von der »germanischen SS« zur Verfügung stellte. D'Alquens Kriegsberichter-Kompanie, die sich 1941 zu einem Regiment auswuchs, wurde geradezu zu einem Experimentierfeld »germanischer« Zusammenarbeit. Hier dienten Männer der verschiedensten Nationalitäten. Und zwar nicht als bezahlte Verräter, sondern als überzeugte junge Leute, die von der weltfremden konfusen Idee eines »germanischen Großraumes« und des Kampfes gegen den Bolschewismus erfaßt waren. Wie bei den SS-Divisionen erreichten sie als Gleiche unter Gleichen führende Positionen. Sie verliehen d'Alquens Verband eine konkurrenzlose Schlagfähigkeit auf dem Gebiet der Propaganda über Deutschlands Grenzen hinweg, verfügte er doch über Briten, Dänen, Norweger, Isländer, Finnen, Schweden, Schweizer, Holländer, Flamen und andere.
Als die Ausweitung der »germanischen Großraum-Idee« zur »europäischen SS-Idee« begann, gehörte d'Alquens Verband zu den Trägern dieser nicht weniger weltfremd-abstrusen Idee.
Zu seinen sogenannten »germanischen« Leuten gesellten sich Franzosen, Wallonen, Spanier, Kroaten, Serben. Und so kam auch für d'Alquens Leute schließlich der Tag, an dem die Probleme des russischen Raumes ein anderes Gesicht bekamen.

Sie waren in den Feldzug gegen die Sowjetunion mit den Anschauungen hineingegangen, die in der SS üblich waren. Jüdischer Bolschewismus, slawische Minderwertigkeit, kurzweg östliches Untermenschentum, hatten auch ihre Vorstellungswelt bestimmt.

Aber d'Alquen hatte einiges gelernt und eine innere Wandlung durchgemacht. In dem internen Kampf zwischen Fronterfahrung und der Führungsideologie hatte er von 1942 an eine vermittelnde Rolle gespielt, und zwar auf eine geschickte Art, die gegenüber Himmler kein brüskes Auftreten, sondern ein listiges Abwarten der richtigen Augenblicke voraussetzte.

Die ersten solchen »Augenblicke« waren 1943 gekommen, als d'Alquen bei den Waffen-SS-Frontverbänden immer stärker auf die Diskrepanz zwischen Wirklichkeit und Ideologie hingewiesen wurde. Vor allem SS-General Steiner war es gewesen, der den »Quark des Reichsführers vom germanischen Ostreich« angriff. Waffen-SS-Leute hatten zum Ausdruck gebracht, daß sie sich schämten, die gleichen Uniformen wie die SD-Kommandos zu tragen, die sich bevorzugt mit der Vernichtung sowjetischer Kommissare, slawischer Intelligenz, sowjetischer Juden und slawisch-bolschewistischer Untermenschen aller Art befaßten.

Es war reiner Zufall, der d'Alquen im September 1943 nach längerer Zeit wieder zu einem Treffen mit Himmler, sozusagen unter vier Augen, führte.

Himmler lud d'Alquen ein, mit ihm nach Siverskaja zu fliegen, um die 5. SS-Gebirgsdivision an der Eismeerfront bei Kiestinki zu besuchen.

Auf diesem Flug geschah es, daß Himmler eine eben erschienene Broschüre »Der Untermensch« aus einer Tasche zog und sie d'Alquen zeigte. Als d'Alquen sie genauer durchsah,

wurde er blaß. Er war gerade von der Ostfront gekommen. Noch hatte er die neuen Klagen und Forderungen Steiners im Kopf. Und da war nun diese Broschüre – nach zwei Jahren Rußlandfeldzug, und sie war noch unrealistischer, dümmer und verbohrter als die Propagandabroschüren, unter deren Zeichen seine eigenen Einheiten den Krieg gegen die Sowjetunion eröffnet hatten.
Er schwieg, bis Himmler munter fragte: »Sie sagen nichts. Was meinen Sie dazu ...?«
D'Alquen sagte langsam: »Reichsführer, Sie wollen meine offene Meinung hören.«
»Wie immer.«
»Dann muß ich Ihnen sagen, daß diese Schrift bei den Einheiten der Waffen-SS, die ich kenne, ein Versager sein wird.«
Himmler lächelte ebenso naiv wie schnippisch: »Sie sind wohl so ablehnend, weil Sie das Ding nicht gemacht haben.«
»Nein, Reichsführer«, sagte d'Alquen, »so ist das nicht. Aber wenn ich ganz offen reden soll. Unsere Männer draußen wissen nicht, wo sie im Kampf mit den Untermenschen ihren Arsch lassen sollen. Wenn unsere Männer die Broschüre hier sehen, dann werden sie sich fragen: Die uns da so zusetzen und bessere Panzer haben als wir und auch sonst in Taktik und Strategie auf der Höhe sind, das sollen lauter Untermenschen sein?«
Himmler war plötzlich ernst geworden. »Was ist denn das für ein Ton?« sagte er.
»Reichsführer«, antwortete d'Alquen, »das ist der Ton, den ich überall bei unseren Männern gehört habe. Wir können nach zwei Jahren Krieg mit den Russen nicht noch länger mit solchen Theorien operieren. Diese zwei Jahre haben unsere Männer draußen gelehrt, was wir zu Anfang nicht gewußt haben. So billig ist das mit diesem Gegner nicht.«
Himmler zeigte das eisige Schweigen, das ihn befiel, wenn

seine Theorien in Widerstreit mit der Wirklichkeit gerieten. Er sagte: »Brechen wir dieses Thema ab.« Danach sprach er zwei Tage lang mit d'Alquen kein Wort.
Erst achtundvierzig Stunden später bestellte er d'Alquen wieder zu sich. »Sie haben da vor ein paar Tagen Andeutungen gemacht«, sagte er. »Ich meine Andeutungen über meine Kommandeure in der Waffen-SS. Ich möchte über deren Ansichten mehr hören.«
»Reichsführer«, sagte d'Alquen, »einen solchen Bericht kann ich Ihnen gerne geben. Aber es wäre vielleicht gut, selbst einmal mit Steiner zu sprechen, oder noch besser, ihn draußen aufzusuchen.«
Himmler sagte: »Dazu habe ich keine Zeit. Ich werde mir die Gruppenführer kommen lassen. Aber vielleicht können Sie mich darauf vorbereiten, in welcher Art die Herren sich weltanschaulich gewandelt haben ...«
D'Alquen kannte Himmler zu genau, um nicht zu wissen, daß dieser sich diesen Anschein harter Überlegenheit gab, wenn seine innere Unsicherheit am größten war. Er beschloß, diese Unsicherheit auszunutzen.
Er packte aus, er schilderte, was er draußen gesehen, erlebt und gehört hatte. Und die Quintessenz lautete: »Wir haben auf dem Gebiet der politischen Kriegführung restlos versagt. Die tapfersten Leute haben die Überzeugung gewonnen, daß wir den Krieg im Osten militärisch nicht gewinnen können. Ich will Ihnen ganz offen sagen, welchen Auftrag ich immer wieder bekommen habe. Er lautet: Sag mal dem Reichsführer, diese ganzen Theorien von der rassischen Unterlegenheit der Russen und der Germanisierung Rußlands sind Kohl. Wir können die Russen nicht alle totschlagen. Wir haben sie mit diesen Theorien erst in Stalins Arme getrieben und zu Kämpfern gemacht, von denen wir uns eine Scheibe abschneiden können.«

»Ich dachte«, grollte Himmler, »alles, was Sie mir vorgestern mitgeteilt haben, sei Scherz. Ich hätte nicht gedacht, daß meine Soldaten sich durch vorübergehende Schwierigkeiten dazu bewegen lassen, von dem Ziel abzuweichen, für das wir kämpfen: das ›Großgermanische Reich‹. Ich dachte, meine Kommandeure hätten meine Reden besser gelesen.«
»Reichsführer«, sagte d'Alquen. »Ihre Kommandeure sind Ihnen so treu ergeben wie zuvor, aber sie sehen täglich die Wirklichkeit, die Sie, Reichsführer, hier nicht sehen können.«
»Ich werde mich selbst mit diesen Herren beschäftigen«, fuhr Himmler auf, »richten Sie ihnen aus, daß wir in dem Augenblick, in dem wir unsere Weltanschauung und unser Ziel verraten, verloren sind.«
D'Alquen wußte aus Erfahrung, daß jetzt nichts zu machen war. Je länger er sprechen würde, um so mehr würde Himmler sich mit immer verbissenerem Trotz an das Gebäude seiner Theorien klammern.
Erst auf dem Rückflug nach Ostpreußen wandte sich Himmler wieder an d'Alquen. »Hören Sie«, sagte er, »Sie haben mir gesagt, unsere politische Kriegführung läge im argen. Gut, das Heer hat vielleicht im Osten versagt. Aber Ihre Standarte ist ja dazu da, es besser zu machen. Liefern Sie an einem Frontabschnitt der Waffen-SS ein Beispiel. Sie können alles machen. Sie können den Russen alles versprechen, sofern es nicht die Durchführung unserer Lebensaufgabe im Osten gefährdet. Ihnen wird schon was einfallen, womit Sie die Kerle dazu bringen, sich nicht wie die Verrückten für Stalin zu schlagen, sondern überzulaufen.«
»Reichsführer«, antwortete d'Alquen, »die Russen sind von uns so enttäuscht worden, daß es schwer ist, noch irgendein Argument zu finden, das sie locken könnte, auf unsere Seite überzugehen.«

»Ich wünsche solche Bemerkungen nicht mehr zu hören«, erwiderte Himmler. »Sie haben bisher bewiesen, daß Sie was können. Ich verlange von Ihnen einen neuen Beweis. Zeigen Sie, daß wir in der psychologischen Kriegführung allen anderen voraus sind ... In welchem Raum wollen Sie eingesetzt werden?«
D'Alquen dachte an General Steiner. »Im Oranienburger Kessel«, sagte er.
»Gut. Und was brauchen Sie außer Ihren eigenen Kräften?«
»Vielleicht ein paar Propagandaeinheiten vom Heer.«
»Vom Heer?«
»Jawohl. Das Heer hat nicht deswegen in der psychologischen Kriegführung versagt, weil es etwa unfähig wäre, sondern weil es nicht über die Mittel, die Beweglichkeit und die geschlossene Organisation verfügt, wie ich sie habe. Aber man hat Erfahrung ...«

Im November begann d'Alquen im Oranienburger Kessel, in Steiners Korpsbereich, mit seinem Propaganda-Experiment. Er schlug sein Hauptquartier in Gubanitzi auf. Sein Unternehmen erhielt die Bezeichnung »Wintermärchen«. Er arbeitete mit Lautsprechern, Flugblättern, Frontläufern. Er ließ über die Lautsprecher Messen von orthodoxen Geistlichen lesen. Russische Frauen hielten, besonders nachts, gefühlvolle Heimwehreden. Er ließ Flugblätter abwerfen, die die besten Mittel zur Selbstverstümmelung empfahlen. Er machtc Versuche mit sexueller Propaganda.
Die religiöse Propaganda war so gut wie nutzlos, die sexuelle wirkte überhaupt nicht. Die Zahl der Überläufer war zwar nicht niedrig, fiel aber dennoch nicht ins Gewicht.
Angehörige der Heeres-Propaganda-Einheiten sagten ihm, er könne sich seine Mühe sparen. Es gäbe nur noch ein wirksames Mittel: die Werbung mit einer Befreiungsarmee

und mit Wlassow. Aber die Anwendung dieses Mittels sei ihnen ja untersagt.
D'Alquen machte daraufhin auf eigene Verantwortung entsprechende Versuche. Seine Aufforderungen, überzulaufen und in die Befreiungsarmee des Generals Wlassow einzutreten, die sich in der Aufstellung befinde und nun in Kürze eingesetzt werde, ließ die Zahl der Überläufer sofort in die Höhe schnellen.
D'Alquen faßte daraufhin den Entschluß, durch sein Unternehmen den schlagenden Beweis für die Notwendigkeit zu erbringen, die germanischen Kolonisierungsträume der SS fallenzulassen und auf Wlassow umzuschalten. Er ließ Fragebogen mit 140 Fragen anfertigen. Alle Gefangenen und Überläufer wurden sorgfältig verhört. D'Alquen schickte seine Leute zu Sonderbefragungen in Durchgangslager.
Vom November 1943 bis zum Februar 1944 führte er 8000 Einzelvernehmungen durch. Die Ergebnisse ließ er auswerten und Woche für Woche graphisch eindrucksvolle Mappen zusammenstellen. Daraus ersah man, welch große Anziehungskraft von dem Namen Wlassow ausging.
D'Alquen wußte, daß sowohl Himmler als auch Hitler ein Faible für graphische Darstellungen besaßen. Er hoffte, auf diese Weise Himmler zu beeinflussen und ihn reif für eine neue Unterredung zu machen. Statt dessen erhielt er Anfang März – ein Blitz aus heiterem Himmel – den Befehl, sich sofort nach Italien zu begeben und dort die polnischen Truppen des Generals Anders mit Aktivpropaganda zu bearbeiten. Das war also das Ergebnis. Er machte den Versuch, bei Himmler einen Widerruf des Befehls zu erreichen. Vergebens.
Während d'Alquen ein Propagandaunternehmen »Südstern« aufzog, lernte er eine Menge dazu, was die technische Methodik anbelangte. Aber er konnte die Problematik des

Ostens nicht vergessen. Einige Monate später wurde er nach Berlin beordert.
»Die Lage an der Ostfront hat sich im Augenblick verschärft«, sagte Himmler. »Wir brauchen dort verstärkte Aktivpropaganda. Das ›Wintermärchen‹ muß in viel größerem Stil wiederholt werden.«
D'Alquen sagte: »Ich darf also daraus entnehmen, daß Sie mit den Schlußfolgerungen, die das Unternehmen ›Wintermärchen‹ ergeben hat, einverstanden sind und daß ich das neue Unternehmen an der Ostfront entsprechend starten kann.«
»Welche Schlußfolgerungen meinen Sie?«
D'Alquen hatte seine Unterlagen mitgebracht. Er wählte die Mappe über den Winter 1943/44. Er legte sie Himmler vor und las einzelne Sätze, in denen gesagt wurde, daß ein durchschlagender Erfolg nur durch die Aufstellung und Propagierung einer russischen Befreiungsarmee zu erzielen sei.
»Fangen Sie schon wieder an?« sagte Himmler, unsicher und zugleich erbost. »Der Führer lehnt Wlassow und alles, was damit zusammenhängt, grundsätzlich ab. Sie sind nicht der einzige, der mir mit diesem Kerl in den Ohren liegt. Die besten Kommandeure der Waffen-SS tun plötzlich, als gäbe es keine andere Möglichkeit auf der Welt, den Sieg zu erringen, als mit diesem Burschen. Ich habe meine Meinung in Schachen deutlich zum Ausdruck gebracht. Ich habe Sie nicht herkommen lassen, um den Namen Wlassow zu hören.«
D'Alquen sagte: »Reichsführer, dann wird das neue Unternehmen scheitern.«
Himmler verlor die Geduld: »Versprechen Sie den Russen, was immer Sie wollen. Versprechen Sie ihnen ein Monstrum von Befreiungsarmee. Wer zwingt uns, zu halten, was Sie den Überläufern versprechen?!«

»Der Wunsch nach Erfolg«, gab d'Alquen zurück. »Ein neuer Betrug ist in kürzester Zeit auf der anderen Seite der Front bekannt.«
Himmler brauste auf: »Dann suchen Sie sich einen anderen Bolschewiken-General als Befreier. Aber Wlassow verbiete ich. Verstehen Sie mich? Ich verbiete ihn!«
Am gleichen Nachmittag begab sich d'Alquen zu Grote. Sie waren sich während des »Wintermärchens« begegnet. Er berichtete: »Ich habe jetzt Möglichkeiten, das Ziel zu erreichen, das auch Ihr Ziel ist. Empfehlen Sie mir eine andere Persönlichkeit als Wlassow, die ich mit in die Ukraine nehmen kann. Alles andere wird später kommen. Das überlassen Sie mir.«
Grote überlegte. »In Frage kämen nur Truchin und Schilenkow«, sagte er. »Aber Truchin ist problematisch. Ich habe allen Anlaß anzunehmen, daß er von Ihrem eigenen SD besonders scharf überwacht wird. Vielleicht haben Sie die Möglichkeit...«
»Die Möglichkeit schon«, antwortete d'Alquen. »Aber ich möchte im Augenblick jedes interne Aufsehen vermeiden. Ich bin froh, zunächst mal erreicht zu haben, was ich jetzt habe.«
»Dann schlage ich Schilenkow vor.«
»Und wie steht es mit weiteren politisch erfahrenen Russen, die mitarbeiten könnten?«
»Wenn Sie den Klügsten haben wollen, schlage ich Sykow vor. Aber ich muß Ihnen sagen, daß er verdächtigt wird, Jude zu sein. Wahrscheinlich wird er ebenfalls vom SD überwacht.«
D'Alquen überlegte. Aber auch hier hatten die Zeit und die drohende Niederlage früher unvorstellbare Breschen in mörderische Vorurteile geschlagen. »Sie halten ihn für den besten Mann?«

»Absolut.«
»Dann ist das andere uninteressant. Könnten Sie vermitteln, daß ich die Russen morgen abend sehe?«
Vierundzwanzig Stunden später sah sich d'Alquen in seiner Wohnung Schilenkow, Sykow und Strik-Strikfeldt gegenüber. Strik-Strikfeldt übersetzte. D'Alquen sah diesen zum erstenmal.
D'Alquen sprach, wie es seine Art war, mit einer gewissen Schnodderigkeit. Er sagte: »Meine Herren! Ich bin zwar von der SS, und mein oberster Befehlshaber ist der Mann, der in seiner Schachener Rede Ihren General Wlassow einen Schlächtermeister genannt hat. Ich weiß, daß Sie bisher be-, ange- und verschissen worden sind. Ich kann Ihnen nicht versprechen, daß es mir gelingen wird, das Geschehene zu ändern. Aber ich gebe Ihnen mein Wort, daß ich, wenn Sie sich beteiligen wollen, alles versuchen werde, Ihnen zu helfen.«
Strik-Strikfeldt blieb mißtrauisch. Schilenkow stand schließlich als erster auf und reichte d'Alquen die Hand. »Haben wir eine andere Wahl?« sagte er. Sykow war zurückhaltender. Er konnte nicht verhehlen, daß auch er hier die letzte Chance sah. Aber er stellte zuerst noch eine Reihe scharf formulierter Fragen. Dann erst sagte er: »Gut.«
Es wurde verabredet, daß Schilenkow und Sykow am übernächsten Morgen mit d'Alquen zum Hauptquartier der Heeresgruppe Süd-Ukraine fliegen sollten. Dort, im Bereich des propagandafreundlichen Feldmarschalls Model, sollte das neue Unternehmen gestartet werden.

Als d'Alquen seine Gäste verabschiedete, ahnte er nichts von dem Verhängnis, das bereits auf einen von ihnen lauerte.
Sykow bereitete sich am nächsten Tag in Dabendorf auf seine Abreise vor. Er übergab die Redaktion der »Sarja –

Morgenröte« einem seiner Mitarbeiter, Kowaltschuk. Dann verabschiedete er sich und fuhr zusammen mit einem jungen Russen, eine Art Adjutant, nach Rüdersdorf-Kalkberge hinaus, wo er eine kleine Wohnung besaß.
Er hatte sich gerade zum Abendessen niedergesetzt, als ein Bote aus dem Nachbarhaus kam und Sykow ans Telefon bat. Das war nichts Ungewöhnliches. Der einzige in der Nähe befindliche Fernsprecher war in diesem Nachbarhaus, einer Bäckerei. Sykow und der Adjutant verließen das Haus und wurden niemals mehr gesehen.
Zeugen erzählten später, daß die beiden Männer auf dem Wege zur Bäckerei von zwei Zivilisten angehalten worden seien. Es war zu einem kurzen hastigen Gespräch gekommen. Dann waren Sykow und sein Adjutant mit den beiden zu einem großen Adlerwagen hinübergegangen, der eine Wehrmachtsnummer trug. Alle waren eingestiegen, und der Wagen hatte sich auf einem Waldweg in Richtung Berlin in Bewegung gesetzt. Von diesem Augenblick an blieben Sykow und sein Begleiter verschwunden.
Es gab zunächst nur Vermutungen über Sykows Verbleib. Die häufigste Version lautete, daß Sykow vom SD beseitigt worden sei.
Diese Version wurde viele Jahre später bestätigt. Hinter der vielgesichtigen Fassade der SS hatte eine Hand einen Mann in dem Augenblick beseitigt, in dem eine andere ihn dazu geworben hatte, eine Rolle in einer SS-Aktion zu spielen.
Als sich d'Alquen am 26. Juni 1944 bei Generalfeldmarschall Model in der Nähe von Lemberg meldete, ging ihm der rätselhafte Vorfall um Sykow noch nach. Er schlug sein Hauptquartier in Symna Woda, südwestlich von Lemberg, auf. Schilenkow wurde mit einigen Mitarbeitern, die Sykow ersetzen sollten, in einem Forsthaus untergebracht und wie ein General behandelt. Die Front war ziemlich ruhig. Model

sagte jede Unterstützung zu. So kam d'Alquens neue Unternehmung in Gang. Sie erhielt den Decknamen »Skorpion«. Um seinen Berichten an Himmler ein unverdächtiges und objektives Aussehen zu geben, wandte er zunächst sämtliche anderen verfügbaren Propagandamethoden an, seien sie nun religiöser, menschlicher, sexueller oder sonstiger Natur. Den Kern seiner Aktionen aber bildeten die Behauptung, daß die »Russische Befreiungsarmee« sich nun endgültig im Stadium des Aufbaues befinde, und die Aufforderung an sowjetische Soldaten, sich zum Kampf in ihren Reihen zu melden. D'Alquen bat Schilenkow, entsprechende Aufrufe und Flugblätter zu schreiben und sozusagen als Vertreter Wlassows zu unterzeichnen.

Nachdem sie vierzehn Tage zusammen gearbeitet hatten, kam er auf den Gedanken, Schilenkow einfach an die Stelle Wlassows zu setzen und auf diese Weise weitere Auseinandersetzungen mit Himmler zu vermeiden. Er suchte Schilenkow in seinem Forsthaus auf. Aber als er ihm diesen Vorschlag machte, lehnte Schilenkow schroff ab. Jeder Versuch, an seinen Ehrgeiz zu appellieren, scheiterte. Er wußte, daß der untergründig gewachsene Mythos Wlassows zu stark war.

So unglaublich es scheinen mochte: Die Zahl der Überläufer, die sich vor Beginn des Unternehmens »Skorpion« im Bereich der Heeresgruppe Süd-Ukraine auf kaum dreihundert monatlich belaufen hatte, erreichte innerhalb weniger Wochen viertausendfünfhundert. Aber die echte Befreiungsarmee existierte nicht, und Wlassow war nicht da. Es konnte nur kurze Zeit dauern, bis die neue Täuschung offenkundig wurde.

Als am 11./12. Juli bei den Heeresgruppen Mitte und Süd die große sowjetische Sommeroffensive 1944 losbrach, gab es für d'Alquen keinen Zweifel, daß weitere Mühe vergeblich

war, wenn es ihm nicht gelang, Wlassow selbst ins Spiel zu bringen.
Da schon am ersten Tage der Offensive alle Flugzeuge, über die er verfügte, verlorengingen, benutzte er eine Gelegenheit, nach Warschau zu fliegen, um bei der Luftflotte sechs neue Maschinen aufzutreiben.
Er wußte genau, daß es dort keine Flugzeuge gab, wohl aber eine Möglichkeit, sich telefonisch bei Himmler zu melden, der sich bei Salzburg aufhielt. Ein Luftangriff auf München hatte jedoch die Leitungen zerstört. D'Alquen wußte nur zu gut, daß es riskant war, in einem Augenblick, in dem sich die Front im Großkampf befand, unangemeldet bei Himmler zu erscheinen. Trotzdem entschloß er sich, nach Salzburg weiterzufliegen.
Er traf am Abend ein, als Himmler gerade mit einem Kordon von Generalen sein Quartier verließ.
Himmler erkannte ihn sofort. »Was machen Sie hier«, fuhr er ihn an. »Bei Ihnen hat gestern eine Offensive begonnen.«
D'Alquen wußte, daß er jetzt nicht zögern durfte. »Ich melde mich dringend zum Rapport.«
»Warum? Wo brennt es?«
»Brennen ist nicht mehr der richtige Ausdruck. Reichsführer, wann kann ich Sie sprechen?«
»Ich habe keine Zeit«, gab Himmler ärgerlich zurück. »Wir fahren heute nacht noch nach Ostpreußen. Sie können mitfahren. Das Weitere wird sich finden.«
Am folgenden Nachmittag gegen 16 Uhr befand sich Himmlers Zug in der Gegend von Breslau. Hier ließ Himmler d'Alquen zu sich kommen.
»Also, was wollen Sie?« fragte er.
D'Alquen sagte: »Reichsführer, wir haben viel Erfolg gehabt. Aber unsere Argumente sind erschöpft. Jetzt stehen wir unausweichlich vor dem Problem: Wlassow.«

D'Alquen sah, daß Himmler im nächsten Augenblick explodieren würde. Aber er wußte auch, daß es jetzt um alles ging. »Der Erfolg hängt einzig und allein davon ab«, drängte er, »daß wir nicht nur von einer Befreiungsarmee und Wlassow reden. Wir brauchen den Mann selber. Sonst glaubt uns niemand mehr. Wir brauchen ihn – die neue Sowjetoffensive rollt...«

Himmler beruhigte sich. Aber er stieß hervor: »Das ist doch zum Verrücktwerden. Sie kenne ich nun zu lange, als daß ich Sie verdächtigen könnte, russophil zu sein wie diese Heeresfritzen. Die Leute haben einen Stich in der Richtung. Das muß ich bei Ihnen ausschließen. Was, in Teufels Namen, ist in Sie gefahren?!«

D'Alquen sagte: »Reichsführer, glauben Sie mir, ich sage nichts Unüberlegtes. Wlassow muß ein Mann mit bona fide sein. Ich habe ihn bis heute noch nicht gesehen, aber überall habe ich seine Autorität gespürt. Ich habe versucht, ihn zu umgehen und Schilenkow seine Rolle zuzuspielen. Umsonst.«

Er fuhr drängend fort: »Mit dem Mann läßt sich mehr machen als ein begrenzter Propaganda-Erfolg mit Überläufern. Da steckt die Möglichkeit zu einem großen politischen und militärischen Erfolg, wenn Sie, Reichsführer, diese Sache in die Hand nehmen. Unsere Erfolge haben mir gezeigt, welche Wirkungen wir ausüben können, wenn wir Wlassow als Gegner Stalins und als Führer einer russischen Befreiungsbewegung vorstellen können. Die Leute, die zu uns herübergekommen sind, warten jetzt darauf, daß sie zu dieser Armee stoßen können.«

Himmler schwieg. Dann grollte er: »Haben Sie an die Konsequenzen für unsere ganze weltanschauliche und politische Konzeption gedacht?«

D'Alquen sagte: »Reichsführer, darf ich so offen zu Ihnen sprechen, wie Sie es mir so oft erlaubt haben?«

»Und?«
»Reichsführer, wir befinden uns in einer Situation, in der es um Sieg oder Niederlage geht. Die weltanschaulichen Konsequenzen sollten uns erst später interessieren.«
Himmler hatte offensichtlich die gefährliche Frage: »Zweifeln Sie am Führer und seinem Sieg?« auf der Zunge. Aber er sagte nur: »Mit welchen Leuten haben Sie über diese Sache gesprochen?«
»Mit niemandem«, antwortete d'Alquen.
»Wollen Sie mir verraten, wie Sie sich die Details einer Zusammenarbeit mit diesen Russen vorstellen?«
»Das kann ich noch nicht beurteilen. Aber ich weiß, daß die Leute um Wlassow selbst bestimmte Vorstellungen haben.«
D'Alquen zögerte einen Augenblick. Dann sagte er plötzlich und aus einer Eingebung heraus: »Reichsführer, Sie sollten selbst mit Wlassow sprechen.«
Himmler starrte ihn sprachlos an. »Sind Sie sich klar darüber, was Sie vorschlagen?« rief er empört.
Aber d'Alquen erwiderte: »Ja. Ich bin überzeugt, Reichsführer, daß Sie der einzige sind, der dem Feldzug im Osten eine entscheidende Wende geben kann.«
Er spürte, daß Himmlers Abwehr nicht sehr stark war. Hinter seiner zur Schau getragenen Siegeszuversicht kamen Zweifel auf, ob der Krieg mit militärischen Mitteln allein gewonnen werden könne. Vielleicht verbanden sie sich mit dem Ehrgeiz, tatsächlich eine überraschende Wende herbeizuführen.
Das Gespräch dauerte länger als eine Stunde. Dann sagte Himmler:
»Gut, setzen Sie sich mit Wlassow in Verbindung. Ich werde aber noch mit dem Führer darüber sprechen.«

D'Alquen flog am gleichen Abend zur Ostfront zurück, um Schilenkow abzuholen. Er brauchte ihn als Vermittler bei Wlassow. An der Front hörte er, daß es trotz der Erfolge der sowjetischen Offensive in den Nächten immer noch viele Überläufer gab.

Am 15. Juli war er mit Schilenkow in Berlin. Schilenkow fuhr nach Dahlem, um mit Wlassow zu sprechen und ihn zu d'Alquen nach Zehlendorf zu bringen.

Vierundzwanzig Stunden später stieg Wlassow, begleitet von Schilenkow und seinem Adjutanten Sacharow, in Zehlendorf aus dem Wagen.

Als d'Alquen Wlassow sah, als er seine Stimme hörte, war er – wie so viele vor ihm – von dem Riesen tief beeindruckt. Wlassow hatte eine Nacht und einen halben Tag lang Zeit gehabt, sich vorzubereiten. Aber die ungeheure innere Spannung, die ihn angesichts der in Aussicht gestellten Möglichkeit, mit Himmler zu sprechen, befallen hatte, war ihm anzusehen.

Wlassow taute nur langsam auf. Dabei bebte hinter seinem Mißtrauen gegen die SS die Bereitschaft, sich auszusprechen und nach einer neuen Möglichkeit zu greifen. Man fühlte, daß er danach forschte, ob d'Alquen Vertrauen verdiente, ob Macht hinter ihm stand oder ob ihm hier wieder nur einer jener Gutwilligen, aber Untergeordneten, Schwachen und Machtlosen gegenübersaß. Als d'Alquen ihm aus einer plötzlichen Eingebung heraus offen sagte, daß er den vergeblichen Versuch gemacht hatte, Schilenkow an seine Stelle zu setzen, schien er zum erstenmal Vertrauen zu gewinnen.

D'Alquen sagte, der Hauptzweck ihres Gespräches sei es, von Wlassow die Bedingungen für eine Besprechung zwischen ihm und Himmler zu erfahren.

Wlassow stützte für einen Augenblick den Kopf in die Hände, so, als erdrücke ihn, was vor ihm lag. Der »Untermensch«,

die Himmlerrede in Schachen! Verstand man noch diese deutsche Welt?
Aber dann sprach er kein Wort über Schachen und den »Untermenschen«. Er sagte, es gäbe keine Bedingungen, falls er in Himmler endlich einem Menschen begegnen werde, der Macht verkörpere und Entscheidungen treffen könne. Es sei noch nicht zu spät. Wenn Himmler Vertrauen zu ihm gewinnen und ihm die Möglichkeit geben könne, eine Gegenregierung gegen Stalin und eine Armee von genügender Stärke aufzustellen, dann sei auch jetzt noch ein Erfolg zu erringen. Der größte Teil der besetzten Gebiete im Osten sei zwar verlorengegangen und damit auch die Masse der Bevölkerung, auf die er sich vor einem halben Jahr noch hätte stützen können. Aber noch befänden sich ja nicht nur Millionen seiner kriegsgefangenen Landsleute, sondern auch sechs Millionen russische Arbeiter in Deutschland. Wenn gehandelt werden solle, dann sofort. Alle Einheiten, die aus Menschen seiner Heimat gebildet worden seien und sich seit 1943 in allen Teilen Europas befänden, müßten sofort zusammengefaßt und seinem Kommando unterstellt werden. Die Invasion in Frankreich drohe die 1943 nach dort verlegten Freiwilligenverbände zu zerschlagen. Auch die Zersplitterung in die vielen Nationalkomitees müsse ein Ende haben. Man müsse verwirklichen, was einmal in Smolensk begonnen habe: die Bildung eines politischen und geistigen Zentrums mit einem klaren Programm gegen das stalinistische System.
Er fordere von Deutschland nichts als Waffenhilfe bis zum Sturz Stalins und das Versprechen, ein neues unabhängiges, aber mit Deutschland verbündetes Rußland aufbauen zu können.
D'Alquen war kein tiefer politischer Denker, der alle Konsequenzen von Wlassows Programm übersah. Er beurteilte in erster Linie die propagandistische Wirkung des Mannes.

Am 17. Juli fuhr er nach Rastenburg. Himmler hörte seinen ziemlich enthusiastischen Bericht zunächst wortlos an. Dann sagte er, er habe inzwischen mit Hitler gesprochen. Hitler habe einer Verwendung Wlassows zugestimmt.
Er sagte: »Ich erwarte Wlassow hier am 21. Juli. Sie sind verantwortlich dafür, daß er pünktlich eintrifft.«
Und gleich darauf, wie mit einem großen Sprung: »Was meinen Sie, wenn wir Wlassow zum Marschall der Befreiungsarmee ernennen? Der Titel würde wirken.«
D'Alquen fuhr weiter nach Berlin und dort in den Kiebitzweg. Er hatte das Wlassow-Haus in den Tagen des hoffnungslosen Wartens nicht gekannt. So konnte er nicht die Wandlung der Atmosphäre erkennen, die sich vollzogen hatte. Daß er zum Träger einer Offenbarung geworden war, begriff er jedoch in dem Augenblick, da er Wlassow gegenüberstand und seine Botschaft ausrichtete. Wlassow zog ihn an seine mächtige Brust und küßte ihn.
D'Alquen mußte weiter. Er flog zu seinen Einheiten bei der Heeresgruppe Süd-Ukraine, um auch diese zu unterrichten und auf kommende Aktionen vorzubereiten.
Hier, während des Rückzuges von Lemberg nach Krakau, erreichte ihn die erste Nachricht vom Attentat auf Hitler am 20. Juli. Am nächsten Morgen wurde ihm ein Funkspruch vorgelegt: »Die für den 21. 7. festgelegte Besprechung muß ausfallen. Sie wird auf einen späteren Termin verlegt. Sie erhalten Funkspruch. Himmler.«
Himmler hatte also selbst in der Aufregung dieser Tage die Besprechung mit Wlassow nicht vergessen. Danach mußte sie ihm – so sagte sich d'Alquen – wirklich am Herzen liegen.

Strik-Strikfeldt war am 20. Juli nicht in Berlin gewesen. Aber er hatte in den vorangegangenen Tagen mehrfach das Haus im Kiebitzweg besucht, um sich mit Wlassow über die

plötzliche Veränderung der Lage zu unterhalten. Er konnte den »Untermenschen« und den »Schlächtermeister« nicht vergessen und argwöhnte, daß hinter allem nichts weiter stand als ein aus der Not der Stunde geborener neuer Versuch, Wlassow propagandistisch auszunutzen und zu betrügen.
Mehrere Unterredungen mit Wlassow hatten Strik-Strikfeldt gezeigt, daß auch dieser nichts vergessen hatte. Aber wie ein Hungernder nicht danach fragt, wer ihm schließlich Brot gibt, so wollte Wlassow nicht danach fragen, wer ihm die Hand reichte, die Hand, die eine Armee schaffen konnte. Aber um das zu erreichen, mußte man wenigstens nach außen hin vergessen können.
Als Strik-Strikfeldt am Morgen des 21. Juli die ersten genauen Nachrichten über den 20. Juli und den Kreis der Beteiligten erfahren hatte, entschloß er sich, nach Dabendorf hinauszufahren. Die Tatsache, daß Freytag-Loringhoven an der Verschwörung beteiligt gewesen war, ließ ihn das Schlimmste befürchten. Wenn es stimmte, daß nicht nur Stauffenberg, sondern auch Tresckow beteiligt war, so ließ sich nicht übersehen, was in den nächsten Tagen geschehen würde. Hatten Leute aus dem Kreis um Wlassow und aus Dabendorf ohne sein, Strik-Strikfeldts, Wissen mit den Verschwörern paktiert, weil sie so gut wie er gewußt hatten, daß eine Reihe der Männer, deren Namen jetzt als Mitglieder des Verschwörerkreises bekannt wurden, daran gedacht hatten, im Westen Frieden zu schließen und im Osten unter Entfaltung einer Wlassow-Armee und Verzicht auf alle Eroberungen weiterzukämpfen?
Als Strik-Strikfeldt in Dabendorf eintraf, begegnete er Truchin. Truchins erste Worte: »Was bedeutet das? Neue Hoffnung?« machten ihn noch unsicherer. Hatten die Leute in Dabendorf mehr gewußt als er selbst?

Aber er fand Dabendorf unberührt. Die Geheime Staatspolizei hatte offenbar Wichtigeres zu tun. Er blieb bis zum Nachmittag und diskutierte – mit Truchin, Bojarski und einigen anderen. Er fand keinen Anhaltspunkt, daß Verbindungen zwischen Truchin und den Verschwörern bestanden hatten. Die Gespräche drehten sich weit mehr darum, ob die Unterredung zwischen Wlassow und Himmler in der neuen Lage noch stattfinden werde oder nicht.
Am späten Nachmittag fuhr Strik-Strikfeldt nach Berlin zurück. Während der ganzen Fahrt befürchtete er, im Kiebitzweg ein Kommando der Geheimen Staatspolizei vorzufinden. Aber die Befürchtung war überflüssig. Wlassow umarmte ihn im Beisein von Malyschkin. Er hatte getrunken.
»Heute war der Tag«, sagte er, »auf den wir unsere Hoffnungen gesetzt hatten. Noch ein paar Stunden, dann ist dieser Tag vorbei.«
Strik-Strikfeldt sah ihn fragend an. »Andrej Andrejewitsch«, sagte er, »der Mann, der heute mit Ihnen sprechen wollte, gehört zu den Siegern, und er ist jetzt dabei, diejenigen, die auch ihm ans Leben wollten, zu vernichten. Er ist nur noch mächtiger geworden. Wir haben gestern und heute viele Freunde verloren, die Ihnen in den schlimmen Jahren geholfen haben. Stauffenberg ist tot.«
Wlassow blickte ins Leere.
»Stauffenberg?« sagte er langsam. »Ich kenne keinen Stauffenberg.«
Strik-Strikfeldt richtete sich auf. »Aber, Andrej Andrejewitsch«, sagte er, »Sie kennen doch Stauffenberg, den famosen deutschen Oberst, der sich so sehr für Sie eingesetzt hat.«
Wlassows Gesicht blieb starr: »Nein«, sagte er, »Sie müssen sich irren.«
Malyschkin verließ den Raum. Wlassow horchte noch eine

Weile auf die Schritte draußen, dann erst sah er Strik-Strikfeldt an.
Er sagte langsam: »Von solchen toten Freunden spricht man nicht.« Er betonte das Wort »solchen« und fuhr fort: »Die kennt man nicht. Vergessen Sie nicht: Ich bin durch die sowjetische Schule gegangen. Niemals soll man sagen, daß solche Männer Freunde waren. Man soll niemals jemandem trauen. Ich darf auch in Malyschkins Gegenwart nicht alles hören, nicht alles sagen, auch Schilenkow darf ich nicht trauen, auch meinem Bruder nicht.«
Strik-Strikfeldt verstand. Das war die sowjetische Schule, die immer hinter dem Riesen gestanden hatte und die seit gestern, seit auch in Deutschland in aller Öffentlichkeit Säuberung und Liquidation umhergingen, als unzerstörbare Reminiszenz in Wlassows Leben wieder ihr Haupt erhob.
Unterdessen gab es draußen im Flur Aufregung. Vor dem Haus war ein SS-Wagen aufgefahren. Die russischen Wachen wußten nicht, was dieser Wagen brachte und ob sie schießen sollten oder nicht. Aber es stellte sich heraus, daß nur ein Kurier vor dem Tor wartete. Himmler hatte in seiner schulmeisterlichen Exaktheit nicht vergessen, Wlassow über die notwendige Verschiebung der Unterredung zu unterrichten.
Der Offizier, den das Reichssicherheitshauptamt in seinem Auftrag sandte, übergab Wlassow persönlich die Mitteilung, Himmler werde sich erlauben, Wlassow einen neuen Termin zu nennen, sobald er wieder freie Hand habe. Er schlage Wlassow vor, die Zeit bis zu diesem Termin dazu zu benutzen, um sich zur Erholung nach Süddeutschland zu begeben. Er stelle ihm dazu ein SS-Erholungsheim in Ruhpolding zur Verfügung. Dort werde er auch Muße finden, sich weiter für seine kommende Aufgabe vorzubereiten und ihm, Himmler, genaue Vorschläge zu unterbreiten. Er rechne damit, daß die

jetzt aufgeschobene Unterredung in etwa drei Wochen stattfinden werde.
Wlassow, der schweigend zugehört hatte, bat den Offizier, draußen zu warten, bis er seine Entscheidung getroffen habe. Als die Tür sich hinter dem Offizier geschlossen hatte, trat er vor Strik-Strikfeldt hin und legte ihm die Hände auf die Schulter.
»Er hat es nicht vergessen«, sagte er. Danach ging er lange schweigend auf und ab. »Wir werden fahren«, sagte er dann plötzlich, »und du wirst mich begleiten. Du und Sergej. Sag nicht nein. In dieser Zeit mußt du mich begleiten ...«
Strik-Strikfeldt überfiel der Verdacht, Himmlers freundliches Angebot sei nichts anderes als ein Versuch, Wlassow aus Berlin zu entfernen und ihn in Ruhpolding unter bessere Bewachung zu stellen, ja, ihn dort, fern von seinen Leuten, zu verhaften.
»Gut, ich werde mit Ihnen fahren«, sagte er.
Wlassow trat selbst zur Tür, um Sacharow zu rufen. Seine gewaltige Stimme hallte durch den Flur, als er sagte: »Ich werde reisen ...«
Am 27. Juli traf Wlassow in Begleitung von Strik-Strikfeldt und Sergej Fröhlich in Ruhpolding ein. Er trug Zivil. Trotzdem erregte der Riese mit dem fremdartigen Gesicht schon am Tage seiner Ankunft Aufsehen. Aber da sein Name der Masse der Deutschen nichts bedeutete, legte sich dieses Aufsehen wieder, als er in dem drei Kilometer nördlich von Ruhpolding gelegenen alten Stift in der Nähe des Taubensees verschwunden war.
Noch einmal begann hier das große Warten, ein Warten, das länger dauern sollte als jene drei Wochen, von denen Himmler in seiner Botschaft gesprochen hatte.
Vielleicht war es eine Fügung des Schicksals, daß Wlassow in dieser letzten quälenden Zeit einer Frau begegnete, die

ihm mehr bedeuten sollte als jene flüchtigen Bekanntschaften, die er für ein paar Tage oder Wochen oder auch nur für eine Nacht an sich gerissen hatte, um sie dann wieder fortzuwerfen.

Die Frau hieß Heidi Bielenberg und war die Gattin eines gefallenen Arztes. Sie hatte im Stift am Taubensee ein Heim für notleidende Hinterbliebene von Gefallenen eingerichtet und war gerade mit der Einrichtung fertig geworden, als das SS-Hauptamt das Heim für genesende Angehörige der Waffen-SS beschlagnahmt hatte. Heidi Bielenberg hatte eine private Verbindung zu General Steiner benutzt, um ihr Heim zurückzuerobern. Vergebens. Sechzig Schwerverwundete der SS waren eingetroffen, deren Aufnahme sie nicht verweigern konnte. Die letzten jener sechzig befanden sich kurz vor ihrer Genesung, als Wlassow mit seinen Begleitern vor der Tür stand.

Heidi Bielenberg war eine sportliche Erscheinung, blond, gepflegt, klug. Sie spielte Klavier und Akkordeon und hatte eine kleine, aber gute Stimme.

Bald nach dem Eintreffen Wlassows hatte es sich eingebürgert, daß sie dem General, Strik-Strikfeldt und Sergej Fröhlich abends vorspielte und vorsang. Weil Wlassow Musik liebte, wurde so vielleicht die erste Brücke geschlagen. Sicherlich standen daneben andere Motive. Heidi Bielenberg hatte mehrfach erzählt, daß sie private Verbindungen zu führenden SS-Kreisen habe. Als ihr das Schicksal und die Person Wlassows vertrauter waren, hatte sie davon gesprochen, daß sie ihre Bekannten bitten werde, Himmler an den Termin zu erinnern, den er vielleicht vergessen habe.

Heidi Bielenberg war eine Frau mit Ehrgeiz. Vielleicht reizte sie Wlassow zuerst weniger als Mann denn als Chance, in eine ungewöhnliche fremdartige Rolle hineinzuwachsen. Niemand wußte, wie weit die Träume in ihrem Innersten

gingen. Sie hatte so viel von Wlassow und seinen Möglichkeiten erfahren, daß sie sich Wlassow in ihrer beweglichen Phantasie leicht als Haupt eines neuen Rußland und sich selbst vielleicht an seiner Seite vorstellen konnte.
Heidi Bielenberg sprach kein Wort Russisch. Aber Wlassow zeigte, daß er in der Zeit des Wartens mehr Deutsch gelernt hatte, als Strik-Strikfeldt und Sergej Fröhlich ahnten. Strik-Strikfeldt sah schweigend zu. Er ahnte noch nicht, daß aus dem Verhältnis mehr werden würde als die Bekanntschaft einiger Wochen. Er ahnte nicht, daß Verlobung und Ehe folgen würden, auch wenn diese Ehe erst zustande kommen sollte, nachdem Wlassows Hoffnungen endgültig zerbrochen waren und er auf die Frage nach dem Schicksal seiner Familie in der Sowjetunion nur noch die Antwort hatte: »Längst aufgehängt.« Für den Augenblick sah Strik-Strikfeldt die Verbindung gern, weil sie Wlassow beschäftigte und ihm über die Wochen des Wartens hinweghalf, die sich bis in den Herbst hinein ausdehnten.
Erst am 9. September rasselte plötzlich das Telefon, und eine ferne Stimme übermittelte die Nachricht, Wlassow möge sofort nach Berlin zurückkommen, der Reichsführer SS, Heinrich Himmler, erwarte ihn am 16. September in seinem Hauptquartier bei Rastenburg.
Der reguläre Kurierzug, in dem Wlassow am 15. September von Berlin nach Rastenburg fuhr, verließ Berlin um 20 Uhr. Im Zug befanden sich außer ihm Strik-Strikfeldt, d'Alquen und, völlig überraschend, jener Dr. Kroeger, den Arlt vor vielen Wochen Berger empfohlen hatte. Berger hatte ihn tatsächlich unter seine Fittiche genommen. Beim bevorstehenden Gespräch sollte er als Dolmetscher dienen.
Wlassow hielt sich an Strik-Strikfeldt und d'Alquen. Während der Nacht stand er auf dem Gang des Wagens. Er konnte nicht verbergen, welch ungeheure Spannung ihn

erfüllte und daß er Menschen um sich brauchte, um diese Nacht zu überwinden. Er fragte d'Alquen, was Himmler gesagt habe, er fragte, wie er Himmler anreden solle. Er sagte mehrfach, daß er in d'Alquen bei der morgigen Verhandlung einen Bundesgenossen sähe, der ihm helfen müsse.

D'Alquen antwortete: »Beim Ausgang dieser Verhandlungen steht auch mein persönliches Ansehen auf dem Spiel. Ich werde Ihnen helfen. Aber ich muß Sie auch bitten, diplomatisch zu sein, Vergangenes zu vergessen und nichts Unmögliches bei dieser ersten Zusammenkunft zu verlangen. Sie können dabei ruhig berücksichtigen, daß Himmler inzwischen großen Machtzuwachs erhalten hat. Er ist jetzt auch Befehlshaber des Ersatzheeres und kann über alles verfügen, was Sie zur Aufstellung Ihrer Befreiungsarmee benötigen.«

D'Alquen wußte in dieser Nacht noch nicht, daß Himmler sich inzwischen abermals mit Hitler besprochen hatte, um angesichts der inneren Unsicherheit, die ihn nie ganz verließ, und angesichts der steten Furcht vor Bormann ganz sicherzugehen. Er hatte diesmal von der Aufstellung von Wlassow-Divisionen gesprochen, sie allerdings nur als notwendiges Übel zur Verbesserung der Propaganda im Osten, nicht als echte Ansätze einer russischen Armee geschildert. Er hatte auch, mit der Bemerkung, daß diese Dinge ja zu nichts verpflichteten, von der propagandistischen Notwendigkeit der Bildung einer russischen Gegenregierung gesprochen.

Hitler hatte schließlich unter klarer Beschränkung auf das propagandistische Ziel zugestimmt. Weder die neuen Rückzüge und Niederlagen an der Ostfront noch die erfolgreiche Invasion in Frankreich, noch das Attentat hatten seine Haltung geändert. Mit Sicherheit hätte er auch jetzt seine

Zustimmung nicht gegeben, wenn nicht Himmler sie vorgeschlagen hätte – Himmler, dem nach dem 20. Juli noch einmal neues Vertrauen und neue Macht zugeflossen waren.
Unverständlicherweise hatte er seiner Zustimmung noch den Satz hinzugefügt: »Halten Sie in der Sache aber Fühlung mit dem Auswärtigen Amt.«
Himmler hatte diesen Satz sofort als einen Führerbefehl an das SS-Hauptamt weitergegeben und ihn so ausgelegt, daß in Zukunft jede Zusammenarbeit mit dem Ostministerium in der Wlassow-Frage überflüssig sei und allenfalls noch das Auswärtige Amt gefragt werden müsse. Das alles wußte d'Alquen nicht.
Am 16. September, morgens um 9 Uhr, erreichte Wlassow mit seinen Begleitern den vierzig Kilometer von der Wolfsschanze entfernten Bunkerkomplex, in dessen Mitte Himmlers Sonderzug abgestellt war. Eine Stunde später, um 10 Uhr, wurde er zu der Arbeitsdienstbaracke hinübergeführt, in der sich Himmlers Arbeitsraum befand. Himmler wartete stehend. Neben ihm standen Berger und ein Offizier der Sicherheitspolizei. Als Wlassow durch die Tür in den Raum schritt, ließ Dr. Kroeger, der vor dieser Tür Aufstellung genommen hatte, alle passieren bis auf Strik-Strikfeldt. Diesem vertrat er den Weg. Er sagte kalt: »Der Reichsführer möchte General Wlassow allein sprechen.« Da Wlassows Adjutant, Sacharow, das Zimmer bereits betreten hatte, blickte Strik-Strikfeldt ihn verwundert an.
Wlassow machte einen Schritt rückwärts und sagte: »Wilfried Karlowitsch, was soll das? Ich gehe nicht ohne Sie.«
Aber Strik-Strikfeldt reichte ihm schnell die Hand und drängte: »Gehen Sie allein, wenn es jetzt so sein muß ... Es geht um mehr.«
Dann wandte er sich ab und verließ die Baracke, um draußen

zu warten. Er wußte, daß seine Zeit vorüber sein würde, wenn Himmler Wlassow oder Wlassow Himmler für sich gewann.

Es blieb d'Alquen vorbehalten, Wlassow dem Reichsführer SS vorzustellen. Er beobachtete verwundert, wie formvollendet Wlassow sich benahm. Auch Himmler merkte man an, daß ihn der erste persönliche Eindruck von Wlassow überraschte.
Er eröffnete das Gespräch und nannte Wlassow »Herr General«. Dann fuhr er fort: »Ich bin ehrlich genug, Ihnen zu sagen, wie sehr ich es heute bedaure, daß es so spät zu dieser Konferenz kommt. Aber ich bin der Überzeugung, daß es nicht zu spät ist. Ich bin kein Mann überstürzter Entschlüsse. Aber wenn ich einen Entschluß gefaßt habe, dann steht er auch fest.«
Er streifte d'Alquen mit einem unbehaglichen Blick und fuhr schnell fort: »Ich weiß, in welchem Ruf ich stehe. Das trifft mich nicht. Man sagt sehr vieles, das nicht stimmt, aber es erhöht den Respekt vor mir. Deswegen dementiere ich diese Dinge erst gar nicht, obwohl sie nicht zutreffen ...«
Er betonte jedes Wort, wie jemand, der genau weiß, daß man ihm wenig glaubt, und daher bemüht ist, seine Glaubwürdigkeit besonders zu unterstreichen.
»Es sind viele Fehler gemacht worden«, fuhr er fort. »Ich kenne die Fehler, die Ihnen gegenüber begangen worden sind. Ich möchte in schonungsloser Offenheit mit Ihnen sprechen.«
D'Alquen empfand eine gewisse Bewunderung für die Glätte, mit der Himmler daranging, die Kluft zwischen ihm und Wlassow zu überbrücken. Aber so konnte er sein, wenn er wollte, geschmeidig und von scheinbar biederer Überzeugungskraft. »Ich habe leider«, sagte Himmler, »unser heuti-

ges Treffen verschieben müssen. Der Grund lag in den Ereignissen, die Sie kennen, und in den Schwierigkeiten, die für mich persönlich durch neue Ämter entstanden sind. Ich kann nur hoffen, daß Sie diese Schwierigkeiten verstehen.«
Wlassow hatte unbeweglich den Worten gelauscht, die Dr. Kroeger übersetzte. Sein Gesicht war starr, so, als wolle er deutlich machen, daß er die Kränkungen nicht vergessen hatte. War das Himmler? Der Schreckliche?! Dieser Erste aus der obersten Etage der Hierarchie, mit dem er nun endlich persönlich sprechen konnte!
»Herr Minister«, sagte Wlassow, als Himmler geendet hatte, »ich danke für Ihre Einladung. Und ich bin glücklich, endlich einem der wirklichen Führer Deutschlands gegenüberzusitzen und ihm meine Gedanken vortragen zu dürfen.«
Er bewies Instinkt für die Situation. »Sie, Herr Minister«, sagte er, »sind heute der stärkste Mann in der Führung Deutschlands. Ich, General Wlassow, bin der erste General, der in diesem Krieg vor Moskau eine deutsche Armee zurückgeschlagen hat. Ist es nicht bereits ein Programm, daß sich diese beiden Männer treffen?«
Seine Augen forschten nach der Wirkung seiner Worte über die Niederlage der Deutschen vor Moskau. Aber Himmler beherrschte sich.
Wlassow nahm eine Art Haltung an und sagte fast feierlich: »Herr Minister, wenn ich Ihnen mein Programm darlegen soll, dann muß ich Ihnen zuerst folgendes sagen: Ich hasse das System, das mich groß gemacht hat. Aber ich lege den größten Wert darauf, klarzumachen, daß ich trotzdem Russe bin. Ich bin der Sohn eines einfachen Bauern. Deswegen liebe ich meine Heimaterde ebenso, wie sie der Sohn eines deutschen Bauern liebt. Ich bin überzeugt, daß es noch nicht zu spät ist, wenn Sie, Herr Minister, die Bereitschaft aufbringen können, uns wirklich auf dem schnellsten Wege zu

unterstützen. Das System Stalins ist auch jetzt noch zum Tode verurteilt, wenn man es an seinen empfindlichsten Stellen treffen kann. Aber ich muß es als Voraussetzung für den Erfolg betrachten, daß Sie uns eine Zusammenarbeit auf dem Boden völliger Gleichberechtigung ermöglichen. Deswegen darf auch ich so offen sprechen, wie Sie, Herr Minister, es getan haben.«

Himmler nickte langsam. Er sagte: »Ich bitte darum.«

Wlassow saß noch immer in seiner merkwürdig feierlichen Haltung da. »Es hat leider viele Dinge gegeben«, sagte er, »die Sie, Herr Minister, und ich aus dem Wege räumen müssen. Am tiefsten hat mich Ihre Broschüre ›Der Untermensch‹ getroffen. Ich würde mich freuen, von Ihnen zu hören, wie Sie über diese Broschüre denken.«

Himmler wich der heiklen Frage aus. »Sie haben recht«, begann er, »dieses Thema anzuschneiden. Es gehört wohl zu der langen Zeit der Reifung, daß wir gelernt haben, Verallgemeinerungen abzulegen und vorurteilsfrei zu werden …

Die Broschüre, an die Sie mich erinnern, hat einen Menschentyp des bolschewistischen Systems zeigen sollen, der Deutschland ebenso bedroht wie Ihre Heimat. Untermenschen gibt es in jedem Volk. Der Unterschied zwischen unserer und Ihrer Heimat ist nur der, daß dort die Untermenschen die Macht besitzen, während ich sie in Deutschland hinter Schloß und Riegel gebracht habe. Ihre Aufgabe wäre es ja letzten Endes, diese Umkehrung der Verhältnisse auch in Rußland durchzuführen.«

Er sah Wlassow an, so als wolle er feststellen, ob sein haarsträubend dummer Deutungsversuch der Untermenschen-Theorien Wlassows Zustimmung fände. Als Wlassows Stirn sich kräuselte, fuhr er hastig fort: »Ich möchte gern von Ihnen eine Antwort auf die Frage, ob das russische Volk Sie bei diesem Versuch der Umkehrung der Machtverhältnisse auch heute noch unterstützen und als Befreier ansehen würde.«

Wlassow hatte offenbar den Wunsch, Himmler nicht einfach mit seiner »Untermenschen-Blasphemie« entkommen zu lassen. Aber dann besann er sich und sagte: »Diese Frage möchte ich mit Ja beantworten, wenn bestimmte Voraussetzungen erfüllt werden.«

Dann holte er, so wie er es gern tat, weit aus.

Er sagte unter anderem: »Sie sind mit der Begründung in meine Heimat eingefallen, daß wir vorbereitet gewesen seien, Ihnen in den Rücken zu fallen. Das trifft nicht zu. Stalin hat 1941 nicht die Absicht gehabt, Deutschland anzugreifen. Er hatte vielmehr für den Februar 1942 einen Vorstoß nach dem europäischen Südosten geplant, Richtung Rumänien, Bulgarien, Griechenland und Dardanellen.

Er mißtraute auch dem Pakt mit Deutschland und erwartete einen deutschen Angriff, wenn England besiegt war. Er fürchtete aber die direkte militärische Auseinandersetzung mit Deutschland und hoffte, die entscheidenden Machtpositionen des Südostens nehmen zu können, ohne Deutschland, das mit dem Kampf um England beschäftigt war, selbst anzugreifen. Er glaubte mit diesen Schlüsselpositionen in naher Zukunft Druck auf Deutschland ausüben zu können und einen deutschen Angriff unwahrscheinlicher zu machen. Zu diesem Zweck hatten wir so viele Stoßarmeen im Süden meiner Heimat versammelt.

Ich muß«, fuhr Wlassow fort, »sagen, daß Ihnen die Angriffsüberraschung völlig gelungen ist. Damit sind Ihre großen Anfangserfolge zu erklären. Ich kann nicht anders, als die Leistungen Ihrer Truppen anzuerkennen – trotzdem ist es von Anfang an so gewesen, daß der Krieg, so wie er von Ihnen geführt worden ist, nicht zu gewinnen war. Es ist mir bekannt, Herr Minister, daß Ihnen dieser mein Standpunkt

vorgetragen worden ist und daß er Sie dazu bewogen hat, mich abzulehnen.«
Wlassow spielte damit auf die Schachener Rede an. Er tat es mit der Art eines Menschen, der zu lange gelitten hatte, um die Ursachen dieses Leidens völlig verschweigen zu können. Er sah, daß auch Himmler verstanden hatte.
Dann fuhr Wlassow fort: »Über diese Vergangenheit will ich nicht mehr sprechen. Aber ich darf Ihnen, Herr Minister, erklären, weshalb ich schon 1941 zu der Überzeugung gekommen bin, daß Deutschland den Krieg so, wie es ihn geführt hat, nicht gewinnen konnte. Wenn überhaupt große militärische Erfolge von entscheidender Bedeutung hätten errungen werden können, dann hätte dies nur durch den Ansatz aller deutschen Kräfte auf Moskau und Leningrad geschehen können. Den Süden hätten wir dann von selbst aufgeben müssen. Aber ich bezweifle auch, daß diese Operationen eine Entscheidung gebracht hätten. Stalin selbst hat nie geglaubt, daß die deutsche Führung sich einen Sieg allein mit Hilfe ihrer Truppen versprochen hat. Er hat mit einem politischen Krieg gerechnet. Im Frühherbst 1941 berief Stalin eine Armeeführer-Konferenz ein, bei der er seine Freude über das politische Versagen der deutschen Führung offen zum Ausdruck brachte. Er sagte ohne jeden Rückhalt, seine größte Sorge sei nicht das augenblickliche militärische Vordringen der Deutschen. Seine allergrößte Sorge sei, daß die Deutschen mit dem Programm einer nationalen Befreiung vormarschieren würden. Er wisse, daß die Völker der Sowjetunion noch nicht ihre nationale Vergangenheit überwunden hätten. Auch sei die bolschewistische Revolution noch nicht zu Ende geführt. Bürgerliche und sogar religiöse Instinkte seien in der breiten Masse noch verbreitet, und der Faschismus sei mit bürgerlichen Elementen durchsetzt. Damals, Herr Minister, hat Stalin zum ersten-

mal die Gedanken vertreten, die seit 1942 zum ›Vaterländischen Krieg‹ geführt haben. Damals hat er von den nationalen Helden unserer russischen Geschichte gesprochen. Stalins Thesen waren so ungewöhnlich, daß sie von den Anwesenden nur mit großem Zögern aufgenommen wurden. Herr Minister, Deutschland hat damals die Zeit seiner größten politischen Chancen in meiner Heimat verspielt. Und trotzdem ist es noch nicht zu spät.«

D'Alquen war besorgt. Wie oft hatte Himmler von der Überheblichkeit der Slawen gesprochen. Nahm er Wlassows belehrende Worte jetzt einfach hin?

Himmlers Gesicht zeigte, zumindest während der Übersetzung, äußerlich keine Empörung. Er forderte sein Gegenüber durch eine Geste zum Weitersprechen auf.

»Herr Minister«, erklärte Wlassow, »ich glaube, daß ich heute noch den Krieg gegen Stalin beenden könnte. Wenn ich über eine große Stoßarmee aus Menschen meiner Heimat verfügte und mit ihr bis Moskau vordränge, könnte ich diesen Krieg telefonisch beendigen, indem ich mit meinen Kameraden spräche, die auf der anderen Seite kämpfen. Glauben Sie nicht, daß ein Mann wie Rokossowski die Zähne vergessen hat, die ihm im Gefängnis ausgeschlagen wurden! Diese Kameraden und die Masse der Menschen meiner Heimat können nach allem, was geschehen ist, nicht mehr an die Ehrlichkeit deutscher Versprechungen glauben. Wenn aber eine Befreiungsarmee aus Russen als Trägerin einer nationalen, sozialen und freiheitlicheren Idee käme, so würde diese die Masse des russischen Volkes, das mit Ausnahme der Nutznießer noch immer antibolschewistisch ist, gewinnen. Sie würde diese Masse davon überzeugen können, daß eine nationale Befreiung wirklich möglich ist und daß Stalin keine Macht ist, der man sich einfach fügen muß wie dem Schicksal.«

In Wlassows Stimme rührte sich die ursprüngliche vitale Kraft dessen, der schon drauf und dran gewesen war, in Hoffnungslosigkeit zu versinken, und der jetzt noch einmal um sein Ziel kämpfte.
»Herr Minister«, warb er, »Sie dürfen mir glauben, daß ich die Autorität besitze, diese Armee zu führen und mit dieser Armee das Volk meiner Heimat zu gewinnen. Ich bin nicht irgendein unbekannter Emigrant. Ich bin in einer aussichtslosen Lage Ihr Gefangener geworden. In der Einsamkeit des Wolchow-Kessels habe ich damit begonnen, die wirkliche Lage meiner Heimat zu erkennen. Und deshalb allein habe ich die damaligen deutschen Angebote zur Zusammenarbeit angenommen, auch auf die Gefahr hin, als Verräter zu gelten. Ich habe nicht ahnen können, daß ich so lange würde warten müssen bis zu der Begegnung des heutigen Tages. Ich habe aber trotz aller Enttäuschungen daran festgehalten, daß die Zusammenarbeit mit Deutschland der einzige Weg zur Rettung sein kann. Vielleicht hat das Schicksal die Erfolge Stalins herbeigeführt, um die Voraussetzungen für diese Begegnung zu schaffen. Herr Minister, ich komme nicht mit leeren Händen. In der Rettung und Befreiung meiner Heimat von Stalin liegt auch die Rettung Deutschlands.«
Hatte bis zu dieser Stunde irgend jemand zu Himmler von einer Rettung Deutschlands durch Slawen sprechen können?
Himmler sagte nichts als: »Herr General, würden Sie mir Ihre Ansicht über die militärische Lage vortragen?«
Wlassow blickte sich um, als suche er nach einer Karte. Dann sagte er: »Ich bin in der Lage, die weiteren Schritte der sowjetischen Armee im voraus zu beschreiben. Das habe ich seit meiner Gefangennahme immer wieder getan. Nur hat mich niemand danach gefragt. Jedes starre System hat seine Schwächen, so auch das sowjetische. Es ist immer empfind-

lich gegen das Unvorhergesehene. Und einen Faktor hat die sowjetische Führung in alle ihre Berechnungen und Pläne auch heute noch nicht einbezogen. Das ist die tatsächliche Existenz einer russischen Befreiungsarmee.«

D'Alquen bemerkte, mit welcher Geschmeidigkeit Wlassow lange militärische Auseinandersetzungen vermied und wieder auf sein Ziel zusteuerte.

»Herr Minister«, sagte er mit lauter werdender, fast beschwörender Stimme, »geben Sie mir die nötigen russischen Kräfte. Ich habe mich immer dagegen gewehrt, daß zahlreiche Bataillone, die aus Menschen meiner Heimat bestanden, im Jahre 1943 an die deutsche Westfront nach Frankreich gebracht wurden. Jetzt sind sie in die anglo-amerikanische Invasion hineingeraten. Sie haben am falschen Platz einen Kampf kämpfen müssen, dessen Ziel sie nicht verstehen. Sie sind zerstreut, zerschlagen. Aber es ist noch nicht zu spät. Herr Minister, in Deutschland ist das russische Menschenmaterial für eine Armee von mehr als einer Million Soldaten vorhanden. Nicht nur in den Gefangenenlagern, sondern vor allen Dingen dort, wo Menschen meiner Heimat, etwa sechs Millionen, in Deutschland arbeiten. Hier ist der Grundstock einer Armee, die Ihrem Krieg im Osten die entscheidende Wende geben könnte. Es ist mir nicht bange, die Soldaten zusammenzubekommen, wenn mir nur freie Hand gegeben wird, sie aufzurufen. Aber nur ich, ein Russe, kann sie anrufen, kein Deutscher, dem sie ihre Leiden zuzuschreiben haben. Das umfangreiche Kriegsmaterial, über das die schon vorhandenen, aber so unglücklich zersplitterten russischen Einheiten verfügten, ist leider zum großen Teil in Frankreich verlorengegangen. Das habe ich kommen sehen. Jetzt muß ich Sie, Herr Minister, darum bitten, mir Waffen zu geben – Waffen!«

Wlassows gerötetes Gesicht verriet das Maß seiner inneren

Erregung und das Bewußtsein, daß eine entscheidende Stunde gekommen war. D'Alquen hielt den Atem an. Aber Himmler zögerte nicht. Nein, er zögerte nicht.

»Herr General«, sagte er, »ich habe mit dem Führer gesprochen. Sie können sich heute schon als Oberbefehlshaber einer Armee im Range eines Generalobersten betrachten. Sie werden die Befugnis erhalten, Offiziere bis zum Oberst nach eigenem Ermessen zu ernennen.«

Er zögerte einen Augenblick, als habe er etwas einzugestehen, das er sonst nicht einzugestehen pflegte.

»Auch ich halte es nach Ihren Ausführungen für erstrebenswert, Ihnen die Möglichkeit zur Aufstellung einer Befreiungsarmee zu geben. Als Befehlshaber des Ersatzheeres habe ich jetzt auch die Mittel dazu in der Hand. Aber diese Mittel sind im Augenblick begrenzt. Es mag sein, daß das Menschenmaterial ausreichend vorhanden ist. Aber Sie dürfen nicht vergessen, daß die Menschen, die zu Ihrer Armee stoßen werden, in unseren Fabriken als Arbeiter ausfallen. Eine Gefährdung unserer Produktion könnten wir uns nicht leisten. Sie würde auch die Ausrüstungsmöglichkeit für eine russische Armee sehr treffen. Ich bin damit einverstanden, daß die Aufstellung von zwei Divisionen in Angriff genommen wird. Ich bin damit einverstanden, daß später weitere Divisionen folgen. Es wäre unfair, wenn ich Ihnen heute größere Zusagen machen würde, die nicht eingehalten werden können. Wären Sie also mit meinem Vorschlag einverstanden, zunächst zwei Divisionen zu bilden? Wenn ja, werde ich die nötigen Befehle herausgeben.«

Die Erregung, in die Wlassow sich hineingeredet hatte, war plötzlich von ihm gewichen. Er war zur Wirklichkeit zurückgekehrt. Er hatte ihre Grenzen erfahren, und es gab angesichts der Lage keinen Grund, an dem wirklichen Vorhandensein dieser Grenzen zu zweifeln. Es war nicht zu verkennen, daß er enttäuscht war. Aber sofort hatte er sich wieder in der Hand.

»Herr Minister«, erklärte er, »ich bin mir der aufgezeigten Schwierigkeiten bewußt. Aber ich muß erwarten, daß die Aufstellung der beiden ersten Divisionen wirklich nur ein Anfang sein wird, denn mit ihnen allein läßt sich nicht die Wende herbeiführen, die in Ihrem und unserem Interesse liegt.«

»Das ist selbstverständlich«, sagte Himmler. »Unsere Waffenlage ist nur im Augenblick durch die Notwendigkeit, unsere Rüstungsproduktion zu verlagern, angespannt. Das wird sich bald wieder ändern, vor allem im Zuge der Herstellung neuer Waffen, von denen Sie gewiß gehört haben, über deren sicherlich kriegsentscheidende Bedeutung ich Ihnen aber noch nichts Näheres sagen kann.«

Die letzte Bemerkung klang merkwürdig aus seinem Mund. Entweder zeigte er, daß er selbst nicht fest an die »Wunder-Raketen« glaubte, von denen geflüstert wurde, sonst hätte es der Unterredung mit Wlassow nicht bedurft. Oder er beabsichtigte, Wlassow anzudeuten, daß Deutschland keineswegs so sehr auf ihn angewiesen war, wie er zu glauben schien. Aber Wlassow reagierte nicht darauf. Er konzentrierte sich völlig auf sein unmittelbares Ziel. Er sagte: »Gut. Bis dahin bliebe Dringenderes zu tun. Obwohl der größte Teil der Osteinheiten in Frankreich mehr oder minder zersprengt wurde, möchte ich auf die Notwendigkeit der sofortigen Sammlung all dieser Einheiten und ihrer Reste unter meinem Kommando hinweisen.«

Himmler sah nicht, daß Berger ihm ein warnendes Zeichen zu geben versuchte. Er sagte: »Das ist wohl selbstverständlich.«

Wlassow fuhr fort: »Diese Zustimmung nehme ich dankbar zur Kenntnis. Ich darf sie sicherlich gleichzeitig als eine

Genehmigung dafür betrachten, daß nun der nationalen Zersplitterung der in Deutschland befindlichen russischen Kräfte ein Ende bereitet wird. Wenn ich gegen Stalin zu einem Erfolg kommen will, dann kann dieser nicht dadurch erreicht werden, daß die vorhandenen Kräfte wie bisher unter der Förderung des deutschen Ostministeriums und anderer Stellen zersplittert werden. Wenn ich ein freieres Rußland schaffen will, so birgt diese Absicht die Selbstverständlichkeit in sich, daß ich den Völkern Rußlands die Möglichkeit geben will, selbst zu entscheiden, ob sie eigene Staaten bilden oder weiter Mitglieder des großen russischen Reiches bleiben wollen. Ich selbst bin überzeugt, daß sie sich für die zweite Möglichkeit entscheiden werden und daß die Kräfte, die heute mit Hilfe des Ostministeriums und anderer deutscher Stellen eine Abtrennung solcher Staaten vom großen russischen Reich anstreben, im Ernstfall keinen Rückhalt in ihrer Bevölkerung finden werden. Auf jeden Fall aber müßten wir zunächst gemeinsam kämpfen, um Stalin zu besiegen.«
Soweit war Wlassow gediehen, als er zu d'Alquens völliger Überraschung eine Taktik einschlug, die verriet, wie gut er sich auf dieses Treffen vorbereitet hatte. »Ich weiß, daß gerade Sie, Herr Minister, ein europäisches Ziel verfolgen und daß Ihre SS-Truppen sich auch aus Menschen anderer europäischer Völker zusammensetzen. Sie kämpfen gemeinsam. Sie kämpfen vor allem gegen Stalinismus und Bolschewismus, die auch die Feinde dieser europäischen Neuordnung sind. Die zukünftige Ordnung wird aber erst geschaffen werden können, wenn ein Erfolg errungen ist. Wenn ich mit Ihrer Hilfe Stalin besiegen kann, dann weiß ich, daß auch ich Opfer für diese Zukunft werde bringen müssen. Und vielleicht werden wir einmal vor der Frage stehen, alle alten Grenzen über Bord zu werfen und ganz neue Räume zu

schaffen. Vielleicht könnte dann die Ukraine oder ein anderer Teil meiner alten Heimat kein separatistischer Teil Rußlands, wohl aber ein Teil dieser neuen Ordnung werden. Darüber kann man nach dem Erfolg auf der Basis der Gleichberechtigung sprechen. Aber heute kann nur Gemeinsamkeit helfen ...«
Berger hatte noch einmal versucht, Himmler ein Zeichen zu geben. Aber Himmler hatte mit wachsender Aufmerksamkeit zugehört. Gleich ob Wlassow aus Überzeugung oder kalter Berechnung sprach. In jedem Fall hatte er mit wenigen Worten eine Lösungsmöglichkeit für die Diskrepanz angedeutet, die zwischen Himmlers Vorstellung von einer »germanischen Kultivierung« des Ostens und einer plötzlichen Förderung Wlassows stand.
Auch Berger war überrascht. Er vergaß seine hilflosen Versuche, sich einzumischen und Himmler auf irgendwelche Nachteile hinzuweisen. Wlassow aber hatte seine Chance begriffen und ließ sie nicht mehr los.
»Herr Minister, wenn wir zu einem Erfolg kommen wollen, dann muß für mich das Verbot aufgehoben werden, mit den Repräsentanten der sogenannten Nationalitäten meiner Heimat zu verhandeln. Sie haben die Macht, dieses Verbot aufzuheben. Genauso ist es mein Wunsch, daß ich nur noch mit einer wirklichen deutschen Autorität verhandeln muß.«
Himmler sagte, ohne nachzudenken, er sei mit dieser Schaffung klarer Autoritäten einverstanden. Er übersah, daß Berger wieder versuchte, zu Wort zu kommen.
»Hier neben mir sitzen zwei Persönlichkeiten, die Sie jetzt kennen. Gruppenführer Berger wird mich in allen Fragen vertreten, die Sie betreffen. Sie werden mit ihm zusammenarbeiten. Außerdem werde ich Ihnen den Oberführer Dr. Kroeger als Verbindungsmann zur Verfügung stellen.«
»Ich danke Ihnen, Herr Minister«, erwiderte Wlassow. »Auf

diesen Augenblick habe ich fast nicht mehr zu hoffen gewagt. Verzeihen Sie, wenn ich trotzdem noch weitere Punkte berühre. Es handelt sich um die Frage meiner Landsleute, die in Deutschland arbeiten. Sie befürchteten, daß durch Eingliederung eines großen Teils dieser Menschen in unsere Armee der deutschen Rüstungsindustrie zu viele Arbeiter verlorengingen.«
»Jawohl«, sagte Himmler, und dann: »Ich habe diesen Menschen lange mit sehr viel Bedenken gegenübergestanden.« Er umschiffte geschmeidig die Klippe der Ostarbeiterfrage. – »Ich muß heute gestehen, daß wir über Erwarten gute Erfahrungen gemacht haben. Die Fälle von Sabotage sind bei weitem nicht so häufig, wie ich es ursprünglich befürchtet hatte.«
»Herr Minister«, fiel Wlassow ein, »es wird überhaupt keine Sabotagefälle mehr geben, wenn meine Landsleute wissen, daß sie nicht für ein fremdes Land, sondern für sich selbst, für eine neue bessere Heimat arbeiten. Der Erfolg gegen Stalin setzt ja nicht nur die Befreiungsarmee voraus, sondern auch ein politisches Zentrum, das ein Programm für die Neuordnung meiner Heimat verkünden kann.«
»Die entsprechenden Wünsche sind mir natürlich mitgeteilt worden«, sagte Himmler mit immer gedankenloseren summarischen Gesten. »Ich billige sie im Grundsatz ebenso wie die Aufstellung der Befreiungsarmee. Ich nehme an, daß Sie das Oberhaupt dieses politischen Zentrums sein wollen.«
Wlassow winkte seinem Adjutanten zu, eine mitgebrachte Mappe zu öffnen. »Wir haben so viel Zeit gehabt, daß ich Ihnen unsere Vorschläge für ... die Regierung, die wir zunächst Komitee nennen möchten, heute schon überreichen kann.«
Himmler blickte überrascht auf. »Danke«, sagte er. »Ich werde Ihre Vorschläge überprüfen lassen.«

Wlassow machte die Andeutung einer Verbeugung. »Im Zusammenhang mit dem Komitee«, sagte er, »möchte ich jedoch noch einmal auf die Frage meiner arbeitenden Landsleute in Deutschland zurückkommen. Ich möchte Ihnen den Vorschlag unterbreiten, dem Komitee alle in Deutschland befindlichen Landsleute als russische Staatsbürger zu unterstellen. Ich würde mich dafür verbürgen, daß die Eingliederung von Teilen meiner Landsleute in die Befreiungsarmee die Rüstungsproduktion nicht herabsetzt. Ich würde dafür bürgen, daß die verbleibenden Arbeiter den Ausfall an Leistung wettmachen würden, weil sie nun endlich wüßten, wofür sie arbeiten.«

Himmler wich aus: »Ich bin durchaus der Meinung, daß wir uns mit der politischen Aktivierung all dieser Menschen Ihres Volkes beschäftigen müssen. Eine Unterstellung dieser Menschen unter Sie würde Sie aber zwingen, sich auch unbeliebt zu machen. Sie würden zum Beispiel Strafen erlassen müssen. Solch eine negative Gewalt könnte Sie belasten. Ich habe ohnehin einen bösen Ruf. Sie sollten dagegen für die positiven Dinge dasein. Aber alle diese Dinge werden später geregelt werden. Wenn erst einmal die Armee und das Komitee gebildet sind, dann werde ich Sie dem Führer im Rahmen eines offiziellen Staatsaktes vorstellen können. Dann könnte man vielleicht ein Bündnis schließen.«

Wenn Himmlers Worte in unklare Theorien zerflatterten, war meistens das Ende eines Gespräches gekommen. Himmler erhob sich. Und Wlassow folgte.

Das Zusammensein hatte sechs Stunden gedauert. Als Wlassow sich verabschiedet hatte, hielt Himmler d'Alquen zurück. Er ging eine Weile schweigend vor den Fenstern auf und ab. Dann sagt er: »Sie haben recht. Dieser Mann ist eine wirkungsvolle Persönlichkeit. Aber«, seine ganze alte Vorstellungswelt war plötzlich wieder da, »Sie dürfen niemals

vergessen, daß er trotzdem ein Slawe ist. Ich befehle Ihnen, die Augen offenzuhalten und mir sofort über alles zu berichten, was über den propagandistisch notwendigen Rahmen hinaus geschieht. Ich muß mich jederzeit beim Führer sichern können ...« Damit verriet er, was in Wirklichkeit mit Hitler abgemacht worden war.
Er ging noch einmal auf und ab. Dann sagte er: »Was Wlassow über die Möglichkeiten der Zukunft gesagt hat, hat mich sehr beeindruckt. Man könnte mit ihm vielleicht doch mehr erreichen als Propaganda. Aber er ist ein Slawe. Er bleibt ein Slawe ...«

Einen Tag nach diesem Treffen, am 17. September, hatte der IA des Kommandeurs der Freiwilligenverbände beim Oberbefehlshaber West, Oberstleutnant Hansen, nach dem tumultuarischen Rückzug aus Frankreich Simmern, nordöstlich von Koblenz, erreicht. Er schrieb in sein Tagebuch:
»Dies ist alles, was wir von dem Schicksal unserer Verbände wissen: Von der Freiwilligen-Stammdivision befinden sich Reste des 2. Regiments mit hundert Mann westlich Belfort. Kosakenabteilung 403, Kosakenabteilung 454 und Nordkaukasisches Bataillon 836 mit je 600 bis 700 Mann bei Belfort. 1. Regiment der Nordkaukasischen Legion mit 375 Mann nördlich Kaiserstuhl. Reste der Armenischen Legion mit 300 Mann nördlich Kaiserstuhl.
Ein erschütterndes Ergebnis. Wir haben keinerlei Einfluß mehr, da das Durcheinander der täglich schlechteren Frontlage immer verzweifelter wird ...«
Die Tragödie, deren ganzes Ausmaß Wlassow am Tage seiner Unterredung mit Himmler noch nicht kannte, hatte am Morgen des 6. Juni begonnen, als die ersten Ostbataillone, die Bataillone 439, 441 und 642, in der Normandie in das Feuer der Invasionsschlacht hineingerieten.

Wenn man Hansens Tagebuch vom 6. Juni bis zum 17. September im einzelnen verfolgte, bot es ein Bild des Zusammenbruchs und der Auflösung.
Hansens Tagebucheintragungen lauteten auszugsweise:
»6. Juni: Alle Verbindungen sind im Augenblick gestört. Dazu sind wir nach wie vor ohne Kommandeur. Der Nachfolger Wartenbergs ist noch nicht eingetroffen.
9. Juni: Da immer noch keinerlei Nachrichten über unsere Bataillone im Invasionsraum zu erhalten sind, erhält ein Ordonnanzoffizier den Auftrag, persönlich soweit wie möglich nach vorn durchzustoßen. Durch Anruf des IA des AOK (Armee-Oberkommando) 15 wird bekannt, daß sich das Bataillon 441 ausgezeichnet geschlagen habe.
11. Juni: Unsere Bataillone werden im Wehrmachtsbericht nicht erwähnt, erwähnt wird jedoch das Grenadierregiment 736, zu dem das Ostbataillon 642 gehört. Beunruhigend ist die Nachricht, daß es beim Georgischen Bataillon 797 eine Art Meuterei gegeben hat ... Unser russischer Stabsoffizier, Major Moltschanow, wird an die Front gesandt, um die Verbindung mit neueingesetzten Bataillonen aufrechtzuerhalten.
15. Juni: Der neue Kommandeur soeben eingetroffen. Generalmajor Ritter von Niedermeyer, bisher Kommandeur der 162. Turk-Infanteriedivision in Italien, ein alter ›Russe‹, der nur russische Einheiten für voll nimmt ... Nachrichten über Georgisches Bataillon 797, das entwaffnet werden muß, nimmt er als Bestätigung seiner Ansicht.
22. Juni: Wenig Sinn, Tagebuch zu führen, da ohne Verbindung. Die Nachrichten, die eintreffen, besagen jedoch, daß sich eine ganze Anzahl von Bataillonen, so das 439., das 635., das 642. und 441., trotz der Kümmerlichkeit ihrer Bewaffnung erstaunlich tapfer geschlagen haben. Vom Bataillon 441 nur 200 Mann übrig.

24. Juni: Generalmajor Niedermeyer entschließt sich, selbst zu den kämpfenden Bataillonen zu fahren. Zahlreiche unserer Verbände befinden sich in den ›Festungen‹, die an der Küste zurückgeblieben sind. Es wird von amerikanischer und englischer Lautsprecherpropaganda berichtet, die unsere Bataillone auffordert, überzulaufen ... Engländer und Amerikaner würden alle, die sich ergeben, auf dem schnellsten Wege wieder in ihre Heimat zurückbringen. Offenbar besteht auf der Feindseite Unkenntnis der psychologischen Lage der Freiwilligen und der Zustände in ihrer Heimat ...
6. Juli: Generalmajor Niedermeyer von Frontreise zurück ... Mit Zustimmung des Generals ist an der Invasionsfront Versuch gemacht worden, russische Bataillone zu größeren Kampfgruppen zusammenzufassen. Initiator dieses Gedankens ist der russische Oberst Bunjatschenko, der schon an der Ostfront selbständig ein russisches Bataillon geführt hatte und auch hier im Westen bisher ein russisches Bataillon ohne deutsches Rahmenpersonal kommandierte. Bunjatschenko schwieriger, aber außerordentlich tüchtiger Offizier. In der Sowjetarmee groß geworden, zuletzt Chef des Stabes bei Marschall Timoschenko. Begab sich im Flugzeug hinter die deutschen Linien. Hat von Anfang an Verbindung zu der Wlassow-Richtung gesucht ... Deswegen als schwierig und unzuverlässig gegolten. Hat jetzt wieder darauf gedrängt, geschlossene russische Einheit zu schaffen. Ist jedoch auf halbem Wege gescheitert. Die beiden unter seiner Führung zusammengefaßten Bataillone haben ihr deutsches Rahmenpersonal behalten. Bewaffnung und Ausbildung für einen Angriff ungeeignet. Zweisprachigkeit hat noch größere Schwierigkeiten als normalerweise gebracht. Aber Bunjatschenkos zäher Wille hat den Angriff erzwungen. Doch ist dieser gescheitert. Bis zu 70 Prozent Verluste. Aber keine Überläufer.

8. Juli: Bunjatschenko trifft bei uns ein. Vierzig, mittelgroß, massig, kahlrasierter, runder Kopf. Sohn kleiner Bauern aus der Gegend von Charkow. 1919 bereits Mitglied der Kommunistischen Partei. Drei Jahre Generalstabsausbildung. 1939 Kommandeur Fernost-Division in Wladiwostok. Seine zahlreiche Familie als Vergeltungsmaßnahme für seinen Kampf auf unserer Seite zum Tode verurteilt. – Bunjatschenko berichtet über den Einsatz und weist auf die Gründe hin, die zum Versagen seiner Kampfgruppe führten: schlechteste Bewaffnung, Mangel an passender Munition, unzulängliche Ausbildung ...
Generalmajor Niedermeyer stimmt Bunjatschenkos Kritik zu. Aber in dem jetzigen Stadium einfach nicht möglich, große Umorganisationen vorzunehmen.
10. Juli: Aus Berlin General Malyschkin eingetroffen, um sich über das Schicksal der russischen Verbände in der Invasionsschlacht zu informieren. Kreis um Wlassow fehlt jede Information. Aus Malyschkin spricht Sorge, alle Freiwilligenverbände, die Wlassow als Substanz für seine Pläne betrachten muß, könnten im Westen verlorengehen.
Malyschkin führt aus: Die Russen hätten bewiesen, daß sie kämpfen wollten. Die mangelhafte Bewaffnung, Ausbildung und Führung setze Grenzen. Aber das Entscheidende seien psychologische Fragen. Alle Verwundeten, die er in den Lazaretten aufgesucht habe, stellten die gleichen Fragen. Die Russen sehen in dem Einsatz ihrer überall mit Mißtrauen betrachteten Einheiten eine Verwendung als Kanonenfutter. Sie fragen alle: Wann kommt denn wirklich die russische Armee? Wo ist Wlassow?
Es werde auch für ihn (Malyschkin) immer schwieriger, die Soldaten zu überzeugen, daß es notwendig sei, weiterzukämpfen, gerade in der Lage, die jetzt von Tag zu Tag kritischer werde. Schon vor einem Jahr habe man gesagt: ›Es

geht vorwärts. Eine russische Befreiungsarmee wird kommen.‹ Jetzt zeige es sich aber, wie problematisch diese Behauptung ist. Die beste Propaganda wäre jetzt, wenn wirklich große russische Verbände unter russischer Führung aufgestellt würden. Entweder sei man großzügig und vertraue. Oder man hätte die ganze Sache überhaupt nicht anfangen sollen.
Major Moltschanow wirft ein: Es wäre viel geholfen, wenn das deutsche Rahmen- und Verbindungspersonal noch besser ausgesucht werde. Ein Teil lebe immer noch in der Vorstellung, daß die Russen halbe Tiere seien. Teile der Deutschen seien auch bereit, sich zu drücken und die Russen vorzuschicken. Das einzige, was wir im Augenblick tun können, ist der Versuch, unser Betreuungsmaterial noch dorthin zu lenken, wo wir Freiwilligenbataillone annehmen. Es ist grotesk, daß, während wir verzweifelt nach unseren Einheiten suchen, plötzlich von Verbänden aller Wehrmachtsteile ungewöhnliche Zahlen von Hilfswilligen gemeldet werden, die betreut werden müßten. Diese Meldungen können richtig sein, obgleich sie mit früheren Meldungen nicht übereinstimmen. Sie können aber auch Versuche darstellen, die eigene Versorgungslage aufzubessern.
4. August: Oberst Bunjatschenko wird nach Berlin abgefertigt. Er soll als Bataillonskommandeur bei einer Abordnung sein, die sich zu Minister Rosenberg begeben soll …
6. August: Die wenigen Fernsprüche, die eintreffen, verlangen nach Dolmetschern und Propagandisten für die im Kampf befindlichen Bataillone … Auf der anderen Seite werden von den deutschen Truppenteilen russische Propagandisten aus Dabendorf abgelehnt. Dabendorf ist rotes Tuch.
10. August: Generalmajor Niedermeyer von Frontreise zurück. Erkenntnis, daß weitere Einsätze unserer Bataillone im Großkampf sinnlos.

Für jeden Einsichtigen klar, daß Bataillone dem Großkampf gegen Gegner, dessen Gegnerschaft ihnen nur mit Tricks klargemacht werden kann, auf die Dauer nicht gewachsen sein können ... Der für die Bataillone so entscheidende Glaube an die technische deutsche Überlegenheit, der sich während ihrer Verwendung im Osten noch halbwegs aufrechterhalten ließ, bröckelt hier von Woche zu Woche mehr ab ...
Kommandeur Freiwilligen-Stammdivision aus Lyon genötigt, Wolga-Tatarische Legion und Armenische Legion zu entwaffnen.
15. August: ... Befehl, die Witwe Mustafa Chokais, des 1941 verstorbenen emigrierten Präsidenten der autonomen Regierung von Kokand in Turkestan, aus Paris nach Deutschland zu überführen. Dame weigert sich.
17. August: Überhaupt keine Nachrichten von der Invasionsfront mehr ...
Auflösungserscheinungen bei den deutschen Truppen.«
Hansens nunmehr auf dem Rückzug aus Paris geführtes Tagebuch fuhr fort:
»Befehl, Paris mit Stab Oberbefehlshaber West zu verlassen. Abmarsch am Abend. Der Oberbefehlshaber West verlegt nach Metz. Für uns keine genauen Befehle. Generalmajor Niedermeyer sendet mich nach Verdun voraus ...
25. August: Allgemeiner deutscher Rückzug ...
27. August: Freiwilligen-Stammdivision auf dem Marsch nach Norden. Führer Georgischer Wachkompanie aus Paris meldet sich. Er ist am 23. August aus Paris abgerückt, hat 40 Mann Verluste gehabt. Seine Kompanie hat jeden Halt verloren. Zu Bauarbeiten eingesetzt.
Amerikaner melden Zahlen gefangener Freiwilliger: 20 000.
28. August: Generalmajor Niedermeyer trifft in Verdun ein ... Bei objektiver Betrachtung erstaunlich, daß sich über-

haupt noch Freiwilligenverbände zur Wehr setzen. Die Furcht vor einer Auslieferung durch Engländer und Amerikaner an die Sowjets spielt dabei zweifelsohne eine Rolle ...
1. September: Abmarsch im Raum Koblenz. In Simmern auf deutschem Boden. Unglaubliche Bilder auf Rückzugstraßen. Regellose Flucht ...
4. September: Wieder Verbindung mit Oberbefehlshaber West. Von dort zum erstenmal Nachrichten über eine 30. SS-Division Sigling, die aus Russen aufgestellt und vor wenigen Tagen zum erstenmal bei Belfort eingesetzt worden ist. Hat sich drei Tage gehalten. Ist dann in den allgemeinen Strom des Rückzuges geraten.
6. September: Bei der für uns bisher völlig unbekannten SS-Division handelt es sich um einen Verband, der aus Weißruthenen besteht, Offizierskorps aus weißruthenischem Jugendwerk. Unzureichend bewaffnet. Einsatzbereitschaft angesichts allgemeinen Zusammenbruchs erstaunlich.
Kommandantur der eingeschlossenen Festung Brest meldet: 203 Überläufer beim Nordkaukasischen Bataillon 800, 53 Überläufer beim Bataillon 633 ...
Vom Stab des Oberbefehlshabers West wenige Stunden später Befehl, überhaupt alle Freiwilligenverbände aufzulösen. Entwaffnung, Schanzarbeiten.
Wenn überhaupt noch etwas von der in Jahren so umkämpften und mühevollen Organisation der Freiwilligenverbände gerettet werden soll, wenn nicht einfach alles untergehen und verständnislosen deutschen Stellen überantwortet werden soll, kann nur der General der Freiwilligen helfen. General Köstring verspricht telefonisch, am 12. September in Simmern zu sein.
12. September: General Köstring trifft ein. Der alte Herr vor den Trümmern seiner Arbeit. Aber gefaßt, als hätte er diesen

Ausgang erwartet. Nach zweitägigen Besprechungen mit neuem Chef Oberbefehlshaber West, General Westphal, wird festgelegt: Alle Freiwilligen, die sich in geschlossenen Verbänden oder einzeln wieder einfinden, kommen bewaffnet zu Schanzarbeiten. Nach Erledigung der Schanzarbeiten gehen alle Verbände zu ihren Ersatztruppenteilen in Deutschland ...

20. September: Mehr und mehr Verbände melden sich mit ausgebrannten Resten. Der Adjutant des Wolga-Tatarischen Bataillons 627 trifft ein. Wenn man seine Meldung hört, wundert man sich nicht über die Auflösung des Bataillons. Es ist ununterbrochen in der Hauptkampflinie zum Schanzen eingesetzt worden. Die Divisionen, denen das Bataillon unterstellt war, hat man abgelöst. Das Bataillon nie. Es kamen keine Auszeichnungen. Die sanitären Verhältnisse waren fürchterlich, weil die sich ablösenden Divisionen an die Wolga-Tataren zuletzt dachten. Alles rächt sich auf Erden.

21. September: Schwierigkeiten mit General Westphal, der von den Russen nichts sehen möchte ...

Es kommen jetzt laufend wieder Anforderungen von deutschen Einheiten, die Hilfswillige brauchen. Die langsame Stabilisierung der neuen Front zeigt offenbar so katastrophale Kräfteverhältnisse, daß sich plötzlich auch die Haltung General Westphals gegenüber unseren Russen ändert. Es ist zum Weinen!

27. September: Generalmajor Niedermeyer zeigt wachsende Verbitterung ...

28. September: Generalmajor Niedermeyer wird zum Chefrichter beim Oberbefehlshaber West bestellt. Am Abend erfahren wir, daß er wegen seiner Kritik denunziert worden ist.

30. September: Generalmajor Niedermeyer nach Berlin ›gebracht‹, um sich dort zu verantworten.

2. Oktober (morgens): Von der Zahlmeisterei des Wehrmachtsgefängnisses Torgau trifft die dienstliche Mitteilung ein, daß Generalmajor Niedermeyer dort eingeliefert ...
2. Oktober (abends): Wie glühender Hohn, daß vom Stoprop des Oberbefehlshabers West die Mitteilung kommt, die Propaganda im Falle Wlassow habe sich hundertprozentig geändert. Einigung zwischen Himmler und Wlassow. In Kürze Aufstellung der ersten großrussischen Einheiten unter russischem Oberbefehl ... Kann ich das fassen?«

Der späte Abend des 22. September 1944 hatte für Dr. Bräutigam in Berlin eine unvorhergesehene Überraschung gebracht.
Bräutigam war eben nach Hause gekommen, als Botschaftsrat Hilger bei ihm erschien und ihn um eine Unterredung bat. Hilger war bis 1941 an der Deutschen Botschaft in der Sowjetunion tätig gewesen. Er war einer der besten Rußlandkenner, dessen Rat Hitler seit 1941 ebenfalls nicht mehr wünschte.
Hilger erklärte: »Ich komme im Auftrag des Staatssekretärs. Steengracht läßt Sie herzlich bitten, ihn doch heute abend noch aufzusuchen.«
Als sie bei Steengracht eintrafen, hatte dieser sich zu Bett begeben. Der fünfzigjährige unauffällige Mann, der die Nachfolge von Staatssekretär von Weizsäcker im Auswärtigen Amt angetreten hatte, litt an einer Erkältung. Er begrüßte Bräutigam mit den Worten: »Wie sehr wir Sie noch zu den Unsrigen zählen, ersehen Sie daraus, daß ich Sie hier im Bett liegend empfange.«
Dann kam er zur Sache. Er erkundigte sich, ob Bräutigam bereit sei, in der Ostabteilung des Auswärtigen Amtes die Wlassow-Angelegenheit zu bearbeiten.
»Verzeihung«, sagte Bräutigam, »ich verstehe die Zusam-

menhänge nicht. Bis heute bin ich der Überzeugung gewesen, daß das Amt sich bewußt aus der Entwicklung der Wlassow-Frage herausgehalten hat.«
»Natürlich«, hüstelte Steengracht. »Wir haben nie die Hoffnung aufgegeben, vielleicht doch noch zu irgendwelchen Friedensverhandlungen mit der von uns anerkannten Sowjetregierung zu kommen. Wenn wir uns mit dem Wlassow-Projekt identifiziert hätten, wäre das ein Hindernis gewesen. Wir sind auch über die Entwicklung der Wlassow-Angelegenheit niemals mehr unterrichtet worden.«
Um so weniger begriff Bräutigam die plötzliche Wendung.
Steengracht tastete nach seinem Taschentuch. »Wissen Sie vielleicht nichts über die Dinge, die sich seit dem 16. September vollzogen haben? Himmler hat an diesem 16. September Wlassow empfangen und sozusagen die Schirmherrschaft der Wlassow-Bewegung übernommen. Offenbar handelt er mit Zustimmung des Führers, denn dieser hat Himmler die Weisung gegeben, er solle Fühlung mit dem Auswärtigen Amt halten. Himmlers Leute haben daraus die Folgerung gezogen, daß das Ostministerium mit seinen separatistischen Tendenzen fortan ausgeschaltet ist. Sie haben die Weisung des Führers an uns weitergegeben. Was wir im Augenblick damit anfangen sollen, weiß ich nicht. Aber es ist eine Weisung da, also haben wir uns mit der Sache zu beschäftigen. Wir haben sofort an Sie gedacht.«
Bräutigam erwiderte: »Wenn ich hier eine neue Aufgabe übernehmen sollte, müßte ja zunächst meine Rückkommandierung vom Ostministerium veranlaßt werden. Doch das ist nicht der entscheidende Punkt. Sind Sie sich über die Folgen dieser Entwicklung im klaren?«
»Welche Folgen, bitte?«
Bräutigam sagte: »Ich kann mir nur vorstellen, daß Himmler seine Entscheidungen getroffen hat, ohne sich der Tragwei-

te bewußt zu sein. Die bestehenden Nationalkomitees sind seit langer Zeit vom Ostministerium anerkannt. Wenn wir uns jemals für Wlassow eingesetzt haben, dann niemals in dem Sinne, daß er eine großrussische Befreiungsarmee bilde. Wlassow sollte den historisch-russischen Raum und die Russen vertreten, wie Schandruk die Ukrainer oder Chajum Khan die Turkestaner. Himmler hat offenbar eine Entscheidung gefällt, die fürchterliche Kämpfe nach sich ziehen wird. Keines der Nationalkomitees wird sich freiwillig unterwerfen. Und Rosenberg wird sie dabei unterstützen.«
Auf Steengrachts fiebriger Stirn standen Schweißperlen. »Das alles ist mir tatsächlich kaum bekannt. Aber das Entscheidende ist für mich im Augenblick Ihre Bereitschaft, die genannte Aufgabe zu übernehmen.«
»Das ist eine andere Frage«, antwortete Bräutigam vorsichtig. »Vielleicht könnte ich das eine oder andere tun, um ausgleichend zu wirken. Aber ich verstehe einfach nicht, welche Rolle Berger in dieser Affäre spielt. Er ist ein Jahr mein Chef im Ostministerium gewesen. Er kennt die Zusammenhänge. Er hat sich für die Nationalkomitees eingesetzt. Seinem Amt ist innerhalb der SS sogar die Freiwilligen-Leitstelle Ost unterstellt, die die Interessen nationaler Freiwilliger in den SS-Verbänden vertritt. Ich kann mir nicht vorstellen, daß Berger über Nacht so vollständig umgeschwenkt ist.«
Steengracht zuckte die Achseln. »Wie war Ihr Verhältnis zu Gruppenführer Berger?«
»Ich kann mich nicht entsinnen, jemals Schwierigkeiten mit ihm gehabt zu haben.«
»Gut«, sagte Steengracht, »wir werden um Ihre Rückkommandierung nachsuchen.«
Bräutigam verbrachte eine schlaflose Nacht. Aber am folgenden Vormittag teilte ihm Hilger mit, daß er, Hilger, dazu

ausersehen sei, die Wlassow-Frage im Auswärtigen Amt zu bearbeiten. Berger habe sich gegen Bräutigam ausgesprochen.
Bräutigam fragte: »Darf ich erfahren, warum?«
»Gruppenführer Berger ist der Ansicht, es sei sehr fraglich, ob Sie angesichts Ihrer langen Tätigkeit im Ostministerium und Ihrer bekannten Vorliebe für eine Aufteilung der Sowjetunion der richtige Mann seien, um an einer Unterstellung aller Freiwilligenverbände unter Wlassow mitzuwirken.«

Acht Tage später, am 2. Oktober, wurde General Köstring zu Himmler gebeten.
Himmler befand sich an der schwer kämpfenden Westfront. Er hatte – im Zuge seines Machtzuwachses nach dem 20. Juli – die Stellung eines Oberbefehlshabers einer Heeresgruppe am südlichen Teil der Westfront inne, obwohl ihm jegliche militärische Erfahrung fehlte.
Himmler empfing den alten Herrn, der in Begleitung Herwarths kam, in seinem Salonwagen. Beiden waren vorher in Erinnerung an das Stauffenberg-Attentat die Aktentaschen abgenommen worden. Himmler legte sein obligatorisches Glaubensbekenntnis hinsichtlich des deutschen Endsieges ab. Er sprach von kuriosen Informationen, wonach Stalin einige Millionen Chinesen in seine Armee aufgenommen hatte. Er deutete dies als Zeichen beginnender russischer Erschöpfung.
Dann ging er zum Thema »Wlassow« über: »Herr General, Sie sind darüber orientiert, daß ich mich entschlossen habe, eine russische Befreiungsarmee unter General Wlassow aufzustellen. Wir werden damit die sowjetische Erschöpfung beschleunigen. Deswegen habe ich Sie hergebeten.«
Köstring hörte abwartend zu.

Himmler fuhr fort: »Der nächste und beste Weg zur Aufstellung einer russischen Befreiungsarmee ist wohl der, die russischen Bataillone, die es doch in Ihrem Amtsbereich gibt, zusammenzufassen. Wie viele dieser Russen gibt es?«
Köstring erwiderte: »Die Freiwilligen setzen sich nur zum Teil aus Russen zusammen. Das andere sind Ukrainer, Kaukasier, Kosaken. Meinen Sie alle en bloc, oder meinen Sie nur die Russen?«
Himmler fuhr sich mit der Hand durch das dünne Haar.
»Was heißt das?« sagte er. »Wenn da so ein Weißruthene oder Ukrainer eine eigene Truppe hat, dann ist er doch trotzdem ein Russe. Im anderen Falle käme mir der Kerl ja vor wie irgend so ein deutscher Emigrant, der aus Bayern oder Baden stammt und draußen erklärt, er sei kein Deutscher, sondern ein Bayer oder Badenser und kämpfe für die Freiheit Bayerns oder Badens. Das ist doch Blödsinn. Das hat doch nur Rosenberg, dieser Narr, ausgeheckt. Ich möchte also die Zahl aller Russen wissen.«
Köstring erwiderte: »Allein bei der Luftwaffe und bei der Kriegsmarine gab es bis zur Invasion rund 100 000 Ostfreiwillige und Hilfswillige. Die Masse befindet sich aber beim Heer. Alles in allem 900 000 bis 1 000 000.«
Himmler setzte mit einem Ruck die Teetasse ab, aus der er gerade hatte trinken wollen. »Das ist doch unmöglich«, rief er. »Das ist doch überhaupt nicht möglich.«
»Doch«, sagte Köstring langsam.
»Das höre ich zum erstenmal. Das hat mir noch niemand gesagt. Das wären ja zwei Heeresgruppen. Das ist ja beängstigend.«
Sein Gesicht zuckte, und Köstring dachte: Aus welch bodenloser Unkenntnis und Leichtfertigkeit heraus hat dieser Mann seine Entscheidungen über Wlassow getroffen?
»Ich glaube«, sagte Köstring, »daß die hohe Zahl nur als ein

Zeichen dafür gewertet werden sollte, welche Bereitschaft einmal bestanden hat, mit uns zusammenzugehen.«
Himmler schwieg verwirrt. Schließlich fragte er: »Und wieviel von den sogenannten echten Russen befinden sich darunter?«
»Das ist schwer zu sagen. Die Grenzen verwischen sich. Ich selbst halte wenig von den Separatisten. Die absolut russischen Einheiten, Freiwilligen und Hilfswilligen machen wenigstens die Hälfte aus.«
»Das wären ja mehr als 400 000 Mann.«
»Ungefähr«, sagte Köstring, »aber sie sind auf Hunderte deutscher Einheiten verteilt. Die Situation im Westen ist im Augenblick völlig unübersichtlich. Es ließ sich bis jetzt noch nicht genau feststellen, wie viele bei der Invasion gefallen oder in englisch-amerikanische Gefangenschaft geraten sind und wie viele sich jetzt hier oder in der Heimat wieder sammeln.«
Himmler konnte sein Erschrecken, seine Unsicherheit und die Angst vor dem Feld, auf das er sich gewagt hatte, nicht unterdrücken. Schließlich sagte er, wie um sein Gesicht zu wahren: »Ich möchte mit der Aufstellung einer Division beginnen. Die Division könnte bis Anfang nächsten Jahres fertig sein. Sie soll sich dann aber zuerst einmal bewähren. Dann könnte man eine zweite Division aufstellen. Aber ...«, er schob seine Brille zurecht, »... darüber muß ich noch mit dem Führer sprechen.«
Köstring erklärte: »Unter diesen Umständen würde ich als ersten Schritt vorschlagen, die weitverstreuten russischen Einheiten Wlassow nominell zu unterstellen, ohne sie aus den deutschen Verbänden herauszunehmen. Das würde ihnen, bis die Divisionen fertig sind, ein Zusammengehörigkeitsgefühl geben.«
Himmler nickte. Er sagte: »Ich werde mir das überlegen.«

Zwei Tage später begab sich Köstring zum Oberkommando des Heeres und dann zum Oberkommando der Wehrmacht, um sich darüber zu informieren, was man dort von den überraschenden Absichten Himmlers wußte.
Er traf Generaloberst Guderian, der seit dem 20. Juli Chef des Generalstabes geworden war. Aber Guderian dachte nur daran, wie er die wankende deutsche Ostfront stützen konnte. Er schrie nach Divisionen, gleich, wo sie herkamen: »Zwei Divisionen? Stellen Sie auf, soviel Sie nur aufstellen können!« Er hatte keine Ahnung von den Hintergründen.
Dann traf Köstring Keitel und Jodl. Er versuchte festzustellen, ob hinter der sonderbaren Wandlung Himmlers auch eine entsprechende Wandlung Hitlers stehe oder nicht.
Er berichtete über die beabsichtigten Neuaufstellungen und wiederholte den Vorschlag der nominellen Unterstellung aller Freiwilligen, nicht nur des Heeres, sondern auch der Marine und der Luftwaffe unter Wlassow. Aber Jodl erwiderte kalt: »Wir denken nicht daran, uns unsere Henker selbst zu organisieren.« Und Keitel erklärte: »Für Wlassow rühre ich keinen Finger, ich bin in dieser Sache vom Führer zu oft beschimpft worden.«
Als Köstring das Oberkommando der Wehrmacht verließ, wußte er, daß Hitler nicht hinter dem Projekt Himmlers stand und daß alles noch davon abhing, wer bei den internen Machtkämpfen, die offenbar im Hintergrund im Gange waren, die Oberhand gewann.

Zu der Zeit, als Köstring zu Himmler fuhr, bereitete Wlassow sich am Kiebitzweg, im Lager Dabendorf und in den versteckten Quartieren des NTS auf seine Aufgabe vor. Ohne Kenntnis des so weit verzweigten Apparates der SS, seiner Vielschichtigkeit, seiner konkurrierenden Machtgruppen und der Persönlichkeiten, die angesichts der militärischen

Niederlage späte »Damaskus«-Erlebnisse hatten und nach Wegen suchten, den eigenen Hals zu retten, gewann er in den ersten Wochen den Eindruck, daß Himmler und die SS endlich »echte Aktivität« für seine Sache entwickelten.
Kroeger wurde zum Chef eines ständigen Verbindungsstabs zu Wlassow ernannt. Und auch wenn Wlassow niemals ein menschliches Verhältnis zu ihm gewann, so betrachtete er ihn doch zunächst als einen energischen Mann, der für ihn eintrat. Noch eindrucksvoller schien die Aufstellung eines »Sonderkommandos Ost« als Verbindungsstab zu Himmlers Reichssicherheitshauptamt, insbesondere zum SD. Wlassow wußte nicht, daß d'Alquen es nach der Unterredung mit Himmler auf seine informell-burschikose Weise unternommen hatte, die anderen Mächtigen an der Spitze der SS von Himmlers »Wandlung« zu unterrichten und ihnen anzudeuten, wie nützlich auch ihre Wandlung sei.
Auf Müller, den Chef der Gestapo, hatte er dabei keinen Eindruck gemacht. Sein beschränkter Polizeikopf war nicht imstande, die Vorstellung vom vernichtenswerten slawischen »Untermenschen« aufzugeben oder auch nur einzuschränken. Er war bereit, etwaige Himmlerbefehle zu befolgen, aber nicht aus Überzeugung. Anders der Chef des Reichssicherheitshauptamtes, SS-Obergruppenführer Kaltenbrunner. Dieser äußerte: »Wenn ich Sie so höre, könnte ich fast Ihren Optimismus teilen.« Oder: »Jetzt sehe ich die Dinge anders – das hat aber immense Folgen.« Das schien grotesk, weil Kaltenbrunner zu den Leuten gehörte, die alle Vorschläge zur Erleichterung des Lebens der Ostarbeiter verständnislos bekämpft hatten. Aber auch bei ihm schien es ein »Damaskus« zu geben. Er suchte nach Auswegen. Ähnlich verhielt es sich mit dem Chef der Abteilung Inland des SD, SS-Brigadeführer Ohlendorf, der als Chef der Einsatzgruppe D (Süd) während der ersten zwölf Monate in der

Sowjetunion wenigstens 90 000 ermordete »Asiaten«, Kommissare und jüdische Sowjetbürger, registriert hatte. Später hatte er sich zwar gegen die Herrschaftsmethoden Kochs in der Ukraine gewandt, aber nur, weil er begriff, daß »zuviel« Brutalität unpraktisch war und Partisanen erzeugte, wie sie die wirkungsvollste sowjetische Propaganda nicht hätte erzeugen können. Auch an ihm zehrte die Angst vor der Niederlage.

Kaltenbrunner und Ohlendorf wetteiferten quasi um den besten Kontakt zum Sonderkommando Ost. Es wurde dem SS-Sturmbannführer Dr. Burchardt, einem Russisch sprechenden Balten, unterstellt, der seit 1943 im SD den politischen Nachrichtendienst Ostvölker geleitet hatte. Dabei war er sozusagen auf die Zugkraft des Namens Wlassow aufmerksam geworden und hatte sich schließlich zu der Ansicht bekehrt, daß eine Befreiungsbewegung durch Wlassow eine eigene Dynamik entfalten und den beinahe aussichtslosen Kampf an der deutschen Ostfront mittragen könne.

In der Tat mußte der Eindruck entstehen, als geschähe etwas. Dabendorf – so lange mühsam aufrechterhalten, von Gestapo und SD mißtrauisch überwacht, durch Eingriffe dezimiert oder in Alarm gehalten – erhielt plötzlich SS-Beauftragte und Mittel, um neue Unterkünfte und Arbeitszimmer zu bauen und neues Personal aus Freiwilligeneinheiten oder Lagern an sich zu ziehen. Teils in Dabendorf, teils in Dahlem wurde mit dem Aufbau eines Komitees zur Befreiung der Völker Rußlands begonnen, das die Bezeichnung »KONR« erhielt. Es setzte sich aus vier Hauptabteilungen zusammen:

An die Spitze der ersten, der Organisationsabteilung, trat Malyschkin, zugleich Stellvertreter Wlassows. Die zweite oder Zivilabteilung wurde dem General Sakutny unterstellt. Sie sollte zunächst Fragen der Ostarbeiter und Kriegsgefangenen bearbeiten. Eine dritte, die Propagandaabteilung, wurde Schilenkow anvertraut. Die vierte Abteilung schließlich umfaßte den Hauptstab der Befreiungsarmee oder der Streitkräfte des »KONR«. Ihr Leiter wurde Truchin, dessen Stellvertreter General Bojarski.

Mit SS-Hilfe bauten Ostarbeiter in Windeseile Ruinen in Dahlem wieder auf. Truchins Armeestab bezog ein fünfstöckiges Haus in der Thielallee. In kurzer Zeit fanden sich eine Verwaltung und ein Planungsapparat von nahezu 700 Russen zusammen. Abgesehen von dem ständigen Eingreifen von Kroeger, Burchardt und dem Reichssicherheitshauptamt war das nur möglich, weil das »Reservoir« Dabendorf so viele Jahre »für eine solche Stunde geplant hatte« und genau wußte, wo die Generale, Offiziere, Wissenschaftler oder bestimmte sowjetische Beamte sich aufhielten.

Alles in allem waren es Ereignisse, die in Wlassow und seiner Umgebung eine Art Euphorie erzeugten – auch wenn es schon in der ersten Woche zu Zusammenstößen zwischen Freunden und Mitarbeitern des toten Sykow und anderen Mitarbeitern von Dabendorf oder dem alten deutschen Personal von Dabendorf auf der einen und den neuen SS-Beauftragten auf der anderen Seite kam, bei denen Kroeger Strik-Strikfeldt einmal mit Verhaftung drohte. Daß er nur Scheinerfolge erzielt haben konnte, dämmerte Wlassow zum erstenmal, als er mit dem Versuch begann, die zahlreichen Nationalkomitees für ein gemeinsames Vorgehen in seinem Nationalkomitee zur Befreiung der Völker Rußlands zu gewinnen.

In den ersten Oktobertagen schon versammelten sich alle »nationalen Vertreter« in Berlin, konferierten im Ostministerium, verfaßten Protestschreiben gegen Wlassow und schickten Emissäre zu ihren noch existierenden Freiwilligenverbänden in Dänemark, Holland, an der Westfront, in Italien, auf dem Balkan, um sich Rückendeckung zu verschaffen.

Bezeichnend für die Protestschreiben war dasjenige der Kaukasier, unter dem sich die Unterschriften: Mischa Khedia, Kantemir, Alibegow und Tschamaljan befanden. Sein Text lautete im wesentlichen:

»Der Haß gegen die bolschewistischen Okkupanten und die traditionelle Freundschaft mit Deutschland waren die Gründe, weshalb die Kaukasier, die zwangsweise in der Roten Armee mobilisiert waren, und ebenso diejenigen, die sich im Ausland aufhielten, nach der Kriegserklärung Sowjetunion-Deutschland in der Mehrzahl auf die Seite der Deutschen übertraten und sich freiwillig für den gemeinsamen Kampf für die Befreiung ihrer Heimat, die Wiederherstellung ihrer Unabhängigkeit und die neue Ordnung in Europa einsetzten. Die Zahl der Kaukasier, die auf deutscher Seite Waffen tragen, beläuft sich auf:

1. In Legionen und Feldbataillonen		
Armenier	11 000	
Aserbaidschaner	13 600	
Georgier	14 000	
Nordkaukasier	10 000	48 600 Mann
2. In Bau- und Nachschubeinheiten		
Armenier	7 000	
Aserbaidschaner	4 795	
Georgier	6 800	
Nordkaukasier	3 000	21 595 Mann
3. In deutschen Einheiten		25 000 Mann
4. Bei der Waffen-SS und Luftwaffe		7 000 Mann
	insgesamt	102 195 Mann

Im Jahre 1942 kamen fast alle Bataillone zum Fronteinsatz. Trotz Fehlern und Mißständen haben sie sich gut bewährt und öfter die Anerkennung höchster deutscher Kommandostellen verdient.
Das Jahr 1944 stellte unsere Einheiten vor die schwersten Prüfungen. Seit Beginn der Invasion standen unsere Bataillone in der ersten Linie am Atlantikwall einer zahlenmäßigen und materiellen Überlegenheit gegenüber.
In Kroatien liegen im Kampf: I. Georgisches Bataillon Bergmann, III. Nordkaukasisches Bataillon Bergmann, die Nordkaukasischen Bataillone 842 und 843. Obengenannte Einheiten haben schwere Rückzüge aus Griechenland mitgemacht.
In Italien befindet sich das Aserbaidschanische Regiment innerhalb der 162. Infanteriedivision, das Georgische Bataillon II/198 und im Aufstellungsstadium der Kaukasische SS-Reiterverband. Die Gesamtverluste der kaukasischen Freiwilligen betragen etwa 50000 Mann. Der Wille zum Kampf hat trotzdem niemals nachgelassen.
Angesichts dieser Entwicklung können die Kaukasier nur mit höchstem Erstaunen die Vollmachten zur Kenntnis nehmen, die dem russischen General Wlassow ... gegeben worden sind. Die Kaukasier sind gern bereit, eine auf Rußland beschränkte Befreiungsbewegung des Generals Wlassow als einen Partner im Kampf gegen den Bolschewismus anzuerkennen, niemals aber General Wlassow als ein Oberhaupt, dem sie sich unterwerfen sollten ...«
Der erbittert-verzweifelte Rosenberg vertröstete die nationalen Führer, sammelte ihre Eingaben und gab sie an Keitel und Bormann mit der Bitte weiter, sie Hitler vorzulegen. Er selbst wagte nicht mehr, um eine Besprechung bei Hitler nachzusuchen, bat aber Bormann, Hitler klarzumachen, daß »um Wlassow umstürzlerische Bewegungen im Sinne der Vorbereitung einer großrussischen Diktatur« mit Unter-

stützung des Reichsführers SS im Gange seien. Eine Sammlung aller Denkschriften ließ er auch Himmler übersenden. Wahrscheinlich hätte es ihn gefreut, wenn ihm bekanntgeworden wäre, daß der Bericht Bormanns Hitler veranlaßte, Himmler nach dem Stand seiner »Wlassow-Aktionen« zu befragen. Himmler, der sich nun schon so weit hatte treiben lassen, erklärte verlegen, daß es sich nach wie vor um Propagandaaktionen ganz großen Stils und weiter nichts handele.

Anschließend enthüllte er Berger gegenüber seine innere Unentschlossenheit: Vielleicht sei es besser, die ganze Sache wieder fallenzulassen! Rosenberg allerdings erhielt keine Antwort. Der einzige SS-Führer, mit dem er sprechen konnte, war Arlt. Aber Arlt war nur ein Leidensgenosse.

Als Wlassow offen in Erscheinung trat, hatte Arlt in seinen eigenen Bestrebungen gerade gewisse Erfolge gehabt. Er hatte durchgesetzt, daß die Galizische Division, die infolge miserabler deutscher Führung bei Lemberg auseinandergesprengt worden war, neu aufgestellt wurde. Der Name »Galizische« verschwand. Die Division hieß jetzt »Ukrainische Nr. 1«. Die ukrainische Nationalhymne wurde zum Divisionslied. Ukrainische Flaggen wurden eingeführt. Die Uniformen wurden stillschweigend geändert. Arlt schuf statt der bis dahin üblichen Vereidigung auf Hitler eine ukrainische Eidesformel. Dabei kam es Arlt und Schandruk zustatten, daß der vorläufige deutsche Divisionskommandeur General Freitag ebensowenig Ukrainisch verstand wie die Dolmetscher, die nur Russisch sprachen. Sie verstanden die neue Eidesformel nicht.

Die 1. Ukrainische Division befand sich auf dem Marsch in die Slowakei. Schandruk selbst war mit der Aufstellung einer zweiten ukrainischen Division beschäftigt. Sie sollte unter

der Führung des ukrainischen Oberst Diatschenko aus Ostukrainern zusammengesetzt werden.
Außerdem waren Vorbereitungen für die Bildung eines ukrainischen Nationalkomitees im Gange. Die Bemühungen um die Zustimmung der radikalen Ukrainerführer Bandera, Melnik und Hrynjoch zu diesem Komitee versprachen Erfolg. Stefan Bandera wurde auf Arlts Drängen gerade aus dem Konzentrationslager, in dem er seit 1941 gewesen war, entlassen und Arlt »überstellt«.
Ebenso wie Rosenberg sah sich Arlt plötzlich von allen nationalen Führern bedrängt, mit denen er in den letzten Monaten verhandelt hatte. Auch sie suchten Rückhalt gegen Wlassow.
Arlt hoffte, eine Vermittlungshilfe bei Kroeger zu finden. Aber Kroeger wies ihn kalt ab: Er teile Wlassows Standpunkt, daß ein Erfolg im Osten nicht durch Zersplitterung, sondern Vereinigung aller Kräfte zu erreichen sei.
Unterdessen ermutigte man sich in der Rauchstraße, am Fehrbelliner Platz, im Hotel Adlon und in den Hotel- und Privatquartieren, wo Khedia, Gabliani, Schandruk, Bandera, Melnik, Hrynjoch, Chajum Khan, Bangerski, Kantemir, Alibegow, Tschamaljan, Ostrowskij, Krasnow und die anderen Favoriten Rosenbergs ihre tristen Residenzen unterhielten, zum Kampf.
Wlassow seinerseits widersetzte sich Freunden aus Dabendorf, die ihn in der Euphorie des Augenblicks aufforderten, sich auf kein Gespräch mit den »separatistischen Verrätern« einzulassen. Er beharrte auf dem klugen Standpunkt, den er Himmler gegenüber angekündigt hatte: nämlich Gemeinsamkeit im Kampf gegen Stalin. Erst nach dem Kampf dürfe die Entscheidung darüber fallen, in welchem Verhältnis Ukrainer, Kaukasier oder Weißruthenen zu »Mütterchen Rußland« stehen wollten. Wlassow war also verhandlungsbe-

reit. Aber jeder Versuch, ein offenes Gespräch zustande zu bringen, scheiterte.

Am 25. Oktober traf Arlt Kroeger auf dem Flur seiner Dienststelle. »Es wird Ihren Separatisten nichts helfen«, sagte Kroeger, »daß sie versuchen, Wlassow und die russische Befreiungsregierung zu sabotieren. Wenn sie nicht freiwillig kommen, werden wir sie an den Verhandlungstisch bringen.«

Arlt schüttelte den Kopf. »Seien Sie vernünftig«, sagte er, »mit Gewalt läßt sich das nicht machen.«

Er sagte richtig voraus. Kaltenbrunner und das Reichssicherheitshauptamt griffen ein, um den Knoten gewaltsam zu lösen. Einer der ersten, den Kaltenbrunner zu einem Treffen mit Wlassow in seinem Beisein »befahl«, war Khedia, von dem ihm gesagt worden war, daß er einer der führenden Köpfe der Kaukasier sei.

Khedia folgte notgedrungen dem Befehl. Die Unterredung fand in einem Privathaus statt, weil Wlassow es ablehnte, das Reichssicherheitshauptamt zu betreten. Auf der einen Seite saßen Wlassow und Truchin, auf der anderen Seite Khedia und Arlt. Dazwischen Kaltenbrunner und Ohlendorf.

Aus Wlassows Blick sprach eine fast schmerzliche Erwartung. Niemand, der ihn in dieser Stunde sah, konnte daran zweifeln, daß er ehrlich um Einheit rang.

Khedias Gesicht dagegen verriet nur leidenschaftliche Auflehnung gegen den Zwang, der ihn hierher geführt hatte.

Kaltenbrunners abschreckendes Gesicht hatte einen drohenden Zug. »Herr Khedia«, sagte er, »sind Sie bereit, unter General Wlassow an der Bildung einer Befreiungsregierung für Ihre russische Heimat teilzunehmen?«

Khedia verlor die Beherrschung, als er das Wort »russisch« hörte. »Nein«, rief er, »niemals!«

»Und warum?«
»Weil wir Kaukasier nicht bis heute gekämpft haben, um uns einem neuen imperialistischen Russen ans Messer zu liefern.« Und dann: »Stalin im Gesicht ist mir lieber als Wlassow am Hintern ...«
Kaltenbrunner war nicht bereit nachzugeben. Aber Wlassow unterbrach: »Ich möchte auf diese Weise nicht weiterverhandeln. Herr Khedia glaubt offenbar, daß es nicht notwendig ist, die Kräfte zu vereinigen, um gegen Stalin überhaupt eine Chance zu haben. Herr Khedia glaubt, ich sei schlimmer als Stalin. Ich möchte nicht, daß mir irgend jemand nur gezwungen folgt.«
Kaltenbrunner unternahm andere Versuche, um durch Gewalt die aufgerissenen Gegensätze zu überbrücken. Wlassow beteiligte sich nicht mehr daran, nachdem Ostrowski, der »Präsident« der Weißruthenen, ebenfalls Kaltenbrunners Befehl folgend, ihn aufgesucht hatte.
Der professorale Mann ohne Land erklärte: »Herr General Wlassow. Unsere Wege sind verschieden. Sie sind für ein freies Rußland, ich für ein freies Weißruthenien ...«
Dann hatte er sich nicht ohne eine theatralische Pose verabschiedet, um sich zu Rosenberg zu begeben. Rosenberg hatte nichts anderes zu tun, als eine Notiz in den »Völkischen Beobachter« zu bringen, derzufolge er den Präsidenten des weißruthenischen Zentralrates zu einer eingehenden Unterredung empfangen habe.
Wlassow konnte nichts anderes tun, als die Wege für die anderen offenzuhalten. Er konnte nicht verhindern, daß Kaltenbrunner dazu überging, andere bisher unbekannte Vertreter der Nationalitäten zu »sammeln«. Es fehlte nicht an Ukrainern, Kosaken, Kaukasiern, Weißruthenen, die bereit waren, sich als »Führer« ihrer Völker Wlassow anzuschließen. Gleich, ob es sich um den Osseten Zogoll, um den

Ukrainer Musitschenko oder den General Balabin handelte, der als Russe einmal in einer Kosakeneinheit gedient hatte und jetzt als Vertreter der Kosaken auftrat.
Als Kroeger seine Genugtuung darüber aussprach, daß man jetzt doch Vertreter gefunden habe, sah Wlassow ihn an und sagte: »Die anderen sind nur Schatten ihrer Völker. Diese aber sind nur Schatten der Schatten.«

Die Wende vom Oktober zum November war ausgefüllt mit den Vorbereitungen für den ersten Zusammentritt des Komitees zur Befreiung der Völker Rußlands und die Verkündigung eines Manifestes. Wlassow forderte, daß die Verkündigung dieses Manifestes nicht, wie von Kaltenbrunner ohne jeden Instinkt vorgesehen, in Potsdam, sondern auf slawischem Boden stattfinden müsse. Er schlug Prag als Schauplatz vor. Karl Hermann Frank, der stellvertretende Reichsprotektor in Böhmen und Mähren, protestierte, weil er nach einer großen Wlassow-Aktion in Prag Unruhen unter der tschechischen Bevölkerung befürchtete. Aber Kaltenbrunner zwang ihn nachzugeben.
Unterdessen konzentrierten Wlassow und der intellektuelle »Brain-Trust« von Dabendorf alle Energien darauf, ein Manifest auszuarbeiten, das Wlassow in Prag verkünden sollte. Die Väter der ersten Fassung waren Kowaltschuk, ein überlebender Freund und Mitarbeiter Sykows, Professor A. N. Saizew und N. Nareikis. Über das Ziel, das das Manifest verfolgen mußte, waren sich alle einig. Es sollte nicht nur Deutschland und der Sowjetunion, sondern auch der übrigen Welt, besonders den Westmächten, klarmachen, daß sich hier ein Mann und eine Bewegung meldeten, die gegen Stalin und seine Brutalform des Bolschewismus auftraten, aber nicht als Söldner Hitlers, nicht als Teilhaber an seinem Krieg, sondern als geistig unabhängige Kraft. Das Manifest

mußte unwiderruflich zum Ausdruck bringen, daß Wlassows Vorstellung von einem neuen Rußland nichts mit dem faschistischen Regime Hitlers zu tun hatte und nicht nach seinem Bilde geformt war. Es mußte deutlich machen, daß das »National-Komitee« auch nicht vom reaktionären Geist zaristischen Emigrantentums beeinflußt war. Es mußte unübersehbar klarmachen, daß es an die russische Revolution von 1917 anknüpfte und nach dem Sturz Stalins eine soziale demokratische Volksregierung mit der Sicherung der Freiheit der Einzelmenschen plante und verkündete – und dies inmitten eines von dem Diktator Adolf Hitler bedrohten Landes.

Der Text und 14 Punkte des Regierungsprogramms waren die Frucht der Diskussionen und Studien, die die ganze Zeit über in Strik-Strikfeldts Dabendorfer »Akademie« durchgeführt worden waren. Was das Verhältnis zu Deutschland anbetraf, fiel nicht einmal das Wort »nationalsozialistisch«. Es war von Annahme deutscher Waffenhilfe die Rede, was die russische Ehre und Selbständigkeit nicht beleidigte. Ferner vom Abschluß eines ehrenvollen Friedens mit Deutschland, der weitere Kolonialpolitik ausschloß. Von der zukünftigen Grenze zwischen den beiden Ländern wurde nicht gesprochen, aber in Dabendorf herrschte weitgehend Einigung darüber, daß das neue Rußland sich mit seinen Grenzen vom 1. September 1939 begnügen und keinerlei Ansprüche auf Polen, die baltischen Staaten oder Finnland erheben werde, um vor der gesamten Welt Wlassows Idee eines friedliebenden Landes der Freiheit zu unterstreichen.

Was die 14 Punkte des Regierungsprogramms anbelangte, so waren sie fortschrittlicher als diejenigen der meisten westlichen Demokratien. Nur zu einem einzigen Punkt gab es bis zum letzten Augenblick Diskussionen. Es ging um den Punkt 7, der die Wiederherstellung freier Wirtschaftsbezie-

hungen ankündigte. Die einstmals sowjetischen Volkswirtschaftler, die jetzt in Dabendorf arbeiteten, waren für die Beibehaltung des existierenden sowjetischen Außenhandelsmonopols. Sie befürchteten, daß die unterentwickelte russische Wirtschaft hilflos »ausländischen Kapitalisten« ausgeliefert werden könnte. Aber Wlassow selbst entschied am Ende – offenbar unter Strik-Strikfeldts Einfluß –, daß es bei den »freien Wirtschaftsbeziehungen« bleiben müsse. Er wolle nicht, daß Rußland von Engländern, Franzosen und Amerikanern noch einmal als bolschewistisch bezeichnet werde, weil es sich gegen eine freie Wirtschaft sperre.
Als der Text des Manifestes fertig und ins Deutsche übersetzt war, hatte Kroeger die Aufgabe, ihn Himmler vorzulegen und dessen Genehmigung einzuholen. In äußerster Spannung wartete man in der zweiten Oktoberhälfte in Dahlem und Dabendorf auf das Ergebnis. Man war so weit gegangen, daß es selbst angesichts der »neuen Haltung« Himmlers ein Wunder hätte sein müssen, wenn Kroeger ein Einverständnis zurückgebracht hätte. Tatsächlich lehnte Himmler ab. Er beanstandete vor allem, daß nirgendwo vom »jüdischen Bolschewismus« die Rede war und ein Programmpunkt über den »Kampf gegen das Weltjudentum« fehlte. Als Wlassow es ablehnte, die Lüge über den jüdischen Charakter des Bolschewismus in das Manifest aufzunehmen und den Antisemitismus zur Regierungspolitik zu erklären, beschwor Kroeger ihn, wenigstens eine andere Konzession zu machen, nämlich an einer Stelle das Bündnis Englands und Amerikas mit Stalin zu erwähnen.
Wenn Wlassow an Kasanzew, den NTS, England und Amerika dachte, war das ein bedenkliches Zugeständnis. Aber nach langen Kämpfen stimmte er zu, um nicht alles in Frage zu stellen. Kroeger, der erneut zu Himmler fuhr, erhielt diesmal tatsächlich dessen Zustimmung. Aber Himmler

schränkte vorsichtig ein, Hitler habe über das Auswärtige Amt von dem Manifest erfahren. Er müsse jetzt auch noch befragt werden, und ohne seine Zustimmung sei nichts zu unternehmen.

Von einigem Mißtrauen über Himmlers tatsächliche Vollmachten erfüllt, aber immer noch vertrauensvoll, beobachtete Wlassow unterdessen die weiteren Vorbereitungen »für Prag«. Es sah so aus, als solle die Verkündigung des Manifestes wirklich zu einem offiziellen Ereignis vor Vertretern der deutschen Regierung und allen noch in Deutschland akkreditierten neutralen und verbündeten Diplomaten werden. Himmler hatte seinen Staatssekretär Stuckart aus dem Innenministerium beauftragt, als Vertreter der Reichsregierung nach Prag zu reisen. Staatssekretär Steengracht sollte das Auswärtige Amt, Staatssekretär Hayler das Wirtschaftsministerium vertreten.

Es war ein neuer Schlag, als Wlassow vertraulich die Nachricht erhielt, daß keiner der angekündigten Regierungsvertreter nach Prag kommen werde. Hitler habe den Text des Manifestes genehmigt – aber jede offizielle Regierungsbeteiligung untersagt. Der Rahmen von Prag müsse so klein gehalten werden, wie es für eine propagandistische Veranstaltung gerade noch tragbar sei.

Es half nichts, daß Malyschkin die Nachricht so auszudeuten suchte, daß damit nicht ihr ganzes Vorhaben gemeint sei, sondern nur die Aktion in Prag. Und diese habe ja auch einen propagandistischen Zweck. Wlassow ahnte, daß auch Himmler keine echte Entscheidung für ihn getroffen hatte – sondern daß hinter allem, was gesagt und versprochen worden war, neue Enttäuschungen, Halbwahrheiten oder Lügen lauerten.

Ende Oktober hatte Hauptmann Strik-Strikfeldt seine zunächst letzte Begegnung mit Wlassow.
Strik-Strikfeldt hatte nichts von seinem Mißtrauen gegen die SS-Führung verloren. Er, der jahrelang der »Hoffende« gewesen war und immer wieder dazu beigetragen hatte, Wlassow gegen alle Vernunft zu Hoffnungen zu verführen, gab diese Hoffnung auf. In mehreren Gesprächen drängte er Wlassow, der SS und ihren egoistischen Motiven nicht zu vertrauen.
Er war sich klar darüber, daß Wlassow keinerlei Treue oder Bündnisverpflichtungen gegenüber Deutschland und am allerwenigsten gegenüber Himmler empfand, sondern insgeheim nur noch danach strebte, mit einem möglichst starken Pfand in der Hand irgendeine Verbindung zu den Westmächten zu suchen. Aber er war überzeugt, daß nicht mehr genügend Zeit und genügend Material vorhanden waren, um die Armee aufzustellen, die Wlassow begehrte. Nach seinen späteren Erinnerungen erklärte er: »Sie, Andrej Andrejewitsch, müssen zwar nach Prag gehen, um dort mit dem Manifest des Komitees zur Befreiung der Völker Rußlands an die Weltöffentlichkeit zu treten. Dann aber, wenn die ganze freie Welt Sie gehört hat, wenn Prag hinter Ihnen liegt, müssen Sie zurücktreten unter Hinweis darauf, daß die Ihnen gegebenen Versprechungen von der Nazi-Regierung nicht eingehalten worden sind. Nur damit können Sie sich eine Grundlage für Ihr Handeln in der Zeit nach dem Zusammenbruch des Dritten Reiches schaffen ...«
Wlassow schwieg sehr lange. Dann sagte er – nach früheren Quellen –: »Es gibt kein Zurück. Es ist unmöglich, was du verlangst; wir brauchen die Armee. Es ist schon gleich, wer sie uns gibt. Hast du nicht selbst immer gesagt, daß jedes Mittel recht sein müsse für das Ziel ...«
Strik-Strikfeldt bat Wlassow, doch noch 24 Stunden über das

Problem nachzudenken und ihn dann über seine endgültige Entscheidung zu unterrichten. Wenn Wlassow auf seiner Entscheidung beharre, wolle er, Strik-Strikfeldt, sich als frei und nicht mehr an Wlassow gebunden betrachten.

24 Stunden später sagte Wlassow ihm mit zerquältem Gesicht, er könne seine Entscheidung nicht ändern.

»Wilfried Karlowitsch«, sagte er unter anderem, »ich kann nicht alle im Stich lassen, die jetzt mehr auf mich hoffen als je zuvor. Ich kann es nicht!«

VII

Den Auftrag, den Ablauf der Manifestation in Prag vorzubereiten, erhielt Dr. Kurtz, der in den ersten Jahren des Krieges im Osten eine Rolle in der Organisation »Vineta« gespielt hatte.
Am 16. Oktober reiste er nach Prag. Dort wurde ihm der Sturmbannführer Jacobi vom Sicherheitsdienst attachiert. Nach langen Besprechungen wurde festgelegt, daß Wlassow durch eine Ehrenkompanie empfangen werden sollte. Danach würde zu seinen Ehren ein Frühstück bei Frank stattfinden. Im Anschluß daran konnte die Manifestation auf der Prager Burg »abrollen«.
Als Schauplatz für das Frühstück und ein Abendessen hatte Frank das Czernin-Palais auf der Burg vorgesehen. Wlassow sollte mit seinem Anhang im Hotel Alcron absteigen. Die ausgewählten Räume wurden auf Mikrophone untersucht und durch SS-Wachen gesichert.
Für ein »spätabendliches Zusammensein« am Tage der Manifestation wurde der sogenannte »Filmklub« schräg gegenüber dem Hotel Alcron bestimmt.
Die Zusammenstellung der Teilnehmerlisten des Frühstücks und des Abendessens machte ungewöhnliche Schwierigkeiten. Wenn Kurtz die Liste derer durchlas, die jetzt plötzlich Wlassow sehen und in seiner Nähe sitzen wollten, überkam ihn ein Gefühl des Ekels.
Ähnlich ging es bei der Besetzung des Sonderzuges zu, der die Berliner Teilnehmer zur Manifestation nach Prag bringen sollte. Zunächst wollte man nur zwei Wagen an einen Zug anhängen. Aus diesen zwei Wagen wurde ein ganzer

Zug, weil die Zahl derer, die berücksichtigt werden wollten, von Tag zu Tag anschwoll. Aus allen nur denkbaren Ministerien drängten sich die Opportunisten. Die »Delegierten der Völker Rußlands«, die die Hauptpersonen in Prag sein sollten, wurden bei der ersten Platzverteilung vergessen. Die Kurzsichtigkeit, die Überheblichkeit wollten kein Ende nehmen.

In den ersten Novembertagen mußte Kurtz noch einmal nach Prag, um persönlich dafür zu sorgen, daß dreißig russische Delegierte eine Unterkunft bekamen.

Endlich, am 9. November, meldete Kurtz nach Berlin, daß die Vorbereitungen abgeschlossen seien und daß die Manifestation von Prag, wie vorgesehen, am 14. November stattfinden könne.

In den gleichen Novembertagen lag die 232. deutsche Infanteriedivision an der Italienfront beiderseits des Abetone-Passes in schweren Abwehrkämpfen.

Am 6. November 1944, während der erbittertsten Kampftage, erhielt Oberst Herre, der IA dieser Division war und sie auch einige Zeit kommandiert hatte, plötzlich den Befehl, sich sofort nach Verona zu begeben. Er habe sich beim Stabe Köstrings zu melden, der in Potsdam zu finden sei. Eine Begründung erhielt er nicht.

Am 8. November traf Herre in Berlin ein und begab sich in die Kasernen an der Rückseite des Parkes von Sanssouci. Köstring erwartete ihn bereits. Er erinnerte Herre an den Julitag, an dem dieser sich mit dem Hinweis auf die Möglichkeiten, die in der SS ruhten, verabschiedet hatte. »Jetzt«, sagte er, »ist es soweit.«

Er berichtete über Befehle zur Aufstellung von zwei russischen Divisionen auf den Truppenübungsplätzen Münsingen und Heuberg in Württemberg. Sie kamen von der

SS-Führung. Bei den Vorverhandlungen hatte er die Bedingung gestellt, daß die Neuaufstellungen Herre anvertraut wurden.
Der alte Herr sah mit einem Zug Sarkasmus zum Fenster hinaus auf den kahlen Kasernenhof. »Jetzt ist es soweit«, wiederholte er langsam, »jetzt, wo wir kaum noch in der Lage sind, unsere eigenen Divisionen auszurüsten.« Er fügte hinzu: »Am 14. November wird in Prag ein ›Komitee zur Befreiung der Völker Rußlands‹ unter dem Vorsitz von Wlassow, der den Rang eines Oberbefehlshabers erhalten hat, proklamiert. Ich selbst kann für Wlassow nicht mehr tun als früher. Wenn ich darauf bestanden habe, daß Sie die Aufstellung der Wlassow-Divisionen übernehmen, so ist das geschehen, weil ich Sie für den geeignetsten Mann halte. Jede Vernunft sagt, daß es zu spät ist. Aber wer sieht auch nur bis übermorgen?«

Sofort nach dem Gespräch fuhr Herre nach Berlin zurück. Er versuchte zunächst, sich zu orientieren. Die Zusammenstellung des kleinen Stabes, den er benötigte, war nur eine Frage von vierundzwanzig Stunden. Er wählte seine Leute unter den Offizieren, die in den vergangenen Jahren als Verbindungspersonal bei Freiwilligenverbänden gelernt hatten, mit den Russen zu leben und zu arbeiten. IA wurde der eben mit dem Ritterkreuz ausgezeichnete Kommandeur der russischen Artillerieabteilung 621, Major Keiling, der mit seiner Einheit noch an der Westfront stand. Er erhielt den Befehl, sich mit Herre in Münsingen zu treffen. Schnell bekamen beide einen Vorgeschmack der Schwierigkeiten, die sie erwarteten: Mangel an Ausrüstung, Mangel an Kleidung, Unwille, die Bestände ausgerechnet für russische Divisionen zu opfern. Es kostete sogar Mühe, die Benennung der ersten Division mit »1. Wlassow-Division« oder »1. russische Division« durchzusetzen. Man wollte sich nicht von der Bezeichnung »600. Infanterie-Division (russisch)« abbringen lassen. Der alte Truppenübungsplatz Münsingen auf der Rauhen Alb hatte nicht ausreichenden Platz für die Aufstellung einer ganzen Division. Der Kommandeur, der schwäbische General Weninger, wußte keinen anderen Rat als die zusätzliche Errichtung von Zelten – und dies bei Einbruch des Winters. Es war auch kein Heizmaterial vorhanden. Die Zahlmeister waren der Meinung, daß die wenigen vorhandenen Vorräte für Russen zu schade seien. Aus Potsdam und Berlin kam währenddessen ein Telefonat nach dem anderen. Die Dienststelle des Befehlshabers des Ersatzheeres hatte bereits die ersten russischen Verbände in Marsch gesetzt, aus denen die Wlassow-Division zusammengestellt werden sollte. Herre erfuhr, daß es sich zunächst um eine Brigade Kaminski und um Reste der 30. SS-Division Sigling handele. Kaminski war ihm ein Begriff, obwohl er nichts Genaueres mehr über das Schicksal Kaminskis und seiner Leute nach dem Fall von Lokotj erfahren hatte. Die SS-Division Sigling kannte weder er noch Keiling.

Aber das war nicht alles. Herre erhielt Befehl, sich am 12. November bei Himmler persönlich zu melden, und zwar in Himmlers Zug, der im Raum zwischen Zossen und Jüterbog abgestellt war. Herre konnte daher das Eintreffen der mysteriösen russischen Verbände nicht abwarten.

Er ließ Keiling zurück. In Potsdam erfuhr er, daß Wlassow inzwischen den Kommandeur und die Stabsoffiziere für seine 1. Division vorgeschlagen hatte. Kommandeur der Division sollte Oberst Bunjatschenko werden. Herre wußte noch nichts von Bunjatschenkos Kampf im Westen. Als Bunjatschenkos IA war ein Oberstleutnant Nikolajew vorgesehen. Beide waren nach Münsingen unterwegs.

Übernächtigt traf Herre am nächsten Morgen beim Befehls-

zug Himmlers ein. Himmlers Adjutant führte ihn in einen Salonwagen. Gleich darauf stand er Himmler gegenüber. Dieser wirkte sehr bleich, sehr nervös und fahrig.
Himmler sagte: »Wie Ihnen sicherlich bekannt ist, habe ich mit dem General ...« Er unterbrach sich und machte merkwürdig suchende Bewegungen mit seinen Händen. Dann fuhr er fort: »... mit dem General Dingsda, dem Dingsda, dem Dingsdingsda gesprochen ...«
Herres vor Übermüdung blasses Gesicht wurde noch um einen Schein farbloser. Es schien schwer begreiflich, daß Himmler sich nicht einmal auf den Namen des Mannes konzentrieren konnte, den er jetzt förderte. Er sagte: »Sie meinen den General Wlassow?«
»Ja«, sagte Himmler, erleichtert, den Faden wiedergefunden zu haben, »den General Wlassow. Er hat mir gut gefallen. Was hat bloß das Heer mit dem Mann so lange gemacht? Warum hat man ihn nicht vernünftig eingesetzt? Da hätte er doch Armeen auf die Beine stellen können.«
»Der Generalstab des Heeres«, entgegnete Herre, »hat sich jahrelang bemüht, eine politische Zielsetzung für die aus dem Osten stammenden Freiwilligen zu erreichen. Aber die deutsche politische Führung hat die Zielsetzung verweigert, und die SS-Reichsführer, ich muß diese Tatsache hervorheben, wenn Sie mir eine so vorwurfsvolle Frage stellen – hat dabei eine ausschlaggebende Rolle gespielt. Ich darf nur auf die Untermenschenpropaganda verweisen.«
Himmler blickte Herre unschlüssig an. Er wußte offenbar nicht, was er antworten sollte. Dann sagte er fahrig: »Ja, ja, da sind wohl einige Unterlassungssünden begangen worden. Aber diese Fehler müssen jetzt wiedergutgemacht werden.«
Herre zögerte. Dann sagte er: »Die deutschen Armeen halten kaum noch russischen Boden besetzt. Reichsführer, ich habe mich jahrelang mit den Freiwilligen beschäftigt. Ich

weiß, in welchem Maße sie sich getäuscht ... fühlen. Sie werden nichts mehr glauben ...«

Himmler unterbrach ihn: »Ihre Worte klingen reichlich pessimistisch. Sie klingen fast so, als ob Sie nicht mehr an den Sieg glaubten ...«

Sein Blick nahm einen mißtrauischen Zug an. Herre fühlte, daß er einen Schritt zu weit gegangen war. »Ich bitte zu bedenken«, sagte er mit glatter Verbindlichkeit, »daß ich vom italienischen Kriegsschauplatz komme. Wir haben seit Monaten nicht ein deutsches Flugzeug mehr in der Luft gesehen.«

»Schön«, sagte Himmler, »dann urteilen Sie aus dem Gesichtswinkel eines nicht ausschlaggebenden Frontabschnittes. Ich kann Ihnen aber sagen, daß der Krieg vor der entscheidenden Wende steht. Die Geheimwaffen sind in der Fertigung; ihr Einsatz steht dicht bevor und wird dem Krieg die Wendung geben.«

Herre war geneigt, nach den Gründen zu fragen, die Himmler bewogen hatten, sich unter diesen Umständen für eine Förderung Wlassows zu verwenden. Aber wozu? Ihm lag ein anderer Satz auf der Zunge, den er auch aussprach: »Wir müssen es so oder so ehrlich in unseren Absichten mit Wlassow und seinen Leuten meinen.«

»Das ist selbstverständlich«, sagte Himmler mit einer neuen fahrigen Handbewegung. Er wollte das Gespräch beenden. »Fangen Sie so schnell wie möglich mit der Aufstellung der Divisionen an.«

Am 11. November traf Oberst Bunjatschenko mit Nikolajew im Lager Münsingen ein. Weninger und Keiling empfingen ihn und zeigten ihm seine Wohnung in einer der Generalsbaracken. Keiling erkannte schnell, daß sich mit Bunjatschenko kein Spiel treiben ließ. Seine scharfen Augen entdeckten sofort Dinge, die sein Mißtrauen gegenüber der Ehrlichkeit der deutschen Absicht nährten. Als er bei der Besichtigung der Quartiere für die Aufstellung feststellte, daß es an allem und jedem fehlte, verfinsterte sich sein Gesicht.

Kurz darauf wurde das Eintreffen der Brigade Kaminski gemeldet. Und das Bild, das sich auf dem Bahnhof von Münsingen bot, war nicht geeignet, Bunjatschenko zu beschwichtigen. Aus den Zügen quoll ein wilder Haufen bewaffneter und unbewaffneter Leute. Sie waren in die verschiedensten Uniformen gekleidet. Bei ihnen befanden sich Frauen, die mit Schmuck behangen waren. Die Offiziere, die sich in ihrer Verkommenheit von der Masse der Soldaten nicht unterschieden, trugen zum Teil drei, vier und fünf Armbanduhren. Seit Kaminski mit seinen Leuten, mit Kind und Kegel, Weißruthenien verlassen hatte, war es ununterbrochen abwärts gegangen. Aus der Verlegung nach Ungarn war nichts geworden. Infolge eines Aufstandes in der Slowakei waren die Transportzüge in Oberschlesien liegengeblieben. Dort fühlte sich niemand für die Kaminski-Leute verantwortlich. Der oberschlesische Gauleiter Bracht hatte es abgelehnt, sich mit dem »Russenhaufen« zu beschäftigen. Es kam zu Plündereien und Zwischenfällen. Währenddessen war der polnische Aufstand in Warschau ausgebrochen. Hitler befahl, die Kaminski-Brigade zum Kampf gegen die Aufständischen in Warschau unter dem Befehl des SS-Obergruppenführers Bach-Zelewski einzusetzen. Wenn es bis dahin noch einen Rest von Zusammenhalt in der Brigade gegeben hatte, so schwand dieser in den wilden Warschauer Straßenkämpfen dahin. Für Kaminski und seine Leute bedeutete der Kampf um Warschau die erste direkte Berührung mit der Welt westlichen Komforts.

Sie gerieten in einen Rausch der Plünderung. Kaminski

weigerte sich, gegen seine Leute vorzugehen, die ein Plünderungsverbot nicht beachteten. Er argumentierte, seine Männer und deren Familien hätten in jahrelangem treuem Kampf für die Deutschen alles verloren. Und jetzt wolle man sie auch noch hindern, sich an den aufständischen Polen schadlos zu halten. Sein Verhalten drohte die Kapitulation der Polen zu verhindern. Himmler befahl daraufhin, ihn festzunehmen.

Kaminski wurde jedoch gewarnt. Haltlos geworden, um die Möglichkeit einer Erfüllung seiner ursprünglichen Aufgabe betrogen, nur noch Landsknecht, korrumpiert, floh er bei Nacht. Südlich Tarnow in den Vorkarpaten wurde er von der Sicherheitspolizei gestellt und nach der Verhaftung ermordet. Sein Wagen wurde mit Gänseblut beschmiert, um einen Raubüberfall vorzutäuschen.

Kaminskis führerlos gewordene Leute standen noch unter dem Eindruck dieser Ereignisse, als sie in Münsingen eintrafen.

Als Bunjatschenko den wilden Haufen sah, wurde er rot vor Wut. »Das ist es, was ihr mir gebt«, schrie er, »Banditen, Räuber, Diebe. Was ihr nicht mehr gebrauchen könnt, das darf ich haben.«

Er stampfte zu dem kleinen Opel Kadett, den er mit nach Münsingen gebracht hatte. Keiling ließ er einfach stehen. Er überließ es dem Deutschen, den disziplinlosen Haufen ins Lager zu bringen.

Keiling erlebte eine furchtbare Nacht. Die Kaminski-Haufen wälzten sich zu den Baracken. Bald herrschte ein uferloses Durcheinander. Erst am nächsten Morgen überwand Bunjatschenko seinen ersten Zorn. Von diesem Augenblick an zeigte er allerdings auch, wozu er fähig war. Mit rücksichtsloser Faust schuf er Ordnung. Er verlangte den sofortigen Abtransport aller sogenannter »Offiziere«, die mit dem Kaminski-Haufen gekommen waren. Den Rest von etwa 5000 Mann unterwarf er seiner eisernen Zucht.

Die vom Krieg noch völlig unberührte Stadt Prag begann gerade zu erwachen, als am Morgen des 14. November 1944 gegen 5 Uhr Wlassows Sonderzug, von Berlin kommend, in den Hauptbahnhof einlief. Die Schlafwagen, die Wlassow und seine Umgebung beherbergten, wurden bis 7 Uhr auf ein anderes Gleis gestellt. Zu dieser Zeit war alles zum Empfang bereit.

Kurz nach 7 Uhr schritt Wlassow durch die Bahnhofshalle. Man sah seinem Gesicht nicht an, was sich dahinter regte. Den Außenstehenden, die nichts von den zermürbenden Kämpfen und Enttäuschungen wußten, mochte es als ein ungewöhnlicher Erfolg für Wlassow erscheinen, daß vor dem Bahnhof eine deutsche Kompanie zum Empfang eines kriegsgefangenen sowjetischen Generals angetreten war.

Die Vorhalle des Hotels Alcron war von Neugierigen und Reportern überfüllt. Wlassow ging mit Schilenkow, Malyschkin und den anderen zu seinem Appartement hinauf.

Kurz vor 9 Uhr traf Köstring ein, um sich zum erstenmal mit Wlassow zu treffen. Aber er war der Gefangene seiner Dienststellung, besonders in diesem Augenblick der Auseinandersetzungen zwischen Wlassow und den Nationalkomitees. Köstring war nicht in der Lage, seine innere Sympathie für eine großrussische Lösung zum Ausdruck zu bringen, und er wußte, daß sie keinen Sinn und keine Chance mehr haben konnte. So gingen beide auseinander, ohne sich nähergekommen zu sein.

Herre war Zeuge dieses ersten Gespräches. Nach Köstrings Weggang wurde er noch einmal in das Zimmer Wlassows geführt. Wlassow hatte den Kopf in seine rechte Hand gestützt und starrte mit kurzsichtigen Augen auf seine Horn-

brille, die vor ihm auf der Tischplatte lag. Als er den Klang von Herres Schritten hörte, schob er die Brille vor seine Augen und blickte ihn an.
»Andrej Fedorowitsch«, so nannten die Russen Herre, »es ist schön, daß Sie heute auch hier sind ... Wir haben uns so lange vergebens bemüht. Meinen Sie, daß es jetzt zu spät ist?«
Herre sah an Wlassow vorbei. In seine Augen konnte er jetzt nicht sehen. »Andrej Andrejewitsch«, sagte er ausweichend, »wenn es überhaupt noch eine Chance gibt, dann müssen Sie sie nutzen.«
Wlassow senkte den Blick. »Mein Starez« – Herre wußte, daß er Strik-Strikfeldt meinte – »hat nicht haben wollen, daß es hierzu kam. Hätte ich gewußt, was in den letzten Wochen alles geschehen ist, wieviel Zeit wir wieder verloren haben und wie sie mir doch nur halb die Hand geben wollen – vielleicht hätte ich ihm recht gegeben ...«

Um 11 Uhr empfing Frank, der stellvertretende Reichsprotektor in Böhmen und Mähren, Wlassow und seinen Anhang zum Frühstück. Es war ein glanzvoller Empfang, aber hintergründig getragen von der Furcht vor einer Verbrüderung des »Slawentums«.
Währenddessen versammelte sich die Masse der russischen Delegierten im Gebäude des Prager Presseklubs. Die Abgeordneten der Ostarbeiter, die unter Überwindung vieler Hemmnisse nach Prag gebracht worden waren, blickten sich ängstlich um. Sie konnten noch nicht glauben, daß sie aus der Ärmlichkeit ihrer Lager in diese Pracht versetzt worden waren. Sie konnten nicht begreifen, daß die Geheime Staatspolizei plötzlich ihr Helfer sein sollte und widerspenstige Lagerführer gezwungen hatte, die Delegierten mit Kleidern zu versorgen. Den Abordnungen russischer Kampfeinheiten

ging es kaum anders. Russische Wachen genossen es offensichtlich, daß sie auch Deutsche kontrollieren durften.
Kurz nach Mittag rollten die Kraftwagen durch Prag zur Burg hinauf. Der Festsaal glänzte im Scheine der Kronleuchter. Hier war alles russisch, die Offiziersposten und die Ordner, die auch den deutschen Gästen ihre Plätze anwiesen. Man konnte sich vorstellen, was in ihnen vorging, wenn sie die reservierten Ehrenplätze nicht nur an Deutsche, sondern auch an Ostarbeiter und die Verwundeten einiger Freiwilligenverbände vergaben.
Als Herre in den Burghof hineinfuhr, war die Masse der Teilnehmer schon versammelt. Es war fast gespenstisch still auf dem Hof. Er sah nur einen grauhaarigen Herrn einsam dastehen. Es war Hilger, der anstelle Bräutigams Verbindungsmann des Auswärtigen Amtes zu Wlassow geworden war. »Andrej Fedorowitsch«, sagte er auf russisch, »wenn wir diesen Tag vor ... Jahren erlebt hätten, dann brauchten wir uns heute wohl keine Sorgen zu machen.«
Wenige Minuten nach ihnen traf Wlassow mit seiner Begleitung ein. Ein spürbares lauteres Atmen ging durch den Saal. Dann betrat Frank das Rednerpodium, um Wlassow und die Russen zu begrüßen. Franks hagere Gestalt mit dem eingefallenen Vogelgesicht wirkte merkwürdig spukhaft, während er seine Rede ablas. Ihm folgte der SS-Obergruppenführer Lorenz. Auch er las ab. Er war nicht in der Lage, das Unbehagen zu überbrücken, das selbst bei denen, die weniger gut eingeweiht waren, entstand, als sie sahen, daß kein wirklich bekannter Vertreter der Berliner Regierung erschienen war. Nur eines machte etwas von der Enttäuschung wett. Es war die Stelle, an der Lorenz von Wlassow und seinen Leuten als von »Verbündeten« sprach.
Als Lorenz geendet hatte, besetzten die 49 Angehörigen des »Komitees zur Befreiung der Völker Rußlands« einen langen

Tisch an der Stirnwand des Saales. In der Mitte hatte Wlassow seinen Platz, zu seiner Rechten Schilenkow und Truchin. Zu seiner Linken Malyschkin und einige zivile Mitglieder des Komitees.

Der deutsche Text der Reden war nicht rechtzeitig gedruckt worden, so daß alle, die nicht Russisch sprachen, nichts verstanden.

Wlassow sprach zunächst ein paar einführende Worte, in denen er zwar einige diplomatische Verbeugungen vor Deutschland machte, aber seine eigentlichen Ziele für jeden, der hören konnte, sehr deutlich unterstrich. Wenn er sagte, es seit jetzt nicht Zeit, der Fehler und persönlichen Kränkungen zu gedenken, so wußte jeder, an welche Adresse dies gerichtet war. Man verstand es auch, wenn er davon sprach, daß Deutschland »heute« die einzige reale Möglichkeit bilde, einen bewaffneten Kampf zu organisieren. Oder wenn er sagte, daß das Manifest, das den Willen der Völker Rußlands zur Fortsetzung des Kampfes ausdrücke, vor der ganzen Welt veröffentlicht werde. Das war ein verborgener, aber deutlicher Ruf über Deutschland hinaus an die westliche Welt.

Es folgte eine Ansprache Truchins, die die militärischen Hoffnungen widerspiegelte, die ihn in diesem Augenblick noch bewegten. An einer Stelle sagte er:

»Um das militärische Geheimnis zu wahren, können wir auch nicht sagen, wann dieses oder jenes Kontingent von Freiwilligen in die Reihen der Befreiungsstreitkräfte der Völker Rußlands einberufen wird, doch diejenigen, die heute noch nicht einberufen sind, werden es morgen oder übermorgen sein. Die russische Armee benutzte seit Peter dem Großen die militärischen Erfahrungen Europas. Wir befinden uns in dieser Hinsicht in der günstigen Lage: Wir können die Erfahrung einer der besten Armeen der Welt –

der deutschen Armee – und gleichzeitig die Kampferfahrung der Roten Armee ausnutzen. Unsere Streitkräfte werden als völlig selbständiger Faktor im Kampf gegen den Bolschewismus organisiert!«

Auch Truchins Worte stießen auf Zustimmung und Begeisterung, obwohl der eine oder andere der Ostarbeiter befangen zu den Deutschen hinübersah, so als könne er noch nicht glauben, daß hier so viel gesprochen werden konnte.

Als Truchin geendet hatte, fand die Wahl des Präsidiums des »Komitees zur Befreiung der Völker Rußlands« statt. Als Zeichen der Zustimmung hob man kleine Karten. Dann wurden die Namen der Mitglieder des Präsidiums verkündet. Vorsitzender war Wlassow. Mitglieder waren Generalleutnant Balabin, der Vertreter der Kosaken, Professor Bogatyrschuk, der Vertreter der Ukrainer, N. N. Budsilowitsch, Generalmajor Malyschkin, Generalmajor Truchin und Professor Rudnew.

Niemand wußte besser als Wlassow, daß diese Wahl durch Menschen, die längst den Sinn freien Wählens verlernt oder niemals gekannt hatten, eine Farce und das Komitee ein Provisorium war, das keine Dauer haben konnte. Er erhob sich langsam, um das Manifest des Komitees zu verlesen.

»Landsleute, Brüder und Schwestern. In der Stunde schwerer Prüfungen müssen wir die Entscheidung über das Schicksal unserer Heimat, unserer Völker, über unser eigenes Schicksal fällen. Die Menschheit durchlebt ein Zeitalter stärkster Erschütterung. Der gegenwärtige Krieg ist ein Kampf gegensätzlicher politischer Systeme auf Leben und Tod.«

Er ließ politische Ausführungen folgen, die – notgedrungen – noch einmal Verbeugungen vor der politischen Ideologie Deutschlands enthielten. Aber die Doppelsinnigkeit seiner Worte und die Adresse, an die sie gerichtet waren, war eindeutig, wenn er sagte: »Es gibt kein größeres Verbrechen als das Stalins, Länder zu verwüsten und Völker zu unterjochen, die bestrebt sind, den Besitz des von ihren Vorvätern Ererbten zu bewahren und auf ihm durch eigene Arbeit ihr Glück zu finden, und kein größeres Verbrechen, als ein anderes Volk zu unterjochen und ihm einen fremden Willen aufzuzwingen ...«

Die Deutschen, die ihn verstanden, wußten, daß diese Worte vordergründig zwar dem Vordringen der Armeen Stalins über die russischen Grenzen nach Westen galten. In Wirklichkeit aber waren sie eine Anklage gegen Hitlers Verbrechen auf russischer Erde.

Dann holte er, wie er es gerne tat, noch einmal weit aus, um klarzumachen, daß ihn keine reaktionären Ideen erfüllten, sondern der Gedanke der Anknüpfung an die russische Revolution und der idealistischen Umwandlung der Sowjetunion in eine soziale Volksdemokratie. Was er sagte, zeigte, wie sehr er tatsächlich von den faschistischen Ideen und Herrschaftsstrukturen der nationalsozialistischen Umwelt entfernt war.

»In der Februar-Revolution des Jahres 1917 haben die Völker des russischen Imperiums, versucht, ihr Streben nach Recht, nach allgemeinem Wohl und nationaler Freiheit zu verwirklichen. Sie erhoben sich gegen das Zarenregime, das weder den Willen hatte noch in der Lage war, die Reste der Leibeigenschaft, der wirtschaftlichen und kulturellen Rückständigkeit zu beseitigen. Jedoch die Parteien und führenden Männer, die nach Beseitigung des Zarismus durch die Völker unserer Heimat im Februar 1917 keine kühnen und folgerichtigen Reformen wagten, haben sich durch ihre zweideutige Politik, durch ihr Streben nach Opportunität und durch ihr Zaudern, die Verantwortung für die Zukunft zu übernehmen, vor dem Volk nicht bewährt. Das Volk folgte

spontan jenen, die sofortigen Frieden, Freiheit und Brot versprachen und die radikalsten Losungen aufstellten. Nicht die Schuld des Volkes ist es, daß die Partei der Bolschewiken die Macht an sich riß. Denn die Bolschewiken versprachen einen gesellschaftlichen Wiederaufbau, der das Volk glücklich machen sollte und demzuliebe unzählige Opfer gebracht wurden. Doch die bolschewistische Partei hat nicht nur die Forderungen des Volkes nicht erfüllt, sondern durch die ständige Festigung ihres Gewaltsystems nahm sie dem Volk die von ihm eroberten Rechte und stieß es in ewige Not und Rechtlosigkeit ... Die Bolschewiken raubten den Völkern Rußlands die Redefreiheit, die Freiheit der Überzeugung, die Freiheit der Persönlichkeit, die Freizügigkeit, die Gewerbefreiheit und dem einzelnen die Möglichkeit, innerhalb der Gemeinschaft einen seinen Fähigkeiten entsprechenden Platz einzunehmen. Sie setzten an die Stelle der Freiheit Terror, Parteiprivilegien und Willkür, denen sie die Persönlichkeit unterwarfen.
Die Bolschewiken raubten den Bauern den von ihnen erkämpften Boden, das Recht, die Erde ungehindert zu bearbeiten und die Früchte der eigenen Arbeit in Freiheit zu genießen. Indem sie den Bauern die Fesseln des Kolchosensystems anlegten, haben die Bolschewiken die Bauern zu rechtlosen Sklaven des Staates gemacht, die am meisten ausgebeutet und unterjocht werden.
Den Arbeitern nahmen die Bolschewiken das Recht, sich ihren Beruf und ihren Arbeitsplatz zu wählen, sich zu organisieren und für bessere Arbeitsbedingungen und eine bessere Bezahlung ihrer Arbeit zu kämpfen, sowie das Recht, an der Lenkung der Produktion bestimmend teilzunehmen. Sie machten die Arbeiter zu rechtlosen Sklaven des Staatskapitalismus.
Der Intelligenz nahmen die Bolschewiken das Recht des

freien Schaffens zum Wohle des eigenen Volkes. Durch Gewaltanwendung, Terror und Bestechung bemühen sie sich, sie zum Werkzeug ihrer verlogenen Propaganda zu machen ...
Vor zwei Jahren hatte Stalin noch die Möglichkeit, die Völker mit dem Geschwätz über den vaterländischen freiheitlichen Sinn des Krieges zu betören. Nun aber hat die Rote Armee die Staatsgrenzen der Sowjetunion überschritten, ist in Rumänien, Bulgarien, Serbien und Kroatien eingefallen und erstickt fremde Länder in Strömen von Blut.
Alles dies wird mit der Lüge von dem demokratischen Charakter der Stalinschen Verfassung und von dem Aufbau einer sozialistischen Gesellschaftsordnung bemäntelt. Einen so niedrigen Lebensstandard angesichts der ungeheuren materiellen Hilfsquellen, eine solche Rechtlosigkeit und Erniedrigung der menschlichen Persönlichkeit, wie sie beim bolschewistischen System besteht und immer bestehen wird, hat noch kein Volk der Erde kennengelernt.
Länger als ein Vierteljahrhundert haben die Völker unserer Heimat die ganze Last der bolschewistischen Tyrannei ertragen ... Für immer haben die Völker unserer Heimat den Glauben an den Bolschewismus verloren ... Darum müssen die Anstrengungen aller Völker auf die Vernichtung dieser ungeheuerlichen Maschine ausgerichtet werden, damit jedem Menschen das Recht auf ein freies Leben und Schaffen nach Maßgabe seiner Kräfte und Fähigkeiten zugestanden werde, mit dem Ziel der Errichtung einer Gesellschaftsordnung, die den einzelnen vor jeder Willkür schützt und die Aneignung der Früchte seiner Arbeit durch andere, auch durch den Staat selbst, nicht zuläßt.
Angesichts dieser Tatsache und im vollen Bewußtsein ihrer Verantwortung ihren Völkern, der Geschichte und der Nachwelt gegenüber haben die Vertreter der Völker unserer

Heimat ein Befreiungskomitee der Völker Rußlands mit dem Ziel des gemeinsamen Kampfes gegen den Bolschewismus gegründet.«
Wlassow wurde immer wieder von Beifall unterbrochen. Die delegierten Ostarbeiter hatten zunächst nur schüchtern zu applaudieren gewagt.
Er fuhr fort: »Das Befreiungskomitee der Völker Rußlands hat sich zum Ziel gesetzt...«, und dann verlas er die 14 Punkte des Programms:

1. Gleichheit aller Völker Rußlands und ihr Recht auf nationale Entwicklung, Selbstbestimmung und gegebenenfalls staatliche Selbständigkeit.
2. Ordnung der nationalen Arbeit, bei der alle Interessen des Staates den Aufgaben der Hebung des Wohlstandes und der Entwicklung der Nation untergeordnet sind.
3. Erhaltung des Friedens und Herstellung eines freundschaftlichen Verhältnisses zu allen Ländern sowie die Entwicklung der internationalen Zusammenarbeit.
4. Umfassende staatliche Maßnahmen zur Festigung der Familie und Ehe. Gleichberechtigung der Frau.
5. Abschaffung der Zwangsarbeit und Sicherstellung des Rechts auf freie Arbeit, das allen Werktätigen materiellen Wohlstand gewährt – Festlegung einer Vergütung, die einen angemessenen Lebensstandard sichert, für jede Art von Arbeit.
6. Abschaffung der Kolchosen, unentgeltliche Übergabe des Grund und Bodens in das Privateigentum der Bauern. Freiheit in der Form der Landbewirtschaftung. Freie Nutznießung der Erträge der eigenen Arbeit. Abschaffung der Zwangsablieferungen und der Schuldverpflichtungen, die der Sowjetmacht gegenüber eingegangen wurden.

7. Unantastbarkeit des durch Arbeit erworbenen Privateigentums. Wiederherstellung des Handels und des Handwerks und Gewährung des Rechts und der Möglichkeit, am Wirtschaftsleben des Landes teilzunehmen.
8. Schaffung der Möglichkeit für die Intelligenz, frei zum Wohle des Volkes zu arbeiten.
9. Sicherung der sozialen Gerechtigkeit und des Schutzes vor jeder Ausbeutung für alle Werktätigen, unabhängig von ihrer Herkunft und früheren Tätigkeit.
10. Gewährung des Rechts auf kostenlose Ausbildung, amtliche Hilfe, Erholung und Altersversorgung für alle.
11. Vernichtung des Terror- und Gewaltregimes. Abschaffung der Zwangsumsiedlungen und Massendeportationen. Gewährung der Freiheit der Religion und des Gewissens, des Wortes, der Versammlung, der Presse. Garantie der Unantastbarkeit der Person, des Vermögens, des Heimes. Gleichheit aller vor dem Gesetz. Unabhängigkeit und Öffentlichkeit der Rechtsprechung.
11. Befreiung aller politischen Häftlinge und Rückführung in die Heimat aus den Gefängnissen und Lagern aller, die wegen ihres Kampfes gegen den Bolschewismus belangt wurden. Keine Vergeltung und Verfolgung jener, welche ihren Kampf für Stalin und den Bolschewismus einstellen, unabhängig davon, ob dieser Kampf aus Überzeugung oder unter Zwang geführt wurde.
13. Wiederherstellung des durch den Krieg vernichteten Volksvermögens – der Städte, Dörfer, Fabriken und Werke – auf Kosten des Staates.
14. Versorgung der Kriegsinvaliden und ihrer Familien durch den Staat.

Es war ein idealistisch-sozialistisches Programm, über dessen Realisierungsmöglichkeit ein brutaler Realist wie Stalin

hohnlachen mochte und das Hitlers Zustimmung nur erhielt, weil er niemals ehrliche soziale Überzeugungen gekannt hatte und Bekenntnisse dieser Art für propagandistische Phrasen hielt. In Wahrheit würden sie auch Jahrzehnte später noch für demokratisch-soziale Politik lesenswert sein. Noch einmal, nachdem die Punkte verlesen waren, ertönte Wlassows beschwörender Ruf nach Einheit: »Nur die Einigkeit aller bewaffneten antibolschewistischen Streitkräfte der Völker unserer Heimat führt zum Siege.« Und er appellierte an Amerikaner und Engländer, wenn er sagte: »Es besteht kein Zweifel darüber, daß die Befreiung der Völker Rußlands von dem bolschewistischen Joch von allen freiheitsliebenden Völkern der Welt unterstützt werden wird.« Und schließlich klang die Problematik der Bindung an Deutschland noch einmal auf: »Das Befreiungskomitee der Völker Rußlands begrüßt die Hilfe Deutschlands unter Bedingungen, die weder die Ehre noch die Unabhängigkeit unserer Heimat verletzen. Diese Hilfe stellt gegenwärtig die einzige reale Möglichkeit dar, den bewaffneten Kampf gegen die Stalinsche Clique zu organisieren ...«
Das entscheidende Wort »gegenwärtig«, das ihn von allen »Quislingen« und wirklichen Söldlingen Deutschlands in den besetzten Ländern Europas unterschied, die auf ein nationalsozialistisches Europa gesetzt hatten und setzten, blieb eine Art Dokument.

Um 16 Uhr öffneten sich die Türen. Die einfachen Delegierten gingen in feierlicher Stille in den Hof. Wlassow selbst, sein engster Kreis, der größte Teil der deutschen Ehrengäste begaben sich zu dem Festessen, zu dem Frank geladen hatte.
Die lange feierliche Tafel wartete in makabrem Glanz. Der Wein strömte, es gab Reden und Toasts.

Kaffee, Kognak und Wodka wurden in einem angrenzenden Raum vor hohen Fenstern und roten Polstern gereicht. Russische Lieder erklangen. Wlassow hörte zu, während er Glas um Glas trank. Einmal legte er Herre den Arm um die Schulter und sagte: »Andrej Fedorowitsch, wenn uns das Schicksal doch noch helfen wird, dann wirst du Militärattaché in Moskau.« Und dann stimmte er mit seinem Baß in die Lieder ein. Er sang das Lied vom »Roten Sarafan« und vom »Glöckchen«. Und er sang »Ach poljnym polna korobutschka«.
Auch Köstring sang mit. Aber seine alten Augen blickten skeptisch auf das gespenstische Treiben, auf einen Boden, der schon schwankte.
Das Fest erreichte gegen 22 Uhr seinen Höhepunkt und zugleich sein Ende. Nur wenige ahnten, weshalb Wlassows Gesicht sich plötzlich verdüsterte, weshalb er jäh aufstand und dann allen voraus zu seinem Wagen eilte.
Der deutsche Komponist Peter Kreuder und eine russische Sing- und Tanzgruppe hatten schon die Hälfte des Programms abgewickelt, als Wlassow mit seiner Umgebung plötzlich, wie ein Getriebener, im gegenüberliegenden »Club« erschien. Wlassow ging auf die Balustrade hinauf. Ringsum an reservierten Tischen ließen sich diejenigen nieder, die mit ihm gekommen waren, von Schilenkow bis zu Kroeger. Wlassow saß hoch aufgerichtet inmitten des Treibens. Gratulanten und Neugierige umdrängten seinen Tisch. Die Deutschen blickten ihn an wie eine Erscheinung aus einer anderen Welt, fremd, in ihren Gesichtskreis geschleudert, ein plötzlicher Verbündeter mit einer Vorgeschichte, die sie nicht verstanden und von der sie doch in ihrer verdrängten Untergangsangst eine Wende erhofften. Aber Wlassow selbst sang nicht mehr. Auf seinen Lippen lag ein Zug, der verriet, daß er wieder in der Wirklichkeit lebte.

Gegen 1 Uhr morgens brach er plötzlich auf. Er eilte durch Menschenmauern hindurch, über die nachtdunkle Straße, in das Hotel.

Am 19. November traf Herre in Münsingen ein.
Eben rollten die Verbände der 30. SS-Division Sigling an, dazu die Reste der verschiedensten Freiwilligenbataillone, die, mehr oder weniger angeschlagen, herangefahren wurden. Sie wurden in den viel zu engen Quartieren zusammengepfercht.
Von General Weninger hörte Herre Klagen über die Haufen, die jedem deutschen Ordnungsbegriff zu spotten schienen. Es lagen auch schon Beschwerden aus der Umgebung von Münsingen sowie aus der Gauleitung in Stuttgart vor. Kaminski-Leute waren abends aus dem Lager ausgeschwärmt, um sich Alkohol zu besorgen. Die Russen hatten nach Dienstschluß auch Mädchen gesucht. Sie waren dabei auf Ostarbeiterinnen gestoßen, die in einer Fabrik arbeiteten. Deren Lagerleiter hatte keine Verbindung zwischen den Russen und ihren Landsmänninnen gestattet.
Es war zu Auseinandersetzungen mit russischen Freiwilligen gekommen, die sich nun seit Jahren an den verschiedensten Fronten geschlagen hatten, vielfach ausgezeichnet worden waren, sich zum erstenmal frei in Deutschland bewegten und dabei entdeckten, daß ihre Landsmänninnen immer noch nicht frei waren.
Bunjatschenko und Nikolajew empfingen Herre in Bunjatschenkos Wohnzimmer. Als er eintrat, verließ gerade eine Russin das Zimmer. Keiling flüsterte Herre zu, daß sie Bunjatschenkos »Frau« und »Magd« sei.
Bunjatschenko war erst aufgestanden und noch unrasiert. Er zog seine Uniformjacke über ein gelbliches Trikothemd. Auf dem Tisch stand ein Holzteller mit Heereswurstkonserven,

die aus den Dosen gestürzt und in dicke Scheiben geschnitten waren. Die unvermeidlichen Zwiebeln fehlten nicht. Daneben standen einige Wodkaflaschen und Wassergläser. Als Bunjatschenko Herre begrüßte, füllte er die Wassergläser bis an den Rand mit Wodka und wies auf Wurst und Zwiebeln.

»Na sdorowje, gospodin polkownik – Auf Ihr Wohl, Herr Oberst«, sagte er mit einer von Mißtrauen kalten Stimme. Er sah zu, wie Herre aß und das Glas mit einem Zug leerte. Darauf aß auch er und trank ebenfalls sein Glas in einem Zuge aus. Dann erst ließ er sich auf seinem Holzstuhl nieder und begann die Unterredung mit einem Schwall von Klagen und Beschwerden.

In den letzten Tagen habe man ihm die schlechtesten Soldaten geschickt. Die Verwaltung des Lagers betrachte ihn als einen Räuberhauptmann. Man grüße ihn nur unwillig. Zwei seiner Offiziere seien von deutschen Unteroffizieren angerempelt worden. Er habe nicht einmal Kochkessel erhalten. Seine Soldaten brächten am Abend nach dem Urlaub Meldungen über die würdelose Behandlung ihrer Landsleute in den Arbeitslagern der Umgebung mit.

Es war eine Taktik, welche die Deutschen von vornherein ins Unrecht setzen sollte. Herre mußte abschwächen, Untersuchungen versprechen. Ihm wurde klar, welchen Kampf er würde kämpfen müssen, um wenigstens ein gewisses Maß von Vertrauen bei diesem Enttäuschten zu gewinnen, obwohl er russisch sprach und obwohl er glaubte, auf seine Leistungen für die russische Sache hinweisen zu können.

Herre meldete sich beim Kommandeur des Stellvertretenden Generalkommandos in Stuttgart, General Veiel. Der General verwies ihn an den württembergischen Gauleiter Murr.

Murr hatte noch die Vorstellungen des Jahres 1941 über

Rußland und die Russen. Schließlich erklärte er, schriftliche Weisungen durch ihn an Arbeitslager würden wenig Wirkung haben. Es sei besser, wenn Herre den Kreis- und Ortsgruppenleitern einen Vortrag über das »heikle Thema« halte. Herre sprach also vor fünfzig Kreis- und Ortsgruppenleitern, denen unausgesprochen die Angst vor dem Ende im Nacken saß und die sich daher bereit fanden, den Ostarbeiterinnen mehr Freiheit zu geben.

Dafür drängten sich die aufstellungstechnischen Schwierigkeiten in den Vordergrund. Nicht nur die ständigen Störungen durch Fliegerangriffe, sondern auch mangelnder guter Wille behinderten die Arbeit. Eine gleichmäßige Ausrüstung mit Uniformen blieb unmöglich. Vor einem Ausmarsch der 1. Division mußten bei deutschen Ersatztruppenteilen nachts Hosen organisiert werden, damit die Wlassow-Leute anstatt der Drillichausrüstung eine feldmäßige Bekleidung erhielten.

Es gab Tage, an denen Herre Bunjatschenko am liebsten gemieden hätte. Er träumte nachts von dem kahlen Kopf und den schmalen vorwurfsvollen Augen. Es verging kein Morgen, an dem Bunjatschenko nicht seine Rechnung aufmachte. Und das schlimmste war, daß er recht hatte. Er sagte: »Andrej Fedorowitsch. Sie trauen uns eben nicht. Um kämpfen zu können, braucht der Soldat ein Gewehr. Gewehre haben wir jetzt. Um kämpfen zu können, brauchen Soldaten Stahlhelme. Die haben sie nicht. Um kämpfen zu können, brauchen wir Maschinengewehre. Die haben wir noch nicht. Andrej Fedorowitsch, wie sollen meine Soldaten kämpfen?«

Bunjatschenko war von einer verzehrenden Ungeduld erfüllt. Er war vom frühen Vormittag bis in den späten Abend unterwegs. Auf dem Gebiet der Improvisation war er Meister. Die Offiziere, die er auswählte, waren mit wenigen Ausnahmen ausgezeichnet.

Im Laufe des Dezember befiel Bunjatschenko eine Venenentzündung. Sie bedrohte sein Leben. Aber er kümmerte sich wenig darum, sondern tat, als sei sie nicht vorhanden. Er arbeitete bis tief in die Nacht. Dann verschwand er mit jenem untersetzten dunkelhaarigen Wesen, das ihm Magd und Frau zugleich war, das vor ihm zitterte und das ihn doch liebte. Morgens um 9 Uhr saß er wieder hinter seinem Tisch, den Kopf in die Hände gestützt, in Strümpfen, die Stiefel neben sich. Auf dem Tisch Papiere mit Aufstellungen und Berechnungen.

Ein erschütterndes Erlebnis hatte Herre am 17. Dezember, als er sich stundenlang vergeblich bemüht hatte, in dem gut aufgefüllten Heeresverpflegungsamt in Ulm Wein und Schokolade als Weihnachtsgeschenke für die russischen Soldaten zu erhalten.
Die Beamten weigerten sich, für die Russen irgend etwas herauszugeben. Kurz darauf erschienen amerikanische Kampfgeschwader über Ulm und setzten die Stadt in Brand. Herre bat Bunjatschenko telefonisch um die Entsendung einiger Verbände aus Münsingen. Die Russen befreiten Tausende von Deutschen aus verschütteten Kellern und brennenden Häusern. Die Lagerbestände des Heeresverpflegungsamtes aber waren vernichtet.
Kohlen zur Heizung der russischen Unterkünfte waren nicht zu bekommen. Die Verwaltungsstellen meinten, die Russen seien doch an Kälte gewöhnt. Schließlich begab sich Köstring selbst zum Generalquartiermeister. Erst dann gelang es, Anfang 1945 einen Kohlenzug nach Münsingen durchzubringen.
Im Januar 1945 kam zum erstenmal Nachschub an Offizieren und Soldaten direkt aus Kriegsgefangenenlagern. Es schien beinahe unfaßbar, daß sich um diese Zeit noch Freiwillige für

die »Wlassow-Armee« meldeten. Es waren Leute, die bis dahin noch nicht auf deutscher Seite gekämpft hatten. Niemand kannte sie, und Herre wie Bunjatschenko argwöhnten zu Recht, daß sich darunter sowjetische Agenten befanden, die sich gefangennehmen ließen und dann zum »Dienst bei Wlassow« meldeten.
Aber Bunjatschenko hatte in seinem Stab einen IC, einen Hünen namens Olchowik. Dieser fahndete mit ebensoviel Sachkenntnis wie List und Rücksichtslosigkeit nach Agenten und Provokateuren unter den rund 20 000 Angehörigen der 1. Division, aber auch unter den Ostarbeitern und Ostarbeiterinnen, mit denen die Soldaten in Verbindung kamen, oder den Ärztinnen, Nachrichtenhelferinnen und Köchinnen, die zur Division gehörten. Bunjatschenko selbst wußte, daß es um einen Kampf Auge um Auge, Zahn um Zahn ging, und handelte entsprechend, wenn es um die Bestrafung von Überführten oder auch nur Verdächtigen ging. Das Ergebnis war schließlich ein unglaublicher Zusammenhalt unter den Leuten seines Regiments.
In der zweiten Januarwoche war der Aufbau der 1. Division beendet. Sogar deutsche Sturmgeschütze und sowjetische Beutepanzer waren in den letzten Wochen eingetroffen, und Herre erhielt einen weiteren Auftrag, nämlich eine Offiziersschule für die Wlassow-Armee in Münsingen einzurichten und die Aufstellung der Wlassow-Division auf dem Truppenübungsplatz Heuberg vorzubereiten.
Als Kommandeur der Offiziersschule traf aus Dabendorf ein Oberst Meandrow in Münsingen ein. Als er sich bei Herre meldete, erkannten sie sich auf den ersten Blick. Meandrow war im August 1941 als Chef des Stabes eines sowjetischen Korps in die Gefangenschaft des deutschen XXXXIX. Gebirgskorps geraten. Herre hatte sich damals mit ihm unterhalten. Als er jetzt Meandrow die Hand reichte, erinnerte er

sich mit schmerzlicher Deutlichkeit der damaligen Unterredung. Er hatte Meandrow gefragt, ob der russische Widerstand nicht bald zusammenbrechen werde, und die Antwort erhalten: »Ich habe die größte Hochachtung vor der deutschen Armee. Trotzdem wird die deutsche Armee Rußland nie besiegen können, es sei denn, es gelänge ihr, das russische Volk gegen Stalin zu mobilisieren.«
Jetzt war er hier!
Meandrow erwies sich als ein durchgeistigter Mann, der sich ganz den Idealen des NTS verschworen hatte. Er war von der ursprünglichen Kraft des Sozialismus überzeugt und von dessen Mißbrauch durch Stalin enttäuscht. Durch ihn erfuhr Herre zum erstenmal Authentisches über die Entwicklung, die Wlassow und seine Umgebung seit den Tagen von Prag in Berlin durchgemacht hatten.
Wlassow war durch die SS im Range eines Armee-Oberbefehlshabers bestätigt worden. Die Bildung des Armeestabes war mehr oder weniger abgeschlossen. Truchin hatte ganze Arbeit geleistet. Ein Oberst Nerjanin, der aus Dabendorf kam, war Chef der Operationsabteilung geworden. Herre kannte ihn.
Aber Meandrow hatte fast mehr Negatives als Positives zu berichten. Er selbst war zwar nicht darüber unterrichtet, in welchem Maße das »Manifest von Prag« die Gegner des Wlassow-Experimentes in Berlin mobilisiert hatte. Es mochte dabei belanglos sein, daß Rosenberg wie ein Verzweifelter um sich schlug und Wlassow als russischen Zaren der Zukunft bezeichnete. Es war auch nicht mehr von sonderlicher Bedeutung, ob Taubert von der Ostabteilung des Propagandaministeriums zeigte, daß er seit den Vineta-Tagen von 1941 nichts gelernt hatte, und protestierte, die Wlassow-Bewegung sei nicht nationalsozialistisch ... Sie anerkenne nicht einmal die Bedeutung der Judenfrage! Aber

solche Proteste verstärkten Himmlers Unsicherheit nur noch mehr.
Schilenkow war mit einer Delegation nach Preßburg gereist, um eine Rede zu halten. Er hatte Interviews gegeben, betont, daß Wlassow nur gegen Stalin und nie gegen den Westen kämpfen werde und nicht im Dienste der Deutschen stehe. Seither war es untersagt, irgendwelche Reisen dieser Art durchzuführen oder ausländischen Journalisten Interviews zu gewähren.

Am 14. Januar schickte Herre Major Keiling nach Heuberg voraus, um dort mit der Aufstellung der 2. Division zu beginnen. Am Morgen des gleichen Tages trafen von der Ostfront die ersten ausführlicheren Meldungen über den Beginn der erwarteten sowjetischen Winteroffensive ein. Am 12. Januar hatte sie im Baranow-Brückenkopf an der Weichsel begonnen. Wenige Tage später bestand in Münsingen kein Zweifel mehr, daß eine Katastrophe über die deutsche Heeresgruppe im Weichselgebiet hereinbrach. Panzerverbände des sowjetischen Marschalls Schukow überquerten die Oder bei Küstrin und Frankfurt. Große Teile Schlesiens waren überrannt, Breslau bedroht.
Die Division Bunjatschenkos wurde von einer zermürbenden Nervosität erfaßt. Er beriet sich nächtelang mit Meandrow. Beide unterhielten einen Kurierverkehr mit Wlassow. Die Nachrichtenleute verfolgten nicht nur die Meldungen über die Ereignisse an der Ostfront. Sie hörten nach Möglichkeit dabei auch die sowjetischen Meldungen ab. Und sie beschäftigten sich genauso eingehend mit den Operationen der Engländer und Amerikaner im Westen.
Herre besaß nicht Strik-Strikfeldts Kenntnis von den Hoffnungen der Freunde Wlassows und Wlassows selbst auf eine Aufnahme von Beziehungen zu Engländern oder Amerika-

nern. Er argwöhnte indessen, daß man sich in der Division mit diesen Möglichkeiten beschäftigte und auch mit Wlassow beriet, wie man die Division unversehrt und kampffähig durch ein deutsches Debakel hindurchführen könnte. Aber er ließ Bunjatschenko und seine Leute gewähren.
Es wurde ruhiger, als in der ersten Februarwoche Schukows Angriffsverbände an der Oder wenigstens vorerst zum Stehen kamen, und Herre fuhr nach Heuberg, um persönlich in die Aufstellungsarbeiten für die 2. Division einzugreifen.
18 000 russische Soldaten, zum überwiegenden Teil Leute, die eben erst aus Gefangenenlagern gekommen waren, warteten auf Unterkunft. Alles, was Herre in Münsingen erlebt hatte, wiederholte sich: die mühevolle Ausscheidung untauglicher Elemente, der tägliche Kampf mit den deutschen Verwaltungsstellen, die zermürbende Feindseligkeit der Zahlmeister, die Zusammenstöße in der Umgebung, schließlich das tiefe Mißtrauen der Russen und ihr täglich offenerer Vorwurf des »Zu spät«.
Zum Kommandeur der 2. russischen Division hatte Wlassow den Oberst Swerjew ernannt, der im Februar zum General befördert wurde. Äußerlich war Swerjew das Gegenteil von Bunjatschenko. Mittelgroß, sehr schlank, außerordentlich gepflegt. Er trug scheitellos zurückgekämmtes langes Haar über einem schmalen faltenreichen Gesicht. Obwohl seine scharfen nach unten gezogenen Mundwinkel auch brutale Stärke verrieten, wirkte er verbindlich. Seine leicht mandelförmigen Augen lächelten fast immer. Aber das durfte nicht darüber hinwegtäuschen, daß seine Ressentiments noch tiefer saßen als die von Bunjatschenko und daß er nicht weniger zäh als dieser um den schnellen Aufbau seiner Division kämpfte.
Wenn Swerjew Tag für Tag fragte: »Womit soll ich kämpfen? Mit Knüppeln? Mit Holzgewehren?« erinnerte er an Bunja-

tschenko. Beiden brannten die gleichen Sorgen auf der Seele.
Um den 9. Februar absolvierte Bunjatschenkos Division größere Übungen, und Herre kehrte nach Münsingen zurück.
Hier erhielt er durch Köstring den Befehl, innerhalb weniger Tage einige russische Panzerjagdkommandos aufzustellen und mit Fahrrädern und Panzerfäusten ausgerüstet an die Oder in Marsch zu setzen. Herre erfuhr, daß Himmler seit Ende Januar zum Oberbefehlshaber der provisorisch zusammengestellten Heeresgruppe Weichsel, deren Front von der Oder bei Frankfurt und Küstrin durch Pommern bis in den Raum von Danzig verlaufe, ernannt worden sei. Die Anforderung der Panzerjagdkommandos komme von Himmler selbst.
Herre begab sich zu Bunjatschenko, der dem Scharfschießen einer Kompanie zusah. Bunjatschenkos krankes Bein war verbunden. Nikolajew stand hinter ihm. Herre hatte angenommen, beide würden nach der Chance greifen, die Leistungsfähigkeit ihrer Leute zu beweisen. Statt dessen stieß er auf undurchsichtige Zurückhaltung. Äußerlich sträubte sich Bunjatschenko dagegen, kleine Gruppen aus seinem Divisionsverband zu entlassen, deren Verwendung dann wieder ganz dem Belieben der Deutschen anheimgestellt war. Anscheinend aber saß sein Widerstand tiefer. Herre gewann den Eindruck, daß er überhaupt nichts unternehmen wollte, was die Geschlossenheit und Kampfkraft seiner Division gefährdete.
Herre brauchte am Abend mehrere Stunden, um zuerst Nikolajew und dann Bunjatschenko davon zu überzeugen, welch geringes Risiko sie eingingen und daß sie dafür die Chance eintauschten, einen Erfolg zu erringen, der der deutschen Führung klarmachen könnte, daß es den Wlas-

sow-Leuten wirklich ernst um ihren Willen zum Kampf gegen die Sowjets sei.
Schließlich stimmte Bunjatschenko zu und beauftragte den Oberleutnant Korschenewski, die Aufstellung der Kommandos zu übernehmen. Nach wenigen Tagen waren sie marschbereit.
An dem Abend, an dem Herre Köstring den Abmarsch telefonisch meldete, erfuhr er, daß Wlassow am 16. Februar mit Teilen seines Armeestabes in Münsingen eintreffe, um als Oberbefehlshaber die 1. Division zu besichtigen.

Der 16. Februar war ein kalter Wintertag. Es lag Schnee. Die 1. Division war im offenen Viereck angetreten. Abordnungen russischer Arbeiter und Arbeiterinnen aus der Umgebung waren versammelt.
Wlassow kam in Begleitung von Truchin, Nerjanin und Schilenkow. In einem langen erdbraunen Mantel wirkte er noch größer als sonst. Als Bunjatschenko ihm entgegenkam und die 1. Wlassow-Division meldete, dankte Wlassow. Sein Gesicht hatte in diesem Augenblick einen fast hoheitsvollen Ausdruck. Mit einem Mal standen in seinen Augen Tränen. Man sah förmlich, wie er sich zusammenriß und mit fast zu schnellen Schritten die Fronten der Regimenter und Abteilungen abging. Erst nach einer Weile verlangsamte er seinen Schritt. Er hatte sich gefaßt.
Er wurde zu der tannengeschmückten, von zwei Feldhaubitzen flankierten Tribüne geführt, von der aus er den Vorbeimarsch der 1. Division abnehmen sollte. Auf der Tribüne reichte er Herre beide Hände hin.
»Andrej Fedorowitsch«, sagte er, »Andrej Fedorowitsch, hätten wir das nicht schon so lange erleben können?«
Während ein leichtes Schneetreiben einsetzte und sich Flokke um Flocke auf seinen braunen Mantel setzte, sagte

Wlassow: »Andrej Fedorowitsch, Sie waren dabei. Was sagen Sie zu dieser Division?«
»Sie wird ihren Mann stehen, Andrej Andrejewitsch«, sagte Herre, »wenn sie eine faire Chance erhält.«
In Herres Worte mischte sich der Marschtritt der ersten heranrückenden Kolonne. Es war ein unbeschreibliches Bild, durch Jahre erträumt. Das Schneetreiben schien wie ein Symbol. Es verhüllte immer wieder die Truppe, die nun Wirklichkeit geworden war, so, als wolle es zeigen, daß diese zu späte Wirklichkeit nur noch ein Schemen sein könnte. Die Blicke jedes einzelnen Soldaten waren auf Wlassow gerichtet. Dieser stand unbeweglich. Jeder vorbeirückenden Kompanie rief er mit seiner mächtigen Stimme ein paar Worte zu: »Wperjod, w boj, maladzy – Vorwärts, meine Jungs! – Wperjod sa oswoboshdenije rodiny – Vorwärts zur Befreiung der Heimat!«
Er winkte Herre zu mit der Aufforderung, seinen Soldaten ebenfalls einen Zuruf zu widmen. Als Sturmgeschütze und die T 34 vorüberrollten, war das Schneetreiben so dicht, daß die Kolosse nur noch wie gespenstische Schatten zu sehen waren.
Wenige Stunden später waren alle russischen Offiziere mit ihren deutschen Gästen in der Kasinobaracke versammelt. Auch Swerjew war von Heuberg herübergekommen. Der Saal war in den Farben rot-weiß-blau ausgeschmückt. Das Erlebnis der Parade hatte alle beflügelt. Trotzdem klang durch Wlassows Worte der Ernst des Augenblicks hindurch. Er sprach davon, daß die Division sich bewähren müsse, um den Weg für die weiteren Divisionen der russischen Befreiungsarmee zu bahnen. Sie müsse sich bewähren, obwohl es an der Front im Osten düster aussähe. Das sei eine Voraussetzung für die Zukunft. Bunjatschenko erhob sich und trank Wlassow zu. Er sagte: »Andrej Andrejewitsch, Sie

können sich darauf verlassen. Wir werden das schon machen.« Es war, als habe auch bei ihm das Erlebnis des Vorbeimarsches seiner Division die verzehrenden Sorgen überdeckt, so daß er etwas versprach, wogegen er sich Herre gegenüber vor wenigen Tagen erst gewehrt hatte.

Der folgende Tag war ohne den Rausch des Augenblicks kalt, voller Schnee, mit neuen bedrohlichen Nachrichten aus Ost und West. Wlassow fuhr in Begleitung Herres nach Heuberg hinüber, um die 2. Division zu besuchen. Swerjew war vorausgefahren.

Während die Wagenkolonnen langsam über die vereisten Straßen rollten, erzählte Wlassow Herre von der Entwicklung der letzten Monate in Berlin. Zuerst wirkte sein Gesicht grau. Dann belebte es sich noch einmal, während er berichtete, daß sich nun doch die Spannungen mit einzelnen Vertretern der Nationalitäten lockerten. Die Kosaken suchten Anschluß.

Ostrowskij, der Weißruthene, war zwar immer noch so verbissen in seiner Ablehnung wie Chajum Khan oder Khedia. Aber gerade Ostrowskijs Haltung schien Wlassow um so merkwürdiger, als die 1. Division zum Teil aus Weißruthenen bestand, die sich in der 30. SS-Division Sigling zusammengefunden hatten. Ihm schien das ein Beweis dafür, daß der weißruthenische Separatismus eine widernatürliche Sache sei. Am meisten berührte es ihn aber, daß General Schandruk im Januar den Weg zu ihm gefunden hatte. Beide hatten sich darin geeinigt, daß sie im Kampf alle Auseinandersetzungen vergessen wollten.

Während Wlassow berichtete, geriet der erste Wagen der kleinen Kolonne ins Schleudern und rutschte in den Straßengraben. Der zweite Wagen, in dem Wlassow und Herre saßen, rutschte nach. Beide stiegen aus, und Herre polterte mit den Fahrern, weil er das ganze Programm von Heuberg bereits umgeworfen sah. Da nahm Wlassow seinen Arm. Er sagte, Herre nähme die Dinge zu tragisch. Er sprach über den Fatalismus des russischen Menschen. Er sagte, der Fatalismus seines Volkes sei seine größte Stärke in Zeiten der Not.

»Andrej Fedorowitsch«, sagte er, »Andrej Fedorowitsch, was habe ich Ihnen eben erzählt. Was bedeutet Schandruk? Was bedeutet Krasnow? Was Ostrowskij? Was bedeutet es, ob wir uns streiten oder ob wir uns lieben? Wir haben etwas Unmögliches versucht, wir stehen alle vor dem gleichen Schicksal.«

Herre widersprach. Aber Wlassow fuhr fort: »Wir haben von Jugend an gelernt, daß der Bolschewismus unbesiegbar ist. Das ist die Drohung gewesen, die unser ganzes Leben erfüllt hat und die erst abgefallen ist, als wir auf eure Seite kamen. Aber vielleicht ist es wirklich so, daß er unerschütterlich ist und auf uns zukommt wie eine Schlange, der wir nicht entrinnen können ...« Wieder versuchte Herre zu widersprechen. Aber er fühlte, daß er machtlos war.

Wlassow blieb einige Tage in Heuberg unter seinen Soldaten. Es war, als lebe er auf einem Stück russischen Bodens.

Am 19. Februar kehrten sie nach Münsingen zurück. Herre beobachtete die faszinierende Wirkung, die Wlassow ausübte, wo immer er auftauchte.

»Unser Sieg ist sicher, wenn es euch gelingt, an einer Stelle der Front zwanzig Kilometer vorzustoßen«, sagte Wlassow zu seinen Soldaten. Seine Gedanken kreisten offenbar immer wieder um die Bewährung der 1. Division, als einem Mittel, um doch noch die Deutschen zu weiteren Bemühungen in seiner Sache anzutreiben. Aber Herre hatte das Gefühl, daß auch Wlassow seine letzten Gedanken verbarg und daß auch er Deutschland abgeschrieben hatte und in irgendeiner

Weise auf Amerikaner oder Engländer setzte. Er fragte sich, ob Wlassow sich einen sichtbaren Erfolg der 1. Division wünschte, um sich vor den Westmächten zu legitimieren!?
Herre ging in den späten Abendstunden mehrfach zu Wlassows Baracke hinüber. Im verdunkelten Vorraum traf er gewöhnlich den Adjutanten oder eine Ordonnanz. Sie sagten: »Odnu minutoschku – Warten Sie einen kleinen Augenblick!«
Etwas später huschte dann ein halbangezogenes russisches Mädchen durch den Vorraum. Einmal war es eine junge Ärztin, dann eine Stenotypistin. Dann wurde Herre ins Schlafzimmer geführt.
Wlassow lag auf dem Sofa oder auf dem Bett. Sein Gesicht hatte nichts mehr von der Frische, die er seinen Soldaten zu zeigen suchte. Auf einem Stuhl standen Wodkaflaschen und große Gläser. Wlassow entschuldigte sich mit Überanstrengung oder Erkältung. Dann füllte er die Gläser und versank in grübelndem Gespräch. Er rollte noch einmal sein Leben auf, so, als müsse er immer noch einmal seinen Weg rechtfertigen und begründen.
Mehrfach sagte er: »Andrej Fedorowitsch, Strik-Strikfeldt hat recht gehabt, als er mich warnte, den letzten Weg zu gehen. Auch Himmler hat mich betrogen. Auch er ist kein starker Mann.« Oder er sagte: »Andrej Fedorowitsch, man darf nicht zuviel vom Schicksal fordern. Eigentlich habe ich alles gehabt: Ich hatte Ruhm, die Frauen und lange ein schönes Leben.«
Gerade diese Anfälle von Resignation bewogen Herre dazu, sich fast täglich bei Köstring nach einer Einsatzmöglichkeit für die 1. Division zu erkundigen. Und zwar nach einem Einsatz, der ihr die Chance zu einem spektakulären Erfolg gab, sie aber nicht in eine Lage brachte, in der sie durch eine hoffnungslose Übermacht vernichtet würde. Das war ein

schwieriges Problem, und Köstring schlug schließlich vor, Herre möge selbst mit Himmler darüber sprechen.
Am 21. Februar erhielt Herre die Nachricht, daß Himmler ihn am 23. Februar vormittag im Hauptquartier der Heeresgruppe Weichsel im Prenzlauer Stadtwald erwarte.
Bei der Anmeldung traf Herre zwei alte Bekannte aus dem Generalstab des Heeres, den IA Oberst i. G. Eismann und den IC Oberstleutnant i. G. Wessel. Von ihnen hörte er Näheres über Himmlers jammervolle Tätigkeit als Oberbefehlshaber der Heeresgruppe Weichsel. Sie waren beide der Ansicht, daß die Ernennung Himmlers ein Coup Martin Bormanns gewesen war, um Himmler durch die Übertragung einer Aufgabe, an der er scheitern mußte, bei Hitler in Mißkredit zu bringen.
Himmler empfing Herre im Arbeitsraum seiner Baracke. Er schien noch fahriger als bei der Unterredung im November, machte jedoch den Versuch, forsch zu wirken.
»Na«, fragte er, »wie geht es unserem Freund Wlassow?« Diesmal schien ihm wenigstens der Name geläufig.
Herre sagte: »Ich habe in der letzten Zeit nachts oft lange Gespräche mit Wlassow gehabt. Seine Stimmung ist düster. Es ist verständlich, daß er den Gedanken ›Zu spät‹ nicht mehr bannen kann.«
»Warum?« fragte Himmler zerstreut. »Seine 1. Division steht doch, und Sie sind doch zu mir gekommen, um über ihre Einsatzmöglichkeiten zu sprechen. Die Panzerjagdverbände, die Sie mir geschickt haben, haben einen großen Erfolg gehabt. Viele Überläufer sind gekommen.«
Herre bemerkte das flackernde Licht in seinen Augen und argwöhnte, daß an dem Mann, der da von Siegeszuversicht sprach, mehr Ängste fraßen, als er eingestehen wollte. Verdächtig, daß ihn die Überläufer so sehr interessierten. Hatten Strik-Strikfeldt und all die anderen doch recht, die nicht

müde geworden waren zu behaupten, daß hinter Himmlers Sinnesänderung nichts anderes stehe als eine opportunistische Ausnutzung Wlassows, der sofort wieder in der Versenkung verschwinden würde, wenn es jemals zu der Wende des Kriegsglücks käme.
Herre sagte: »Wlassows Pessimismus ist trotzdem zu verstehen. Von den beiden Voraussetzungen für einen Erfolg seiner Sache, von denen wir sprachen, als ich im November bei Ihnen war, ist doch nur eine erfüllt worden.«
»Ich verstehe Sie nicht.«
Herre sagte: »Ich meine das so. Wir haben Wlassow und einem großen Teil der Freiwilligen aus dem Osten mit der Manifestation von Prag zwar eine politische Zielsetzung gegeben. Die zweite Voraussetzung ist dagegen keineswegs erfüllt. Mit Ausnahme der Heeresgruppe Kurland halten deutsche Truppen jetzt keinen russischen Boden mehr besetzt.«
Himmler fragte: »Haben Sie Wlassow vielleicht Angst beigebracht?«
»Nein, ich versuche mit allen Mitteln, Wlassow zu stützen. Und das ist auch der Grund, weshalb ich hier bin. Wir benötigen einen Einsatz der 1. Division. Sie muß an einer Stelle der Ostfront die Chance haben, einen sichtbaren Erfolg zu erringen.«
»Und wie denken Sie sich das?«
»Man müßte die 1. Wlassow-Division bei einer begrenzten Aufgabe mitwirken lassen, die ihren Kräften entspricht. Da ich sicher bin, daß Sie für die Division später größere Aufgaben im Sinn haben, hilft ein Einsatz nichts, wenn er mit der Vernichtung der Division verbunden wäre. Es müßte sich um ein begrenztes Angriffsunternehmen handeln, möglicherweise um die Beseitigung eines sowjetischen Brückenkopfes. Ich komme direkt zu Ihnen, weil ich annehme,

Reichsführer, daß es Ihnen im Bereich Ihrer Heeresgruppe leicht möglich sein wird, eine entsprechende Aufgabe für die Division zu finden.«
Himmler schien nachzudenken. Nach einer Weile sagte er: »Ich werde die Garantie übernehmen, daß die Division eine derartige Aufgabe zugewiesen bekommt.«
Am 25. Februar nahm Wlassow Abschied von Münsingen, um sich nach Karlsbad zu begeben. Für den 27. Februar hatte er die Mitglieder des Befreiungskomitees zu einer Versammlung zusammengerufen. Am 27. Februar traf er in Karlsbad ein. Er wurde festlich von seinen Leuten empfangen.
Karlsbad hatte sich verändert. Das größte Karlsbader Hotel, Richmond, war mit den verschiedenen Ämtern des Komitees und der Armee belegt. Hier arbeiteten Malyschkin und Schilenkow. Zahlreiche Pensionen, kleine Hotels und Privathäuser waren von russischen Offizieren und Beamten bewohnt. Auch Marienbad und Joachimsthal hatten ein stark russisches Gesicht bekommen.
Unmittelbar westlich von Karlsbad, in Jäger, hatten der einstige deutsche Luftwaffenattaché in Moskau, General Aschenbrenner, sein Adjutant Buschmann und der russische Fliegeroberst Maljzew ein Flakregiment, eine Fallschirmjägereinheit, eine Aufklärungsstaffel mit startbereiten Flugzeugen und ein Luftwaffentransportregiment aufgestellt. Auch Aschenbrenner wußte in seinem Innern um das »Zu spät«. Er dachte nur noch daran, Wlassow eine Substanz für die Zukunft zu schaffen. Und er suchte auf eigene Faust Wege, um Wlassow mit den Westmächten in Verbindung zu bringen.
Das Komitee trat am 27. Februar im Hotel Richmond zusammen. Wlassow raffte sich zu einem großen Vortrag auf, in dem er noch einmal überwand, was an Resignation in ihm

lebte. Die Nachrichten über die Erfolge der Panzerjagdkommandos und die Überläufer, so unbedeutend sie inmitten des Riesenpanoramas der Ostfront sein mußten, waren für ihn ein Halt.

»Gestrige Offiziere und Soldaten der Roten Armee, die bis zur Oder marschiert waren, traten heute in die Reihen der russischen Befreiungsarmee ... und das in einem Augenblick, in dem Stalin die Frage des Sieges für entschieden hält ... Das Auftreten des Befreiungsheeres der Völker Rußlands an der Front wird zu einem herrlichen Tag für unsere Landsleute werden.«

Sicherlich hatte Wlassow recht, wenn er darauf hinwies, daß in dieser Stunde des sowjetischen Siegeszuges noch russische Offiziere und Soldaten überliefen. Aber sonst eilte er der Wirklichkeit voraus, und es war mehr die alte Wirkung seiner Stimme und seiner Persönlichkeit, die die anderen ergriff und einen nach dem anderen aufstehen ließ, um ein Erlebnis von den Fronten zu erzählen. Ein Kosakenoffizier erhob sich und berichtete von den Kämpfen, die das Kosakenkorps auf dem Rückmarsch in Jugoslawien zu bestehen hatte. Er berichtete, ein sowjetischer Bomber habe einen Zettel abgeworfen. Auf diesem Zettel habe gestanden: »Brüder. Kosaken. Wir wollen mit euch kämpfen. Bereitet einen Landeplatz vor.« Der Landeplatz sei vorbereitet worden. Bis zum letzten Augenblick hätten die Kosaken eine Provokation befürchtet. Aber dann seien nacheinander sechs Flugzeuge gelandet. In der gleichen Nacht seien 803 Angehörige einer sowjetischen Gardedivision zu den Kosaken übergelaufen. Auch das im Stadium des nahen sowjetischen Sieges.

Die Begeisterung, die die Russen erfüllte, ließ schließlich den Mann aufstehen, der unter der deutschen Besatzung der erste Bürgermeister von Kiew gewesen war. Es riß ihn zu einer Offenheit hin, wie man sie vorher kaum jemals gehört hatte. »Meine Herren Deutsche, es schlägt die zwölfte Stunde. Jetzt ist die Rede nicht von Eroberung – ihr macht keine mehr –, sondern für uns von der Errettung unseres Volkes vor dem Regime Stalins, für euch von der Errettung eures Volkes und der Abwendung der Gefahr, die jetzt euch und der ganzen Welt droht. Wir empfingen euch als Befreier. Ihr habt uns betrogen. Drei Jahre lang haben wir gewartet, daß die Stimme der Vernunft von deutscher Seite ertönen werde ... Wollt ihr euch wirklich jetzt nicht selbst besinnen und die begangenen Fehler einsehen? Wollt ihr auch jetzt unsere halbbefreiten Hände nicht endgültig befreien, damit wir wirklich für unsere und eure Freiheit ... kämpfen können ... Es schlägt die zwölfte Stunde. Besinnt euch, bevor es für euch zu spät ist.«

Am 2. März erhielt Herre den Befehl, die 1. Wlassow-Division zur Heeresgruppe Weichsel in Marsch zu setzen. Himmler hatte sein Versprechen gehalten. Als er den Befehl jedoch an Bunjatschenko weitergab, lehnte dieser ab. Er behauptete, die Nachschubfahrzeuge seiner Division reichten noch nicht aus oder dieses oder jenes Regiment sei noch nicht fertig. Schließlich führte er aus, General Wlassow sei sein Oberbefehlshaber. Seine Division sei ein Teil der Armee des Generals Wlassow. Sie dürfe nur im Rahmen dieser Armee, die noch nicht fertig sei, eingesetzt werden. Herre war zu sehr von der Notwendigkeit eines spektakulären Erfolges für die weitere Entwicklung erfüllt, um zu erkennen, welche höchst realen Sorgen Bunjatschenko tatsächlich bewegten. Er brauchte vier Tage voller zäher Auseinandersetzungen, bis Bunjatschenko sich zum Abmarsch bereit fand. Die Entscheidung brachte Wlassow, der am 5. März von Karlsbad aus persönlich den Befehl zum Einsatz der Division im Bereich der Heeresgruppe Weichsel bestätigte.

Am 6. März marschierte als erste Einheit die Aufklärungsabteilung durch das Lagertor. Zum erstenmal trat die Masse der russischen Soldaten aus der Abgeschlossenheit von Münsingen heraus.

Herre fuhr der Division voraus. Er besuchte Bürgermeister und Kreisleiter, um sie auf den kommenden Durchmarsch vorzubereiten. So wie in den Monaten zuvor fand er Verständnis oder auch fassungsloses Erstaunen.

Der Marsch verlief mit wenigen Ausnahmen reibungslos. Ja, die Tatsache, daß Deutsche sie in ihre Häuser aufnahmen und mit ihnen wie ihresgleichen aßen und sprachen, hinterließ einige Wirkung auf die große Mehrheit der Soldaten der Division. Dafür gab es andere Komplikationen. Als Schwenninger, der zum Leiter des deutschen Verbindungsstabs zur 1. Wlassow-Division ernannt wurde, bei dieser eintraf und Herre sich nach Münsingen zurückbegab, stellte Schwenninger fest, daß die Verpflegungsstärke der Division dauernd wuchs.

Wie ein Feuer verbreitete sich die Nachricht vom Marsch der 1. Wlassow-Division durch die Ostarbeiterlager am Wege. Zu Hunderten machten sich die Russen, Ostarbeiter und Kriegsgefangene, auf, um zur Division zu stoßen. Und die Regimenter der Division nahmen sie auf. Mit 13 000 Mann hatte die Division Münsingen verlassen. Auf dem Marsch erreichte sie eine Stärke von 18 000.

Kreisleiter, Lagerführer und Betriebsleiter klagten, daß ihre russischen Arbeiter davonliefen, weil die Division durch das Land zöge, gleich dem Rattenfänger von Hameln.

Bunjatschenko war in diesen Tagen in einem Kübelwagen ruhelos unterwegs. Sein Bein war in Gips. Mehr liegend als sitzend ruhte seine wuchtige Gestalt im Fond des Wagens. Er wußte genau, was in der Division vorging. Er suchte Schwenninger möglichst auszuweichen und schickte Nikolajew vor.

Schwenninger wies darauf hin, daß er alles getan habe, um die falsche Einstellung der Deutschen zu berichtigen. Er müsse nun aber auch von Bunjatschenko verlangen, daß dieser seinerseits die Aufnahme der von allen Seiten herbeiströmenden Landsleute in Grenzen halte.
Nikolajew zuckte die Achseln: »Was sollen wir tun?« sagte er. »Was würden Sie tun, wenn Sie in unserer Lage wären? Würden Sie schießen? Würden Sie sie wegjagen?«
Schwenninger wußte keine Antwort.
»Unsere Soldaten gehorchen uns«, fuhr Nikolajew fort. »Aber auf die eigenen Kameraden schießen? Nein. Es ist besser, wir schweigen darüber. Sie kommen nicht nur zu uns. Sie erzählen auch. Sie erzählen alles, was sie erlebt und erlitten haben. Wir können unseren Soldaten nicht verbieten, sie anzuhören.«
Die Division marschierte über Donauwörth und Weißenburg. Um den 19. März war sie in mehreren Ortschaften nordwestlich von Nürnberg versammelt. Alle Vorbereitungen für den Eisenbahntransport waren getroffen.
Als Schwenninger jedoch zu Bunjatschenko kam, um mit ihm die Verladung der Division zu besprechen, las er schon in seinem Gesicht, daß er neue Vorbehalte machte. Schwenninger unterbreitete ihm die Transportunterlagen. Nach den üblichen bahntechnischen Gesichtspunkten sahen sie die Aufteilung der Einheiten auf verschiedene Züge vor. Bunjatschenko glaubte, daß die Division aufgeteilt werden sollte, um sie gewaltsam zu zersplittern und vielleicht doch wieder in deutsche Verfügungsgewalt zu bringen.
Schwenninger hatte einen schweren Tag durchzustehen, bis die Verladung lief. Aber dann fuhren endlich alle Züge ab. Die ersten trafen am 22. März auf dem Truppenübungsplatz Lieberose ein.

Seit Herres zweitem Besuch bei Himmler hatte sich die Lage an der Oder verändert. Am 20. März war Himmler als Oberbefehlshaber der Heeresgruppe Weichsel zurückgetreten. Er hatte Krankheit vorgeschützt. In Wirklichkeit war er vor seinem Kommando geflohen. Seit dem 22. März kommandierte der kleine zähe Generaloberst Heinrici die Oderfront. Er hatte seit 1941 an der Ostfront gekämpft und sich nie für politische Probleme interessiert. Der Name Wlassow war ihm unbekannt. Als er hörte, daß eine russische Division in seinem Bereich eingesetzt werden solle, erkundigte er sich, ob denn ein Mensch ernsthaft glaube, daß eine Russen-Division in dieser Situation noch kämpfen werde. Er entschied, Himmler habe den Antransport der Division veranlaßt, er solle auch die Verantwortung dafür übernehmen. Himmler befand sich »zur Kur« in Hohenlychen. So wurde Schwenninger am 2. April in Berlin von Berger empfangen. Er wurde an die Oder zurückgeschickt, diesmal zum Oberbefehlshaber der 9. Armee, General Busse.

Am 4. April meldete sich Schwenninger bei Busses Stabschef, General Hölz. Er fand einiges Verständnis. Wahrscheinlich hatte Berger den Boden vorbereitet. Hölz ging auf Schwenningers Vorstellungen ein und bot schließlich eine Aufgabe für die Division an, deren erfolgreiche Erfüllung den politischen und propagandistischen Effekt haben konnte, um den es ging.

Außer einem großen Brückenkopf bei Küstrin hatten die Sowjets sich einen kleineren Brückenkopf südlich Frankfurt an der Oder geschaffen. Dieser Brückenkopf hieß »Erlenhof«. Schon Ende März hatten zwei deutsche Fahnenjunkerregimenter den Versuch gemacht, diesen Brückenkopf zu nehmen. Er war gescheitert. Inmitten einer Front, die sich mühsam auf die Abwehr des mit Sicherheit zu erwartenden nächsten sowjetischen Offensivstoßes vorbereitete, bot »Er-

lenhof« die einzige Chance für ein begrenztes Angriffsunternehmen.
Nach den ersten Vorbesprechungen begab sich Bunjatschenko selbst zu Busse und Hölz.
Schwenninger war sich klar darüber, daß sowohl Bunjatschenko als auch Nikolajew bei ihrem Eintreffen argwöhnten, man wolle der Division eine aussichtslose Aufgabe übertragen, an der sie verbluten müsse. Die Mauer dieses Argwohns wurde durch die Haltung von Busse und Hölz, die Bunjatschenko wie ihresgleichen empfingen, zumindest ins Wanken gebracht.
Bunjatschenko begab sich zur Front und sah sich sorgfältig um. Wenn von dem Hauptargument für den ganzen Einsatz, einem Erfolg als Voraussetzung für die Aufstellung weiterer Wlassow-Divisionen, die Rede war, nickte er hintergründig. Er zeigte um so mehr Interesse für die allgemeine Lage. Er erkundigte sich nach der Stärke der sowjetischen Kräfte jenseits der Oder, nach der Stärke der deutschen Verbände, vor allem aber danach, ob irgend etwas über den voraussichtlich nächsten Angriffstermin der Sowjets bekannt sei.
Busse sicherte Bunjatschenko die beste Artillerie-Unterstützung zu, die die Armee überhaupt geben konnte. Auch einige Stukas sollten eingesetzt werden.
Der Angriff sollte am frühen Morgen des 13. April nach einem kurzen, aber schweren Feuerschlag beginnen.

Am 11. April erschien Wlassow mit Truchin bei Bunjatschenko. Er ließ sich die Lage vortragen. Er war lange mit Bunjatschenko allein. Er sprach zu einzelnen Bataillonen. Er sagte ihnen noch einmal, daß von dem Erfolg ihres Angriffs alles abhängen werde, die Entwicklung zu einer eigenen Armee und die siegreiche Behauptung dieser Armee als Kampfinstrument gegen den Stalinismus. Aber seine Worte

waren vorsichtig gewählt, und irgendwie fehlte ihnen die letzte Überzeugungskraft.
Bevor Wlassow wieder abfuhr, traf er Schwenninger allein. Er hatte gerade durch das Scherenfernrohr gesehen. Am anderen Ufer der Oder lagen verdächtig ruhig die sowjetischen Angriffskräfte. Niemand hatte ihm sagen können, wann der sowjetische Sturm losbrechen würde. Man erwartete ihn in vielleicht acht bis zehn Tagen. Aber die deutsche Luftaufklärung lag fast lahm. Die Russen hielten Funkstille. Es konnte auch früher sein. Als Wlassow mit Schwenninger ein Stück am Rande der Straße entlangging, sagte er:
»Wünschen Sie mit mir, daß sie noch rechtzeitig Erfolg haben werden. Wenn die da drüben losschlagen, ist es zu spät. Wir müssen den Erfolg vorher haben. Sonst ist es besser, auf ihn zu verzichten. Es ist wichtig, um ›Erlenhof‹ zu kämpfen. Es ist aber nicht so wichtig, daß wir unsere 1. Division deswegen untergehen lassen. Wir müssen sie erhalten. Wir brauchen sie ...«
Schwenninger war so von der Notwendigkeit des Erfolgs überzeugt, daß er Wlassows viel größere Sorge um den möglichen Untergang der mühselig aufgebauten Division in der Flut einer losbrechenden sowjetischen Offensive nicht ganz verstand.

Der Angriff begann, wie vorgesehen, in der Nacht vom 12. zum 13. April.
Bunjatschenko mit dem Divisionsstab und Schwenninger mit seinem Verbindungskommando hielten im Morgengrauen auf einer Anhöhe, von der aus sie den Brückenkopf einsehen konnten.
Der Feuerschlag hallte grollend und fauchend in den Morgen. Aber die versprochenen Stukas blieben aus. Ihnen fehlte der Treibstoff. Trotzdem schien zuerst alles planmä-

ßig abzurollen. Alle warteten auf den ersten Einbruch. Bunjatschenkos Augen glitzerten, als tatsächlich die Leuchtkugeln hochstiegen, die zum Vorverlegen des Artilleriefeuers aufforderten. Wenig später kamen die ersten Meldungen, wonach es sowohl im Norden als auch im Süden gelungen war, einen Einbruch zu erzielen. Aber jetzt lagen Pioniere und Infanterie vor gewaltigen Drahthindernissen fest. Sie versuchten mehrmals, sie zu überwinden. Aber sie hatten beträchtliche Verluste und kamen nicht weiter. Es handelte sich um die gleichen Drahthindernisse, vor denen schon die deutschen Fahnenjunker liegengeblieben waren.
Schwenninger hoffte noch auf eine Wende. Er hatte sich zu sehr in die Vorstellung von der Wichtigkeit des Angriffs hineingesteigert. Unruhig beobachtete er Bunjatschenko, in dem sich eine überraschende Wandlung zu vollziehen schien, und er hatte das Empfinden: Bunjatschenko fällt um, die Division hat versagt, die große Chance ist dahin.
Der Angriff wurde nach vierstündiger Dauer abgebrochen. Die russischen Regimenter gingen in ihre Ausgangsstellungen zurück, und Bunjatschenko beauftragte Schwenninger, von der Armee die Erlaubnis zur Rückkehr in ihre Quartiere einzuholen.
Schwenninger war entsetzt, folgte aber dem Auftrag. Busse und Hölz lehnten ab und befahlen, daß die 1. Division in ihren Ausgangsstellungen blieb. Busse ließ Bunjatschenko zur persönlichen Berichterstattung auffordern.
Aber als Schwenninger zurückkam, befanden sich die Angriffsverbände mit ihren Verwundeten bereits auf dem Rückmarsch in die Quartiere von Lieberose. Bunjatschenko wirkte kalt und entschlossen. Er lehnte eine Meldung bei Busse mit der Erklärung ab, er unterstehe nur Wlassow und niemandem sonst. Sein einziges Interesse schien darauf gerichtet, ob Schwenninger Neues über den möglichen Angriffs-

termin Schukows erfahren habe. Als Schwenninger ihm keine Antwort geben konnte, flammte Mißtrauen in seinen Augen auf. Er ersuchte ihn, zum Hauptquartier Busses zurückzukehren und zu erwirken, daß die gesamte Division noch am gleichen Abend aufbrechen und nach Süden, etwa nach Cottbus, abmarschieren könne.

Schwenninger hatte sich in all den Wochen vorher ehrlich bemüht, die Probleme der Division zu verstehen. Trotzdem konnte er nicht verhindern, daß er die Lage jetzt mit deutschen Augen sah, und seine Gehorsamsvorstellungen gegenüber Busse oder Hölz stürzten ihn in tiefe Konflikte. Offenbar hatte Bunjatschenko seine, Schwenningers, Unfähigkeit, Auskünfte über einen Angriffstermin zu geben, und Busses Verweigerung des Rückzugs aus der vordersten Front in neu erwachendem Mißtrauen als böse Absicht ausgelegt, die Division festzuhalten und zu »verheizen«. Die Vorstellung einer plötzlich losbrechenden sowjetischen Offensive und eines erneuten Zusammenbruchs der deutschen Front, in deren Strudel die 1. Division praktisch hilflos zugrunde gehen mußte, machte ihm deren Entfernung aus dem deutschen Frontbereich wichtiger als die spektakuläre Eroberung eines Brückenkopfes oder die Befehle von Deutschen, von denen in Wahrheit keine Hilfe und keine dritte Division mehr zu erwarten waren.

Schwenninger hatte keine Ahnung, wohin Bunjatschenko sich wenden wollte und was er sich noch erhoffte. Aber als er bei Hölz eintraf, bemühte er sich offen, Verständnis für die »meuterische« Haltung der Russen zu finden. Hölz hörte ihn ruhig an. Er mußte zugeben, daß die sowjetische Offensive jeden Augenblick beginnen konnte und daß niemand wußte, an welchen Stellen der Hauptstoß erfolgen würde. Es gab voraussichtliche Schwerpunkte bei Küstrin und Frankfurt an der Oder, aber auch einen Schwerpunkt weiter südlich

zwischen Guben und Forst, da, wo die Heeresgruppe Schörner an die Heeresgruppe Weichsel anschloß und sich an der Neiße über die Grenzgebirge der Tschechoslowakei bis in den Raum von Brünn hinzog. Die Armeen der Engländer und Amerikaner marschierten fast ohne Aufenthalt durch Mittel-, Nord- und Süddeutschland. Es war unklar, ob sie an der Elbe noch einmal aufgehalten werden würden.
Nach einigem Hin und Her schien Hölz fast erleichtert, die russische »Problem«-Division in seinem Bereich loszuwerden. Er befahl ihren Abmarsch nach Süden in den rückwärtigen Bereich der Heeresgruppe Schörner – erstes Marschziel nördlich Cottbus. Nur bestand er darauf, daß die Divisionsartillerie an seiner Oderfront zurückblieb.
Als Schwenninger in Lieberose eintraf und den Befehl für den Marsch nach Süden überbrachte, sagte Bunjatschenko: »Sehr gut. Ich habe nicht an der Einsicht der deutschen Stellen gezweifelt. Ich habe deshalb den Abmarsch schon befohlen.«
Schwenninger erwiderte: »Der Befehl sieht aber vor, daß die Artillerie der Division noch an der Oderfront bleibt.«
Bunjatschenko war zu seiner alten Hintergründigkeit zurückgekehrt. »Sieh«, sagte er, »was soll die Division ohne Artillerie? Sie kommt besser mit uns ...«

Am 14. April um 8 Uhr morgens ließ Bunjatschenko Schwenninger zur Befehlsausgabe bitten. Er saß inmitten seines Stabes, das Bein hochgelegt. Seine Augen hatten einen Ausdruck verhaltener Drohung. Aber Bunjatschenko verfuhr nach dem Zeremoniell. Er wies auf das Wasserglas mit Wodka. Dann sagte er langsam: »Ich habe eine Frage.« Er wollte wissen, welche weiteren Befehle nach Schwenningers Ansicht erteilt werden würden, wenn die Division den Raum nördlich Cottbus erreicht habe.

Schwenninger verstand nicht. Er sagte aus ehrlicher Überzeugung: Von dort wird der Marsch nach Süden fortgesetzt werden. Cottbus ist ja nur das erste Marschziel.
Bunjatschenko trank. Über das Glas hinweg ließ er Schwenninger nicht aus den Augen.
»Gut«, sagte er lauernd, »ist es nicht möglich, daß meine Division dort doch noch festgehalten wird. Ist es nicht möglich, daß sie doch noch in dem gefährlichen Raum, in dem sie sich dann befindet, zu einem hoffnungslosen Kampf eingesetzt wird?«
Schwenninger war sich jetzt klar darüber, daß irgend etwas Unvorhergesehenes geschehen sein mußte. Er erwiderte: »Das würde mit dem Ergebnis meiner bisherigen Besprechungen nicht übereinstimmen.«
Bunjatschenko griff unter den Tisch, holte ein Schriftstück hervor und warf es mit den Worten: »Und was ist das?« Schwenninger in den Schoß.
Es handelte sich um einen Befehl der 275. Infanterie-Division an die »600. Infanterie-Division (russisch)«, die ihr laut Befehl der Heeresgruppe Schörner mit Wirkung vom 14. April unterstellt sei. Der Kommandeur der 275. Infanterie-Division erteilte der russischen Division den Befehl, eine Auffangstellung unmittelbar hinter seiner Division auszubauen und sich für die Abwehr des erwarteten sowjetischen Großangriffes bereitzustellen.
Schwenninger dachte fieberhaft nach, während er die mißtrauischen Blicke aller Russen auf sich gerichtet fühlte. Er hatte viel von Schörner gehört, von seiner Hitlertreue und von seiner Brutalität. Er konnte nicht umhin, die Geschwindigkeit zu bewundern, mit der der Befehlsapparat der Heeresgruppe Schörner gearbeitet hatte, um die in ihren Bereich einmarschierende neue Division an die Front zu bringen. Wenn Schwenninger an die Achtung dachte, die man

der russischen Division bei der 9. Armee immerhin entgegengebracht hatte, vermochte er kaum die gedankenlose Ungeschicklichkeit zu begreifen, mit der hier die russische Division einer deutschen Division unterstellt wurde.
Es blieb ihm nicht viel Zeit zu überlegen. Bunjatschenko schlug mit der Faust auf den Tisch. Er erklärte, das alles bedeute einen Bruch von Abmachungen. Er unterstehe nach wie vor Wlassow. Es sei eine Beleidigung, ihn einem deutschen Divisionskommandeur zu unterstellen. Dann wurde er eisig.
Er fuhr fort, er werde sich an den Befehl zum Marsch in den Raum von Cottbus halten. Er werde diesen Befehl durchführen. Der Befehl der 275. Infanterie-Division habe für ihn keine Gültigkeit. Sein Stabsquartier werde sich am Abend nordwestlich von Peitz befinden. Dort könne Schwenninger ihn wieder sprechen.

Schwenninger blieb nichts anderes übrig, als die Verhältnisse bei der 275. Infanterie-Division zu klären. Als er um 11 Uhr bei der Division eintraf, mußte er sofort feststellen, daß in der Heeresgruppe Schörner eine andere Atmosphäre herrschte als bei Busse. Während es dort möglich gewesen war, vernünftig über die militärische Lage zu sprechen, war eine solche Diskussion im Bereich Schörners unmöglich. Befehlsgemäß war jeder vom deutschen Sieg überzeugt.
Von der Möglichkeit eines Zusammenbruchs der Front – und den entsprechenden Folgen für die russische Division – zu sprechen bedeutete Defaitismus. Es war unmöglich, bei der 275. Infanterie-Division oder dem V. Korps, zu dem sie gehörte, eine Änderung des vorliegenden Befehls herbeizuführen. Es hieß, diese Änderung könne nur Schörner persönlich vornehmen. Schörner werde für 14 Uhr beim V. Korps erwartet.

Schwenninger sah ihn zum erstenmal. Oft hatte er gehört, daß Schörners Devise »Kraft durch Furcht« laute. Er erhielt sofort einen Eindruck davon, als Schörner nach einer Telefonverbindung verlangte. Die Verbindung war schlecht. Schörner begann zu schreien. Er verlangte eine Verbindung mit der Vermittlung und erging sich dieser gegenüber in den gröbsten Drohungen. Danach sah er sich in dem betreten schweigenden Kreis um und erklärte: »Schon ist es besser. Man braucht sie nur anzuscheißen.«
Er zeigte höchstes materielles Interesse für die russische Division, die ihm wie vom Himmel gefallen schien, um seine Front zu verstärken. Als er hörte, daß die Division 17000 Mann stark sei, nahmen seine Augen einen Ausdruck der Begierde an.
»Und was ist dann mit den Brüdern?« fragte er. »Wollen sie kämpfen oder nicht?«
Schwenninger versuchte zu erklären. Aber Schörner unterbrach ihn. »Ihr General will also nicht. Wie wäre es, wenn Sie diesem Rußki sagten, daß ich ihn an die Wand stellen werde, wenn er meine Befehle nicht befolgt. Zu beurteilen, ob meine Front hält, das soll der Bursche mir überlassen. Also, wie wäre das?«
Schwenninger sagte, es werde nicht so leicht sein, Bunjatschenko aus seinen 17000 Mann herauszuholen. Schörner lachte. »Das habe ich gern«, polterte er. »Das ist also das Ergebnis eurer Arbeit, daß diese Kerle eine Macht hinter meinem Rücken sind. Aber wie wäre es, wenn ich ihn und seine Division mit einem Kampfgeschwader zusammenschmeißen lasse?«
Es war sinnlos, Schörner eine politische Problematik klarzumachen, die er nicht begreifen konnte. Schwenninger wußte nicht, weshalb Schörner dann plötzlich in einem unberechenbaren Entschluß nachgab. Vielleicht stand ihm das

Kampfgeschwader nicht zur Verfügung. Er sagte, er habe jetzt keine Zeit, sich weiter mit diesen Russen aufzuhalten. Die Unterstellung unter die 275. Infanterie-Division sei aufgehoben. Er müsse ins Führerhauptquartier. Nach seiner Rückkehr werde er die Rußkis das Befolgen von Befehlen lehren.

Schwenninger traf Bunjatschenko am Abend auf dem Marsch in Richtung Peitz. Er berichtete, und Bunjatschenkos Augen glitzerten.
»So«, sagte er, »er will mich erschießen. Davor habe ich keine Angst. Ich habe zweimal vor dem Erschießen gestanden. Einmal 1937 und dann noch einmal. Er wird sehen.«
Schwenninger »sah« schon am folgenden Morgen. Es war der Morgen des 15. April. Bunjatschenko saß mit seinem Stab in einer Bauernstube von Schonholz. Er hatte seinen Gipsverband abgelegt. Er wirkte wieder einmal völlig verändert, grüßte Schwenninger fast herzlich. Er bedankte sich für die bisherige Zusammenarbeit. Schwenninger begriff nicht gleich.
»Glauben Sie«, fragte Bunjatschenko lauernd, »daß wir auch weiter so zusammenarbeiten werden? Na«, unterbrach er sich, »wir werden sehen. Wollen wir zunächst einmal trinken.« Er hob das Glas. Er ließ aber Schwenninger nicht aus den Augen. Als dieser sein Glas wieder hingestellt hatte, fuhr er fort: »Sie wollten doch heute noch einmal zum V. Korps fahren, vielleicht um weitere Befehle in Empfang zu nehmen. Wissen Sie«, sagte er, »bevor Sie fahren, sollten Sie sich ansehen, wie ich meine Division in dieser Nacht untergebracht habe. Ich habe das Gelände für alle Eventualitäten ausgesucht.«
Schwenninger begriff, und Bunjatschenko fuhr fort: »Jeder Kampfeinsatz meiner Division bedarf der Zustimmung von

General Wlassow. Nachdem Sie mir gestern mitgeteilt haben, daß ich weitere Befehle von General Schörner abwarten müßte, muß ich Sie bitten, dem V. Korps mitzuteilen, daß ich nur noch in der Lage bin, entweder einen Befehl von General Wlassow persönlich oder den Befehl zum Weitermarsch meiner Division nach Süden entgegenzunehmen.«
In seinen Blick trat wieder versteckte Ironie. »Melden Sie«, sagte er, »dem ... General Schörner ..., daß meine Division jetzt vollständig im hiesigen Raum versammelt ist; auch die Artillerie ist hier und die Flak. Wir fühlen uns sehr wohl. Durch den Wald sind wir der Fliegersicht entzogen. Unsere Panzerabwehr, Sturmgeschütze und Panzer sind so aufgebaut, daß wir einstweilen in der Lage sind, Angriffe aller Art abzuwehren, zum Beispiel die Angriffe durchgebrochener feindlicher Panzerkräfte ...«
Er wartete – trinkend – die Wirkung seiner Worte auf Schwenninger ab. Dieser war einen Augenblick lang noch einmal versucht, von Meuterei zu sprechen. Aber er beherrschte sich, weil er wußte, daß es sinnlos war und daß auf Bunjatschenkos Seite der Kampf um nackte Selbsterhaltung stand.
Als Schwenninger durch die Tür ging, merkte er, daß ihm jemand folgte. Es war Nikolajew. Er nahm Schwenningers Arm und zog ihn in ein Nebenzimmer. »Wollen Sie wirklich?« fragte er. Sein eckiges Gesicht zeigte Besorgnis.
Schwenninger antwortete: »Jawohl!«
Nikolajew drängte: »Überbringen Sie diese Mitteilung nicht persönlich, lassen Sie sie durch Funk absetzen ... Sie, Gelmut Fritzowitsch, werden für das bezahlen, was wir hier tun.«
Schwenninger sagte, er glaube nicht, daß ihm etwas geschehen werde. Er wisse nur nicht, wie die Entscheidung Schörners über die Division ausfallen werde.
Nikolajew machte eine wegwerfende Handbewegung. »Was

will er tun? Es geht um Sie. Wir sind nicht untreu aus Untreue. Wenn Sie darauf bestehen, persönlich zu fahren, dann wird Sie eine Funkstelle begleiten. Sie wird uns benachrichtigen, wenn Ihnen etwas zustößt.«
Er bestand darauf, daß die Funkstelle mitfuhr. Im Morgengrauen des 16. April erreichte Schwenninger den Gefechtsstand des V. Korps. Wenige Stunden vorher aber hatte die sowjetische Frühjahrsoffensive an Oder und Neiße mit einem furchtbaren Feuerschlag begonnen. Die Front zwischen Muskau und Guben war bereits am Zusammenbrechen. Es gelang Schwenninger, den Chef des Stabes zu einem Anruf nach Josephstadt, dem Hauptquartier Schörners, zu bewegen. Aber in Josephstadt war man mit anderen Sorgen beschäftigt. Ohne Kenntnis Schörners erteilte die Heeresgruppe die Genehmigung zum Weitermarsch der Division in Richtung Senftenberg und Hoyerswerda.
Als Schwenninger zurückfuhr, ahnte er nicht, daß Bunjatschenkos großes Spiel um das Leben seiner Division erst begonnen hatte. Als er zurückkehrte, hingen sowjetische Flugzeuge über den Straßen in der Luft. Nur noch kurze Zeit trennte die deutsche Front von dem Durchbruch der sowjetischen Armee des Marschalls Konjew zwischen Muskau und Guben, ihrem Einschwenken nach Norden gegen Berlin und später nach Süden gegen den weichenden linken Flügel der Heeresgruppe Schörner.

Das Spiel nahm am 17. April seinen Fortgang. Die Division hatte nach außerordentlichen Marschleistungen, ständig kampfbereit, den Raum von Hoyerswerda erreicht. Hier traf ein persönlicher Befehl Schörners ein. Er lautete: »Division marschiert zur Front zum Einsatz im Raum Kosel, 6 Kilometer nordwestlich Niesky.« Bunjatschenko tat so, als habe er den Befehl nicht erhalten und marschierte am 18. April in

den Raum westlich Kamenz. Am Morgen dieses Tages erreichte Schwenninger ein neuer Befehl der Heeresgruppe. Er lautete: »Division erreicht Raum Radeberg bei Dresden zur Verladung zum Einsatz in die Tschechei.«
Während der Nacht aber hatte Schwenninger die Verbindung mit Bunjatschenkos Stab verloren. Er suchte einen ganzen Tag lang. Dabei begegneten ihm schon Teile sich auflösender deutscher Truppen. In Stölpchen, zwischen Dresden und Hoyerswerda, entdeckte Schwenninger schließlich den Divisionsstab. Er überbrachte Bunjatschenko den Befehl. Dieser erklärte, ihn ausführen zu wollen, offenbar, weil er ohnedies die Absicht hatte, in dieser Richtung weiterzumarschieren. Die Division erreichte am 19. April tatsächlich den Raum von Radeberg. Aber hier lehnte Bunjatschenko es ab, seine Division zu verladen. Bei Bautzen wurde schon gekämpft. Bunjatschenko sagte ebenso listig wie wahr, eine Verladung sei jetzt sinnlos. Man werde mitten in der Verladung aufgerieben werden. Und damit könne Schörner doch bestimmt nicht gedient sein. Er wolle lieber im Fußmarsch weitermarschieren. Drei Tage blieb die Verbindung zum Hauptquartier Schörners unterbrochen. Bunjatschenko zog in Gewaltmärschen und mustergültiger Ordnung nach Süden. Am 22. April war die gesamte Division im Raum um Bad Schandau versammelt.
Da – am 23. April – erschien ein persönlicher Verbindungsoffizier Schörners, Major Neuner. Schörner hatte offenbar des Versteckspielens genug. Er traute auch Schwenninger nicht mehr. Major Neuner hatte den Auftrag, Bunjatschenko den Befehl zum Beziehen einer Auffangstellung im Raum Haida, 8 Kilometer nördlich Böhmisch-Leipa, zu überbringen. Außerdem bestellte er Bunjatschenko für den 24. April um 17 Uhr zur persönlichen Einweisung durch Schörner nach Haida.

Bunjatschenko zeigte sich von seiner liebenswürdigsten Seite. Er sagte zu, daß er nach Haida marschieren werde. Er versicherte auch, es werde ihm eine Ehre sein, Schörner kennenzulernen.
Schwenninger fuhr am Nachmittag des 24. April nach Haida voraus. Es war der Tag, an dem die sowjetischen Armeen ihren Ring um Berlin zu schließen begannen und die Front Schörners rings in der Tschechoslowakei in erbittertem Abwehrkampf stand. Nur noch eine kurze Entfernung trennte Amerikaner und Russen in der Gegend von Torgau an der Elbe. Schörners ganzes Hinterland war von Unruhe erfüllt. Flüchtlinge zogen umher. Die ersten Zeichen tschechischer Aufstände machten sich bemerkbar.
Schörner wartete. Aber anstelle von Bunjatschenko erschien der Kommandeur der Aufklärungsabteilung der Division, Kostjenko. Er blinzelte zu Schwenninger hinüber und meldete Schörner, daß Bunjatschenko leider einen Autounfall erlitten habe und daher nicht erscheinen könne.
Schörner beherrschte sich nur mühsam, bis Kostjenko gegangen war. Dann tobte er: »Schweinerei! Oh, diese Luftwaffe! Hätte ich ein Geschwader, ich würde diese Russen zusammenschmeißen, bis sie zu Kreuze kröchen.«
Am 25. April fand Schwenninger Bunjatschenkos Stab wieder, im Raum des Hohen Schneebergs nordwestlich von Tetschen-Bodenbach. Die ganze Division war dort versammelt. Bunjatschenko trug dicke Verbände um den Kopf, um den rechten Arm und das rechte Bein. Er berichtete Schwenninger ausführlich über den Unfall, den er erlitten hatte. Er litt aber offensichtlich keine Schmerzen, und Schwenninger argwöhnte, daß der Unfall nur vorgetäuscht war.

Am Nachmittag des nächsten Tages kündigte Schörner durch Funk sein persönliches Eintreffen mit einem Fieseler

Storch am Hohen Schneeberg für den 27. April, 10 Uhr morgens, an.
Schwenninger kam die groteske Veränderung der Situation zum Bewußtsein, die den allmächtigen Feldmarschall veranlaßte, sich selbst zu einem unbotmäßigen russischen General zu begeben. Bunjatschenko ließ eine Ehrenkompanie und das Musikkorps antreten. Aber Schörner hatte es sich noch einmal überlegt. Er schickte seinen Chef des Stabes, Generalmajor von Natzmer.
Natzmer verhandelte lange mit Bunjatschenko. Letzterer erklärte sich schließlich bereit, seine Division im Raum von Brünn einzusetzen, obwohl er bestimmt nicht die Absicht hatte, dies zu tun. Natzmer versuchte ihn dazu zu bewegen, diesmal die Division zu verladen, damit der Einsatz in wenigen Tagen erfolgen könne. Aber hier lehnte Bunjatschenko ab. Dann bemühte sich Natzmer, einen Marschweg festzulegen, der die Division dicht hinter der Front entlang nach Süden führte. Er operierte mit den Munitions- und Verpflegungslagern, die sich dort befänden und ohne welche die Division ja nicht auskommen könne. Sein Hintergedanke war zweifellos, die Division auf diese Weise an der Front zu halten. Bunjatschenko lächelte auf seine hintergründige Art. Als Natzmers Storch gestartet war, sagte er zu Nikolajew: »Hinter dem Brot hermarschieren ... Nein, das brauchen wir nicht!« Er war zweifellos entschlossen, sich notfalls zu nehmen, was er brauchte.
Am nächsten Tag marschierte die Division nach Teplitz-Schönau. Am 29. April setzte sie ihren Marsch in südlicher Richtung fort. Am Abend machte Bunjatschenko mit seinem Stab in Kosojed Quartier.
Überall in den tschechischen Orten rotteten sich junge Burschen zusammen. Schwenninger beobachtete zum erstenmal, daß es zu Gesprächen zwischen Tschechen und

den Soldaten und Offizieren der Division kam. Die Atmosphäre war mit einer Spannung erfüllt, wie er sie vorher noch nie bemerkt hatte. Es gab zum erstenmal Zwischenfälle mit deutschen Soldaten. Eine deutsche Gruppe, die eine unterbrochene Fernsprechleitung im Bereich der Division wiederherstellen wollte, wurde von russischen Posten aufgehalten und abgeführt. Bunjatschenko gab sie wieder frei und erklärte, sie könnten selbstverständlich ihren Auftrag durchführen. Aber eine Stunde später fand man die Deutschen erschossen. Sie waren von anderen russischen Posten erneut angehalten worden und hatten zu ihren Waffen gegriffen.

Am Abend des 29. April traf wie ein Blitz aus heiterem Himmel ein Funkspruch Schörners ein. Offenbar war ihm inzwischen gemeldet worden, daß die Division sich keineswegs an den Marschweg hielt, den Natzmer festgelegt hatte. Schörner kündigte an, daß er am Mittag in Klappai, 8 Kilometer südlich Lobositz, landen werde, um Bunjatschenko aufzusuchen.
Als Bunjatschenko den Funkspruch erhielt, saß er in seinem baumwollenen Trikothemd mit aufgerollten Ärmeln in einer Bauernstube. Eine halbe Stunde später war er in voller Uniform und empfing Schörner geradezu formvollendet. Schörner versuchte es mit Vertraulichkeit. Im Arm hielt er eine Flasche Wodka und eine Kiste Zigarren, die er Bunjatschenko überreichte. Aber Bunjatschenko trug eiserne Zurückhaltung zur Schau.
Er sagte, ohne die Geschenke zu beachten: »Ich freue mich, daß der Herr Generalfeldmarschall mich besucht, um so mehr, da er vor einigen Wochen noch eine andere Behandlung meiner Person ins Auge gefaßt hat.«
Aus Bunjatschenkos Augen leuchtete der Triumph dessen,

dem seit Jahren Untermenschentum vorgeworfen worden war.
Schörner horchte erstaunt auf die Worte des Dolmetschers. »Wieso«, ließ er zurückfragen, »ich kann mich nicht erinnern.«
Bunjatschenko: »Darf ich daran erinnern, daß der Herr Generalfeldmarschall mich erschießen lassen wollte.«
Schörner blickte aufgebracht zu Schwenninger hinüber. »Wer hat denn das übermittelt?« fragte er schroff und drohend.
Schwenninger sagte: »Ich, Herr Generalfeldmarschall.«
Schörner sah ihn aus bösen Augen an. »Das war ja äußerst geschickt«, grollte er. Er wandte sich wieder zu Bunjatschenko. »Aber das ist doch Unsinn. Würde ich sonst so zu Ihnen kommen?«
Aber Bunjatschenko blieb ungerührt. Er bot Schörner Platz an. Es war eine große Stunde für ihn.
Schließlich verlor Schörner die Geduld. Aber er beherrschte sich, weil er erkennen mußte, daß hier die drohende Macht seiner Persönlichkeit ihre Wirkung verloren hatte. Er erklärte: »Ich möchte von Ihnen wissen, was Sie tatsächlich beabsichtigen. Wollen Sie mit Ihrer Division noch kämpfen oder nicht?«
Bunjatschenko sagte: »Selbstverständlich will ich kämpfen.« Aber er ließ offen, für wen und wo er kämpfen wollte. Schörner sagte, froh, einen Abgang gefunden zu haben: »Das ist für mich das Wesentliche. Ich bin damit einverstanden, daß Sie selbst den Marschweg nach Brünn festlegen. Wann werden Sie dort sein?«
Er erhielt eine unbestimmte Antwort. Aber er drängte nicht weiter auf Genauigkeit, sondern verabschiedete sich eilig und fuhr, innerlich zornbebend und zur Rache entschlossen, zu seinem Flugzeug zurück.

Sobald er abgeflogen war, hielt Bunjatschenko mehrere Offiziersbesprechungen ab. Es herrschte eine merkwürdige Betriebsamkeit. Am Abend wurde Schwenninger gemeldet, daß einige Tschechen in Zivil Bunjatschenko aufgesucht und lange Zeit mit ihm verhandelt hätten. Schwenninger wußte nicht, was das bedeuten sollte. Aber er hatte das Vorgefühl irgendeiner entscheidenden Wende oder eines Unheils.

Wenige Tage, nachdem die 1. Division am 6. März Münsingen verlassen hatte, waren die bestehenden Verbände der 2. Division von Heuberg nach Münsingen verlegt worden. Truchin mit dem Armeestab blieb in Heuberg zurück.
Herre hatte nicht mehr erreicht, als daß die Soldaten Swerjews Handfeuerwaffen, eine Anzahl Maschinengewehre und »Panzerschrecks« bekamen. Die Versorgungsdienste konnten nur mühsam mit requirierten Feldfahrzeugen ausgestattet werden. Schwere Waffen gab es nicht mehr. Es war mehr als ein Wunder gewesen, daß schließlich eine Anzahl moderner 12,2-Kanonen-Haubitzen sowjetischen Ursprungs, für die es passende deutsche Munition gab, in Münsingen eintraf.
Die Geschütze wurden ausgeladen, während die deutsche Westfront nach dem Übergang der Amerikaner und Engländer über den Rhein mehr und mehr nach Osten und Südosten zurückwich. Kurz darauf erschien ein Artillerieoffizier der Heeresgruppe G, die sich durch Württemberg zurückzog. Er hatte den Auftrag, die Kanonen-Haubitzen in Münsingen zu beschlagnahmen, um sie an der Westfront einzusetzen. Es kam zu einer schweren Krise mit Swerjew. Er weigerte sich, die Geschütze herauszugeben. Herre erzielte schließlich einen Kompromiß, demzufolge einige Geschütze abgegeben, die anderen aber behalten wurden.
Die Vertrauenskrise wirkte tagelang nach. Sie wurde verstärkt durch die Nachrichten über den unverkennbaren

Zusammenbruch der deutschen Ostfront, während jede Meldung über das Schicksal der 1. Division fehlte. Es dauerte Tage, bis erste Nachrichten eintrafen, wonach die Division gerettet sei und sich auf dem Marsch nach Süden befände. Dann verstummten wieder alle Nachrichtenquellen. Die amerikanischen Truppen näherten sich Münsingen.
Wlassow mußte sich noch im Bereich der 1. Division befinden. Truchin, Swerjew, Bojarski, Nerjanin und Meandrow zeigten eine wachsende Unruhe. Sooft sie im engsten Kreis, abgeschlossen von den Deutschen, die Chancen und die Abgründe ihrer Lage besprochen hatten – jetzt rückte unerbittlich der Augenblick an sie heran, in dem ihr Schicksal entschieden werden würde.
Am Morgen des 18. April, als bereits deutsche Alarmeinheiten im Gebiet von Münsingen auftauchten, traf Herre Meandrow. Dieser bat ihn in sein Zimmer. Dort erfuhr Herre zum erstenmal in aller Offenheit, welche Gedanken und Pläne die Russen bewegten. Einige glaubten immer noch an ein deutsches Wunder. Andere bereiteten sich darauf vor, sich gegen Sowjetverbände und notfalls auch deutsche Angriffe zu verteidigen, sich den Amerikanern und Engländern aber zu ergeben.
Meandrow ließ erkennen, daß er anders dachte. Er glaubte, daß das Bündnis zwischen der sowjetischen Regierung seiner Heimat und den westlichen Alliierten in absehbarer Zeit zerbrechen würde. Aber er meinte, zum mindesten würden sie zusammen den Sieg feiern. Er wollte alle Wlassow-Verbände nach dem Südosten ziehen und dort mit den Kosaken und den Ukrainern Schandruks vereinen. Er wollte die Verbindung zu Michailowitsch herstellen und den Amerikanern und Engländern dort unten über die deutsche Niederlage hinaus ein Beispiel des Kampfes gegen den Bolschewismus bieten, das die Haltung der Westmächte reformieren

und ihre Wendung gegen den Bolschewismus beschleunigen sollte.

Es war ein Zeichen einer verzweifelten Suche nach Rat, wenn Meandrow Herre seine Gedanken anvertraute.

Herre war sehr blaß, während er zuhörte. Meandrow hatte ihn in einen Gewissenskonflikt hineingestürzt, in dem er innerlich schon lange lebte. Meandrow sprach von Möglichkeiten, die jenseits der Niederlage Deutschlands lagen. Was Meandrow über die Möglichkeiten in Jugoslawien sagte, erschien ihm auf der anderen Seite so utopisch wie die Ideen von einem Reduit in den Alpen, das man offenbar als letzten Ausweg in der Umgebung Hitlers plante.

»Und Andrej Andrejewitsch?« fragte er, wie um einer eigenen Antwort zu entgehen. »Was denkt er?«

Meandrow hob die Schultern. »Er ist nicht mehr der, der er war«, sagte er langsam, »Andrej Fedorowitsch, ihr habt seine Seele zerstört.«

Herre erinnerte sich überdeutlich an Wlassows Worte von der Schlange und von der Unentrinnbarkeit, die seinerzeit auf der winterlichen Fahrt nach Heuberg gefallen waren. »Seien Sie mir nicht böse«, sagte er, »ihr müßt euren Weg allein bestimmen. Aber wenn ihr mich schon fragt – ich sehe keinen Weg in Serbien. Ich sehe nur einen Weg nach Westen. Es gibt nur den einen Weg, den Amerikanern und Engländern klarzumachen, was ihr auch für ihre Zukunft bedeutet.«

Eine Stunde später erhielt Herre vom Wehrmachtsführungsstab den Befehl, die 2. Wlassow-Division, die Offiziersschule, die Ersatzbrigade und den Armeestab im Laufe des 19. April in den Raum von Linz in Marsch zu setzen, und zwar zum Einsatz innerhalb der Heeresgruppe Schörner oder Rendulic gegen die vormarschierenden sowjetischen Armeen. Das bedeutete die Entfernung der Verbände aus der Nähe der

Amerikaner und die Gefahr ihrer Vernichtung im Untergang der Ostfront.
Herre brauchte Rat. General Köstring war mit seinem Stab inzwischen in Reichenhall eingetroffen. Er war der einzige, an den er sich wenden konnte. So rief er am Nachmittag in Reichenhall an. Er ließ alle Vorsicht fallen und sprach offen von einem unsinnigen Befehl, der nur zur Gefangennahme der Wlassow-Truppen durch die Sowjets führen könnte. Köstring schien ihm merkwürdig verschlossen und antwortete, er hätte alles getan, was er tun könne.
Herre wollte sich damit nicht zufriedengeben. Nach einer Nachtfahrt traf er selbst in Reichenhall ein. Er fand Köstring mit seinem Stab in einem alten Hotel in der Stadt.
»Es hat keinen Sinn«, sagte er. »Fahren Sie nach Münsingen zurück, und sorgen Sie für die Ausführung des gegebenen Befehls. Es ist auch für Sie das beste.«
Köstring zögerte einen Augenblick. Dann wandte er sich ab. »Ich weiß, daß Sie recht haben. Aber darauf kommt es nicht mehr an. Ihre Telefongespräche von gestern nachmittag sind hier abgehört worden. Wenn Ihre Anwesenheit bekannt wird, kann ich Sie nicht davor retten, daß man Sie wegen Defaitismus oder Hochverrat gefangensetzt.«
Herre fuhr in den grauenden Morgen hinein nach Münsingen zurück. Meandrow schilderte er mit ein paar offenen Worten die tatsächliche Lage. Aber der Befehl wurde ohne besondere Schwierigkeiten befolgt. Hinter dieser Bereitschaft standen wahrscheinlich Meandrows Hoffnungen auf eine Vereinigung in Jugoslawien.

Am Mittag des 19. April setzten sich die Verbände auf drei fast parallel verlaufenden Marschstraßen in Bewegung. Sie sollten den Raum Landsberg-Fürstenfeldbruck erreichen, um von dort im Bahntransport nach Linz gebracht zu werden.

Der Marsch verlief zunächst ungestört. Am Abend des 19. April erfuhr Herre durch Meandrow, daß Wlassow, aus Prag kommend, beim Armeestab eingetroffen sei. Er hatte die Nachricht mitgebracht, daß die 1. Division auf dem Marsch nach Süden in die Tschechoslowakei sei. Mehr erfuhr Herre nicht. Er fuhr eilends in den Wehrkreis VII voraus, durch den die Verbände marschieren mußten, um ihre Versorgung sicherzustellen.
Nach einer abermaligen Nachtfahrt, bei der er allenthalben auf versprengte deutsche Trosse stieß, fand er den Stab des Wehrkreiskommandos VII in Kempfenhausen am Starnberger See. Ein Oberst sah Herre wütend an. »Russen?« sagte er rundheraus. »Die kriegen nicht ein Gramm Brot und nicht einen Tropfen Benzin.«
Herre erklärte ihm, dann könne er nicht dafür garantieren, daß es nicht zu Übergriffen kommen werde. Er fuhr den Wlassow-Verbänden in den Raum Memmingen-Landsberg entgegen und kam gerade im richtigen Augenblick. Aus der Ordnung, die er verlassen hatte, drohte ein Chaos zu werden. Parallel zu den Wlassow-Verbänden marschierten Reste deutscher Kampftruppen in völliger Auflösung. In wenigen Stunden war der Nimbus, den die deutsche Wehrmacht besessen hatte, zerstört. Noch schlimmer aber: In einer weiteren parallelen Bewegung zogen endlose Elendszüge von Konzentrationslagerhäftlingen nach Osten und Südosten. Ihre SS-Wachen trieben sie über die Felder.
Herre hörte schon von weitem Schüsse. In den KZ-Kolonnen befanden sich zahlreiche Russen. Während sie oft nur fünfzig oder hundert Meter neben den Einheiten der Wlassow-Verbände dahinzogen, liefen viele zu ihren Landsleuten hinüber. Die Mauer der russischen Soldaten schloß sich um die Befreiten. Feldwagen hielten an. Uniformen wurden herausgerissen und den Häftlingen übergeworfen. Die SS-

Wachen hatten zu schießen begonnen. Die Russen antworteten.

Herre fand Tote und Verwundete. Er fragte sich nach dem russischen Regimentskommandeur durch. Dieser konnte ihm sagen, wo Wlassow sich mit dem Armeestab befand. Er traf diesen zusammen mit Truchin und Bojarski in einem kleinen Dorf südwestlich Landsberg.

»Andrej Fedorowitsch«, sagte er, als er Herre erkannte, »was ist?«

Herre schilderte, was er erlebt hatte. Wlassow schüttelte wie geistesabwesend den Kopf. Dann setzte er sich zu Herre in den Wagen. Sie fuhren zurück zu der Stelle. Als Wlassow und Herre eintrafen, fielen noch immer Schüsse. Sie verstummten erst, als Wlassow mitten zwischen seine Leute trat. Herre lief zu den SS-Wächtern hinüber und versuchte, auch dort zu beruhigen.

Nach einer halben Stunde war der Ausbruch eines regelrechten Kampfes abgewendet. Die Marschbewegung kam wieder in Gang.

Vier Tage vergingen. Der Versuch, Transportraum heranzubringen, bereitete unsagbare Schwierigkeiten. Eisenbahnstrecken waren zerstört. Ganze Züge zerschlagen. Hier und da weigerte sich bereits das Eisenbahnpersonal, Truppen zu verladen. Währenddessen lagen die Wlassow-Verbände in den Wäldern.

Swerjew sträubte sich gegen die Verladung. Er argwöhnte, daß die Deutschen nach den Zwischenfällen bei Landsberg seine Division wieder zerreißen wollten, indem sie sie auf Eisenbahnzüge verluden, deren Fahrtrichtung er nicht mehr beeinflussen konnte.

Als Herre Wlassow einzuschalten suchte, erfuhr er, daß Wlassow sich mit Schilenkow ins Allgäu begeben hatte.

Meandrow flüsterte Herre zu, daß Wlassow Strik-Strikfeldts Aufenthaltsort erfahren habe und dorthin gefahren sei, um seinen »Starez« noch einmal zu sehen. General Aschenbrenner befinde sich in seiner Begleitung.
Aber Truchin und Nerjanin bewiesen, daß sie ihre Verbände fest in der Hand hatten.
Am 23. April begann die Verladung. Sie dauerte bis zum 26. Die Züge selbst konnten nur nachts fahren. Als sie endlich rollten, fuhren Truchin, Swerjew und Teile des Armee- und Divisionsstabes in Kraftwagen nach Linz voraus. Herre trieb es dagegen nochmals nach Reichenhall. Er wollte noch einmal Köstring sehen, bevor das Ende kam.
Köstring merkte, daß Herre das Problem seiner persönlichen Treue zu den Russen quälte. Er selbst stand schon jenseits der Dinge.
»All Ihr Bemühen«, sagte er, »ist zum Scheitern verurteilt. Sie können ihnen nicht mehr helfen.«
Herre sagte, er sei ständig bemüht gewesen, die Russen bei einer Sache zu halten, für die sie jetzt leiden müßten. Er müsse bei ihnen bleiben, solange noch irgendeine Chance bestehe, ihnen zu helfen.
Köstring gab ihm achselzuckend die Hand. »Wenn alles zu Ende ist, gehe ich nach Unterwössen. Vielleicht komme ich noch zu meinem Hof. Dort können Sie mich finden.«
Herre und Truchin trafen am frühen Morgen des 1. Mai in Linz ein. Als sie in einer halbzerbombten Kaserne einen behelfsmäßigen Gefechtsstand einrichteten, erreichte sie die Nachricht vom Tode Hitlers. Während die 2. Division und Teile der Ersatzbrigade nach Budweis marschierten und Swerjew mit seinem Divisionsstab in Suchenthal Quartier machte, fuhren Truchin und Herre zusammen zu dem kleinen Landschlößchen »Erla«, in dem sich das Hauptquartier der Heeresgruppe Rendulic befand. Zu beiden Seiten der

Straße sahen sie aufgeknüpfte deutsche Soldaten, die auf der Brust Schilder mit der Inschrift »Ich bin ein Feigling« trugen. Truchin sagte kein Wort.
Generaloberst Rendulic lud Truchin und Herre zum Essen ein. Er wirkte so, als sei draußen nicht der Zusammenbruch in vollem Gange.
Über Wlassow war Rendulic nur flüchtig informiert. Er unterhielt sich mit Truchin über russische Literatur und russische Musik. Erst später fragte er nach dem Zustand der russischen Verbände. Das gab Herre eine »rettende Idee«. Er erklärte, daß es ihnen an Bewaffnung fehle. Man habe ihm gesagt, Rendulic werde dafür sorgen. Tatsächlich ging Rendulic darauf ein und ordnete eine Neuausrüstung bei Budweis an.
Truchin begab sich erleichtert nach Linz zurück. Herre eilte nach Budweis. Als er dort eintraf, war überall die Unruhe der Tschechen zu spüren. Nerjanin drängte ihm eine russische Leibwache in Stärke von 35 Mann auf. Trotzdem fand er im Kreis des Armeestabes, in der Offiziersschule und bei der 2. Division eine fast unwirklich gehobene Stimmung vor. Die Nachricht von der Ernennung Dönitz' zum Nachfolger von Hitler lag vor. Angeblich plante er: »Waffenstillstand im Westen – Fortführung des Kampfes im Osten!« Gerüchte gingen um, wonach bereits Verhandlungen mit den Westmächten im Gange seien und daß es nur noch wenige Tage dauern würde, bis sich deutsche Truppen gemeinsam mit amerikanischen und englischen Verbänden gegen die sowjetischen Armeen wenden würden. Hatte nicht der Tod Hitlers den Mann beiseite geräumt, durch dessen Starrsinn die Hoffnungen Wlassows zerstört worden waren?
Jede Illusion nährt neue Illusionen. Da seit Landsberg niemand mehr Wlassow gesehen hatte, verbreitete sich das

Gerücht, Wlassow verhandele bereits mit Dönitz und den Westmächten.

Der »Hedwigshof« Edwin Erich Dwingers lag östlich von Seeg im Allgäu auf einer Anhöhe mit einem schönen Blick auf den Aggenstein und das Allgäuer Alpenmassiv.
Im Laufe des April hatte Strik-Strikfeldt im Allgäu auf einem Bauernhof in der Nähe des Dwingerschen Besitzes Zuflucht gesucht. Er hatte mit der Unruhe des Mannes, der so tief der »Wlassow-Idee« verbunden war, die Entwicklung der letzten Monate verfolgt.
In Prag hatte das Reichssicherheitshauptamt versucht, ihn wieder zum Begleiter Wlassows zu machen und vom Heer zur Waffen-SS zu versetzen. Mit Gehlens Hilfe war er dieser Versetzung entronnen. Mit dem kuriosen Auftrag, die Geschichte Wlassows für die Abteilung »Fremde Heere Ost« zu schreiben, war er auf einem Gut in Pommern untergetaucht – bis die Offensive Schukows ihn vertrieben hatte.
Am 19. April war Strik-Strikfeldt zu Dwingers Hof gefahren. Es war ein schöner Tag. Der Nachmittag zog herauf, als plötzlich ein Junge gelaufen kam und rief, viele Offiziere seien da, lauter Generale. Sie wollten Strik-Strikfeldt und Dwinger sprechen.
Zwischen Malyschkin, Schilenkow, Bojarski und Aschenbrenner tauchte Wlassows Gestalt auf.
Alle gingen ins Haus. Dort verbrachten sie die halbe Nacht in Gesprächen, die von der inneren Erregtheit der Stunde und des Zusammenbruchs, der sich draußen vollzog, getragen waren. Im Mittelpunkt stand die quälende Frage: Was konnte noch geschehen, um die Wlassow-Gruppe davor zu bewahren, im Strudel des deutschen Zusammenbruchs unterzugehen oder Stalin in die Hände zu fallen?
Dwinger entwickelte geradezu abenteuerliche Ideen. Er

schlug vor, ein in der Nähe befindliches Lager zu besetzen, in dem sich unter anderem der Franzose Pierre Laval befand. Er meinte, man solle sich Pierre Lavals und seinesgleichen versichern und sie den Westmächten für die persönliche Sicherheit der Russen zum Tausch anbieten. Wlassow schüttelte abweisend den Kopf. Er nannte das Projekt »unehrenhaft«.

Dann ging es um Meandrows Plan.

Aber Aschenbrenner warnte auch hiervor. Immer noch kämpften im Südosten deutsche Armeen, die stärker waren als alle Wlassow- und Kosakenverbände zusammen. Sie hatten die Versorgung in der Hand, und es war mehr als zweifelhaft, ob es gelingen würde, die eigenen Truppen mit den Kosaken zu vereinen und nicht nur gegen die Partisanen Titos, sondern auch gegen die sowjetische Armee einzusetzen. Wenn dies nicht gelang, würden die Kosaken zugrunde gehen, und damit würde die Substanz zerstört werden, welche die Westmächte vielleicht interessieren könne.

Aschenbrenner schlug vor, sofort Verbindung mit den Amerikanern und Engländern zu suchen. Man müsse alles daran setzen, mit den falschen Vorstellungen über Wlassow als Söldner und Verbündeten Hitlers aufzuräumen. Vorstellungen, die von der sowjetischen Propaganda systematisch verbreitet worden seien. Auch er war überzeugt, daß das Bündnis zwischen Stalin, Churchill und Roosevelt nach dem gemeinsamen Sieg zerbrechen werde und daß die Unnatürlichkeit dieses Bündnisses auch den Politikern im Westen trotz aller Freundschaftsbeteuerungen klar sei. Man müsse sie überzeugen, daß die Wlassow-Leute das einzig zugkräftige demokratische und nicht faschistische Programm gegen Stalin entwickelt hätten und daß man ihre Bewegung nicht zerstören dürfe. Das Ziel sei, im Westen nach der Kriegsge-

fangenschaft ein Asylrecht für alle Angehörigen der Bewegung, eine Basis für die Zukunft zu erhalten.
Niemand von ihnen wußte in diesem Augenblick, daß sich am 11. April während der Konferenz zwischen Stalin, Churchill und Roosevelt in Jalta die beiden letzteren verpflichtet hatten, alle Personen, auch gegen deren Willen und gewaltsam, an die Sowjetunion auszuliefern, die am 1. September 1939 Bürger der Sowjetunion oder am 22. Juni 1941 Angehörige der Roten Armee gewesen waren und in deutscher Uniform oder als freiwillige Mitarbeiter der Deutschen in Gefangenschaft geraten waren. Das amerikanische Außenministerium hatte dieses Abkommen eindeutig als völkerrechtlich rechtswidrig bezeichnet. Aber Churchill und Roosevelt hatten sich Stalins Forderung gebeugt, weil sie glaubten, auf die weitere Hilfe der Sowjetunion im Krieg gegen Japan angewiesen zu sein. Sie hatten sich mit dem Gedanken an die zahlreichen Rechtsbrüche beruhigt, die Hitler vor und während des Krieges begangen hatte, und ihnen fehlte jede Vorstellung von der ungeheuren Zahl derjenigen, zu deren Auslieferung sie sich verpflichteten.
Alle Anwesenden, von Wlassow bis zu Strik-Strikfeldt, glaubten, daß alle bisherigen Auslieferungen von gefangenen Freiwilligen, von denen man seit der Invasionsschlacht wußte, Akte westlicher Unwissenheit über die Freiwilligen sowohl als über die Verhältnisse in der Sowjetunion waren – aber nicht vertraglich festgelegte Verpflichtungen. Deswegen widersprachen sie Aschenbrenner nicht – und am wenigsten seinem Glauben, »man könne Amerikaner und Engländer überzeugen«.
Aschenbrenner steigerte sich, je länger er sprach, immer mehr in einen euphorischen wirklichkeitsfremden Optimismus hinein und riß die anderen mit. Er nahm an, daß es ihm gelingen werde, den Englisch sprechenden Hauptmann

Oberländer, der die ganze Freiwilligenbewegung genau kannte, durch die dünnen deutschen Linien zu einer hohen englischen Befehlsstelle zu entsenden.
Was die Amerikaner anbelange, so empfahl er, Strik-Strikfeldt zu bitten, sich in ein amerikanisches Hauptquartier durchzuschlagen. Er spreche nicht nur Russisch, sondern auch fließend Englisch. Wenn es überhaupt jemanden gäbe, der den Amerikanern klarmachen könne, um was es gehe, dann sei es Strik-Strikfeldt.
Wlassow hatte Aschenbrenner ruhig zugehört und blickte zu Strik-Strikfeldt hinüber, so, als ob er nun eine letzte Bitte an den alten Begleiter äußern wolle. Aber bevor er antworten konnte, meldete sich Bojarski. Er war der Meinung, daß, wenn mit den Westmächten verhandelt werden solle, auf jeden Fall »einer von ihnen« dabei sein müsse.
Wlassow hörte auch ihm ruhig zu. Sein Gesicht war von unendlicher Müdigkeit und tiefen Zweifeln gezeichnet. Von neuem blickte er Strik-Strikfeldt an, und als er so etwas wie Zustimmung bemerkte, sagte er: »Wenn Wilfried Karlowitsch einverstanden ist ...«
Strik-Strikfeldt wußte nicht, ob er selbst auf einer Auslieferungsliste stand. Aber er sah keine andere Möglichkeit. Er hatte einen zu großen Anteil an dem Weg, der Wlassow und seine Männer hierher geführt hatte. Er sagte: »Ich werde es versuchen.«
Wlassow sah ihn dankbar an. Dann sagte er: »So geh. Gott wird dir danken. Und Malyschkin wird mit dir gehen.«
Er hatte nicht lange überlegt. Er wußte genau, weshalb es Malyschkin sein mußte, dieser Sympathischste, Gewinnendste seiner ganzen Umgebung.

Am nächsten Morgen trennten sich die Wege. Wlassow und sein Stab machten sich auf nach Osten.

Malyschkin und Strik-Strikfeldt fuhren nach Nordwesten ins Ungewisse. Sie passierten aufgelöste deutsche Kolonnen und kamen ungehindert in Berührung mit einer amerikanischen Einheit. Die jungen amerikanischen Frontoffiziere, denen sie ihre Vollmacht zeigten, wußten nichts von Wlassow. Immerhin legten sie Malyschkin und Strik-Strikfeldt Binden um die Augen. Beide wurden zu einem Divisionsstab gebracht und von einem Oberstleutnant Snyder empfangen. Der Oberstleutnant, dem sie bei diesem Stab ihr Anliegen unterbreiteten, telefonierte mit einer höheren Dienststelle und schlug vor, einen sowjetischen Verbindungsoffizier hinzuzuziehen.

»Nur dies nicht«, bat Strik-Strikfeldt. »Nur dies nicht.«

Der Oberstleutnant legte einen Augenblick die Hand auf die Sprechmuschel seines Apparats. Es war, als wolle er etwas sagen. Aber dann sprach er weiter: »Das wollen die Herren nicht ...«

Sie blieben eine Nacht bei der Division. Am folgenden Morgen wurden sie, abermals mit verbundenen Augen, in einen Jeep gesetzt und zum Hauptquartier der 7. amerikanischen Armee gebracht. In einem großen Raum empfing sie der Oberbefehlshaber, General Patch. Neben ihm wartete ein russischer Dolmetscher namens Artamonow, Sohn eines einstmals zaristischen Generals.

Strik-Strikfeldt sah das nervöse Zucken in Malyschkins feinem Gesicht. Würde der weiche Malyschkin die Kraft haben, die Mauer der Unwissenheit zu durchbrechen?

Malyschkin begann: Tausende bewaffneter russischer Kräfte unter dem Befehl des Generals Wlassow, die bisher gegen den Bolschewismus gekämpft hätten, befänden sich in aussichtsloser Lage zwischen der vordringenden Übermacht der bolschewistischen Armeen und der ebenfalls vordringenden amerikanischen Front. Sie seien gewillt, die Waffen

niederzulegen und sich in amerikanische Gefangenschaft zu begeben unter der Bedingung, daß sie nicht den Sowjets ausgeliefert würden.
Verwundert hörte Patch auf die Worte, die Artamonow mit eigener Anteilnahme übersetzte.
»Was heißt Wlassow?« fragte er.
Malyschkin erwiderte dem Sinne nach: »Wir sind eine dem russischen Befreiungskomitee des Generals Wlassow unterstehende, unabhängige Truppe, die den Kampf gegen Stalin und den Bolschewismus führt, um ein freies Rußland zu schaffen.«
Patch besann sich auf Freiwilligenverbände, denen seine Armee in Frankreich begegnet war. Er fragte: »Warum haben Sie dann im Westen in deutscher Uniform und unter deutschen Offizieren gegen uns gekämpft?«
»Wir haben niemals im Westen gekämpft.«
»Wir haben Tausende von russischen Kriegsgefangenen in deutscher Uniform eingebracht, die zur Wlassow-Armee gehörten.«
Malyschkin erwiderte sinngemäß: »Sie haben niemals zu den Truppen General Wlassows gehört. Sie waren sowjetische Soldaten, die zu Hunderttausenden durch die Behauptung Hitlers, er wolle ihre russische Heimat vom Bolschewismus befreien, verführt wurden, auf seiner Seite gegen Stalin zu kämpfen. Als sie den Betrug merkten und aufbegehrten, wurden sie von der Ostfront an die deutsche Westfront transportiert und gezwungen, gegen Amerikaner und Engländer zu kämpfen, gegen die sie niemals kämpfen wollten.«
Malyschkin fühlte, welch unlösbare Aufgabe es war, einem Ahnungslosen klarzumachen, auf welche Weise Wlassow und sie alle dazu gekommen waren, mit Hilfe eines Landes, das selbst einen Tyrannen besaß, den Tyrannen in ihrer Heimat zu bekämpfen. Er mußte weit ausholen, um verständ-

lich zu machen, in was für eine unlösbare Tragik sie dabei geraten waren. Er blickte prüfend in Patchs Gesicht und bemerkte zu seiner Erleichterung, daß der General bereit war, ihm weiter zuzuhören. So berichtete er die ganze Geschichte.

Fast vollbrachte er (den späteren Erinnerungen Strik-Strikfeldts zufolge) ein machiavellistisches Meisterstück, als er auf den letzten Einwand, daß Stalin und die Russen Amerikas Verbündete seien, erwiderte: »Wir sind es, nicht jene, General Patch ... Wir sind Russen und ehemalige Rotarmisten. Aber wir hatten uns auf die Seite der Freiheit gestellt, und was Freiheit bedeutet, das werden Sie als Amerikaner viel besser wissen als ich ...«

Er erinnerte an die Engländer und Amerikaner, die nach dem Ersten Weltkrieg schon einmal gegen die bolschewistische Diktatur gekämpft hatten. »Ihre Landsleute waren also schon einmal Verbündete der antibolschewistischen Russen ... also – unsere Verbündeten. Jetzt aber bitten wir Sie nicht um militärische Unterstützung, sondern nur um Asylrecht. Dieses Recht ist in der Charta der Vereinten Nationen verankert. Und Amerika ist doch der Hort der Freiheit.«

Es fiel ihm bestimmt nicht leicht, hier eine Parallele zwischen Wlassow oder sich selbst und den weißrussischen reaktionären Generalen von einst herzustellen, die einmal die Unterstützung Amerikas gefunden hatten. Aber er tat es, um seiner Botschaft willen.

Es war, als mache Patch die Andeutung einer winzigen Verbeugung. »Vielleicht«, sagte er plötzlich, »kann ich Sie verstehen. Aber wir sprechen über eine Angelegenheit, die über meine militärischen Kompetenzen hinausgeht. Ich muß Ihr Angebot General Eisenhower vortragen. Ich will gerne mein Bestes tun. Ich danke Ihnen sehr.«

Jetzt verbeugte Malyschkin sich kurz. Die Erregung zitterte noch in ihm nach, als er »ich danke« sagte.
Ruhelos warteten sie. Genau achtundvierzig Stunden später wurden sie erneut zu General Patch geführt. Der sah sie ernst, mit einem leisen Ausdruck des Bedauerns an.
»General Eisenhower«, sagte er, »kann leider über Ihr Angebot nicht entscheiden. Die Entscheidung ist politischer Natur und kann nur in Washington gefällt werden.«
Malyschkin hob müde die Achseln. Er schwieg.
Patch fuhr fort: »Die Wlassow-Divisionen können sich trotzdem ergeben. Sie werden bis zum Eintreffen der Entscheidung aus Washington wie deutsche Kriegsgefangene behandelt werden.«
Malyschkin atmete erleichtert auf.
Strik-Strikfeldt dagegen hatte plötzlich aufgehorcht.
»Heißt das«, fragte er, »nach den Regeln der Genfer Konvention?«
Patch warf einen merkwürdigen Blick auf einen seiner Stabsoffiziere, danach einen Blick auf Strik-Strikfeldt. Dann sagte er: »Nein.«
Strik-Strikfeldt wunderte sich nicht darüber, wenn er daran dachte, daß Hitler als erster die Bestimmungen der Genfer Konvention gegenüber der Sowjetunion gebrochen hatte. Aber es erschütterte ihn, daß nicht nur die Deutschen, sondern auch Wlassow und seine Männer auf amerikanischer Seite darunter leiden sollten.
Patch reichte Malyschkin die Hand und sagte: »Als General der amerikanischen Armee bedauere ich, daß ich Ihnen, General, keine bessere Auskunft geben kann. Ich möchte Ihnen aber persönlich die Versicherung geben, daß mir das sehr, sehr leid tut. Ja, ich glaube, Sie ganz verstanden zu haben, und möchte Sie meiner Hochachtung versichern. Doch Sie müssen verstehen, ich bin Soldat...« Dann fügte er

hinzu: »Sobald es die Frontlage gestattet, werden Sie zu Ihrem Stab zurückgebracht.«
Malyschkin und Strik-Strikfeldt wurden aus dem Raum geführt. Als vierundzwanzig Stunden vergangen waren, begannen sie zu ahnen, daß sie nicht mehr Parlamentäre, sondern Kriegsgefangene waren. Weitere vierundzwanzig Stunden später wußten sie es genau. Am 8. Mai erklärte ihnen ein Offizier, Deutschland habe kapituliert und sie seien von jetzt an Kriegsgefangene.
Einige Tage darauf wurden sie in ein amerikanisches Gefangenenlager überführt.

Wlassow, Schilenkow und die anderen, die Strik-Strikfeldt und Dwinger besucht hatten, fuhren in den Tagen vom 25. bis zum 27. April zwischen den von Münsingen und Heuberg kommenden Verbänden hin und her.
Am 29. April fuhr Wlassow nach Reichenhall. Er hatte Herre und Swerjew überholt und traf mit Kroeger zusammen.
Wenige Stunden später begegnete er Sergej Fröhlich, dem Gefährten aus dem Kiebitzweg, der seit drei Tagen nach ihm suchte. Fröhlich kam als Beauftragter von Aschenbrenner aus Spitzberg im Böhmerwald. Was er Wlassow mitzuteilen hatte, vertrug nicht die Zeugenschaft von Kroeger. Fröhlich wartete ungeduldig, bis Wlassow sich in einen Waschraum begab. Hier ergab sich die einzige Möglichkeit, ihn ohne Kroegers Anwesenheit zu sprechen.
Fröhlich teilte Wlassow mit, daß es Aschenbrenner zwar nicht gelungen sei, Kontakt mit den Engländern aufzunehmen, wohl aber mit General Patton, dem Oberbefehlshaber der 3. amerikanischen Armee. Er habe Patton das Angebot unterbreitet, daß Wlassow sich mit seinen Verbänden gegen die Zusicherung, sie nicht an die Sowjetunion auszuliefern, kampflos in amerikanische Gefangenschaft begeben werde.

Sein Verbindungsmann sei von den Amerikanern auf Ehrenwort entlassen worden. Er habe die Nachricht mitgebracht, daß Patton bereit sei, Wlassow zu empfangen und mit ihm persönlich zu verhandeln. Aschenbrenner lasse Wlassow bitten, nach Spitzberg zu kommen.
Wlassow hatte düster zugehört. Er dankte Fröhlich für die Überbringung der Nachricht. Er versprach, daß er am nächsten Tage nach Spitzberg fahren werde.
Am Abend fuhr er noch einmal nach Reit im Winkl zu Heidi, die inzwischen seine Frau geworden war. Er wollte Abschied von ihr nehmen. Als er sie verließ, sagte er mit gespielter Zuversicht, es werde alles gut werden. Malyschkin sei jetzt bei den Amerikanern. Er selbst müsse nur noch einmal in die Tschechoslowakei. Sie solle ihn zurückerwarten. Dann brach er auf.
Aber unterwegs wurde ihm mitgeteilt, Patton sei nicht mehr bereit, ihn zu empfangen. Vielleicht hatte er – wie General Patch – inzwischen von Eisenhower eine Belehrung erhalten, die er akzeptieren mußte. Vielleicht hatte es sich auch nur um eine »Seifenblase« gehandelt.
Wlassow nahm die Mitteilung fast unbewegt entgegen. Von Malyschkin und Strik-Strikfeldt fehlte jede Nachricht.

Am 30. April war Wlassow unterwegs, um die 1. Division zu suchen, die nach dem Zusammentreffen Schörners mit Bunjatschenko aufgebrochen war, um in den Raum von Beraun, 30 Kilometer vor Prag, zu marschieren.
Noch bevor er sie erreichte, übermittelte ihm Kroeger eine alarmierende Information. Danach hatte Schörner einer Kampfgruppe »Erzgebirge« unter Generaloberst Hoth den Befehl erteilt, Bunjatschenko einzukreisen und die Russen zu entwaffnen oder zu vernichten. Er war sicher, daß Bunjatschenko kämpfen würde – notfalls bis zum Ende und mit

allem Haß, den er für die »deutschen Betrüger« empfand. Wlassow selbst aber befiel die Furcht, sein größter Verband könne durch die Deutschen vernichtet werden, bevor die letzte Hoffnung zerbrochen war.

Er beschloß daher, um jeden Preis zu Schörner vorzudringen und ihn von der Sinnlosigkeit eines Angriffs auf die 1. Division zu überzeugen. Kroeger stellte fest, daß sich Schörners Stabsquartier in Königgrätz befand. Ohne zu wissen, daß sich in der Gegend, durch die sie fuhren, bereits tschechische Partisanen festgesetzt hatten, machten die beiden sich auf den Weg. Am 1. Mai trafen sie ein und fanden nur Schörners Stabschef von Natzmer vor, der Wlassow bestätigte, daß der Entwaffnungsbefehl bereits erteilt sei. Sie warteten bis zum Abend – bis Schörner von einer seiner hektischen Frontfahrten zurückkam. Kroeger sprach zuerst mit ihm, ließ zahllose Drohungen gegen Bunjatschenko über sich ergehen, erreichte aber schließlich, daß Schörner sich bereit erklärte, Wlassow zu empfangen.

Es gehörte zu den letzten aktiven Leistungen Wlassows, daß er Schörner überredete, seinen Entwaffnungsbefehl zurückzunehmen und die 1. Division in den Befehlsbereich Wlassows zu entlassen. Angeblich beeindruckte Wlassow den Unberechenbaren dadurch, daß er ihm darlegte, seine Bewegung und seine Divisionen hätten als einzige die Chance, die Westmächte von der Notwendigkeit des Kampfes gegen die Sowjetunion zu überzeugen. Dazu müßten sie aber intakt bleiben. Und die Erhaltung der 1. Division, nicht Illoyalität, sei Bunjatschenkos einziges Ziel.

Erschöpft, aber erleichtert, machte Wlassow sich weiter auf die Suche nach Bunjatschenko. Auf dem Weg nach Kosojedy passierte er schließlich dessen erste marschierenden Kolonnen. Die Soldaten, die an manchen Tagen fünfzig und sechzig Kilometer zurückgelegt hatten, erkannten ihn, und er

winkte ihnen zu, aber sein Winken war ohne anfeuernde Kraft. Er wollte keine Illusionen mehr erwecken. Am Mittag erreichte er Bunjatschenko in Kosojedy.
Er überraschte ihn, während er mit einer Delegation tschechischer Offiziere sprach. Diese erinnerten ihn daran, daß der Aufstand der Tschechen gegen die Deutschen am 5. Mai beginnen werde und daß man auf die Hilfe seiner Division zähle. Das tschechische Volk werde seine Hilfe niemals vergessen und sich erkenntlich zeigen. Als die Tschechen sich verabschiedet hatten, verlangte Bunjatschenko, daß Wlassow zunächst Kroeger wegschicke. Er könne für dessen Leben nicht garantieren. In seiner SS-Uniform sei es für seine Soldaten ein Sinnbild des deutschen Hinhaltens und des Verrats. Tatsächlich explodierte kurz darauf in dem Zimmer, in dem Kroeger übernachten sollte, eine Handgranate. Kroeger fuhr nach Prag, um sich dort über die Lage zu informieren, und kehrte nicht mehr zurück.
Unterdessen begann in der Bauernstube, die Bunjatschenko bewohnte, die bedeutungsvollste Auseinandersetzung, die es je zwischen Wlassow und seinem ersten Divisionskommandeur gegeben hatte. Bunjatschenko stand dort in Hemdsärmeln, die Fäuste auf den Tisch und einen Vertragsentwurf gestützt, den er mit den nationalen tschechischen Offizieren ausgehandelt hatte. Dieser versprach ihm und allen russischen Soldaten, die an ihrer Seite gegen die Deutschen kämpften, eine freie Heimat in der wiedererstandenen Tschechoslowakei.
»Andrej Andrejewitsch«, sagte Bunjatschenko fast beschwörend, »Deutschland hat verloren. Von den Deutschen haben wir nichts mehr zu erwarten. Sie haben uns so oft betrogen und verraten, daß sie auch von uns nichts mehr erwarten können. Andrej Andrejewitsch, Sie haben versucht, mit den Alliierten zu verhandeln und uns den Weg in die englische

oder amerikanische Gefangenschaft zu eröffnen. Aber haben Sie einen Erfolg gehabt? Dort versteht man uns noch weniger, als uns die Deutschen verstanden haben. Wir brauchen eine Heimat, in der wir zusammen Soldaten bleiben können, für unser Ziel, für die Zukunft. Und die Möglichkeit, diese Heimat zu finden, gibt es nur durch eine Zusammenarbeit mit den Tschechen. Wenn wir den antikommunistischen Tschechen helfen, die deutsche Herrschaft zu beseitigen und eine antikommunistisch-nationale Regierung auszurufen, werden die Amerikaner nicht dulden können, daß die Sowjets diese Regierung beseitigen und das Land vergewaltigen.«

»Andrej Andrejewitsch«, fuhr Bunjatschenko fort. Man sah, wie er sich gegen die Resignation Wlassows empörte. »Die Tschechen wollen sich befreien – von den Deutschen. Sie teilen sich – in ein kommunistisches und ein national-tschechisches Komitee. Die Kommunisten warten darauf, daß die Sowjets kommen. Die Nationalisten aber hoffen, daß die Amerikaner kommen werden; auf jeden Fall wollen sie das Land in ihre Hand bringen und eine Regierung bilden, bevor die Sowjets hier sein können. Sie selbst haben nicht Waffen genug, um mit den Deutschen fertig zu werden. Wir haben diese Waffen. Seit Tagen verhandeln Beauftragte der nationalen Tschechen mit mir. Sie wünschen unsere Hilfe, die die Niederlage der Deutschen in Prag und im ganzen Land möglich macht. Sie, die National-Tschechen, und wir, ihre Getreuen, wollen uns gemeinsam zu einem Kampf gegen Bolschewismus und Nationalsozialismus erheben. Und die nationale Regierung, die mit unserer Hilfe an die Macht kommen wird, garantiert uns eine Heimat in ihrem Land. Sehen Sie, was das heißt, Andrej Andrejewitsch?«

Wlassow schwieg noch immer.

»Lassen Sie alle anderen Hoffnungen fahren«, sagte Bunjatschenko, »die Verhandlungen mit den Amerikanern und auch diesen Meandrow-Plan, nach Jugoslawien zu marschieren. Michailowitsch ist nur noch ein Schatten. Tito hat die Macht. Die sowjetischen Armeen stehen tief im Land. Hier liegt das ganze Land frei vor uns. Wenn wir es befreit haben, wird kein Amerikaner es wagen, uns auszuliefern.«

Bunjatschenko sah aus, als wolle er Wlassow die Zustimmung zu seinen Plänen mit den Fäusten abringen.

Währenddessen kam eine Ordonnanz. Sie brachte Nikolajew eine Nachricht, und Nikolajew hielt Bunjatschenko einen Zettel hin.

»Andrej Andrejewitsch«, sagte er mit erhobener Stimme, »sehen Sie, welche Meldung eben gekommen ist. Hitler ist tot. Was überlegen Sie noch?«

Wlassow hob sein graues Gesicht. »Ich weiß, daß er tot ist«, sagte er. »Was hat das mit uns zu tun?« Er blickte durch die großen Brillengläser in Bunjatschenkos gerötetes Gesicht. »Die ganze Welt hält uns für Verräter«, fuhr er fort, »und jetzt noch mal Verrat, noch mal Verrat?«

Bunjatschenko schien fassungslos. »Verrat an den Deutschen?« grollte er. »Meinen Sie das?«

Wlassow nickte.

»Verrat an denen, die uns tausendmal verraten haben«, fragte Bunjatschenko. »Wollen Sie diesen Hunden Treue halten, die zu dumm waren, uns zu begreifen, zu überheblich, um in uns Menschen zu sehen? Diesen Hunden, die uns getreten und mißachtet, beschimpft und verraten haben. Wollen Sie alle Ihre Soldaten ins Verderben reißen, weil Sie denen Treue bewahren wollen, denen wir unser Unglück danken? Andrej Andrejewitsch, Sie haben nicht an die Deutschen, sondern an Ihre Soldaten zu denken, die einen Platz brauchen, um sich für die Zukunft zu erhalten. Hören Sie mich, Andrej Andrejewitsch? Wir in der Division sind uns einig!«

Aber Wlassow war nicht zu überzeugen. »Ich glaube nicht an euren Weg«, sagte er. »Er wird uns in den Augen der Welt nicht nur endgültig zu Verrätern machen. Er kann auch nicht gelingen. Ich habe schon vor Wochen einmal daran gedacht, und Sergej (er meinte Sergej Fröhlich) hat mich mit Klecanda, dem tschechischen General, in Verbindung gebracht, der einmal unter Koltschak gekämpft hat. Klecanda hat mich überzeugt, daß die tschechische Mehrheit die Sowjets begrüßen werde, weil mit ihnen ihr alter Präsident Beneš zurückkommen würde. Sie wird erst zu spät begreifen, daß sie damit in Wahrheit ihr Land bolschewistisch macht. Die Amerikaner aber werden getäuscht werden, so wie sie in Polen getäuscht worden sind. Aber ...«, schloß er, »ich will euren Hoffnungen nicht im Wege stehen.«
Bunjatschenko erklärte: »Wir haben also freie Hand!«

Schwenninger wußte zu diesem Zeitpunkt nichts von den Dingen, die sich hinter seinem Rücken vollzogen.
Am 4. Mai wurde ihm nochmals berichtet, daß Tschechen insgeheim mit Bunjatschenko verhandelten. Er dachte noch nicht an die Möglichkeit eines tschechischen Aufstandes. Immerhin ließ er einen Teil seines Verbindungskommandos hinter der 1. Division, außerhalb des Machtbereiches von Bunjatschenko, marschieren. Wlassow war seit dem 1. Mai in seiner Nähe nicht mehr gesehen worden. Schwenninger hatte aber den Eindruck, daß Wlassow sich resigniert abseits hielt – wohl noch im Divisionsbereich, aber ohne Verbindung zu Bunjatschenko.
So brach der 5. Mai an. Gegen 9 Uhr morgens hörte Schwenninger auf der Dorfstraße einen Trommelwirbel und gleich darauf die Stimme des tschechischen Gemeindedieners, der den Einwohnern eine Verordnung vorlas. Schwenningers IC verstand etwas Tschechisch. Er meinte, es handle sich um

eine Verkündigung des Kriegsendes. Schwenninger begab sich mit seinem IC zu Bunjatschenkos Haus. Sie wurden von Nikolajew empfangen. Er sagte: »Bitte, warten Sie hier einen Augenblick. Ich werde bald zurück sein.«

An seiner Stelle erschien jedoch Olchowik, Bunjatschenkos IC. Sein Gesicht nahm einen betretenen Ausdruck an, während er die beiden Deutschen um ihre Waffen bat. Er sagte, Bunjatschenko ließe den Deutschen ausrichten, daß diese Maßnahme nicht gegen sie gerichtet sei. Sie sei leider im Interesse der Deutschen selbst notwendig.

Nach einer Stunde erschien Nikolajew. Schwenninger hatte sich gerade zum Fenster begeben und gesehen, daß ein kleiner untersetzter Oberst der tschechischen Gendarmerie in Begleitung mehrerer Zivilisten das Haus verließ.

Nikolajew entschuldigte sich nochmals. Dann teilte er mit, daß die Tschechen seit den frühen Morgenstunden in Prag und im ganzen Land zum Aufstand gegen die deutsche Besatzung aufgerufen hätten. In Prag werde gekämpft. Die nationalen Tschechen hätten soeben mit der Division einen Vertrag abgeschlossen, demzufolge sich die neue nationale tschechische Regierung und die Division zum gemeinsamen Kampf gegen Faschismus und Bolschewismus verpflichteten. Die Division werde sich in wenigen Stunden in Marsch setzen, um in den Kampf um Prag einzugreifen.

»Gelmut Fritzowitsch«, fuhr er fort, »versuchen Sie, uns zu verstehen. Es ist unsere einzige Chance. Wir haben uns von den Tschechen versprechen lassen, daß den Deutschen, die keinen Widerstand leisten, ehrenvolle Gefangenschaft und Abtransport nach Deutschland zugebilligt wird. Was das deutsche Verbindungskommando anbetrifft, so können Sie wählen, ob Sie sofort nach Deutschland abtransportiert werden wollen; die Tschechen haben sich verpflichtet, diesen Transport sicher durchzuführen. Sie können auch bei

uns bleiben. Dann müssen Sie sich allerdings einstweilen als unsere Gefangenen betrachten.«
Schwenninger kannte Nikolajew gut genug, um an der Aufrichtigkeit seiner Worte nicht zu zweifeln. Er setzte mehr Zutrauen in die Aufrichtigkeit Nikolajews als in die Zuverlässigkeit tschechischer Versprechungen. Daher sagte er, er wollte mit seinen Leuten bei der Division bleiben.
Einige Stunden später marschierte das Gros der Division in Richtung Prag ab.

Das Protektorat Böhmen und Mähren und das deutsche Sudetengebiet hatten bis Anfang Mai inmitten des allgemeinen Chaos fast unberührt vom Toben der Gewalten dagelegen. Wohl erschienen, seit sich die Verbände der 1. und 3. amerikanischen Armee von Westen her tschechischem Boden näherten, amerikanische Kampf- und Tieffliegerverbände über dem Gebiet, das nach Osten zu noch von dem Südflügel und der Mitte der Heeresgruppe Schörner umschlossen war und an dessen Nordgrenze noch die 4. deutsche Panzerarmee verzweifelt gegen die überlegenen Verbände des Marschalls Konjew kämpfte.
Noch am 4. Mai hatte General Eisenhower nach Moskau gedrahtet, daß seine 3. Armee jetzt bereit sei, über die Linie Karlsbad–Pilsen–Budweis hinaus bis an die Elbe und die Moldau in die Tschechoslowakei vorzustoßen und »das ganze Gebiet bis zum Westufer dieser Flüsse zu säubern«. Der sowjetische Generalstabschef Antonow aber hatte Eisenhower noch am gleichen Tag »in größter Eile« über die amerikanische Militärmission in Moskau »auffordern« lassen, »nicht weiter über die Linie Karlsbad–Pilsen–Budweis vorzustoßen«. Und Eisenhower hatte – als Gefangener der allgemeinen amerikanischen Illusionen über die Absichten Stalins in Osteuropa – Antonows Forderungen entsprochen

und seinen Truppen den Befehl erteilt, an der genannten Linie haltzumachen.
Damit war, ohne daß Deutsche, Russen oder Tschechen davon wußten, jeder Hoffnung der Boden entzogen, die sich auf die Bildung einer nationalen Tschechoslowakei und ihre Unterstützung und Besetzung durch die Amerikaner richtete. Nur die insgeheim von sowjetischen Fallschirmoffizieren geführte kommunistische Untergrundbewegung wußte, daß die Rote Armee Prag und die Tschechoslowakei besetzen würde. Sie hatte die Verhandlungen der nationalen Tschechen mit Bunjatschenko mit Sorgfalt verfolgt. Sie wußte, daß sie im Endergebnis der Sieger sein würde, und mit hervorragendem taktischem Geschick war sie bereit, zunächst mit den Nationalisten zusammen den Aufstand gegen die Deutschen zu entfesseln. Sie hatte nichts dagegen, wenn Bunjatschenkos Division, von falschen Hoffnungen geleitet, dabei half, die Deutschen niederzuschlagen. Nachher würde die Division schon ihren Preis dafür bezahlen.
Am Morgen des 5. Mai, an dem Bunjatschenko seine Division nach Prag in Marsch setzte, hatten sich im ganzen Land, vor allem aber in Prag, die tschechischen Nationalisten und Kommunisten erhoben. Sie eroberten im Handstreich den Rundfunksender Prag. Sie besetzten überraschend deutsche Bekleidungs- und Waffenlager. Niemand wußte, wer wirklich auf deutscher Seite führte. Hitler war tot, und aus Flensburg trafen Nachrichten über Kapitulationsverhandlungen ein.
Der deutsche Stadtkommandant von Prag, General Toussaint, hatte keine Befehlsgewalt über die SS- und Polizeiverbände. Diese selbst waren nur noch zum Teil kampfentschlossen. Hätten sie gewußt, welch blutiges Schicksal einem großen Teil von ihnen bevorstand, so hätten sie sich wahrscheinlich entschlossener geschlagen. Nur alte SS- und

SD-Gruppen, die über ihr Schicksal klarere Vorstellungen hatten, kämpften rücksichtslos.
Erst am Morgen des 6. Mai rafften sich die Deutschen zu Gegenstößen auf. Einige SS-Verbände rückten von außerhalb in Prag ein. Aber sie waren zu schwach, um eine entscheidende Wende herbeizuführen. Immerhin gerieten die Tschechen hier und da in bedrohliche Situationen. Zum erstenmal ertönte über den Sender Prag ein öffentlicher Hilferuf an Bunjatschenko und seine Division.

Am Morgen des 7. Mai stand Bunjatschenko vor Prag. Am Vormittag nahm das 1. Regiment den Flugplatz von Prag und stellte 46 deutsche Flugzeuge sicher. Die anderen Regimenter und die Aufklärungsabteilung rückten in Eilmärschen in die Stadt ein. Es kam nach kurzer Zeit zu erbitterten Gefechten, vor allen Dingen mit den SS-Verbänden, in deren Reihen die Parole von den Wlassow-Verrätern entstanden war, die man am eigenen Busen großgezogen habe.
Um 5 Uhr nachmittags stieg neben der national-tschechischen Fahne im Zentrum von Prag die Flagge Wlassows empor. Bunjatschenko hatte in den Kämpfen 300 Mann verloren. Seine Soldaten wurden von der tschechischen Bevölkerung mit Überschwang gefeiert. Selbst Schwenninger, der sich in der Vorstadt Jinonice aufhielt, wo Bunjatschenko seinen Gefechtsstand aufgeschlagen hatte, wurde von Tschechinnen umarmt. Wlassow-Bilder erschienen an den Häuserwänden. Und keiner der russischen Soldaten hätte geglaubt, daß dieses Feuer der Begeisterung vierundzwanzig Stunden später verlöschen und sich in Haß verwandeln sollte.
Im Laufe des 8. Mai erhielt Bunjatschenko die Nachricht, daß Deutschland kapituliert habe, daß die amerikanischen Truppen ihren Vormarsch im Raum um Pilsen eingestellt

hätten und Gewehr bei Fuß auf das Eintreffen der Roten Armee warteten, die von Norden her schon dicht an Prag herangekommen war. Doch Bunjatschenko wollte noch nicht glauben, daß sein Plan gescheitert war.
Aber seine Soldaten in Prag merkten, daß sich ein Umschwung vorbereitete. Immer mehr rote Fahnen zeigten sich in der Stadt. Die nationalen Tschechen schlossen mit den Deutschen einen Waffenstillstand. Sie wollten so schnell wie möglich die Kämpfe beenden, um Prag in ihrer Hand zu haben, bevor die Rote Armee Prag erreichte. Sie hofften immer noch, diese Regierungsbildung könne vielleicht die Amerikaner dazu bewegen, weiterzumarschieren.

Der Waffenstillstand wurde nicht überall anerkannt. Die Kommunisten kämpften weiter, während der Abmarsch der deutschen Soldaten nach Westen im Gange war. Die Wlassow-Bilder verschwanden von den Straßen, und die ersten Stalin-Bilder tauchten auf.
Als sich schließlich die Nachricht verbreitete, daß eine »Provisorische Regierung« gebildet worden sei, entsandte Bunjatschenko eine Offiziersdelegation, um sich Gewißheit über die Lage und das Verhältnis der Regierung zu seiner Division zu verschaffen. Die Offiziere stellten zu ihrem Schrecken fest, daß von den zwölf Regierungsmitgliedern acht Kommunisten waren. Ihnen wurde erklärt, nicht die Regierung habe sie gebeten, nach Prag einzumarschieren. Man benötige keine Hilfe von Söldlingen der Deutschen. Nur falls sie sich der Roten Armee stellten, werde man sich für sie verwenden.
Etwa zur gleichen Zeit setzte der im Prager Zentrum stehende Kommandeur von Bunjatschenkos Aufklärungsabteilung einen Funkspruch ab. Er meldete, daß stündlich mit dem Einmarsch sowjetischer Panzerverbände in Prag gerechnet

werden müsse. Soeben habe sich bei ihm ein sowjetischer Kommissar gemeldet, der mit Fallschirm abgesetzt worden sei und sich bei den kommunistischen Partisanen aufhalte. Er habe zynisch von der Hoffnung Stalins gesprochen, Bunjatschenko mit seiner gesamten Division in Kürze in die Arme schließen zu können.

Bunjatschenko antwortete mit einem Fluch. Eine Viertelstunde später meldeten sich bei ihm die tschechischen Gendarmerie-Offiziere, mit denen er in den ersten Maitagen seinen Vertrag ausgehandelt hatte. Sie konnten ihm nur noch mitteilen, daß ihre Sache verloren sei. Ihre Hoffnungen auf die Amerikaner seien getäuscht worden. Es sei sicher, daß die Rote Armee die Tschechoslowakei besetzen und die kommende Regierung bestimmen würde. Sie seien daher nicht mehr in der Lage, den mit Bunjatschenko geschlossenen Vertrag zu erfüllen.

Niemand hätte dem grobschlächtigen Bunjatschenko Tränen zugetraut. Aber in diesem Augenblick weinte er. Dann unterschrieb er den Befehl zum Abmarsch aus Prag.

Es war ein gespenstischer Zug.

Auf den nach Südwesten aus Prag herausführenden Ausfallstraßen zogen neben den Einheiten der 1. Division nicht nur deutsche Heereskolonnen, sondern auch Teile der SS-Verbände, die aus Prag entkommen waren.

Am 9. Mai abends erreichte die Division wieder die Quartiere im Raum von Beraun, die sie am 5. Mai verlassen hatten, um nach Prag zu marschieren. Hier erhielten Schwenninger und seine Leute ihre Waffen zurück.

Der Haß vieler vor wenigen Tagen noch jubelnder Tschechen machte den Marsch zur Qual. In einem Ort, durch den die Division am Nachmittag des 9. Mai marschierte, sandte der tschechische Bürgermeister Beauftragte zu Bunjatschenko.

Sie luden ihn zum Abendessen ein. Bunjatschenko und Nikolajew lehnten ab. Aber einige Offiziere eines Regiments folgten der Einladung. Während der Bewirtung wurde das Haus, in dem das Essen stattfand, umstellt. Die Offiziere wurden niedergemacht oder gefangengenommen und sowjetischen Truppen übergeben. Nur ein einziger von ihnen entkam und berichtete, was geschehen war.
Am Morgen des 10. Mai setzte die Division ihren Marsch in Richtung auf die amerikanische Demarkationslinie fort. Alle warteten darauf, ob die Amerikaner sie aufnehmen oder zurückweisen würden. Am Spätnachmittag stockten die Marschkolonnen.
Nikolajew fuhr mit Schwenninger nach vorn. An der Spitze der Division fanden sie den Kommandeur der Aufklärungsabteilung mit einem amerikanischen Captain. Der Captain begrüßte Nikolajew merkwürdigerweise herzlich, wenn auch verlegen. Durch seinen tschechischen Dolmetscher ließ er Nikolajew bitten, ihm nochmals zu bestätigen, daß die Division sich auf dem Marsch in einen Unterkunftsraum westlich der Demarkationslinie befinde.
»Verzeihung«, fragte er dann, »wissen Sie denn nicht, daß Marschall Stalin schon gestern das Ende des Krieges verkündet hat?«
Nikolajew nickte.
Das Erstaunen des Captains wurde daraufhin noch größer. Er werde mit seinem Kommandierenden General sprechen, erklärte er.
Nach längerem Ferngespräch wandte er sich wieder an Nikolajew. Er erklärte, der Kommandierende General sei damit einverstanden, daß die Division weitermarschiere. Er bat, dem russischen Divisionskommandeur eine Einladung des Kommandierenden Generals zu einem Frühstück am Morgen des 11. Mai zu übermitteln.

Schwenninger ahnte plötzlich, daß hier ein Mißverständnis im Spiel war. Als der Captain dann Schwenninger einem anderen Amerikaner mit den Worten vorstellte: »One of the officers of our great Russian Ally«, verstand Schwenninger alles. Der Captain hatte noch nie etwas über Wlassow gehört. Er hielt die 1. Wlassow-Division trotz der deutschen Uniformen für eine vorgeprellte Division der Roten Armee.
Der Irrtum klärte sich noch in der Nacht auf. Er hatte aber der Division den ungehinderten Marsch über die Demarkationslinie ermöglicht. Am späten Abend und in der Nacht versammelte sie sich im Raum sechs Kilometer nördlich von Schlüsselburg: eine Schar Enttäuschter, Verzweifelter, Hoffender oder Ertrinkender – zwischen Leben und Tod, Freiheit und Untergang.

Kurz vorher, am 4. Mai, war Oberleutnant Buschmann von Maljzews Fliegerverband in einem alten Fieseler Storch bei Kosojedy gelandet, um im Auftrag Truchins Wlassows Entscheidung darüber einzuholen, ob er noch einen Versuch machen sollte, eine dritte Division aufzustellen. Aber es gab keine Chance mehr. Wlassow hatte mehrere Gespräche mit Buschmann, in denen er seinen Plan erwog, sich nach einer Gefangennahme durch die Amerikaner freiwillig einer Auslieferung an die Sowjetunion und dem sicheren Tode in Moskau zu unterwerfen. Vielleicht könne dadurch die Masse seiner Leute vor der Auslieferung gerettet werden.
Buschmann informierte Maljzew. Dieser ließ Wlassow mitteilen, er dürfe sich unter keinen Umständen opfern. Gleich, was auch geschehen möge – für den Fortbestand und die Weiterführung dessen, was sie versucht hätten, sei ein lebender Wlassow wichtiger. Er bat ihn, sich in Sicherheit zu bringen. Einer seiner Piloten, Kapitän Antelewski, der, wie

viele andere, noch nach seiner Ernennung zum »Helden der Sowjetunion« auf die Seite Wlassows übergetreten war, stehe mit einem geeigneten Flugzeug bereit, um ihn nach Spanien zu bringen.
Wlassow lehnte mit den Worten ab: »Ein Führer, der seine Leute im entscheidenden Augenblick allein läßt, taugt auch für später nichts ... Ich hatte alle Chancen für den Sieg. Die Deutschen oder – wenn man will – das Schicksal ließen ihn nicht zu. Nun muß ich den Weg zu Ende gehen ...«
Am 9. Mai folgte er dem Marsch der 1. Division nach Westen. Nur hier und da erkannte ihn eine Einheit. Er suchte Bunjatschenko nicht. Und auch Bunjatschenko verlangte nicht nach ihm. Am gleichen Abend jedoch, an dem die 1. Division die amerikanische Demarkationslinie überschritt, traf auch Wlassow an dieser Linie ein.
Als sein Wagen sich dem amerikanischen Straßenposten näherte, legte er seine Hand auf Antonows Arm. »Nun haben wir noch einhundert Schritte bis zum Ende«, sagte er. Dann kam er auf das Thema zurück, das er mit Buschmann diskutiert hatte. »Mein Leben bedeutet nun nichts mehr. Aber glaubst du, daß es wenigstens noch so viel bedeutet, daß ich es anbieten kann – für euch und für alle die, die an mich geglaubt haben?«
Unterdessen waren sie bei den amerikanischen Posten angekommen. Auch ihnen half ein Mißverständnis weiter. Als Wlassow durch eine Dolmetscherin darum bitten ließ, dem nächsten amerikanischen General vorgeführt zu werden, hielten ihn die Amerikaner für einen sowjetischen General und wiesen ihm und seiner Begleitung den Weg zum amerikanischen Regimentskommandeur in Pilsen.
Dieser fiel dem gleichen Irrtum zum Opfer. Er hatte noch nie von Wlassow gehört. Als Wlassow darum bat, einem höheren amerikanischen Kommandeur vorgestellt zu werden,

wurde ihm gesagt, man werde höhere Anweisungen einholen. Dann wurde Wlassow und seinen Leuten ein Quartier in einer Villa zugewiesen, in dem sie warten sollten. Es war schon tief in der Nacht auf den 10. Mai. Tenserow stellte fest, daß es in der Villa Zivilanzüge gab, und er schlug vor, sich umzukleiden und sich bis zur nahen deutschen Grenze durchzuschlagen. Er mißtraute den Amerikanern. Aber Wlassow lehnte ab.
Stundenlang saßen er und Antonow sich schweigend gegenüber, während die Leibwache und die Dolmetscherin in einem Nebenraum wachten.
Am Vormittag des 10. Mai wurde Wlassow nach Schlüsselburg zum Kommandierenden General des amerikanischen Korps, das in diesem Raum lag, gebracht. Als er dort eintraf, hatte die sowjetische Armee den Ort schon erreicht. Die Demarkationslinie führte mitten hindurch.
Wlassow wurde in das amerikanische Korpskommando gebracht. Um 10 Uhr stand er dem amerikanischen General gegenüber.
Er wußte in dieser Stunde immer noch nichts von Malyschkins Schicksal. Er wußte nichts von den Worten, die Malyschkin gesprochen hatte, um Patch zu erklären, daß hier keine Verräter Gnade erwarteten, sondern daß nur um Verständnis und Fairneß für Menschen gebeten wurde, »die für ein besseres Vaterland hatten kämpfen wollen«. Er wußte daher auch nicht, daß er jetzt fast die gleichen Worte brauchte, die Malyschkin gebraucht hatte. Er reckte sich noch einmal empor. Seine Stimme, sein unvergleichlicher Baß, klang noch einmal auf wie in seinen besten Tagen.
Vielleicht verstand sein amerikanischer Gesprächspartner seine Worte nur halb. Aber er begriff irgend etwas von der Macht der Persönlichkeit. Und hielt er nun Wlassow und seine Leute für Verräter oder nicht – er spürte, daß hier ein

Mann, der sicherlich ein ungewöhnlicher Mensch war, für die Soldaten kämpfte, die ihm gefolgt waren.
Auch im Kopf dieses Amerikaners spukten die Vorstellungen von den sowjetischen Verbündeten. Sie mußten es ihm schwermachen, den Sinn von Wlassows Worten zu verstehen, das Ziel seiner Leute zu begreifen und zu erkennen, weshalb Wlassow ihn darum bat, seine Soldaten in amerikanische Gefangenschaft zu übernehmen. Aber er empfand dafür eine Anwandlung von Achtung, als Wlassow ihm sagte, er als Oberbefehlshaber seiner Verbände stelle sich zur Auslieferung zur Verfügung, wenn man dafür seinen Soldaten den Weg zur Rettung öffne.
Schließlich erklärte er, die Frage von Auslieferung oder Nichtauslieferung überschreite seine Kompetenzen. Wenn Wlassow bedingungslos kapituliere, werde er sich aber bemühen, seine Truppen in amerikanische Gefangenschaft zu überführen, da sie offenbar nicht gegen die sowjetische Heeresgruppe Konjew gekämpft hätten. Er ließ Wlassow in sein Quartier zurückbringen, damit er seine Entscheidung überlegen könne.
Hier meldete sich am Nachmittag völlig überraschend ein amerikanischer Offizier, teilte Wlassow mit, daß Bunjatschenkos Division sich bei Schlüsselburg befände, und schlug Wlassow vor, dorthin zu fahren. Sonderbarerweise fügte er aber hinzu, er könne sich jedoch auch an einen anderen Ort begeben. Benzin stehe zur Verfügung. Es blieb offen, ob dies ein stillschweigendes Angebot zur Flucht bedeutete. Wlassow machte jedenfalls keinen Gebrauch davon, sondern bat, nach Schlüsselburg gebracht zu werden. Eine amerikanische Wagenkolonne lieferte ihn und seine Leute am Abend in einem Schloß am Stadtrand von Schlüsselburg ab.
Ein amerikanischer Captain namens Donajue erwartete ihn in einem Zimmer des Erdgeschosses. Er sagte in einem Ton,

in dem sich kindliche Unwissenheit mit einem Gefühl moralischer Überlegenheit mischte: »Well, Herr General, jetzt ist wohl alles aus? Sie haben vergeblich Ihre Herren gewechselt und auf das falsche Pferd gesetzt.« Wlassow sah den Captain mit einem unbeschreiblichen Blick an. Es lag kein Erstaunen darin, keine Verachtung, eher Güte – Güte angesichts solchen Verkennens der Wirklichkeit.

»Captain«, klang Wlassows Stimme wie aus weiter Ferne, »ich habe mein ganzes Leben lang nur einem Herrn gedient.«

Das Gesicht Donajues zeigte eine Spur von Verwunderung. »Und der wäre?« fragte er.

Wlassow antwortete: »Das russische Volk.«

Der Captain blickte einen Augenblick lang schweigend zu dem Riesen hinauf, der vor ihm stand. Dann bat er ihn in verändertem Ton, ihm zu folgen. Er führte Wlassow und zwei seiner Leute, darunter die Dolmetscherin, in den ersten Stock hinauf und zeigte Wlassow zwei Zimmer, in denen er wohnen solle.

Donajue ließ Wlassow und seine Leute jedoch nicht allein. Es war, als habe irgend etwas an Wlassow ihn fasziniert. Er wartete, bis Wlassow sich eingerichtet und niedergesetzt hatte. Dann begann er zu fragen.

Die Dolmetscherin übersetzte. Stunden vergingen über dem Gespräch. Donajues naiver Wissensdurst lockte Wlassow noch einmal zu einem Bekenntnis, zum letzten Bericht über seinen Weg und sein Ziel, den er einem »Menschen aus dem Westen« gab.

Als der Captain sich für die Nacht verabschiedete, sagte er, daß das Haus zum Teil bereits von sowjetischen Partisanen, die in diesem Gebiet mit Fallschirmen abgesetzt worden waren, besetzt sei. Aber er werde für Wlassow alles tun, was er könne.

Donajue hielt sein Wort. Von seinem Fenster aus sah Wlassow Kraftwagen der sowjetischen Armee auf der Straße entlang der Demarkationslinie hin und her fahren. Auch Kavallerieabteilungen ritten vorüber.
Am Mittag des 11. Mai erschien der Amerikaner und teilte Wlassow mit, daß die amerikanischen Truppen sich am kommenden Tag in westlicher Richtung zurückzögen und Schlüsselburg den sowjetischen Truppen überließen. Er bot Wlassow an, ihn und seinen engsten Kreis in einer Gruppe von Engländern einzuschleusen, die aus deutscher Kriegsgefangenschaft befreit worden waren und in die zukünftige britische Besatzungszone in Nordwestdeutschland überführt würden. Wlassow dankte und bat, zu Bunjatschenko gebracht zu werden, damit er noch einmal mit ihm sprechen könne. Bunjatschenko hoffte noch immer, er werde mit seiner Division in amerikanische Gefangenschaft nach Westen abziehen können. Aber Wlassow mahnte ihn, daß wahrscheinlich nur der Versuch übrigbleibe, sich in kleinen Gruppen durchzuschlagen. Dann kehrte er noch einmal in das Schloß zurück, in dem jetzt auch bereits sowjetische Soldaten ein und aus gingen, ohne ihn zu erkennen.
Donajue begrüßte ihn mit der Nachricht, daß der Stab seiner Armee sich erkundigt habe, ob Wlassow sich noch in seinem Quartier aufhalte. Dann fragte er zweideutig: »Befinden Sie sich hier?« Es war ein nochmaliges Angebot zur Flucht. Aber Wlassow dankte wiederum und erklärte, ja, er sei da und stehe den Amerikanern zur Verfügung. In der folgenden Nacht schrieb er ein Memorandum für das amerikanische Oberkommando. Er schrieb darin, er und alle führenden Männer seiner Umgebung seien bereit, sich einem internationalen Gericht zu stellen. Sie seien keine Söldner der Deutschen, sondern Angehörige einer eigenen politischen und militärischen Organisation, und es widerspräche jedem

internationalen Recht, sie ohne ordentliches Gerichtsverfahren der Sowjetunion und dem sicheren Tode auszuliefern.
Captain Donajue versuchte nochmals, ihm zu helfen. Er gab den Schriftsatz über Funk weiter. Kurz darauf erschien er mit betrübtem Gesicht und teilte Wlassow mit, das amerikanische Oberkommando – und das bedeutete wiederum Eisenhower – habe die Übernahme der 1. Division in amerikanische Gefangenschaft und deren Durchlaß in die zukünftige amerikanische Besatzungszone in Süddeutschland abgelehnt. Wlassow selbst und sein Stab seien um 2 Uhr nachmittags ins Hauptquartier der Armee in Pilsen zu überführen.
Zur festgesetzten Zeit fuhren mehrere Wagen vor. Wlassow und Antonow bestiegen den letzten. Zwei amerikanische Panzerwagen und ein kleines Kommando begleiteten die Kolonne. Donajue verabschiedete sich mit dem Wunsch, vielleicht gelinge es Wlassow doch noch, seine Vorgesetzten zu überzeugen. Weder er noch die Russen ahnten in diesem Augenblick, daß sich in einem Offizier Wlassows, dem Hauptmann Kutschinski, ein Verräter gefunden hatte. Um sein Leben zu retten, verriet er dem Stab des in Schlüsselburg einrückenden sowjetischen Korps, daß eine Wagenkolonne mit Wlassow das Schloß verließ. Nur zwei Kilometer vom Schloß entfernt stellte sich ihr ein sowjetischer Armeewagen mit dem Bataillonskommissar Jakuschew in den Weg. Die amerikanischen Begleiter der Kolonne waren an Zahl und Bewaffnung hoch überlegen. Aber sie ließen Jakuschew gewähren, als er die Tür des Wagens aufriß, in dem Wlassow saß, und diesen mit vorgehaltener Maschinenpistole aufforderte auszusteigen.
Das zermürbende Spiel der letzten Tage hatte in Wlassow die letzten Kräfte zerstört, die sich noch gelegentlich gegen die große Welle der Apathie und der Hingebung an das Schicksal, die ihn überströmte, gewehrt hatten. Er war

unsagbar müde. Er war endgültig bereit, sich seinem Schicksal zu fügen.
Schweigend verließ er den Wagen, während Antonow einfach wendete und versuchte, zum Schloß zurückzukehren. Auch die anderen Wagen kehrten unter den Augen der teilnahmslosen Amerikaner zurück. Wlassow stand allein dem Kommissar gegenüber. Nur ein Dolmetscher, ein Volksdeutscher namens Keßler, war zurückgeblieben, stürzte auf die Amerikaner zu und versuchte ihnen klarzumachen, daß sie eingreifen und verhindern müßten, daß hier einfach ein Gefangener geraubt werde. Sie taten indessen, als hörten sie nicht. Von einem vorbeifahrenden Jeep rief ihnen sogar jemand zu: »Jungs, mischt euch nicht in russische Angelegenheiten.«
Wlassow schien das alles nicht mehr zu sehen. Er öffnete seinen Mantel und sagte zu Jakuschew: »Schießen Sie!«
Aber Jakuschew erwiderte: »Nicht ich, Genosse Stalin wird Sie richten . . .«

Drei Tage lang hatten unterdessen 15 000 Soldaten der 1. Division auf eine Entscheidung über ihr Schicksal gewartet.
Am 10. Mai waren sie entwaffnet worden. Aber amerikanische Panzer sicherten sie zunächst gegen rote Partisanen, die sich ringsum in den Wäldern versammelten und jeden erschossen, der in ihre Hinterhalte geriet.
Am 11. Mai erschienen an der Demarkationslinie die ersten sowjetischen Panzer. In den Nächten sickerten sowjetische Agenten in den Divisionsbereich ein. Sie forderten die Soldaten auf, zu ihren »sowjetischen Brüdern« hinüberzugehen. Eine Anzahl folgte den Lockungen. Sie wurden erschossen. Seither wußte die Division unwiderruflich, was sie erwartete. Alle Gedanken kreisten nur noch um die Frage: Auslieferung oder nicht? Auf irgendeine Weise drang die Nachricht,

daß Wlassow mit den Amerikanern verhandele, in den Sperrbereich der Division. Hoffnungen wechselten mit Verzagen. Schwenninger befand sich immer noch bei Bunjatschenko und Nikolajew. Er wollte die Russen nicht verlassen, bevor nicht eine unwiderrufliche Entscheidung gefallen war. Bunjatschenko war ein geschlagenes, eingesperrtes, aber immer noch um einen Ausweg kämpfendes Tier. Er rauchte und trank ohne Maß. Er hätte Schwenninger noch einmal alle deutsche Schuld, alle himmelschreiende Dummheit, alle Sünden ins Gesicht schreien können. Aber so gern er früher mit Vorwürfen und Anklagen bei der Hand gewesen war – jetzt schwieg er. Auch die Deutschen waren gestürzt. Diejenigen, die jetzt seine Leute um ihn vernichten konnten und vernichten sollten, saßen woanders. Am 12. Mai gegen Mittag fiel die Entscheidung. Zwei amerikanische Offiziere erschienen bei Bunjatschenko. Sie teilten ihm mit, daß die amerikanische Demarkationslinie am Nachmittag, um 15 Uhr beginnend, nach Westen zurückverlegt werde. Sowjetische Truppen würden in den freien Raum nachrücken.
Das war das Urteil. Bunjatschenko sprach kein Wort, obwohl ihm Haß und Hohn auf der Zunge brannten. Er wartete, bis die Amerikaner gegangen waren. Dann befahl er die Offiziere der Division zum letztenmal zu sich. Er sprach nur wenige Worte. Aber darin lag alles. Der Sinn des ganzen Weges, den sie gegangen waren, und die Tatsache, daß dieser Sinn nicht falsch und nicht verloren war, auch wenn sie jetzt zugrunde gehen sollten. Er entband seine Soldaten von ihrem Eid und schloß mit den Worten: »Ihr müßt nun wählen, wohin ihr gehen wollt, wohin ihr zu gehen versuchen wollt. Dort kommen die Sowjets. Dort gehen die Amerikaner. Mein Weg geht nach dem Westen, solange ich noch einen Atemzug habe ...«
Dann wandte er sich ab und ging in seine Stube. Nikolajew

folgte ihm. Sie fanden Schwenninger vor, der gekommen war, um sich zu verabschieden. Bunjatschenko reichte Schwenninger nur schweigend die Hand. Nikolajew dagegen begleitete Schwenninger bis zur Tür. Als sie auf die Straße traten, fielen hier und da Schüsse. Nikolajew horchte in den Mittag hinaus.
»Gelmut Fritzowitsch«, sagte er mit seinem unbewegten Gesicht, »da sterben sie schon.«
Schwenninger hielt noch seine Hand. »Ihr dürft nicht aufgeben«, sagte er. »Jeder sollte wenigstens versuchen zu entkommen. Ich glaube nicht, daß alles umsonst ... gewesen sein kann ...«
Wieder fielen einige Schüsse. Nikolajew sagte: »Sie können sich in Ihre Heimat durchschlagen. Aber wir? Sie und die anderen, die uns verstanden haben und unsere Lage kennen, haben keinen Einfluß mehr. Die Amerikaner wollen uns nicht helfen. Gebe Gott, daß sie es nicht einmal bereuen müssen.«
Als Schwenninger sich fertigmachte, um sich auf deutsches Gebiet durchzuschlagen, fielen immer noch einzelne Schüsse. Er traf eine Reihe von Offizieren. Die einen warteten darauf, sich in der Verwirrung des amerikanischen Rückmarsches nach Westen zu retten. Andere, wie Kostjenko, suchten Waffen zusammen, die sie vor der Ablieferung gerettet hatten. Sie wollten lieber kämpfend sterben, als sich hilflos verschleppen lassen. Schwenninger sah den Kommandeur des Artillerieregiments. Er saß an eine Hauswand gelehnt und wartete auf das Ende.
»Was soll ich tun?« klagte er. »Und wenn sie mich erschlagen, dort ist die Heimat ... Ich kann nicht länger in der Fremde leben.«
Wahrscheinlich ging es Tausenden wie ihm. Sie lagerten auf den Feldern und vor ihren Unterkünften, so, als habe sich

lähmende Ergebenheit in ein Schicksal, das offenbar unvermeidlich war, über sie gesenkt. Noch vor wenigen Tagen in Prag hätten sie keinen Kampf gescheut. Es war wohl so, wie Wlassow einmal gesagt hatte. Sie waren nicht nur so oft enttäuscht und jetzt auch noch von den Amerikanern mißverstanden und zurückgestoßen worden. In ihnen war einfach wieder die alte Angst aufgekommen, die Angst vor der Übermacht des Staatssystems, dem sie für eine Weile entronnen gewesen waren.
Wenige Stunden später vollzog sich die Tragödie mit unausweichlicher Konsequenz. Schwenninger gelang es zu entkommen. Es entkamen vielleicht noch tausend oder zweitausend andere, die sich einzeln oder in kleinen Gruppen durchschlugen. Aber die Masse wurde gefangen, zum Teil an Ort und Stelle erschossen oder aber nach Osten transportiert.

Die Hoffnung, die am 1. Mai vorübergehend die Männer des Armeestabes, der 2. Division und der anderen Verbände, die bei Budweis, Kaplitz, Strakonitz versammelt waren, erfüllt hatte, waren bald wieder dahingeschwunden. Die amerikanischen Truppen machten in der Gegend von Krumau halt, so, als wollten sie dort die Russen erwarten. Zur 1. Division und zu Wlassow gab es keine Verbindung.
Herre drängte Truchin in Strakonitz, nicht länger zu zögern und den Amerikanern die Übergabe aller Wlassow-Truppen anzubieten. Gegen die Amerikaner gab es keine deutsche Front mehr.
Eine kleine Gruppe von Unterhändlern, die Truchin am 4. Mai mit einer weißen Fahne zu den Amerikanern hinüberschickte, gelangte ohne Schwierigkeiten an ihr Ziel.
Sie kamen am Morgen des 5. Mai wieder in Budweis an. Sie waren bis zu einem amerikanischen Korpskommandeur vor-

gedrungen. Dieser hatte ihr Ersuchen mit folgendem Vorschlag erwidert: Innerhalb der nächsten 36 Stunden sollten die Wlassow-Truppen eine nördlich und südlich Krumau verlaufende, genau festgelegte Linie nach Westen überschreiten und sich in amerikanische Gefangenschaft begeben.
Ein Gefühl der Erleichterung ging durch den Armeestab. Alle glaubten, man habe sich amerikanischerseits doch zu einem Verständnis für die hoffnungslose Lage der Wlassow-Leute zwischen Ost und West durchgerungen.
Nur Truchin bewahrte Skepsis. »Wollen wir uns belügen«, sagte er zu Herre, »vielleicht versteht uns dieser eine General. Vielleicht will er uns auch nur ausschalten, weil wir die einzige kampffähige Truppe sind, die ihm hier noch gegenübersteht. Was verspricht er uns? Die Gefangenschaft? Sagt er uns, was nachher geschehen wird?«
Er gebrauchte das Wort Auslieferung nicht. Aber es gab keinen anderen Weg mehr. Herre drängte Truchin erneut. Aber Truchin wollte ohne die Zustimmung Wlassows nicht handeln. Noch wußte niemand von dem Kampf, der unterdessen in Prag ausgebrochen war. Die ersten Nachrichten kamen erst am Nachmittag, zunächst in Form wirrer Rundfunkmeldungen. Und allmählich wurden auch die ersten Ausläufer des Aufruhrs spürbar, der sich langsam auf den Süden ausdehnte. Truchin und Nerjanin berieten noch darüber, wen sie durch das aufrührerische tschechische Gebiet nach Norden schicken sollten, um Wlassow zu suchen. Schließlich erklärte sich Truchins Stellvertreter, General Bojarski, dazu bereit. Er versprach, er werde spätestens am Vormittag des 6. Mai zurück sein, und fuhr nach Norden davon.
Die Nacht verging in unruhiger Erwartung. Am Morgen des 6. Mai kamen alarmierende Rundfunknachrichten über die

Kämpfe in Prag. Gegen Mittag war Bojarski noch nicht zurück. Über vierundzwanzig Stunden jener Frist, die die Amerikaner gestellt hatten, waren abgelaufen. Da faßte Truchin den Entschluß, selbst in den Raum von Prag zu fahren, um die Entscheidung Wlassows einzuholen. Er nahm General Schapowalow, seinen Fahrer und den jungen Adjutanten Romaschkin mit.
Er fuhr westlich ausholend in Richtung Prag. In fast allen tschechischen Orten wehten Fahnen der Revolution. In mehreren Orten sah Truchin Gruppen von Männern, Frauen und Kindern, die verhaftet worden waren. Es mußte sich um Deutsche handeln. An einem Baum hingen ein paar erhängte deutsche Soldaten. In einem kleinen Ort wurde sein Wagen von einer größeren Gruppe schwerbewaffneter Tschechen angehalten, die aus Leuten mit nationalen Abzeichen und aus solchen mit roten Armbinden bestand. Die Roten hoben die Maschinenpistolen. Aber die Nationalen waren in der Überzahl und ließen den Wagen passieren.
Es gab mehrere solcher Aufenthalte, bis Truchin nach Przibram kam, 60 Kilometer südwestlich von Prag. Hier war die Straße von roten Bewaffneten abgesperrt. Als der Wagen anhielt, öffnete ein sowjetischer Offizier die Tür. Er gehörte zu jenen Offizieren, die seit einigen Tagen mit Fallschirmen abgesetzt worden waren. Er spie in den Wagen und sagte: »Sieh da, das ist schön, daß ihr von selbst kommt. Das Spiel ist aus, Genossen.«
Romaschkin, der vor Truchin neben dem Fahrer saß, drehte sich um. »Losfahren?« stieß er entschlossen heraus. Aber es gab kein Entrinnen mehr. Truchin ging zusammen mit Schapowalow und Romaschkin in die Kommandantur. Dort erwartete sie ein sowjetischer Hauptmann. Er griff in die Schublade eines Tisches. »Genosse Truchin«, sagte er, »kennst du das?«

In der Hand hielt er die Kartentasche, die Bojarski stets getragen hatte. Er schüttete ihren Inhalt auf den Tisch.
»Du weißt, wem es gehört, nicht wahr, Genosse Truchin«, sagte er. »Einem anderen von euch Schweinen. Wir haben ihn gestern aufgehängt.«
Sie wurden in das Gefängnis geführt. In der folgenden Nacht wurde Schapowalow erschossen und Truchin nach Moskau gebracht. Romaschkin blieb in seiner Zelle zurück. Drei Tage später befreiten ihn Soldaten der 1. Division, die auf dem verzweifelten Rückmarsch aus Prag durch Przibram zogen und vor denen sich die roten Partisanen wieder in ihre Schlupfwinkel zurückgezogen hatten.

In Budweis und Strakonitz wartete man vergeblich auf die Rückkehr des Chefs des Armeestabes. Es gelang, die von den Amerikanern gesteckte Frist von 36 Stunden um zwölf Stunden zu verlängern. Nachts um 24 Uhr war Truchin noch nicht zurück. Nerjanin, der Chef der Operationsabteilung, war mit Herre jetzt davon überzeugt, daß die einzige Chance im Westen lag. Auf sein Drängen hin fanden sich die Generale Bogdanow und Blagoweschtschenski bereit, nochmals eine Verbindung mit Wlassow zu versuchen. Der Vormittag des 7. Mai kam, und auch diese beiden blieben verschwunden.
Herre wandte sich jetzt an Meandrow. »Nach dem Scheitern aller Versuche, Verbindung zu Wlassow zu bekommen, ist es nunmehr Ihre Aufgabe, den Befehl zum Marsch der Wlassow-Verbände nach Krumau zu geben. Michail Aleksejewitsch, Sie müssen diesen Befehl geben ...« Herre wußte, was dies für Meandrow bedeutete – die endgültige Aufgabe des Marsches nach dem Südosten.
Kurz vor Ablauf der 48stündigen Frist bat Meandrow die Amerikaner um genaue Dispositionen für die Aufnahme der russischen Truppen.

Die Unterhändler waren noch nicht zurück, als Herre darüber unterrichtet wurde, daß am 9. Mai 0.00 Uhr der Waffenstillstand an allen Fronten eintrat. Zu Schwenninger bei der 1. Division gab es nach wie vor keine Verbindung. Aber Keiling traf gegen Abend in Strakonitz ein. Er berichtete, daß Swerjew entschlossen war, sein Leben so teuer wie möglich zu verkaufen. Aber er hatte keine Munition.
Herre beauftragte Keiling, dafür zu sorgen, daß auch die 2. Division zu den Amerikanern marschierte.
Die Unterhändler kamen bei Einbruch der Nacht zurück. Die Amerikaner erwarteten die Russen am folgenden Morgen an der festgelegten Linie. Meldefahrer brachten in den ersten Nachtstunden die von Meandrow unterzeichneten Befehle zu den Einheiten. In den frühen Morgenstunden marschierten der Armeestab, die Offiziersschule und Teile der Ersatzbrigade nach Westen, aber die 2. Division blieb aus.
Herre erreichte zusammen mit dem Armeestab Krumau. Die Übergabe an die Amerikaner vollzog sich reibungslos. Die Wlassow-Leute jedoch ahnten, daß ihr Schicksal noch keineswegs entschieden war, als sie in den Schloßpark von Krumau geführt wurden, hinter hohe Mauern voller Düsterkeit.

Am späten Nachmittag wurde Herre zu Meandrow und Nerjanin gebeten.
»Andrej Fedorowitsch«, sagte Nerjanin, »wir können nun nicht mehr viel anderes tun, als auf das Schicksal warten. Wir wissen, daß Sie immer versucht haben, uns zu helfen. Sie sollen nicht länger an uns denken, sondern an sich. Aber vielleicht können Sie doch noch eines für uns tun. Vielleicht finden Sie General Köstring. Vielleicht kann er zu den Amerikanern gehen und ihnen sagen, was wir gewollt haben

und … daß wir keine Verräter sind. Er ist ein ehrwürdiger und weiser Mann. Ihn wird man vielleicht hören …«
Herre dachte an das letzte Gespräch, das er mit Köstring in Reichenhall gehabt hatte. Er wußte, daß von dem alten Herrn nicht mehr viel zu erwarten war.
Aber Meandrow schloß sich Nerjanins Bitte an. General Assberg aus dem Stab Wlassows und Oberst Posdnjakow, der lange Wlassows Adjutant gewesen war, sowie Posdnjakows Frau als Dolmetscherin sollten Herre begleiten.
Am Abend entschloß sich Herre zu fahren. Als deutschen Begleiter nahm er nur seinen Burschen mit. Meandrow trat noch einmal an die Wagentür. »Andrej Fedorowitsch«, sagte er, »möge der Herrgott Sie geleiten. Unsere ganzen Hoffnungen gehen mit Ihnen.«
Hinter Herre fuhr ein zweiter Wagen mit Assberg und den Posdnjakows. Doch sie kamen nicht weit. Nach wenigen Kilometern hielten amerikanische Posten die Wagen an. Frau Posdnjakow versuchte alle Mittel der Überredung, der Überzeugung, des weiblichen Charmes. Aber die Amerikaner wiesen die Wagen auf den Hof eines kleinen Gutes. Erst am Morgen half ein Zufall weiter. Herre begab sich noch einmal zu einem der Posten und erklärte in Englisch, auf Assberg zeigend, daß er mit dem russischen General zum Gefechtsstand des Korps fahren müsse. Der Amerikaner sah ihn fast erschrocken an.
»A Russian General? For heavens sake, go ahead.«
So gelangte Herre bis in das Zimmer des Kommandierenden Generals. Hier klärte er den Irrtum auf. Er versuchte, ihm mit wenigen Worten das Schicksal der Wlassow-Leute klarzumachen. Er bat um Passierscheine für sich oder aber wenigstens für Assberg und seine Begleiter zu General Köstring. Erst, als er soweit war, entdeckte er in einer Ecke des Zimmers, in dem er sich befand, einen sowjetischen

Offizier, und im gleichen Augenblick sprang dieser an General Assberg heran. Er spuckte auf dessen Uniform und rief: »My snakomyje! – Wir kennen uns doch!«
Der Amerikaner erbleichte. Dann sagte er zu dem Sowjetoffizier: »Ich darf Sie bitten, diesen Raum zu verlassen. In meinem Zimmer herrschen Sitten, wie sie unter Gentlemen üblich sind.«
Der Russe wandte sich schroff um und verließ den Raum. Einen Augenblick herrschte betretenes Schweigen. Dann erklärte der Amerikaner, er sei nicht befugt, Passierscheine zu geben. Er forderte die Russen auf, sich nach Krumau zurückzubegeben. Herre solle zum Stab der 1. Panzerarmee in Ktisch fahren, der für die Überführung deutscher Offiziere in die Gefangenschaft verantwortlich sei.
Niemals würde Herre den Blick vergessen, mit dem Assberg und die Posdnjakows von ihm Abschied nahmen.
Elf Tage später, nach einem abenteuerlichen Fußmarsch, stieg Herre zu dem kleinen Gutshof Köstrings bei Marquartstein hinauf. Es war eine nutzlose Mission.

In den Abendstunden des 8. Mai lagen die Verbände der 2. Division noch im Raum ostwärts Kaplitz. Swerjew saß mit umdüstertem Gesicht in dem Haus, das er mit seiner »Frau« bewohnte, und trank. Er erweckte den Eindruck, als wünsche er sich geradezu den Untergang, um den nervenzerreißenden inneren Auseinandersetzungen der letzten Jahre ein Ende zu machen. Keiling versuchte mehrfach, ihn zum Abmarsch zu bewegen. Aber er schüttelte den Kopf.
»Gebt mir Waffen, mehr brauche ich von euch nicht«, sagte er.
Um 5 Uhr morgens begab sich Keiling nochmals zu Swerjew, um ihn zum Abmarsch zu drängen oder, wenn das nicht gelang, sich zu verabschieden. Man hörte Artilleriefeuer. Deutsche Trosse marschierten eilig nach Westen.

Als Keiling für einen Augenblick in die Augen von Swerjews »Frau« sah, fiel ihm auf, wieviel Haß in ihnen glühte. Ja, sie haßte die Deutschen, weil sie alles verdorben und zu diesem Ende geführt hatten. Swerjew sagte noch einmal mit schwerer Zunge: »Waffen.« Dann ließ er Keiling mit seinen Leuten ziehen.

Am Vormittag des 9. Mai erreichte Keiling Krumau. Hier wartete er noch eine Weile darauf, daß Swerjew doch noch mit seiner Division kommen würde. Es kam jedoch nur ein Regiment, das sich ohne Befehl nach Westen durchgeschlagen hatte.

Am 11. Mai schlug sich Keiling weiter nach Westen durch. Er fand Zivilsachen und schmuggelte sich in einen Ziviltreck ein. So entkam er nach Deutschland.

Am gleichen 11. Mai standen sowjetische Kampfverbände vor Kaplitz. Vielleicht hätte Swerjew am 9. oder 10. Mai noch den Befehl zum Marsch nach Westen geben können. Doch ein persönliches Motiv hielt ihn davon ab. Seine »Frau« hatte Gift genommen und lag im Sterben. Jetzt wollte er sich von ihr nicht mehr trennen. Er hatte sie immer auf seine Weise geliebt. Er blieb auch, als sie schon tot war. In der Nacht vom 11. auf den 12. Mai erschienen sowjetische Einheiten vor den Höfen, in denen Swerjews Stab untergebracht war. Verräter wiesen ihnen den Weg zu Swerjews Zimmer. Swerjews Adjutant eröffnete das Feuer, wurde jedoch niedergeschossen. Weitere Schüsse fielen. Swerjews Bursche rief noch: »Sanitäter, der General ist verwundet!« Dann war alles zu Ende.

Nur zwei Leute aus Swerjews Stab, darunter der Kapitän Twardijewitsch, entkamen – sie berichteten über die letzten Stunden.

Während das Ende für Wlassow und seine Leute kam, war Pannwitz mit seinem Kosakenkorps in das Chaos des deut-

schen Rückzuges aus Jugoslawien verstrickt. Von sowjetischer Übermacht, von Bulgaren und Titos Partisanen bedrängt, kämpften die Reste der deutschen Südostarmee, um den Truppen, die aus Griechenland kamen, den Weg nach Norden offenzuhalten und sich selbst nach Österreich zurückzuziehen.
Hinter ihrer Front und zwischen ihren Kolonnen rollten die Trecks der Volksdeutschen, die aus ihrer Heimat nach Norden und Nordwesten flohen. An jeder Gebirgsstraße warteten Hinterhalte. Niemand wußte, wer Freund und wer Feind war. Inmitten dieses Rückzuges, nur noch unzureichend versorgt, fast ohne Munition, zogen die Kosaken nach Norden und Nordwesten.
Ende Februar hatten sie noch bei Warasdin gegen sowjetische Verbände und Bulgaren einen Flußübergang erkämpft und dabei eine Attacke geritten, die den Gegner überrannte. Anfang Mai sicherten sie entlang der Drau im Raum nördlich Celje.
Pannwitz machte sich keine Illusionen mehr über das Ende. Er hatte lange gehofft, er hatte lange auch an die »Wunderwaffen« geglaubt. Aber seit dem März hatte er endlich die ganze Bitterkeit des sicheren Endes begriffen. In den ersten Apriltagen, mitten in den Kämpfen an den verschiedensten Fronten, hatte er einen allgemeinen Kosakenkongreß in Virovitica abgehalten. Er war auf die Seite derer getreten, die nichts mehr vom Separatismus wissen wollten und nach einem Anschluß an Wlassow verlangten. Auf seinen Vorschlag hin war der eben zum Generalmajor ernannte Führer seiner Plastun-Brigade, Kononow, zum Überbringer einer Botschaft gewählt worden, mit der die Kosaken sich Wlassow unterstellten. Weder Pannwitz noch irgendeiner der Kosaken wußten von dem Südostplan, den Meandrow um die gleiche Zeit vergebens verfocht. Sie kannten die Wirrnis

des jugoslawischen Raumes besser und strebten eher nach Norden, um sich in Österreich oder der Tschechoslowakei mit den Wlassow-Leuten zu vereinen.
Im Laufe des April entsandte Pannwitz vier Offiziere mit internationalen Beziehungen, darunter den Fürsten Schwarzenberg, mit dem Auftrag, Verbindung mit den Engländern herzustellen. Die Weisung, die er ihnen mitgab, lautete kurz und einfach: »Der Kampf gegen den Bolschewismus ist noch nicht zu Ende. Das Kosakenkorps muß so, wie es ist, erhalten bleiben. Auch wenn es nach Afrika oder Australien oder sonstwohin verschwindet. Man wird es noch einmal brauchen.«
Auf seine primitiv-unkomplizierte Weise hoffte er auf einen Erfolg seiner Bemühungen. Einem seiner Abgesandten stellte er den Fieseler Storch des Korps zur Verfügung, damit er mit Sicherheit an sein Ziel gelange.
Er wartete jedoch vergebens auf Nachrichten seiner Abgeordneten. Trotzdem gab er die Hoffnung nicht auf.
Am 8. Mai abends erreichte das Korps, hinhaltend kämpfend, die Räume um Slov, Gradec und westlich Warasdin. Da erhielt der IA der 1. Kosakendivision über das intakt gebliebene Postnetz den Anruf eines Obersten der 8. Partisanenarmee Titos. Solche telefonischen Verbindungen waren im Partisanenkampf nichts Ungewöhnliches. Ungewöhnlich aber war, daß der Tito-Offizier dem Deutschen mitteilte, daß Deutschland kapituliert habe und daß ab 23 Uhr auf deutscher Seite keine Marschbewegungen stattfinden dürften. Eine halbe Stunde später kam von deutscher Seite die Bestätigung. Pannwitz wußte, daß er sein ganzes Korps hilflos den Partisanen und den in der Nähe befindlichen sowjetischen Panzerverbänden auslieferte, wenn er dem Waffenstillstandsbefehl folgte.
In der Nacht um 23 Uhr ließ er alle Kosakenverbände

marschbereit antreten. Seine Befehle lauteten: Durchschlagen zur österreichischen Grenze und zur englischen Armee des Lord Alexander.
Die Kosaken marschierten die ganze Nacht hindurch, an deutschen, kroatischen, ungarischen Truppen, Dienststellen, Trossen, Flüchtlingen vorüber. Die Partisanen, die die Marschstraße sperren wollten, wurden versprengt. Die 2. Kosaken-Division kämpfte sich mühsam aus dem Raum von Warasdin nach Nordwesten. Kosaken, die die große Marschstraße verloren, wurden von Partisanen erbarmungslos niedergemacht.
Aber am frühen Morgen des 9. Mai war das Schlimmste überwunden. Gegen 10 Uhr morgens erhielten zwei Kosakenoffiziere Verbindung mit Vorauseinheiten der 11. britischen Panzerdivision. Pannwitz begab sich zu den Engländern.
Während die 2. Kosakendivision in schweren Kämpfen teilweise zersprengt wurde und ihre Regimenter sich einzeln nördlich der großen Rückmarschstraße durch das Gebirge zurückkämpften, schloß die 1. Division im Raum von Griffen auf. Sie legte eine kurze Marschpause ein. Dann ritten ihre Regimenter weiter, wieder an Bildern der Flucht und der zunehmenden Auflösung vorüber.
Am Morgen des 10. Mai marschierte die 1. Kosakendivision entlang der Straße Lavamünd–Völkermarkt, als ihr plötzlich eine Kraftwagenkolonne entgegenkam. Im vordersten Wagen stand Pannwitz. Hinter ihm fuhren andere Wagen mit englischen Offizieren. Die Kosaken glaubten, das sei die Rettung. Es ertönten plötzlich scharfe Kommandos. Als seien die furchtbaren Märsche der letzten Tage und Nächte und alle Kämpfe der vergangenen Woche nicht gewesen, so geordnet bogen die Regimenter von der Marschstraße, formierten sich zur Linie und saßen ab. Die Offiziere galoppier-

ten heran. Von Regiment zu Regiment pflanzte sich der Befehl fort: »Erste Kosakenkavallerie-Division. Parademarsch in Linie. Regimenterweise anreiten.«
Es war ein fast unwirkliches Bild inmitten des Zusammenbruchs. Das Trompeterkorps schwenkte gegenüber von Pannwitz und den englischen Offizieren ein. Dann kamen die ersten Eskadrons herangeritten: Regimentskommandeur und Eskadronchefs vor der Front, die Reiter des 1. Donkosakenregiments, des 2. Sibirischen Kosakenregiments, des 4. Kuban-Kosakenregiments und der Reitenden Artillerie-Abteilung. Nichts von Unzuverlässigkeit, nichts von Geschlagensein.
Pannwitz' breites Gesicht zuckte. Da lagen abseits der Straßen Waffen, die deutsche Einheiten fortgeworfen hatten, und seine Kosaken, die zum Sinn und zur Aufgabe seines Lebens geworden waren, waren an ihm vorübergezogen, nicht wie jene Horden, die man immer so leicht in ihnen gesehen hatte, sondern stolz und geordnet. Er sah zu den Engländern hinüber. Verstanden sie, daß diese Kosaken nicht untergehen und nicht ihren natürlichen Todfeinden in die Hand gespielt werden durften?
Am Nachmittag legte die Division ostwärts Völkermarkt die Waffen nieder. Dann marschierte sie in den Raum Klagenfurt–St. Veit. Die Reste der 2. Division rückten zwei Tage später nach. In den Wehren der Drau hatten sie Dutzende erschlagener Kameraden hängen sehen. Für sie gab es keinen Zweifel an dem Schicksal, das sie im Osten erwartete. Ihr Leben lag in der Hand der Engländer, die ihnen am Nachmittag des 12. Mai Lagerplätze in einem der Täler weiter westlich zuwiesen.
Der Kommandeur der 11. britischen Panzerdivision, General Acher, und seine Leute waren kühl, aber korrekt. Sie überließen die Führung der Verbände Pannwitz und den Divisions-

kommandeuren Wagner und von Schulz. Sie sprachen nicht von Gefangenschaft, sondern von Internierung. Der Kommandeur des britischen Artillerieregiments, Colonel Hills, zeigte eine Großzügigkeit, hinter der man verborgenes Mitleid mit den Verlorenen wittern konnte.
Mehrere Wochen vergingen in fast völliger Abgeschiedenheit. Hoffnungen wuchsen. Als am 26. Mai Oberst Wagner nach Neumarkt fuhr, um Pannwitz aufzusuchen, ahnte er nicht, daß über diesem schon die Schatten des sicheren Todes lagen. Pannwitz sprach kein Wort über die Möglichkeit einer Auslieferung. Das äußerlich faire Verhalten der Engländer hatte ihn in Sicherheit gewiegt.
Er ahnte nicht, daß drei Tage zuvor in Wien zwischen Vertretern Feldmarschall Alexanders und des sowjetischen Oberkommandos auf dem Balkan ein Sondervertrag unterzeichnet worden war, in dem sich Alexander verpflichtete, alle Kosaken als »Spezialeinheiten der deutschen SS-Partisanen«, als »gegenrevolutionäre weiße Banden, die in deutschem Sold gestanden haben«, mit dem 28. Mai beginnend, sowjetischen Auslieferungskommandos zu übergeben. Er ahnte noch nicht, daß die rein äußerliche, späte Umbenennung seines Korps in XV. SS-Kosaken-Kavallerie-Korps für die sowjetischen Vertreter zu einem wirkungsvollen Argument bei den Engländern geworden war.
Vierundzwanzig Stunden später, am 27. Mai, wurde Pannwitz verhaftet und nach Graz gebracht, wo Vertreter der Sowjetunion auf ihn warteten. In Graz traf er Krasnow und General Schkuro, die beiden Greise, die am gleichen Tage ausgeliefert worden waren. Nicht einmal das Abkommen von Jalta hätte die Auslieferung der drei verlangt. Zur gleichen Stunde erschien General Acher in Sirnitz, im Stabsquartier der 1. Kosakendivision. Er gab ihrem Kommandeur Oberst Wagner die Anweisung: »Morgen ziehen Sie mit allen Teilen in

das Lager bei Weitensfeld, Deutsche und Kosaken getrennt. Wann können Sie antreten?«
Sein Gesicht war maskenhaft. Wagner hatte Mühe, Haltung zu bewahren. Er gab Acher die gewünschte Auskunft und dachte fieberhaft darüber nach, was er jetzt tun könne, um die Kosakenverbände vor dem offenbar Unvermeidlichen zu retten.
Als Acher gegangen war, sandte Wagner einen seiner Offiziere nach Weitensfeld, um den Ort zu erkunden. Der Offizier berichtete, große Stacheldrahtzäune seien im Aufbau, dazu Bewachungstürme mit Beleuchtungskörpern.
Wagner ließ heimlich in der ganzen Division bekanntgeben, daß wider Erwarten die Umwandlung der Internierung in Gefangenschaft bevorstehe und daß danach mit der Auslieferung an die Sowjetunion zu rechnen sei. Er stelle es jedem frei, nach eigenem Ermessen zu handeln.
Nach zwei Stunden war Acher wieder da. Er blickte sich forschend um, so als wundere er sich, daß tatsächlich Vorbereitungen für den Ausmarsch getroffen wurden. Er sagte: »Haben Sie noch irgendwelche Fragen?«
Wagner antwortete: »Zur Verlegung der 1. Kosaken-Kavallerie-Division nicht. Darf ich sonst einige Fragen stellen?«
Acher nickte: »Bitte sehr.«
Wagner sagte: »Der erste Schritt ist also das Gefangenenlager, der zweite Schritt ist die Auslieferung an die Sowjetunion, der dritte Schritt die Fahrt in die sibirischen Bergwerke!«
Acher senkte den Kopf. »Wir sind doch beide Soldaten?«
Wagner antwortete: »Jawohl.«
»Sie müssen verstehen«, sagte Acher, »es gibt ... politische Erwägungen ...«
Er drehte sich plötzlich auf dem Absatz um.
Am Abend bildeten sich ringsum englische Postenketten, die

offenbar verhindern sollten, daß Kosaken und deutsches Rahmenpersonal in die Berge flüchteten. Trotzdem gelang es in der kommenden Nacht Wagner und einem größeren Teil der Deutschen und Kosaken, zu entkommen. Ein englischer Leutnant war ihnen dabei behilflich. Die Masse, die sich nicht zu dem Marsch durch das Hochgebirge entschließen konnte, wurde am 28. Mai nach Weitensfeld transportiert.

Die Angehörigen des deutschen Verbindungspersonals wurden schon am Vormittag dieses Tages auf Lastkraftwagen verladen und unter Bewachung nach Judenburg gebracht. Hier rollten die Wagen über eine Brücke, die zur Hälfte von Engländern und zur Hälfte von sowjetischen Soldaten besetzt war. Auf diese Weise wurden sie der sowjetischen Armee ausgeliefert. Am folgenden Tage, als sie in die kleinen Zellen des Grazer Staatsgefängnisses gepfercht wurden, stießen Kosakenoffiziere zu ihnen. Sie berichteten vom Ende in Weitensfeld, aber auch in Lagern bei Spittal, in die Pannwitz während des Rückzugs alle Angehörigen und Kranken geschickt hatte.

Das Hauptlager bei Spittal mit all seinen Kranken, Frauen und Kindern hatte sich, als die Engländer kamen, unter deren Schutz gestellt. Aber am 27. Mai erhielten alle, die Uniform getragen hatten, Befehl, sich zur Fahrt nach Graz zur Übergabe an die Rote Armee bereitzuhalten. Frauen und Kinder warfen sich vor die Lastwagen, auf welche die Kosaken mit Kolbenschlägen verladen worden waren. Sie liefen blindlings vor die Läufe englischer Maschinenpistolen. Sie ließen sich von Panzern überfahren oder stürzten sich in die Drau. Während der Fahrt nach Graz versuchten die Kosaken nochmals zu fliehen. Viele wurden erschossen. Anderen gelang es, im letzten Augenblick Gift zu nehmen.

Die Überlebenden wurden unter schwerer Bewachung nach

Wien gebracht, von dort traten sie den Weitermarsch ins Ungewisse an.
Nur Pannwitz' Name tauchte Jahre später noch einmal in den Zeitungen auf – als er in Moskau am Galgen starb.

In den letzten Tagen des April lag General von Heygendorff mit seiner 162. Turk-Division in hinhaltenden Kämpfen im Gebiet von Padua. Wenige Tage zuvor hatten amerikanische Panzerverbände westlich des Kampfabschnitts die Front der 10. deutschen Armee durchbrochen. Sie waren bis Verona durchgestoßen.
Mühsam kämpften sich die zusammengeschmolzenen deutschen Verbände zurück. Unter ihnen Heygendorffs Turkestaner und Kaukasier. Der größte Teil seiner Leute ahnte, was sie erwartete. Im März 1945 hatte sich ein aserbaidschanischer Soldat der Division, der vor langer Zeit nördlich Rom in amerikanische Gefangenschaft gefallen war, bei seiner Division zurückgemeldet. Er war an die Sowjetunion ausgeliefert worden. Dort hatte man ihn, weil er immer wieder versichert hatte, nur einer Arbeitseinheit angehört zu haben, am Leben gelassen, aber nach Sibirien gebracht. Im Winter 1944/45 war er dann in ein Strafbataillon gesteckt und in Kurland eingesetzt worden. Dabei war es ihm gelungen, überzulaufen. Und so hatte er den Weg zu seiner alten Division gefunden.
Als im April 1945 ein sowjetischer Propagandaoffizier am Comacchiosee über die englisch-deutsche Front weg Heygendorffs Leute zum Überlaufen aufgefordert und ihnen freie Rückkehr in die Heimat versprochen hatte, war jener Aserbaidschaner von Abschnitt zu Abschnitt gezogen, um seinen Kameraden über seine Erlebnisse zu berichten. Sie ahnten also ihr Schicksal. Aber sie hofften ebenso, wie die Soldaten Wlassows und die Kosaken und alle anderen ge-

hofft hatten, daß im letzten Augenblick doch noch ein Wunder geschehe.
Als am 2. Mai die Nachricht von einem Sonderwaffenstillstand der Heeresgruppe Süd eintraf, setzte Heygendorff sich mit der Heeresgruppe in Verbindung. Er bat, bei weiteren Verhandlungen mit Feldmarschall Alexander an das Schicksal seiner Freiwilligen zu denken. Er wußte, daß Alexander im Jahre 1919 im Baltikum gegen bolschewistische Truppen eingesetzt worden war. Er hoffte, daß der Engländer aus diesem Grunde Verständnis für seine Leute aufbringen werde. Er bat, man möge darauf drängen, daß seine Freiwilligen nicht an die Sowjetunion ausgeliefert werden sollten.
Heygendorff tat, bevor er sich gefangen gab, noch ein übriges. Er ließ allen Freiwilligen Bescheinigungen ausstellen, wonach sie nie der kämpfenden Truppe, sondern nur Arbeitseinheiten angehört hatten. Er stellte ihnen frei, sich Zivil zu verschaffen und in der italienischen Bevölkerung unterzutauchen. Viele folgten seinen Mahnungen. Diejenigen, die blieben, warteten fatalistisch auf ihr Schicksal.
Heygendorff und sein Verbindungspersonal wurden von den Freiwilligen getrennt. Zu Pfingsten lagen die Deutschen hungernd hinter dem Stacheldraht des Lagers Modena, während die Freiwilligen nicht weit davon entfernt ohne Stacheldraht auf freiem Felde lebten.
Viele von ihnen schlichen sich nachts an den Stacheldrahtzaun heran, um den Deutschen ein Stück Brot oder einen Becher Wein zu bringen. Aber eines Morgens waren sie verschwunden. Englische Soldaten hatten sie in ein großes Sammellager bei Tarent überführt, in dem die sowjetischen Übernahmekommissionen warteten.
Schon angesichts der wehenden sowjetischen Fahnen begingen viele Selbstmord und machten verzweifelte Fluchtversuche. Einer der Mullahs und eine Anzahl von Soldaten über-

gossen sich mit Benzin und verbrannten mit ihren Zelten. Beim Eisenbahntransport zur Verschiffung sprangen achtzig Mann aus dem fahrenden Zug. Noch bei der Ausladung in Odessa suchten einige Hundert durch den Sprung ins Schwarze Meer den Tod.

Das Schicksal ging weiter seinen Weg. Die ersten Teile der 2. Ukrainischen Division schlugen sich im Nordteil der Heeresgruppe Schörner bis in die Tage des Zusammenbruchs. Sie erhielten bis zuletzt keine schweren Waffen. Oberst Diatschenko mußte sich mit dem behelfen, was er im Kampf erbeutete. Der Zerfall der Heeresgruppe Schörner riß Diatschenkos Verbände mit in ihren Strudel hinein. In dem Strudel fingen die sowjetischen Suchkommandos die Überlebenden, die es nicht vorzogen, von eigener Hand zu sterben.
Glücklicher war die 1. Ukrainische Division. Im März 1945 war sie an der Südostfront in eine Lücke geworfen worden, die durch den Abzug ungarischer Einheiten zwischen der österreichischen Hoch- und Deutschmeister-Division und der SS-Division Wiking in der Nähe von Glücksburg entstanden war. Sie hatte hier zum erstenmal gezeigt, daß sie eine echte Felddivision geworden war, obwohl sie unter den schwierigsten Umständen kämpfen mußte.
In diesen Tagen war Schandruk selbst bei der Division erschienen. Als »Oberbefehlshaber der Streitkräfte des Ukrainischen Nationalkomitees« hatte er den Befehl über die Division übernommen. Bei ihm befand sich jetzt Dr. Arlt. Zwar sah auch Schandruk klar das Ende kommen. Trotzdem hoffte er noch auf die Engländer und die Amerikaner. Wenn er mit seiner Division bis in die letzten Tage hinein kämpfte, so tat er es, weil er nun nicht mehr den Deutschen, wohl aber den so naiv erhofften Verbündeten der Zukunft zeigen wollte, daß Ukrainer in der Lage waren, unter eigener Führung zu kämpfen.

Um den 8. Mai schlug sich Schandruks Division über den Tauernpaß in den Radstädter Kessel durch. Das Ersatzregiment, das in den letzten Wochen eine Sperrstellung in den Karawanken verteidigt hatte, gelangte nach schweren Kämpfen in den Raum von Klagenfurt. Während seine Verbände sich Engländern und Amerikanern ergaben, suchte Schandruk Verbindung mit höheren englischen und amerikanischen Stäben. Dabei bewies er nochmals seine Zähigkeit, seine Klugheit und sein diplomatisches Geschick. Er überzeugte Engländer und Amerikaner davon, daß seine Verbände aus Galiziern bestanden, das heißt aus polnischen Staatsbürgern, deren Heimat erst im Jahre 1939 durch den Einmarsch der sowjetischen Armeen nach Ostpolen sowjetisch geworden war.
Zwar konnte er nicht verhindern, daß seine Verbände in das große Lager nach Rimini überführt wurden. Aber er erreichte, daß sie nur interniert und nicht gefangen wurden.
Die Auslieferung der Ukrainer an die Sowjetunion wurde abgelehnt.
Dafür gerieten Zehntausende anderer in die Mühlen der Auffanglager und der Auslieferung. Von jenen Zahllosen, die während des Rückzuges aus Frankreich und auch noch während der Kämpfe im westlichen Deutschland als russische, ukrainische, georgische, turkestanische, aserbaidschanische, usbekische, tatarische, kosakische, armenische Freiwillige oder Hilfswillige in westalliierte Hand gefallen und an die Sowjetunion ausgeliefert worden waren, sprach schon niemand mehr. Niemand sprach von den Bataillonen, die sich bei Kriegsende noch in Norwegen, in Dänemark, in der »Festung Holland« und auf den Ägäischen Inseln befunden hatten und von Engländern und Amerikanern gefangen und ebenfalls dem sowjetischen Verbündeten übergeben wurden.

In Deutschland selbst sammelten Engländer und Amerikaner alle Wlassow-Soldaten und alle Freiwilligen, denen es entweder gelungen war, sich nach Deutschland durchzuschlagen, oder die in deutschen Standorten und Lazaretten überrascht worden waren, in Lagern. In einem dieser Lager, in Plattling in Niederbayern, waren im Mai 1945 viertausend Angehörige von Wlassow-Verbänden sowie Angehörige der verschiedensten Freiwilligenverbände versammelt. Zum Teil hatte man sie aus Lazaretten herausgeholt.
Die amerikanische Lagerleitung legte eine Kartei der Gefangenen an. Sie teilte die Gefangenen in eine Gruppe der alten Emigranten und solcher Freiwilliger, die außerhalb der sowjetischen Staatsgrenzen von 1939 geboren waren, und eine Gruppe aus denjenigen, deren Geburtsort innerhalb der sowjetischen Staatsgrenzen von 1939 lag.
Um keine Unruhe im Lager zu schaffen, versicherten amerikanische Offiziere immer wieder, daß eine Auslieferung an die Sowjetunion nicht vorgesehen sei. Ein großer Teil der Gefangenen klammerte sich an diese Versicherung. Andere ließen sich nicht täuschen. Einzelnen gelang die Flucht. Aber die Masse sah hilflos dem unvermeidlichen Schicksal entgegen.
Ihre Stunde schlug Monate später. Über Nacht umstellten amerikanische Sonderkommandos mit Panzern die russischen Baracken. Morgens um 5 Uhr blendeten sie ihre Scheinwerfer auf. Gleich darauf fuhren Lastkraftwagen in das Lager hinein. Alle Insassen der Baracken mußten im Lichte der Scheinwerfer antreten. Amerikanische Soldaten durchsuchten sie und warfen alles, was sie bei sich trugen, von der Uhr über das Brot bis zum Bleistift, in den Morast. Dann wurden Listen verlesen. Die Aufgerufenen wurden auf die Lastkraftwagen hinaufgetrieben. Sie mußten sich flach auf den Boden legen. Sobald ein Wagen beladen war, spran-

gen einige amerikanische Soldaten mit Gummiknüppeln und Maschinenpistolen hinauf. Die Gefangenen auf dem Boden der Wagen durften sich nicht bewegen.
Die beladenen Wagen fuhren, von Panzern begleitet, zum Bahnhof Plattling. Dort mußten die Gefangenen in die Viehwagen der bereitstehenden Transportzüge klettern. Die leeren Lastwagen fuhren zurück, um den nächsten Teil der Fracht zu holen. In wenigen Stunden war die Arbeit getan.
Was aber in Plattling geschah, wiederholte sich in allen anderen Auffanglagern. Die Jagd nach jedem, der einem Freiwilligenverband angehört hatte, blieb nicht auf die Tschechoslowakei, Deutschland und Österreich beschränkt. Sie dehnte sich auch auf Italien, Frankreich, Holland, Dänemark, Norwegen aus – überall, wo jemals ein Freiwilligenverband stationiert gewesen war. Es gab nach Ansicht späterer Historiker kein anderes Beispiel in der Geschichte, bei dem zwei Mächte wie England und Amerika so bedingungslos und über ihre vertraglichen Abmachungen hinaus den Wünschen einer dritten Macht folgten, die es nicht hinnehmen wollte, daß Hunderttausende ihrer Bürger, die sich in dieser und jener Form gegen sie gestellt hatten, ungestraft außerhalb ihrer Grenzen lebten.
Keine Geschichte berichtet, wie viele oder wie wenige der Auslieferung entrannen, und keine Geschichte wird jemals darüber Auskunft geben. Verzeichnet wurde lediglich ein Beispiel, welches das Fürstentum Liechtenstein bot.
Ein halbes Tausend russischer, ukrainischer, armenischer, tatarischer, tschetschenischer Soldaten und Offiziere einer Nachrichten- und Anti-Partisanen-Einheit unter dem Kommando des einstigen zaristischen Gardeoffiziers und nunmehrigen Generalmajors Boris Graf Smyslowski erreichte in der Nacht vom 2. auf den 3. Mai 1945 im Wettmarsch mit amerikanischen und französischen Truppen die verschneite

liechtensteinische Grenze bei dem Ort Hinterschellenberg. Die schwachen schweizerisch-liechtensteinischen Grenzwachen ließen sie ein und internierten sie in Baracken und Schulsälen.
Fürst Franz Joseph II. von Liechtenstein erlaubte später zwar – der Not gehorchend – einer sowjetischen Repatriierungskommission den Aufenthalt in Vaduz und ließ ihre andauernden Pressionen und Versprechungen an die Adresse der Internierten zu, denen schließlich 217 – getäuscht und voller Heimweh – erlagen und »den Weg in den freiwilligen Selbstmord« antraten. Aber der Fürst verweigerte jede zwangsweise Auslieferung. Er beherbergte Smyslowski und den Rest seiner Truppe, bis sie 1947 Aufnahme in Argentinien fanden. Smyslowski selbst kehrte später nach Liechtenstein zurück.

Von den Generälen Wlassows wurden Malyschkin, Schilenkow, Meandrow, Assberg und Maljzew noch am längsten in amerikanischen Vernehmungslagern festgehalten. Sie verdankten diese Gnadenfrist dem Zufall oder ersten Einsichten einzelner amerikanischer Geheimdienststellen in die Möglichkeit einer politischen oder gar militärischen Konfrontation mit dem bisherigen sowjetischen Verbündeten. Aber die Geheimdienstoffiziere, die ihre Gefangenen als Auskunftsobjekte über den noch mysteriösen Komplex der deutschen Politik in der Sowjetunion und die Aktionen und Chancen der Freiwilligenverbände benutzten, hatten nicht die Macht, auch ihr Leben zu erhalten. Im April 1946 wurden Meandrow und Assberg ausgeliefert. Im November des vorangegangenen Jahres hatte Meandrow noch hoffnungsvoll geschrieben: »Immer wieder wird die Frage an mich gerichtet, warum ich nicht geflohen sei, obwohl ich die Möglichkeit dazu hatte. Ich will sie beantworten ... Wir sind keine Landesverräter ..., sondern Glieder einer politischen Bewegung

für eine bessere Zukunft unseres Volkes ... Hunderttausende von Menschen ohne jede Führung, bewegt nur von der Unwahrhaftigkeit ihres Lebens, erhoben sich zum Kampf gegen eine Gewalt, die sie als nicht vom Volke stammend und als ungerecht erkannten. Wir sind keine Verbrecher, weil es Hunderttausende unserer Gesinnungsgenossen gibt und weil wir nicht unseren eigenen Vorteil, sondern das Wohl unseres Volkes, unseres Vaterlandes wollten ... Aus der Haft fliehen Menschen, die die Gerechtigkeit fürchten. Wir aber tragen keine Schuld und sind bereit, vor die Tribunale wahrhaft demokratischer Länder zu treten ...«
Im Januar 1946 wußte er, daß jede Hoffnung vergebens war, und er notierte in seinen »Aufzeichnungen eines zum Tode betrübten Menschen«: »Man nennt uns deutsche Söldlinge. Das kann nur bei oberflächlicher Betrachtung geschehen, weil wir uns im Lager des Feindes bewaffnen mußten. Aber niemand, der den wahren Geist des Bolschewismus kennt, kann diese Klage ehrlich aufrechterhalten ...«
Im Mai 1946 wurde General Maljzew ausgeliefert. Im Juni 1946 folgten Schilenkow und Malyschkin.

Am Pfingstsonntag, dem 20. Mai 1945, spätabends, wurden Köstring und Herre auf dem Hof des Generals von einem amerikanischen Kommando in Haft genommen. Eine Nacht noch durfte Köstring mit Herre in seinem Hause verbringen. Dann mußte er sich am Vormittag des 21. Mai, gegen 10 Uhr, in dem Kriegsgefangenenlager der amerikanischen 101. Luftlandedivision einfinden. Dort trennte man ihn von Herre und überführte ihn nach Augsburg in eine Arbeiterkolonie, die den Namen »Bärenkeller« trug und als Vernehmungslager diente.
Köstring wartete lange vergeblich darauf, daß man ihn vernehmen werde. Die Mächte, die ihn gefangenhielten,

lebten noch im Taumel des Sieges und des Glaubens an eine einige Welt. Sie waren noch wenig daran interessiert, irgend etwas über Wlassow oder die Freiwilligen zu hören.

Erst im Juni wurde Köstring von einem amerikanischen Oberst flüchtig befragt. Er erkundigte sich nach formellen Dingen über Köstrings Dienststellung. Offenbar hatte er während der Invasionsschlacht Freiwilligenbataillone zum Gegner gehabt. Er meinte, einige hätten sich bis zum letzten geschlagen, und wollte wissen, mit welchen Zwangsmitteln Köstring es fertiggebracht habe, diese Leute für Deutschland ins Feuer zu treiben.

Der alte General wußte, daß es sinnlos war, dem Amerikaner die Problematik dessen, was in Wirklichkeit geschehen war, klarzumachen. Aber eines mußte er sagen, nachdem das Gespräch eine Weile an der Oberfläche dahingetrieben war. Er sagte mit seiner ruhigen Greisenstimme: »Wir Deutsche haben durch Unverstand, durch Unersättlichkeit, Unfähigkeit und Unkenntnis das größte Kapital verspielt, das es überhaupt im Kampf gegen den Bolschewismus geben konnte. Wir haben das Bild europäischer Kultur in der Vorstellung ungezählter Russen in den Dreck gezerrt. Aber wir haben trotzdem ein gewisses Kapital hinterlassen. Sie werden mich jetzt nicht verstehen, wenn ich Ihnen sage, daß Sie in diesen Wochen dieses Kapital zum zweitenmal zerstören, nicht nur in materiellem Sinne, sondern auch in der Seele all derer, die auf Ihre Hilfe und Ihr Verständnis gehofft haben, nachdem sie von Deutschland im Stich gelassen waren ...«

Der Oberst sah Köstring verwundert an. Er wußte gar nicht, was der alte Herr meinte.

Rund ein Jahr später, im August 1946, erschien in der Moskauer Zeitung »Prawda« eine kleine Meldung. Sie lautete: »In diesen Tagen verhandelte das Militärkollegium des Ober-

sten Gerichts der UdSSR die Anklage gegen Wlassow, A. A. – Malyschkin, W. F. – Schilenkow, G. N. – Truchin, F. I. – Sakutnyj, D. J. – Blagoweschtschenski, I. A. – Meandrow, W. I. – Maljzew, W. I. – Bunjatschenko, S. K. – Swerjew, G. A. – Korbukow, W. D. und Schatow, N. S.
Sie waren angeklagt, Landesverrat und, als Agenten des deutschen Spionagedienstes, aktive Spionage-, Diversions- und terroristische Tätigkeit gegen die UdSSR verübt zu haben, das heißt Verbrechen gemäß § 58–1–›b‹, 58,8, 58,9, 58,10 und 15–II des Strafgesetzbuches (Ugolownyj-Kodex) der UdSSR. Alle Angeklagten haben sich im Sinne der Anklage schuldig bekannt. Gemäß Punkt I des Ukas des Obersten Sowjets der UdSSR vom 19. 4. 1943 hat das Militärkollegium des Obersten Gerichts der UdSSR die Angeklagten zum Tode durch den Strang verurteilt. Das Urteil wurde vollstreckt.«
Im Januar 1947 wurden auch die Generale Krasnow und von Pannwitz für schuldig befunden, »im Auftrage des deutschen Nachrichtendienstes mit Hilfe der von ihnen formierten Verbände gegen die UdSSR gekämpft und aktive Spionage sowie terroristische Akte begangen zu haben«. Das Urteil – Tod durch Erhängen – wurde vollstreckt.
Ansonsten gab es bis zum Zerfall der Sowjetunion nur wenige Stimmen, die über das Schicksal und Ende von Ausgelieferten in sowjetischen Straflagern berichteten. Dazu gehörte die Stimme Alexander Solschenizyns, des russischen Schriftstellers, der nach 1947 – noch als Physiker – selbst zu acht Jahren Zwangsarbeit bei Moskau und in Kasachstan verurteilt worden war und zwischen 1960 und 1968 in einer vorübergehenden Ära der Toleranz nach dem Ende der Stalinzeit erste Romane über diese Zwangsarbeitslager schrieb. Er verlor die Segnungen der Duldsamkeit, als er 1970 den Nobelpreis erhielt und den ersten Band eines

dokumentarischen Werkes *Der Archipel GULAG* über Stalins Zwangssystem außerhalb der Sowjetunion veröffentlichte. 1974 wurde er aus seiner Heimat verbannt, in die er erst zwanzig Jahre später wieder heimkehren sollte. Der *Archipel GULAG* jedoch wurde ein bleibendes Dokument.
Es war bewegend zu lesen, wie Solschenizyn seine Schilderungen von »Wlassow-Männern« beschloß, mit denen er die Lagerpritschen geteilt hatte. Da war nicht die Rede von Verrätern und Verrat.
»Das Wort ›Wlassow-Männer‹«, schrieb er, »klingt bei unszulande wie Unflat. Keiner mag es in den Mund nehmen, so als wäre das Wort als solches schon gefährlich ... Doch so schreibt man Geschichte nicht. Heute, das Viertel eines Jahrhunderts nach dem Krieg, da die Mehrzahl von ihnen in den Lagern zugrunde gegangen ist und die, welche noch leben, den Rest ihrer Tage im Norden verbringen, möchte ich mit meinem Bericht daran erinnern, daß alles eine in der Weltgeschichte ungewöhnliche Erscheinung war und ist: wenn Hunderttausende junger Männer im Alter von zwanzig bis dreißig Jahren im Bündnis mit dem Feind die Waffen gegen ihr Vaterland erheben.
Man sollte sich wohl überlegen, wer die größere Schuld daran trägt: diese Jungen oder das altehrwürdige Vaterland, und daß man dies mit biologischer Treulosigkeit nicht erklären kann, sondern soziale Ursachen erkennen muß.«

Quellen

Bücher

Assmann Kurt: Deutsche Schicksalsjahre. Wiesbaden o. J.
Ber, Hermann Weber: Kosaken-Saga. Kampf und Untergang der Deutschen Kosaken-Division im 2. Weltkrieg. Rastatt 1966.
Bethell, Nicholas: Das letzte Geheimnis. Die Auslieferung russischer Flüchtlinge an die Sowjets durch die Alliierten. Frankfurt/Berlin/Wien 1974.
Bullock, Alan: Hitler. Eine Studie über Tyrannei. Düsseldorf 1954.
Carell, Paul: Unternehmen Barbarossa. Berlin 1963.
Cookridge, E. H.: Gehlen. Spy of the Century. New York 1971.
Dallin, A.: German Rule in Russia. New York 1958.
Dwinger, Edwin: General Wlassow – Eine Tragödie unserer Zeit. Frankfurt 1951.
Fersen, Nicholas: Im Zorn der Zeit. Bern 1961.
Fischer, Georg: Soviet Opposition to Stalin. Cambridge 1952.
Gehlen, Reinhardt: Der Dienst. Mainz 1971.
Görlitz, Walter: Der Deutsche Generalstab. Frankfurt o. J.
–: Der Zweite Weltkrieg 1939–1945. Stuttgart 1951/1952.
Hart, B. H. Liddell: Jetzt dürfen sie reden. Stuttgart/Hamburg 1950.
Höhne, H.: Der Orden unter dem Totenkopf. Gütersloh 1967.
Huxley-Blythe, Peter J.: The East came West. Idaho 1964.
Internationaler Militär-Gerichtshof, Nürnberg: Der Prozeß gegen die Hauptkriegsverbrecher vor dem Internationalen Militär-Gerichtshof Nürnberg, Band XXVI u. XXXI.
Kalinow, Kyrill D.: Sowjetmarschälle haben das Wort. Hamburg 1950.
Kern, Erich: Der große Rausch. Rußlandfeldzug 1941–1945. Zürich 1948.
–: General Pannwitz und seine Kosaken. Göttingen 1963.
Kerr, Walter: The Russian Army. London 1944.
Kleist, Peter: Zwischen Hitler und Stalin 1939–1945. Bonn 1950.
Lang, Serge – Schenck, Ernst von: Alfred Rosenberg. Porträt eines Menschheitsverbrechers. St. Gallen 1947.
Mackewicz, J.: Tragödie an der Drau. München 1957.

Michel, Karl: Ost und West. Der Ruf Stauffenbergs. Zürich 1947.
Nycop, Carl-Adam: Die großen Kanonen. Zürich/New York o. J.
von Oven, Wilfried: Mit Goebbels bis zum Ende. 2 Bände. Buenos Aires 1950.
Pawlas, Karl P. (Herausg.): Fremde Heere unter Hitlers Fahne (= chronica, Folge 14). Nürnberg o. J.
Petrowskij, Anatolij: Unvergessener Verrat! 1945. Roosevelt, Stalin, Churchill. München 1965.
Reile, O.: Geheime Ostfront. München 1963.
Schlapp, Manfred: Russen in Liechtenstein. Wie sich 500 Russen 1945 in das Fürstentum durchschlugen. Vaduz 1994.
Schmidt, Axel: Ukraine, Land der Zukunft. Berlin, 1939.
Solschenizyn, Alexander: The GULAG Archipelago, I–II/III–IV/V–VII. New York 1978. (Der Archipel GULAG, 3 Bde., Bern/München 1974.)
Solschenizyn, Alexander: August Vierzehn. München 1987.
Steenberg, Sven: Wlassow. Verräter oder Patriot. Köln 1968.
Strik-Strikfeldt, Wilfried: Gegen Stalin und Hitler. Genosse Wlassow und die russische Freiheitsbewegung. Mainz 1970.
Suduvis, N. E.: Ein kleines Volk wird ausgelöscht. Zürich 1947.
von Tippelskirch: Geschichte des Zweiten Weltkrieges. Bonn 1951.
Tolstoj, Nikolai: Die Verratenen von Jalta. Englands Schuld vor der Geschichte. München/Wien 1977.
Treguboff, Jurij: Der letzte Ataman. Velbert 1967.
Vlis, J. A. van der: Tragedie op Texel. Amsterdam 1946.
Vogelsang, Henning von: Kriegsende in Liechtenstein. Freiburg 1985.
Werth, Alexander: Rußland im Kriege 1941–1945. München 1965.
Wlteelev-Bennett: Die Nemisis der Macht. Düsseldorf 1954.
Zolling, Hermann – Höhne, Hans: Pullach Intern. Hamburg 1971.

Artikel und Berichte

Ansprache und Tätigkeitsbericht des Herrn Schafi-Almas auf der ersten Tagung der Idel-Ural-Turk-Tataren in Greifswald am 4. März 1944.
Boehm, M. H. – Rosenberg, Alfred: Baltische Briefe, Nr. 12, 1966.
Das Ende eines Freikorps, Ein Tatsachenbericht über die deutschen Kosakenverbände und ihren Untergang im Chaos 1945, »Die Wochenpost«, Stuttgart, Nr. 48 und 49 aus 1948/Nov.
Der Fall Wlassow, von George Fisher, Teil I, II, III in »Der Monat«, Berlin, 3. Jahrgang, Heft 33, 34, 35/1951.

Deutsche Soldaten sehen die Sowjetunion, Feldpostbriefe aus dem Osten, Berlin 1941.

Deutsch-Russische Stoßrichtung, Aufsatzreihe zum Befreiungskampf im bolschewistischen Machtbereich mit Beiträgen von Dr. A. R. Truschnowitsch, A. Wetrow, Prof. A. A. Uralow, Dr. E. Romanow, XXX, Dr. V. D. Poremski, 1951, Limburg a. d. Lahn.

Die Dritte Kraft, Die Geschichte eines Versuchs, von Kasanzew, Fortsetzungsbericht in der Zeitschrift »Possev«, Limburg 1950/51.

4. Fortsetzung: Auf der Suche nach Ssidorschuk,
5. Fortsetzung: Andrej A. Wlassow,
6. Fortsetzung: Andrej A. Wlassow,
7. Fortsetzung: Andrej A. Wlassow,
8. Fortsetzung: Andrej A. Wlassow,
9. Fortsetzung: Aufstand auf Knien,
10. Fortsetzung: Aufstand auf Knien,
12. Fortsetzung: In der Heimat,
13. Fortsetzung: In der Heimat,
14. Fortsetzung: Wieder in Berlin,
16. Fortsetzung: Am Ziel,
17. Fortsetzung: Die Erste ROA-Division,
18. Fortsetzung: Die Erste ROA-Division,
19. Fortsetzung: Die Erste ROA-Division,
20. Fortsetzung: Die Erste ROA-Division.

Die OKH-Verordnung Nr. 5000, Landeseigene Hilfskräfte im Osten – Hilfswillige – vom 29. April 1943.

Die Probleme Turkestans, Reden und Aufsätze des Präsidenten des Nationalturkestanischen Einheitskomitees, Veli Chajum Khan, Berlin 1944.

Die Tragödie eines Generals, Frau Wlassow berichtet über die Hintergründe des Zusammenbruchs der russischen Freiheitsbewegung während des Krieges, »Schweizer Illustrierte Zeitung« Nr. 2, 1951.

Epstein, J.: Die Auslieferung der Wlassow-Truppen. New Yorker Staatszeitung und Herold. New York 4. 12. 1955.

Erinnerungen an die letzten Jahre Mustafa Chokais, erschienen im »Millij Türkistan« Nr. 2 vom März 1951.

General Wlassows geheimnisvolle Armee, »The American Mercury«, Februar 1948.

Glanz und Untergang der Kosaken, »Allgemeine Zeitung«, Lüneburg, Nr. 58/1952.

Junges Europa, Blätter der akademischen Jugend Europas, Heft 1/2, 1943.
Kosaken in Uelzen (Der Untergang der Kosaken) von Dr. Richard Bremer in der »Allgemeinen Zeitung«, Lüneburg, Nr. 76, 78, 80, 82, 87, 91/1952.
Kosakenschicksal in Sibirien aus »Husumer Tageszeitung« vom 4. Mai 1950.
Operation Iwan, Umgang mit Russen, »Der Spiegel« vom 22. November 1950.
Politischer Dienst für SS und Polizei, 1. Folge 1944.
Russen, Ukrainer und Kaukasier gegen Sowjets, »Das Signal«, Frühjahr 1943.
Veli Chajum Khan, »Das Signal«, 2. Novemberausgabe 1943.
Vlasov and Hitler, von George Fisher. Reprinted for private circulation from The Journal of Modern History, Vol. XXIII, No. 1, March 1951.
Wille und Macht, Führerorgan der nationalsozialistischen Jugend, Herausgeber: Baldur v. Schirach, Berlin, Jahrgang 11, Heft 4.
Andrej Andrejewitsch Wlassow und ein Staatsakt in Prag, »Christ und Welt«, Stuttgart, 12. Januar 1950.
Wlassow zwischen den Fronten, »Christ und Welt«, Stuttgart, 19. Januar 1950.
Wolchow, ein deutsches Heldenlied, Sonderausgabe der Frontzeitung der Heeresgruppe Nord, 1. Juli 1942.
Ziele und Ergebnisse der Agrarordnung in den besetzten Ostgebieten, herausgegeben vom Reichsministerium für die besetzten Ostgebiete, Chefgruppe Ernährung und Landwirtschaft.

Originalakten sowie Abschriften und Übersetzungen von Akten

Aktenvermerk Ost-Prop. Abt. z. b. V. vom 17. 3. 1943.
Ansprachen aus Anlaß des Jahrestages des Ost-Ersatz-Rgt. im Juli 1943.
Arbeitsentwurf des Sonderführers Otto v. Irmer über das Thema: Wie behandle ich den sowjetischen Kriegsgefangenen?
Aufruf eines deutschen Befehlshabers an die russischen Bauern und Arbeiter im Juli 1941.
Auswertung von Agentenmeldungen aus den besetzten Ostgebieten. Auswertung von Angaben sowjetischer Agenten und Kriegsgefangener. Zur politischen Lage in den besetzten russischen Gebieten.

Auszüge aus Briefen der im Reich eingesetzten russischen Zivilarbeiter, 20. Juli 1942.
Auszug aus einem Bericht des AOK 4 – IC/z. b. V. 6 vom 15. 10. 1942 über Vernehmungen von geistig entwickelteren russischen Kriegsgefangenen und Überläufern.
Auszug aus dem Bericht des Kommandanten eines rückwärtigen Gefechtsgebietes über die gemachten Erfahrungen mit der russischen Bevölkerung am 8. 11. 1942.
Auszug aus dem Bericht zweier ehemaliger sowjetrussischer Offiziere (General Schilenkow, Oberst Bojarski) über Erfahrungen mit ihrer russischen Freiwilligeneinheit (Versuchsverband) auf deutscher Seite vom 15. 1. 1943.
Auszüge aus der Denkschrift der Kriegsgefangenen Generalleutnant Schilenkow und Oberst Bojarski vom 27. 10. 1942.
Auszug aus Berichten von V-Leuten über die Lage im Osten vom 8. 4. 1943.
Auszug aus einer Meldung eines Abwehrtrupps aus dem Gebiet um Orel vom 20. 2. 1943.
Auszug aus Gefangenenvernehmungen am 1. März 1943.
Auszug aus Ideen und Vorschlägen sowie Gedankenaustausch mit Herrn Stolpin, Führer beim Freiwilligen-Bataillon der 17. Panzerdivision, Ljudonowo, nördlich Brjansk, vom 3. 10. 1942.
Auszug aus Oberkommando der Heeresgruppe Mitte – IA/IC/A.O. Nr. 386/42 g. Kdos. vom 15. 9. 1942 über Zunahme des Bandenwesens.
Bericht an den Kommandierenden General der Sicherungstruppen und Befehlshaber im Heeresgebiet Mitte IA/Ost über eine Unterhaltung mit General Wlassow im März 1943.
Bericht der Artilleriegruppe Keiling beim kgl. ung. I.R. 53 an den Korück 532, Abt. IA, vom 25. 12. 1942 über die Ost-Artillerie-Abteilung 621.
Bericht des Armee-Oberkommandos 2 O.Qu./IC/A.O. Nr. 1353/43 geh. über die Behandlung der Zivilbevölkerung vom 6. 4. 1943.
Bericht des Generalleutnants Wlassow an den General der Osttruppen Generalleutnant Hellmich (ohne Datum).
Bericht des Ingenieur-Geologen Anatoli Kokowzow-Andrejewski zur Frage: Warum kämpft die Rote Armee so erbittert?
Bericht des Oberkommandos der Heeresgruppe B. O.Qu./VII geh. über die Verwendung des russischen und ukrainischen Menschen der besetzten Gebiete für die Kriegführung vom 11. 5. 1943.
Bericht des Oberkommandos der Heeresgruppe B, O.Qu./VII (Mil.-

Verw.) Br.B. Nr. 83/43g an das OKH/Generalstab des Heeres/ Gen.Qu. über Behandlung der Zivilbevölkerung in der Ukraine vom 14. 3. 1943.

Bericht des Rittmeisters W. Chotschenkow aus dem Dorf Roshdestwenskoje vom 21. 3. 1943 an das AOK 2.

Bericht des russischen Leutnants Bragin der 1. Ost-Art.-Abt. 621 vom 18. 4. 1943 an den Kommandeur der Gruppe Wagner über den Ost-Propagandalehrgang Lager Dabendorf-Süd vom 28. 2. bis 27. 3. 1943.

Bericht eines ukrainischen V-Mannes vom 22. 3. 1943.

Bericht über den Besuch der Ost-Art.-Abt. 621 vom 3. 2. 1944 und über das Verhältnis zwischen deutschen und russischen Dienstgraden.

Bericht über die Vernehmung der in Krassny Rog vom Sich.-Batl. 703 verhafteten Terrorgruppe, Anführer Jan Gurow, vom 3. 1. 1943.

Bericht über die Vernehmung des kriegsgefangenen sowjetischen Generalmajors Krupjennikow, gefangen am 21. 12. 1942.

Bericht über die Reiseeindrücke mit Generalleutnant Wlassow bei der Heeresgruppe Mitte.

Denkschrift des Armeeoberkommandos 4 IC/A.B.O. vom Mai 1943 über »Der deutsche Soldat und seine politischen Aufgaben im Osten«.

Denkschrift des Rayonchefs in Ostrow, Axjonoff.

Gefangenenaussage vom 19. 1. 1943: Weshalb kämpft der Russe und wie kann er propagandistisch erfaßt werden?

Kommentar der Russen in Schanghai zum ersten Aufruf des sowjetischen Generals Wlassow.

Meldung der 2. Panzerarmee vom 17. 12. 1942: Über die Auswirkungen der schlechten Behandlung von Kriegsgefangenen.

Mitteilungen des Oberkommandos der Wehrmacht WFSt/WPr (IV A) Nr. 264, Mai 1943, für die Truppe.

OKH-Vortragsnotiz vom 21. 10. 1942 über innere Veränderungen im Sowjet-Regime.

Russische Stimme zur Lage in den besetzten Gebieten der Sowjetunion, 20. 2. 1943.

Sonderbefehl für das deutsche Personal der Ost-Art.-Abt. 621 vom 29. 1. 1943.

Stimmungsbild auf Grund der Meldungen aus den besetzten Gebieten, 23. 1. 1943.

Übersetzung der Flugblattmischung 480/481/482 RAB/IX 1942.

Übersetzung einer Begrüßungsadresse für die deutsche Armee von

den Einwohnern der Stadt Neftegorsk im Nordkaukasus, August 1942.
Vorschlag dreier ehemaliger Politruks zur Bildung einer russischen nationalen Regierung, November 1942.
Vortragsnotiz an Reichsminister für die besetzten Ostgebiete und Gauleiter Sauckel über den Einfluß der schlechten Behandlung russischer Arbeiter in Deutschland auf die Haltung der Bevölkerung im Armeegebiet des Panzer-AOK 2, 10. 12. 1942.
Wörtliche Übersetzung eines Aufrufs an die Bauern im Osten, Juli 1941.

Unveröffentlichte Manuskripte und stenographische Mitschriften von Interviews und Zeugen der geschilderten Ereignisse aus der Zeit 1951/52

Die Namen von Verfassern und Zeugen, die unter den damaligen Umständen, besonders sofern sie zum Zeitpunkt der Recherchen zu diesem Buch in der sowjetischen Besatzungszone, der späteren DDR, lebten, anonym bleiben wollten, wurden durch *** ersetzt.

Abriamow: Die Ermordung des Reichskommissars Kube.
Adler: Die 162. (Turk-)Infanteriedivision (Einsatz im Rahmen der 10. Armee).
d'Alquen, Gunter:
1. Die SS und die Ostpolitik.
2. Von der germanischen zur europäischen Idee.
3. Der Untermensch.
4. Die Unternehmen »Skorpion« und »Wintermärchen«.
5. Der Weg zu Wlassow.
6. Die Unterredung Himmler–Wlassow am 16. September 1944.

Arlt, Dr. Fritz Rudolf:
1. Auswirkung des Wlassow-Programms bei den nationalen Verbänden.
2. Bandera.
3. Bergers Rolle in der Gesamtfrage der Freiwilligenverbände, in der Wlassow-Frage im besonderen.
4. Das Ende Kaminskis.
5. Die Wahrheit über Kaminskis Tod.
6. Die Bemühungen des Generals v. Pannwitz, Waffen-SS-Verband zu werden.

7. Die Rolle von Kaltenbrunner, Schellenberg, Ohlendorff gegenüber Wlassow.
8. Die Ostarbeiterabteilungen – die Zwischenlösung 1942/43.
9. Die SS und die Freiwilligen im Osten.
10. Die Vertretung der Nationalitäten innerhalb des Wlassow-Komitees.
11. Die Besprechung General Schandruk–General Wlassow.
12. Divide et impera – oder europäische Neuordnung.
13. Der Zusammenbruch von Stalingrad und die Entwicklung der »landeseigenen Verbände«.
14. Einzelangaben über die fremdvölkischen SS-Verbände.
15. Entstehung und Schicksal der 2. ukrainischen Division.
16. Erfahrungen.
17. Fürsorge für die Ostverbände bzw. deren Angehörigen.
18. General Schandruk in den letzten Kriegsmonaten.
19. Melnik.
20. Warum die Brigade Kaminski SS-Verband wurde.
21. Zu Chajum Khan.
22. Zur Entwicklung des Kaukasischen Rates.
23. Zur Bildung der Lemberger Regierung 1941.
24. Zur Entwicklung des Ukrainischen Nationalkomitees.
25. Zur politischen Vertretung der Kosaken.
26. Zur Entwicklung und Konstruktion der Freiwilligen-Leitstelle Ost.
27. Zu dem Lettischen Komitee.
28. Zum Weißruthenischen Nationalkomitee.

Bräutigam, Dr. Otto:

1. Alfred Rosenberg, seine Ostkonzeption und die Begründung des Ostministeriums.
2. Als Bevollmächtigter des Ostministeriums bei der Heeresgruppe Süd.
3. Das Gespräch Rosenberg–Bräutigam am 17. Juli 1941.
4. Die »Agrarreform« im Osten.
5. Die Frage einer kaukasischen Regierung.
6. Die Entstehung der Freiwilligenbewegung.
7. Erfahrungen mit den Freiwilligen aus dem russischen Raum im Kampf gegen den Bolschewismus 1941–1945.
8. Ergänzungen (Ostministerium, Reichskommissare).
9. Ergänzungen (Die Ostarbeiterfrage).
10. Erlebnisse im Kaukasus 1942.

11. Nachtrag zu der Ostarbeiterfrage. Erste Konferenz vom 31. Juli 1944.
12. Organisations- und Personalfragen des Ostministeriums.
13. Quellenkritische Bemerkungen zu »Die Wlassow-Bewegung im Lichte von Dokumenten« von B. Dwinow.

Breitner, Klaus: Brieflicher Bericht vom 18. 4. 1950 über den Aufstand auf Texel.

Cvikevic, George:

1. Erlebnisse in Dabendorf.
2. General A. A. Wlassow und seine Armee.

Dürksen, Eugen:

1. Das OKW und die Freiwilligen.
2. Einiges aus der Entwicklung der Wlassow-Bewegung.
3. Ergänzungen zum Thema Wlassow.
4. Erlebtes und Erfahrenes 1941–1945.
5. Ergänzungen.
6. Konferenzen bei der Heeresgruppe Mitte über das Wlassow-Problem, Juni 1943.
7. NTS – Natsionaljno-Trudowoj Ssojus – »Nationaler Bund des Schaffens«.
8. OKW/WPr und Wlassow.
9. Persönlichkeiten der Abteilung OKW/WPr. »Das Laboratorium in der Viktoriastraße.«
10. Propagandaaktion Sommer 1941.
11. Quellenkritische Bemerkungen zu »Die Wlassow-Bewegung im Lichte von Dokumenten« von B. Dwinow.
12. »Vineta«.

Eck, Armin: Der Einsatz fremdvölkischer Verbände im Bereich des Wehrmachtsbefehlshabers der Niederlande (WBN), später AOK 25.

Fröhlich, Sergej:

1. Als Begleiter Wlassows von 1943 bis zum Ende.
2. Charakteristika Wlassows.
3. Erweiterung des Wlassow-Stabes und Verlegung des Komitees von Berlin nach Karlsbad.
4. Sykow.
5. Warum Wlassow auf die deutsche Seite kam.

Gabliani, Giwi: Bericht über die kaukasischen Freiwilligenverbände in der deutschen Wehrmacht.

v. Glasenapp, Peter: Bericht über mein Leben.

v. Grote, Dr. Nikolaus:

1. Die WPr-Abteilung des OKW und die Wlassow-Frage.
2. Einsatz der Ostverbände im Westen.
3. Verlegung der Freiwilligenverbände nach dem Westen.

Hansen, Walther:

1. Allgemeines über die Ostfreiwilligen.
2. Als IA beim Kommandeur der Osttruppen z. b. V. 703, später: Kommando der Freiwilligenverbände beim Oberbefehlshaber West in Frankreich, 1. Teil.
3. Als IA beim Kommandeur der Osttruppen z. b. V. 703, später: Kommando der Freiwilligenverbände beim Oberbefehlshaber West, 2. Teil.
4. Als IA beim Kommandeur der Freiwilligenverbände beim Oberbefehlshaber West, 3. Teil.
5. Als IA beim Kommandeur der Freiwilligenverbände beim Oberbefehlshaber West, 4. Teil.
6. Als IA beim Kommandeur der Freiwilligenverbände beim Oberbefehlshaber West, 5. Teil.
7. Als IA beim Kommandeur der Freiwilligenverbände beim Oberbefehlshaber West, Schluß.
8. Als IA und stellvertretender Chef bei der Inspektion 15, 1. Folge.
9. Als IA und stellvertretender Chef bei der Inspektion 15, 2. Folge.
10. Als IA und stellvertretender Chef bei der Inspektion 15, 3. Folge.
11. Das Erholungsgut Durinitschi.
12. Der Ordnungsdienst (O.D.) im Heeresgebiet Mitte.
13. Das Ost-Ersatzregiment Mitte, später: Ost-Ausbildungsregiment.
14. Die Kosaken-Abteilung 600 in Mogilew.
15. Im Bereich des Kommandierenden Generals der Sicherungstruppen und Befehlshabers im Heeresgebiet Mitte.

Herre, Heinz Danko:

1. Aufstellung der Wlassow-Divisionen im Winter 1944/45.
2. Bemerkungen zum Thema »Unternehmen Zeppelin«.
3. Das erste Gespräch Himmler–Herre am 12. 11. 1944.
4. Das zweite Gespräch Himmler–Herre.
5. Deutsche Erfahrungen in der Verwendung von Kriegsgefangenen gegen die Sowjetunion.
6. Die Aktion »Silberstreif«.
7. Die Manifestation von Prag.
8. Die Stellenbesetzung des XV. Kosaken-Kavalleriekorps Generalleutnants v. Pannwitz (Frühjahr 1945).

9. Die Verwendung von Freiwilligen im Osten.
10. Die wirkliche Zahl der sowjetischen Kriegsgefangenen.
11. Die Wlassow-Leute und der Brand von Ulm.
12. Ergänzungen zu meinem Bericht über die Aufstellung der Wlassow-Divisionen, 1. Teil.
13. Ergänzungen zu meinem Bericht über die Aufstellung der Wlassow-Divisionen, 2. Teil.
14. Geschichte der Dienststelle des Generals der Freiwilligen- und der ihr unterstellten Truppen.
15. General v. Heygendorff.
16. Im OKH.
17. In der Ukraine 1941.
18. Pannwitz.
19. Persönlichkeiten bei Dienststelle General der Osttruppen bzw. Freiwilligenverbände.
20. Russische Musik während des Krieges.
21. Stellungnahme zu den Ereignissen in Prag am 6. und 7. Mai 1945 (Auftreten der 1. Wlassow-Division).
22. Tagebücher 1940–1945.

v. Herwarth, Hans:
1. Deutschland und die ukrainische Frage 1941–1945.
2. German Policy in the East.

v. Heygendorff, Ralph:
1. Das Schicksal der 162. (Turk-)Infanteriedivision.
2. Der Kampf gegen Windmühlenflügel.
3. Die Entstehung des Kommandos der Ostlegionen.
4. Führung fremden Volkstumes.
5. Turkvölkische und kaukasische Verbände im Kampf.
6. Wesentliche Einsätze der 162. (Turk-)Infanteriedivision.
7. Wie es zu meiner Ernennung zum Kommandeur der Ostlegionen kam.

Hoheisel, Klaus: Gliederung und Aufgabengebiete der ehemaligen Gruppe III der Abteilung »Fremde Heere Ost« des OKH.

Kaufmann, Günter: Propagandafragen um Wlassow.

Keiling, Siegfried:
1. Die Aufstellung der 600. und 650. Infanteriedivision (russ.).
2. Ergänzungen.
3. Ost-Artillerieabteilung 621.
4. Rede zur Aufklärung von Parteifunktionären.

Köstring, Ernst:

1. Die 162. (Turk-)Division.
2. Erfahrungen mit den Freiwilligen aus dem russischen Raum im Kampf gegen den Bolschewismus 1941–1945.
3. Ergänzungen.
4. Erlebnisse und Erfahrungen als General der Freiwilligen.
5. Nach meiner Gefangennahme, Juni 1945.
6. OKW und die Freiwilligen.

v. Kraewel, Kurt:

1. Der Empfang der Vertreter der Heeresgruppen der Ostfront im Ostministerium am 18. Dezember 1942.
2. General v. Schenckendorff.
3. Im rückwärtigen Gebiet der Heeresgruppe Mitte.

Krause:

1. Betrachtungen über eine Chronik.
2. Einzelheiten zum Lebensbild Wlassows.
3. Propaganda für die Verlegung der Freiwilligenverbände nach dem Westen.

Kunold, Hans Joachim:

1. Gespräche und Eindrücke mit führenden Persönlichkeiten des Generalstabes und der Truppe über landeseigene Hilfskräfte im Osten.
2. Vom Untermenschen zum verbündeten Soldaten.

Kurz, Dr. Heinrich:

1. Die Manifestation von Prag.
2. Erlebnisse im Stabe des Reichskommissars Kube.
3. Tragödien in Plattling.
4. »Vineta«.

van der Milwe, Anatol:

1. Die Sowjetunion und der Westen.
2. Erlebnisse im Ostministerium.
3. Erich Koch.
4. Wlassow.

Preuß, Maximilian: Kaminski und seine Brigade.

Rübesamen, Friedrich Wilhelm:

1. Die Partisanenlage an der Ostfront.
2. Urteil des Chefs des Stabes des Befehlshabers für das rückwärtige Heeresgebiet Nord über die dortigen Freiwilligenverbände.

Schwenninger, Helmut:
1. Bericht über die Ereignisse um die 600. Infanteriedivision (russ.) in der Zeit vom 6. 3. bis 14. 5. 1945 (I. und II. Teil).
2. Der Aufstand in Prag.
3. Ergänzungen.

Schilenkow, G. N.: »Wir sind bereit zu den entscheidenden Kämpfen«, aus einem Manuskript vom 8. März 1944.

Sperber: Wlassow – ein General zwischen zwei Welten.

Strik-Strikfeldt, Wilfried Karl:
1. Bemerkungen zum Leben und zur Laufbahn Wlassows.
2. Das Lager Dabendorf.
3. Der Emigranteneinsatz durch den Wehrkreis III.
4. Der offene Brief Wlassows und seine Konsequenzen.
5. Der Versuchsverband Mitte.
6. Die Bemühungen um die Bildung des Russischen Komitees.
7. Die Wlassow-Idee.
8. General Hellmich und sein Stab.
9. Heidi Wlassow.
10. Himmler–Wlassow.
11. Malyschkin.
12. Meine Erlebnisse nach dem 14. November 1944.
13. Sykow.
14. Stalingrad und Wlassow.
15. Wlassow im Hause Kiebitzweg in Dahlem.
16. Wlassows Start.
17. Wlassow und die alte Emigration.
18. Wlassow in Wien.
19. Wlassow und die Aufgabe des Westens.
20. Wlassow und die Europäer.
21. Wlassow und der 20. Juli.
22. Wlassow und die Verlegung der Freiwilligenverbände nach dem Westen.
23. Zum Ende.

Timm, Arthur:
1. Aufstellung und Untergang der Kosakendivisionen.
2. Beziehungen der Kosaken zur Landesbevölkerung in Kroatien.
3. Das Ende des XV. Kosakenkorps 1945.
4. Die wesentlichen Charakterzüge des Kosaken.

Ungermann, Siegfried:
1. Das I. Kosaken-Kavalleriekorps.

2. Das landeseigene Offizierskorps.
3. General Ritter v. Niedermeyer.
4. Gliederung der Stäbe für die Führung und Betreuung der landeseigenen Verbände des Heeres.
5. Inspektion für deutsche und landeseigene Offiziersanwärter in landeseigenen Verbänden an der Kriegsschule Posen.
6. Kommandeur der Freiwilligenverbände beim OKH.
7. Offiziersschule der Wlassow-Armee auf dem Truppenübungsplatz Münsingen.
8. Offiziersschule für landeseigene Verbände in Mariampol.
9. Offiziersschule in Bobruisk.
10. Russisches Schutzkorps Serbien.
11. Umwandlung des Kommandos der Ostlegionen in »Freiwilligen-Stammdivision«, Februar 1944.

Wagner, Constantin:
1. Allgemeine Wertung der Kosaken.
2. Die Übernahme des Kommandos der 1. Kosaken-Kavalleriedivision.
3. Charakterbild des Generals v. Pannwitz.
4. Erste Nacht bei den Kosaken.
5. Stellung der Kosaken zu Wlassow.

v. Wangenheim, Hans-Ulrich Frhr.: Kriterium der SS-Kriegsberichterei (Skorpion »Ost«).

Westhoff: Organisation des Kriegsgefangenenwesens im Osten.

Wohldran-Arokay, Kurt Prof. Dr.: General Ernst Köstring.

Zimmermann, Job: Erlebnisse und Gestalten im Ostministerium.

*** Als Militärbefehlshaber in der Ukraine.

*** Beginn und Aufgaben des Unternehmens »Zeppelin«.

*** Das Unternehmen »Zeppelin«.

*** Über das Unternehmen »Zeppelin«.

*** Erlebnisse im Unternehmen »Zeppelin«.

*** Das OKW und die Freiwilligen.

*** Bemerkungen über die Freiwilligenverbände im Heeresgebiet Nord.

*** 1. Das Ost-Ersatzregiment Mitte, April bis Dezember 1943.
2. Bericht über die Reise nach Smolensk, Mogilew und Bobruisk mit Generalleutnant Wlassow.
3. Reise mit General Wlassow zum Heeresgebiet Mitte 1943.

*** Die Abwehr in den russischen Freiwilligenverbänden der deutschen Wehrmacht.

*** Die ostvölkischen Freiwilligenverbände des deutschen Heeres in der Zeit von 1943 bis 1945.
*** Erfahrungen mit Ostfreiwilligen.
*** Einzelheiten aus der Tätigkeit des Generals der Freiwilligenverbände (etwa ab Frühjahr 1944 bis zur Auflösung).
*** Einsatz UPA.
*** Frau Dr. Heidi Bielenberg (Wlassow) heute.
*** Generalmajor v. Wartenberg.
*** Kurze biographische Notiz über den Generalmajor Iwan Nikititsch Kononow.
*** Major Schrader, Gruppenleiter, Abwehr in der Heereswesen-Abteilung beim OKH.
*** Meine Begegnung mit General Bunjatschenko, Kommandeur der 1. Wlassow-Division.
*** Oberst Tarassow.
*** Ostarbeiterwerbung während des Gottesdienstes.
*** Sowjetische Partisanen.
*** Verzeichnis der Freiwilligenverbände aus dem Osten in der deutschen Wehrmacht.
*** Wie war die abwehrmäßige Betreuung bzw. Überwachung der Freiwilligenverbände organisiert?
*** Gliederung und Aufgaben des Generals der Freiwilligenverbände (Stand ab Sommer 1944).

Register